HOROSCOPE
2007

ANNE-MARIE CHALIFOUX D.N.

HOROSCOPE 2007

amour ★ santé ★ travail ★ argent
prédictions mondiales

LES ÉDITIONS
PUBLISTAR
Ⓜ QUEBECOR MEDIA

Éditrice : Annie Tonneau
Révision linguistique : Paul Lafrance
Mise en pages : Roger Des Roches, SÉRIFSANSÉRIF
Correction d'épreuves : Luce Langlois
Graphisme de la couverture : Suzanne Vincent
Photo de l'auteure : Charles Richer
Maquillage, coiffure et coordination : Macha Colas

Remerciements
Les Éditions Publistar reconnaissent l'aide financière du gouvernement
du Canada par l'entremise du Programme d'aide au développement
de l'industrie de l'édition (PADIÉ) pour ses activités d'édition. Nous remercions
la Société de développement des entreprises culturelles du Québec (SODEC)
du soutien accordé à notre programme de publication.
Gouvernement du Québec – Programme de crédit d'impôt pour l'édition
de livres – gestion SODEC.

Les Éditions Publistar
7, chemin Bates, Outremont (Québec) H2V 4V7
Téléphone : 514 849-5259
Télécopieur : 514 270-3515

Distribution au Canada
Messageries ADP
2315, rue de la Province
Longueuil (Québec) J4G 1G4
Téléphone : 450 640-1234
Sans frais : 1 800 771-3022

 Cet ouvrage a été imprimé
sur du papier recyclé

Ce livre appartient à

_____

Puissiez-vous trouver tous les atouts
pour faire de cette nouvelle année
une des plus belles de votre vie!
Paix, harmonie, lumière!

Anne-Marie Chalifoux, D.N.

SOMMAIRE

Préface	9
Comment gagner de l'argent	10
Spécial loteries et jeux de hasard pour 2007	28
Les mystères de la Lune	30
Le cycle lunaire	30
Les éclipses en quelques mots	30
Comment utiliser le pouvoir de la Lune	31
Les phases de la Lune en 2007	33
La carte du ciel en 2007	35
La position des planètes en 2007	36
L'influence des planètes	36
Prédictions mondiales pour 2007	38
L'harmonie entre les signes	40
Trouver son ascendant, c'est facile!	45
Table des ascendants	54
Définition des ascendants	54
Les 12 signes et les 36 décans	58
Les subtilités de votre décan	59
Bélier	73
Taureau	95
Gémeaux	117
Cancer	141
Lion	165
Vierge	189
Balance	213
Scorpion	237
Sagittaire	261
Capricorne	285
Verseau	309
Poissons	333
Nos animaux et l'astrologie	355
L'astrologie chinoise	360
Les 12 signes chinois	360
L'ascendant chinois sans calcul	388
Bibliographie	396
L'astrologie vous intéresse?	397

PRÉFACE

Déjà mon trentième livre! Et ça me tient toujours autant à cœur. Vous habitez mes pensées tout au long du processus d'écriture. C'est d'ailleurs avec respect et même avec tendresse que je tente d'analyser le message que vous adressent les astres. Je tiens à ce que ce guide vous permette de profiter de tout ce que la vie vous réserve de bon, tout en contournant les écueils.

Le destin existe, mais il n'est constitué que de ce qui passe à l'extérieur de nous. Notre perception des événements et notre façon d'y réagir nous appartiennent totalement. On ne peut pas empêcher la pluie, mais on peut s'habiller en conséquence et éviter de prendre froid. Tout comme on peut profiter d'une journée pluvieuse pour lire, quitte à remettre un pique-nique à plus tard. Un brin de souplesse et de prévention nous permet assurément d'agrémenter notre qualité de vie. Quand on me demande si l'on peut changer son destin, je réponds que oui, mais que ça ne se fait pas par enchantement: on peut y parvenir mais il faut y travailler. Une attitude positive et la foi dans ses capacités sont déjà des atouts précieux. Se diminuer constamment et choisir la passivité ne peut que nous attirer que des ennuis.

L'astrologie peut se révéler un autre outil intéressant puisqu'elle fait la lumière sur les événements à venir. Si nous sommes prévenus d'où risquent de se présenter les problèmes, nous pouvons prendre les précautions nécessaires pour les éviter. Lorsque nous savons qu'une période chanceuse s'en vient, nous pouvons tout mettre en branle pour en profiter au maximum. Et c'est exactement ce que je vous souhaite pour 2007!

Amicalement,

COMMENT GAGNER DE L'ARGENT

Notre carte du ciel nous fournit de précieux indices sur notre rapport à l'argent; nous pouvons y déceler les champs d'action avec lesquels nous avons le plus d'affinités, notre facilité à nous enrichir et aussi notre aptitude à gérer les gains.

Jupiter, planète de l'abondance, nous renseigne entre autres sur la vie matérielle. Elle fait la lumière sur nos dispositions en ce sens, mettant en relief nos talents pour gagner des sous mais aussi comment nous nous comportons avec nos avoirs. Lorsqu'on étudie sa position par rapport à notre signe de naissance, on obtient des résultats surprenants.

J'ai fait tous les calculs pour vous, il ne vous reste donc qu'à identifier le groupe auquel vous appartenez dans le tableau qui suit.

C'est tout simple, vous n'avez qu'à repérer votre date de naissance, et vous verrez exactement quel est votre groupe jupitérien.

ENTRE LE	ET LE	VOTRE GROUPE EST LE
1er jan. 1910	11 nov. 1910	7
12 nov. 1910	9 déc. 1911	8
10 déc. 1911	2 jan. 1913	9
3 jan. 1913	21 jan. 1914	10
22 jan. 1914	3 fév. 1915	11
4 fév. 1915	11 fév. 1916	12
12 fév. 1916	25 juin 1916	1
26 juin 1916	26 oct. 1916	2
27 oct. 1916	12 fév. 1917	1
13 fév. 1917	29 juin 1917	2
30 juin 1917	12 juillet 1918	3
13 juillet 1918	1er août 1919	4
2 août 1919	26 août 1920	5
27 août 1920	25 sept. 1921	6
26 sept. 1921	26 oct. 1922	7
27 oct. 1922	24 nov. 1923	8
25 nov. 1923	17 déc. 1924	9
18 déc. 1924	5 janv. 1926	10
6 janv. 1926	17 janv. 1927	11
18 janv. 1927	5 juin 1927	12
6 juin 1927	10 sept. 1927	1
11 sept. 1927	22 janv. 1928	12
23 janv. 1928	4 juin 1928	1
5 juin 1928	12 juin 1929	2
13 juin 1929	26 juin 1930	3
27 juin 1930	16 juillet 1931	4
17 juilllet 1931	10 août 1932	5
11 août 1932	9 sept. 1933	6
10 sept. 1933	10 oct. 1934	7
11 oct. 1934	8 nov. 1935	8
9 nov. 1935	1er déc. 1936	9
2 déc. 1936	19 déc. 1937	10
20 déc. 1937	13 mai 1938	11
14 mai 1938	29 juillet 1938	12
30 juillet 1938	29 déc. 1938	11
30 déc. 1938	11 mai 1939	12
12 mai 1939	29 oct. 1939	1
30 oct. 1939	20 déc. 1939	12
21 déc. 1939	15 mai 1940	1
16 mai 1940	26 mai 1941	2

ENTRE LE	ET LE	VOTRE GROUPE EST LE
27 mai 1941	9 juin 1942	3
10 juin 1942	30 juin 1943	4
1er juillet 1943	25 juillet 1944	5
26 juillet 1944	24 août 1945	6
25 août 1945	24 sept. 1946	7
25 sept. 1946	23 oct. 1947	8
24 oct. 1947	14 nov. 1948	9
15 nov. 1948	12 avril 1949	10
13 avril 1949	27 juin 1949	11
28 juin 1949	30 nov. 1949	10
1er déc. 1949	14 avril 1950	10
15 avril 1950	14 sept. 1950	11
15 sept. 1950	1er déc. 1950	11
2 déc. 1950	21 avril 1951	12
22 avril 1951	28 avril 1952	1
29 avril 1952	9 mai 1953	2
10 mai 1953	23 mai 1954	3
24 mai 1954	12 juin 1955	4
13 juin 1955	16 nov. 1955	5
17 nov. 1955	17 janv. 1956	6
18 janv. 1956	7 juillet 1956	5
8 juillet 1956	12 déc. 1956	6
13 déc. 1956	19 fév. 1957	7
20 fév. 1957	6 août 1957	6
7 août 1957	13 janv. 1958	7
14 janv. 1958	20 mars 1958	8
21 mars 1958	6 sept. 1958	7
7 sept. 1958	10 fév. 1959	8
11 fév. 1959	24 avril 1959	9
25 avril 1959	5 oct. 1959	8
6 oct. 1959	1er mars 1960	9
2 mars 1960	9 juin 1960	10
10 juin 1960	25 oct. 1960	9
26 oct. 1960	14 mars 1961	10
15 mars 1961	11 août 1961	11
12 août 1961	3 nov. 1961	10
4 nov. 1961	25 mars 1962	11
26 mars 1962	3 avril 1963	12
4 avril 1963	11 avril 1964	1
12 avril 1964	22 avril 1965	2
23 avril 1965	20 sept. 1965	3

ENTRE LE	ET LE	VOTRE GROUPE EST LE
21 sept. 1965	16 nov. 1965	4
17 nov. 1965	5 mai 1966	3
6 mai 1966	27 sept. 1966	4
28 sept. 1966	15 janv. 1967	5
16 janv. 1967	22 mai 1967	4
23 mai 1967	18 oct. 1967	5
19 oct. 1967	26 fév. 1968	6
27 fév. 1968	15 juin 1968	5
16 juin 1968	15 nov. 1968	6
16 nov. 1968	30 mars 1969	7
31 mars 1969	15 juillet 1969	6
16 juillet 1969	16 déc. 1969	7
17 déc. 1969	28 avril 1970	8
29 avril 1970	15 août 1970	7
16 août 1970	13 jan. 1971	8
14 jan. 1971	4 juin 1971	9
5 juin 1971	11 sept. 1971	8
12 sept. 1971	6 fév. 1972	9
7 fév. 1972	24 juillet 1972	10
25 juillet 1972	25 sept. 1972	9
26 sept. 1972	22 fév. 1973	10
23 fév. 1973	7 mars 1974	11
8 mars 1974	18 mars 1975	12
19 mars 1975	25 mars 1976	1
26 mars 1976	22 août 1976	2
23 août 1976	16 oct. 1976	3
17 oct. 1976	3 avril 1977	2
4 avril 1977	20 août 1977	3
21 août 1977	30 déc. 1977	4
31 déc. 1977	11 avril 1978	3
12 avril 1978	4 sept. 1978	4
5 sept. 1978	28 fév. 1979	5
1er mars 1979	19 avril 1979	4
20 avril 1979	28 sept. 1979	5
29 sept. 1979	26 oct. 1980	6
27 oct. 1980	26 nov. 1981	7
27 nov. 1981	25 déc. 1982	8
26 déc. 1982	19 janv. 1984	9
20 janv. 1984	6 fév. 1985	10
7 fév. 1985	20 fév. 1986	11
21 fév. 1986	2 mars 1987	12

ENTRE LE	ET LE	VOTRE GROUPE EST LE
3 mars 1987	8 mars 1988	1
9 mars 1988	21 juillet 1988	2
22 juillet 1988	30 nov. 1988	3
1er déc. 1988	10 mars 1989	2
11 mars 1989	30 juillet 1989	3
31 juillet 1989	17 août 1990	4
18 août 1990	11 sept. 1991	5
12 sept. 1991	10 oct. 1992	6
11 oct. 1992	9 nov. 1993	7
10 nov. 1993	8 déc. 1994	8
9 déc. 1994	2 janv. 1996	9
3 janv. 1996	21 janv. 1997	10
22 janv. 1997	3 fév. 1998	11
4 fév. 1998	11 fév. 1999	12
12 fév. 1999	27 juin 1999	1
28 juin 1999	24 oct. 1999	2
25 oct. 1999	31 déc. 1999	1
1er janv. 2000	13 fév. 2000	1
14 fév. 2000	29 juin 2000	2
30 juin 2000	31 déc. 2000	3
1er janv. 2001	11 juillet 2001	3
12 juillet 2001	31 déc. 2001	4
1er janvier 2002	31 juillet 2002	4
1er août 2002	31 déc. 2002	5
1er janv. 2003	26 août 2003	5
27 août 2003	31 déc. 2003	6
1er jan. 2004	24 sept. 2004	6
25 sept. 2004	31 déc. 2004	7
1er jan. 2005	24 oct. 2005	7
25 oct. 2005	31 déc. 2005	8
1er jan. 2006	22 nov. 2006	8
23 nov. 2006	31 déc. 2006	9

Une autre petite recherche, et nous y sommes.

Maintenant que vous connaissez votre groupe, il suffit de le combiner à votre signe ; la combinaison des deux vous fournira votre « clé » pour gagner de l'argent.

BÉLIER

Groupe :	Votre clé apparaît dans la section :
1	A
2	B
3	C
4	D
5	E
6	F
7	G
8	H
9	I
10	J
11	K
12	L

TAUREAU

Groupe :	Votre clé apparaît dans la section :
2	A
3	B
4	C
5	D
6	E
7	F
8	G
9	H
10	I
11	J
12	K
1	L

GÉMEAUX

Groupe :	Votre clé apparaît dans la section :
3	A
4	B
5	C

6	D
7	E
8	F
9	G
10	H
11	I
12	J
1	K
2	L

CANCER

Groupe :	Votre clé apparaît dans la section :
4	A
5	B
6	C
7	D
8	E
9	F
10	G
11	H
12	I
1	J
2	K
3	L

LION

Groupe :	Votre clé apparaît dans la section :
5	A
6	B
7	C
8	D
9	E
10	F
11	G
12	H
1	I
2	J
3	K
4	L

VIERGE

Groupe :	Votre clé apparaît dans la section :
6	A
7	B
8	C
9	D
10	E
11	F
12	G
1	H
2	I
3	J
4	K
5	L

BALANCE

Groupe :	Votre clé apparaît dans la section :
7	A
8	B
9	C
10	D
11	E
12	F
1	G
2	H
3	I
4	J
5	K
6	L

SCORPION

Groupe :	Votre clé apparaît dans la section :
8	A
9	B
10	C
11	D
12	E
1	F
2	G
3	H

4	I
5	J
6	K
7	L

SAGITTAIRE

Groupe :	Votre clé apparaît dans la section :
9	A
10	B
11	C
12	D
1	E
2	F
3	G
4	H
5	I
6	J
7	K
8	L

CAPRICORNE

Groupe :	Votre clé apparaît dans la section :
10	A
11	B
12	C
1	D
2	E
3	F
4	G
5	H
6	I
7	J
8	K
9	L

VERSEAU

Groupe :	Votre clé apparaît dans la section :
11	A
12	B

1	C
2	D
3	E
4	F
5	G
6	H
7	I
8	J
9	K
10	L

POISSONS

Groupe :	Votre clé apparaît dans la section :
12	A
1	B
2	C
3	D
4	E
5	F
6	G
7	H
8	I
9	J
10	K
11	L

Si votre clé est A

Jupiter se trouvait dans votre signe à la naissance. Par conséquent, cette planète façonne votre personnalité. Généralement optimiste et enthousiaste, vous avez le goût de l'aventure. L'argent est très important pour vous, vous n'hésitez pas à prendre les moyens nécessaires pour en gagner le plus possible. Vous croyez à l'expansion, au succès, bref, vous avez énormément d'ambition. Votre confiance en vous et en l'avenir est inébranlable, parfois même un peu trop, ce qui risque de vous faire commettre des erreurs de jugement. Vous aimez les bonnes choses de la vie, souvent à l'excès ; c'est sans doute ce qui explique votre propension aux excès et même au gaspillage.

Certains champs d'action qui vous caractérisent. Vous détestez la routine. Vous avez besoin que ça bouge, et ce, dans tous les sens du mot; pas étonnant que plusieurs d'entre vous occupent des postes où les déplacements sont fréquents. Chose certaine, vous détestez être enfermé! Les affaires, le tourisme, le contact avec l'étranger, les finances, le transport, l'agriculture, les emplois liés au métal ou aux objets tranchants sont d'autres domaines où vous pourriez vous illustrer. Ajoutons que vous êtes né pour diriger et que vous détestez qu'on vous donne des ordres.

Vos forces. Elles résident dans votre optimisme, votre grand besoin de bouger et votre confiance en vous, de même que votre sens du *timing*. Vous êtes souvent à la bonne place au bon moment.

Ce qui risque de jouer contre vous. Vous risquez gros si vous vous croyez invincible, si vous vous montrez arrogant ou agissez sans réfléchir. Planifiez un peu plus, ne laissez rien au hasard. Attention à votre goût effréné pour les dépenses de toutes sortes.

Si votre clé est B

Vous prenez un malin plaisir à acquérir et à accumuler les biens; d'ailleurs votre maison n'est-elle pas sur le point d'éclater tant elle contient d'objets? Souffrant d'insécurité, vous agissez avec prévoyance et préférez avoir un petit coussin financier au cas où. Vous ne croyez pas aux fortunes instantanées, mais plutôt au labeur répété qui finit par rapporter. Petit train va loin, dit-on, et en ce qui vous concerne, c'est tout à fait justifié. Vous avez une grande facilité à vous trouver du travail; souvent les offres viennent à vous sans que vous ayez à vous déplacer. L'un de vos rêves est d'acquérir le plus tôt possible votre propre maison; vous n'appréciez pas vraiment d'être locataire.

Certains champs d'action qui vous caractérisent. Plus que tout, vous avez besoin de stabilité; vous seriez trop malheureux à voltiger d'un emploi à un autre. Les finances, la comptabilité, le commerce de produits essentiels et tout travail exigeant un bon sens de l'organisation vous conviennent à merveille.

Vos forces. Vous êtes un travailleur acharné, ce qui joue en votre faveur. Comme vous êtes honnête et intègre, on sait que l'on peut vous faire confiance. Votre sens des responsabilités est également surprenant.

Ce qui risque de jouer contre vous. Vous manquez souvent de confiance en vous et acceptez trop souvent d'être sous-payé; vous avez tellement peur de manquer de boulot que vous acceptez n'importe quoi. Si vous n'y prenez garde, vous pourriez montrer un petit côté avaricieux.

Si votre clé est C

Vous cherchez constamment à élargir vos horizons; tout ou à peu près vous intéresse. Avouez que vous adorez commencer de nouveaux projets, mais qu'il vous est bien plus difficile de les mener à terme. Bien que vous vous y connaissiez en de nombreux sujets, vos connaissances sont souvent plus superficielles qu'approfondies. Vous possédez le don de la communication et avez besoin d'échanger avec les gens; sans contact humain, vous ne pouvez pas vraiment vous épanouir. Il vous arrive de mal gérer votre temps, d'attendre trop à la dernière minute pour entreprendre votre besogne, et vous devez alors courir à toute vitesse.

Certains champs d'action qui vous caractérisent. Comme la communication est un point fort chez vous, vous excellez dans la vente, la négociation, ainsi que dans toute activité où il faut se montrer convaincant. L'écriture et l'enseignement sont des milieux propices à votre développement. Nombre d'entre vous sont également doués pour les activités manuelles : massage, mécanique, couture, dessin, etc.

Vos forces. Votre créativité, votre amour des gens et votre enthousiasme pour les nouveaux projets vous avantagent. Vous avez des idées à la tonne et, surtout, vous savez les transmettre de façon remarquable. Vous êtes très stimulant pour votre entourage.

Ce qui risque de jouer contre vous. Hélas! vous avez souvent tendance à vous éparpiller. Vous commencez mille choses mais n'allez au bout d'aucune. Cette propension à l'instabilité risque de vous faire saboter de beaux projets.

Si votre clé est D

Les valeurs que l'on vous a inculquées dans votre enfance conditionnent votre rapport à l'argent : vous avez tendance à répéter les attitudes et comportements de vos parents en ce sens. Si vos parents étaient gratte-sous ou si, au contraire, ils avaient tendance à jeter l'argent par les fenêtres, vous répétez probablement ce *pattern*. En étudiant leur situation et leur évolution, vous serez en mesure de déterminer ce que vous souhaitez conserver de votre éducation et ce que vous désirez changer. La sécurité financière est une condition essentielle à votre épanouissement ; sans elle, vous vous sentez très angoissé. Voilà sans doute ce qui explique votre grand sens de l'économie.

Certains champs d'action qui vous caractérisent. Comme le bien-être des autres vous tient grandement à cœur, vous êtes très à l'aise dans tout ce qui touche de près et de loin aux relations d'aide. La psychologie, le travail avec les enfants et les emplois dans le domaine de la santé ne sont que quelques exemples. Les secteurs de l'alimentation, des liquides et des produits ménagers vous conviennent également.

Vos forces. La courtoisie, la loyauté et le respect des autres comptent parmi vos plus belles qualités ; bien entendu, elles constituent un atout précieux sur le plan professionnel, chaque fois que vous transigez avec quelqu'un.

Ce qui risque de jouer contre vous. Trop souvent, vous vous cantonnez dans le passé ; en regardant en arrière, vous risquez de rater les occasions qui se présentent. Ne dépensez pas trop pour les autres ; pensez davantage à vous.

Si votre clé est E

Vous disposez d'une excellente signature planétaire pour réussir sur le plan financier ; on peut même dire que vous avez la bosse des affaires. Pour vous, il n'y a jamais de projet assez gros : il suffit que l'on vous dise qu'une chose est inaccessible pour que vous vous lanciez à sa conquête. Chef-né, vous savez vous faire obéir ; avouez pourtant que vous réagissez assez mal quand on essaie de vous dominer... Vous êtes très actif, et ce n'est pas la créativité qui fait défaut chez vous. Ajoutons que vous avez un véritable don pour motiver votre entourage, pour lui communiquer votre goût de l'aventure et du travail bien fait.

Certains champs d'action qui vous caractérisent. Indéniablement, vous êtes fait pour les affaires et le commerce. Les postes de direction vous attirent et vous fournissent l'occasion de démontrer vos talents d'organisateur, d'administrateur et de planificateur. Les arts vous attirent tout autant.

Vos forces. Votre brillante personnalité et votre nature de leader vous permettent d'accéder à de hauts niveaux. L'enthousiasme qui vous anime étant très communicatif, vous jouissez d'une grande popularité.

Ce qui risque de jouer contre vous. N'allez pas croire que tout le monde est aussi loyal que vous. Ne vous fiez pas seulement à une simple poignée de main ou à une entente verbale; exigez des garanties sérieuses. Comme vous avez du mal à déléguer, vous risquez de vous faire avoir si vous vous associez.

Si votre clé est F

Vous cherchez sans cesse le sens de votre vie et peut-être perdez-vous un temps précieux avec toutes ces questions existentielles. Même chose avec les détails qui drainent un peu trop votre énergie et qui vous font perdre la vue d'ensemble. Si vous arrivez à conserver une vue globale de la situation, vous pourrez devenir fort productif et ainsi mieux gagner votre vie. Vous êtes un employé modèle qui accomplit sa tâche comme si l'entreprise lui appartenait. Toutes vos craintes vous empêchent souvent de profiter pleinement de ce qui s'offre à vous; faites-vous davantage confiance et vous en sortirez gagnant.

Certains champs d'action qui vous caractérisent. Tous les emplois qui requièrent de la minutie et de la méthode vous vont à ravir. Les aventures risquées ne sont pas pour vous, car vous préférez de loin la sécurité d'emploi. Les activités à caractère humanitaire, le secteur de la santé et les postes d'assistant sont également pour vous.

Vos forces. Votre souci du détail et votre loyauté envers votre employeur sont des qualités que l'on apprécie au plus haut point. Votre intelligence pratique fait des merveilles lorsqu'il s'agit de trouver des solutions concrètes.

Ce qui risque de jouer contre vous. Attention à votre manie de la perfection, qui freine vos progrès au lieu de les favoriser. Cessez de vous demander l'impossible. En travaillant votre estime de vous-même, vous pourrez aller encore plus loin.

Si votre clé est G

Le moins que l'on puisse dire, c'est que vous avez des sentiments fort partagés au sujet de l'argent. Vous adorez le dépenser, mais vous avez du mal à vous astreindre à le gagner. En effet, vous craignez les engagements professionnels à long terme, qui risqueraient de brimer votre liberté. La clé du bonheur, pour vous, réside sans doute dans une carrière comportant différentes facettes et des activités variées afin de couper la monotonie. Vous ne fonctionnez pas très bien seul, car le fait de prendre des initiatives vous étouffe ; vous êtes beaucoup plus à l'aise au sein d'une équipe où vous vous sentez encadré. Votre sens inné de la justice vous pousse à toujours traiter les autres avec rectitude ; il est tout à fait normal que vous attendiez la même chose en retour.

Certains champs d'action qui vous caractérisent. Le secteur juridique ou parajuridique, les arts et tout ce qui a trait à l'esthétisme (architecture, décoration, jardinage) vous conviennent à merveille. Peu importe le domaine, le plus important est que vous soyez entouré ; la solitude vous enlève toute envie de travailler.

Vos forces. Vous savez trouver les personnes idéales pour créer un environnement stimulant. Excellent médiateur, vous arrivez à composer avec des personnalités très différentes et devenez même celui qui facilite les échanges. On apprécie votre charme et votre délicatesse.

Ce qui risque de jouer contre vous. Vous remettez sans cesse les choses à plus tard, ce qui risque de vous faire perdre la maîtrise de la situation. La ponctualité et le sens de l'économie ne sont pas nécessairement vos points forts ; ce serait à développer.

Si votre clé est H

Cette signature planétaire révèle que vous faites tout avec une intensité peu commune, et vos activités professionnelles n'y échappent pas : avec vous, c'est tout ou rien. Vous gérez vos affaires avec sérieux et de façon presque secrète ; en effet, vous vous confiez très peu sur les questions d'argent. Au fait, personne ne sait vraiment combien vous avez en banque. Votre sens critique, votre jugement sûr et votre flair constituent des outils précieux pour assurer votre avenir. Ajoutons qu'en affaires, vous ne faites confiance à personne.

Au cours de votre existence, il se peut que vous fassiez un changement majeur sur le plan professionnel. Après avoir œuvré pendant des années dans un certain domaine, plusieurs d'entre vous décideront de recommencer à zéro et d'embrasser une toute nouvelle carrière, surtout si la première ne comporte plus cet élément de passion dont vous avez tant besoin.

Certains champs d'action qui vous caractérisent. Tous les emplois requérant une aptitude pour la recherche, l'investigation ou les fouilles vous fournissent une belle occasion de vous réaliser. Les secteurs où l'on procède à la transformation de matières premières, au recyclage et à la récupération constituent d'autres bons choix, tout comme l'industrie de la chimie pétrolière, entre autres. Vous n'avez pas votre pareil pour la discipline et pour faire régner l'ordre.

Vos forces. Vous excellez dans votre métier, car vous allez au fond des choses. Vous vous investissez à 100 % ; avec vous, pas de demi-mesure ! La puissance de votre volonté est un autre atout majeur.

Ce qui risque de jouer contre vous. Vous manquez parfois de recul et vous vous montrez trop intransigeant. En jouant un peu plus souvent la carte de la souplesse, vous arriverez à de meilleurs résultats.

Si votre clé est I

Vous en avez de la chance ! Cette configuration planétaire est l'une des meilleures qui soient pour l'argent. Les offres d'emploi viennent à vous, tout comme les propositions alléchantes. Votre plus grande priorité est d'acquérir votre indépendance financière le plus tôt possible. Vous êtes un gagnant, et les défis ne vous font pas peur. En règle générale, vous abordez la vie avec optimisme et conduisez vos affaires avec brio. Vous ne pouvez pas rester longtemps au même endroit ; la routine vous étouffe, et vous avez constamment besoin d'élargir vos horizons. On dirait que vous êtes né avec un parachute : chaque fois qu'une situation menace de devenir désespérée, quelque chose vient vous sortir du pétrin.

Certains champs d'action qui vous caractérisent. Les emplois qui demandent du mouvement, des déplacements et de constants défis vous siéent à ravir. Le transport, l'exportation, le tourisme, les loisirs et le sport, le contact avec les animaux ainsi que le monde des affaires en général vous conviennent.

Vos forces. Votre optimisme inébranlable et votre grande confiance en vous jouent en votre faveur. Ajoutons qu'une nature ambitieuse combinée à un sens du *timing* hors du commun sont fréquemment responsables de vos succès impressionnants.

Ce qui risque de jouer contre vous. En étant trop indépendant, vous laissez filer de belles occasions. Évitez de trop vouloir imposer votre point de vue, soyez davantage à l'écoute des autres.

Si votre clé est J

Vous cherchez toujours à faire bonne impression, et il en va de même sur le plan professionnel. Vous mettez la barre bien haute, cherchant constamment à vous dépasser, ce qui devient bien épuisant à la longue. Comme l'insécurité vous tenaille, vous faites de nombreux compromis pour ne pas mettre votre situation en péril. Trop souvent, hélas, ça se retourne contre vous. Dans votre jeunesse, vous aviez du mal à supporter l'autorité; vous ne le montriez que rarement, vous contentant la plupart du temps de ronger votre frein. En vieillissant, vous apprenez à vous faire davantage confiance et, par le fait même, vous ne vous laissez plus manipuler par autrui. Vos débuts dans la vie sont souvent modestes, mais vous finissez toujours par vous élever. Pas de coups d'éclat en vue, mais plutôt un travail opiniâtre, qui se révèle très payant à long terme.

Certains champs d'action qui vous caractérisent. La comptabilité, la gestion, la politique ou les emplois à caractère humanitaire sont faits pour vous. Une fonction au sein du gouvernement ou dans l'immobilier présente d'autres possibilités intéressantes.

Vos forces. Votre vision à long terme et le fait que vous ne craignez pas de consacrer de longues heures à vos activités professionnelles augmentent vos chances de réussite.

Ce qui risque de jouer contre vous. N'allez pas croire qu'il n'y a que la carrière qui détermine ce que vous êtes; il faut apprendre à dissocier qui l'on est vraiment de nos accomplissements. N'acceptez pas de travailler pour une bouchée de pain; vous valez trop pour cela.

Si votre clé est K

Vous ne faites rien comme tout le monde. Plusieurs d'entre vous tendent véritablement à se détacher du peloton, cherchant des domaines inhabituels où ils peuvent donner libre cours à leur grande originalité. Vous abordez souvent la vie professionnelle comme un jeu et, même si vous ne vous prenez pas au sérieux, vous atteignez de hauts sommets. Vous avez le tour de vous faire aimer; ce n'est donc pas étonnant que l'on vous retrouve fréquemment à la tête de vos collègues. Vous voulez innover, vous cherchez à parfaire vos méthodes de travail. Ce n'est pas parce qu'une tâche s'effectue de la même façon depuis toujours que vous ferez de même. Original et inventif de nature, vous cherchez à découvrir une nouvelle manière de procéder et, plus souvent qu'à votre tour, vous la trouvez.

Certains champs d'action qui vous caractérisent. Tous les emplois qui sortent de l'ordinaire vous attirent. Votre fascination pour le modernisme peut vous faire embrasser une carrière en informatique, en aéronautique ou en liaison avec les nouvelles technologies. Grand communicateur, vous êtes également attiré par les médias et les arts.

Vos forces. Vous êtes doué pour la communication et savez vous faire des amis partout où vous passez. Clients, collègues et patrons apprécient votre jovialité. Votre approche progressiste vous pousse à tout réinventer.

Ce qui risque de jouer contre vous. En faisant fi des conventions, vous risquez de vous attirer les foudres de certains. Vous êtes parfois trop détaché par rapport à l'argent; l'idéalisme l'emporte alors sur le sens pratique.

Si votre clé est L

Vous avez une imagination du tonnerre; malheureusement vous ne vous en servez pas toujours à des fins très utiles. Vous rêvassez plutôt que de vous consacrer à votre travail. Pourtant, en canalisant cette créativité vers des objectifs précis, vous pourriez accomplir mer et monde. Docile et généreux, vous êtes un employé modèle; dommage que l'on abuse aussi souvent de vous... Votre intuition est un guide précieux; n'hésitez pas à l'écouter. Cela vous permettra de saisir au vol de bonnes occasions et aussi de ne pas tomber dans les pièges que certaines personnes mal intentionnées risqueraient de vous tendre. Vous vous comportez en véritable psychologue avec votre entourage professionnel; tous se confient à vous.

Certains champs d'action qui vous caractérisent. Vous excellez dans les relations d'aide ainsi que dans toute activité philanthropique. Le domaine de la santé morale ou physique, les médecines douces et la parapsychologie sont d'autres secteurs où vous vous épanouirez.

Vos forces. À coup sûr, la générosité et la créativité constituent vos meilleurs atouts. Vous ressentez énormément de sympathie pour les autres et vous avez leur mieux-être à cœur.

Ce qui risque de jouer contre vous. Vous vous découragez trop facilement; soyez plus tenace, et vous finirez par atteindre vos buts. Évitez d'être trop passif et de dilapider votre argent. Ne faites pas confiance au premier venu: tout le monde n'a pas votre grandeur d'âme.

SPÉCIAL LOTERIES ET JEUX DE HASARD POUR 2007

Jupiter fournit également de précieux renseignements sur notre potentiel de chance dans les jeux de hasard. Pour découvrir quel est le vôtre cette année, il suffit de déterminer si votre groupe (consulter le tableau des pages 11 à 14) et votre signe de naissance ou ascendant apparaissent dans le tableau qui suit.

PÉRIODE	SIGNES OU ASCENDANTS TRÈS FAVORISÉS	SIGNES OU ASCENDANTS MOYENNEMENT FAVORISÉS	SIGNES OU ASCENDANTS LÉGÈREMENT FAVORISÉS
Du 1er janvier au 16 janvier	Bélier, Lion, Sagittaire des groupes 1, 5, 9	Bélier, Lion, - Sagittaire des groupes 7, 11	Bélier, Lion, · Sagittaire des groupes 2, 3, 4, 6, 8, 10, 12
Du 17 janvier au 25 février		Bélier, Lion, Sagittaire, particulièrement des groupes 2, 6, 10	Taureau, Vierge, surtout des groupes 2, 6, 10
Du 26 février au 5 avril		Bélier, Lion, Sagittaire, surtout des groupes 1, 3, 5, 7, 9, 11	Gémeaux, Balance, Verseau, surtout des groupes 3, 7, 11
Du 6 avril au 15 mai		Bélier, Lion, Sagittaire, surtout des groupes 4, 8, 12	Cancer, Scorpion, surtout des groupes 4, 8, 12
Du 16 mai au 24 juin	Bélier, Lion, Sagittaire, des groupes 1, 5, 9	Bélier, Lion, Sagittaire, des groupes 3, 11	Bélier, Lion, Sagittaire des groupes 2, 4, 6, 7, 10, 12
Du 25 juin au 6 août		Bélier, Lion, Sagittaire, surtout des groupes 2, 6, 10	Vierge, Capricorne, surtout des groupes 2, 6, 10
Du 7 août au 28 septembre		Bélier, Lion, Sagittaire, surtout des groupes 3, 7, 11	Balance, Verseau, surtout des groupes 3, 7, 11
Du 29 septembre au 17 décembre		Bélier, Lion, Sagittaire, principalement des groupes 4, 8, 12	Scorpion, Poissons, surtout des groupes 4, 8, 12
Du 18 décembre au 31 décembre		Taureau, Vierge, Capricorne, surtout des groupes 4, 8, 12	Scorpion, Poissons, surtout des groupes 4, 8, 12

Si votre signe **et** votre groupe se retrouvent dans ce tableau, vos chances sont meilleures que si votre signe seul est mentionné.

Exemple: si vous êtes né le 2 décembre 1963,
vous êtes un **Sagittaire** du **groupe 1**.
Vos chances au jeu sont donc:
moyennes du 26 février au 5 avril;
élevées du 1er au 16 janvier et du 16 mai au 24 juin.

LES MYSTÈRES DE LA LUNE

L a Lune et le Soleil exercent une influence déterminante sur notre planète et sur les êtres qui y vivent, que l'on parle des plantes, des animaux ou des êtres humains. En effet, l'attraction gravitationnelle de ces astres se fait sentir sur tous les éléments liquides, et toute vie est composée essentiellement d'eau, notamment le corps humain, qui en contient environ 70 %.

Le cycle lunaire

L a Lune possède un cycle de 28 jours divisé en quatre phases d'une semaine :

La lunaison constitue la première phase ; c'est ce qu'on appelle communément la nouvelle lune. Invisible dans le ciel, elle est représentée par un cercle noir dans les calendriers. ●

Puis, le premier quartier de lune survient dans la deuxième phase, c'est-à-dire sept jours après la nouvelle lune. Cette fois, elle est illustrée par un croissant de lune en forme de D. Cette phase dure également sept jours. ☽

La troisième phase est sans contredit le moment le plus spectaculaire et celui dont on parle le plus : il s'agit de la pleine lune, représentée par un cercle blanc. ○

Puis, arrive la quatrième et dernière phase, le dernier quartier de lune, illustré par un croissant en forme de C. D'une durée d'une semaine également, cette phase précède la nouvelle lunaison. ☾

Les éclipses en quelques mots

A u cours des millénaires et selon les civilisations, les astres ont souvent fait figure de divinités. Par ailleurs, les éclipses étaient souvent sources de crainte. Ainsi, chez les Mayas, une éclipse était vécue comme un conflit entre les astres, et ce conflit impliquait un conflit social chez les hommes, annonçant une période de malheur.

Sur un plan étymologique, le mot éclipse vient du grec et signifie « abandon ». Dans les civilisations antiques, l'éclipse était perçue comme l'expression du Soleil abandonnant la Terre.

Sachant que le Soleil est source de toute vie et qu'il réapparaît chaque jour, il est normal qu'on ait craint de le perdre lorsque se produisait une éclipse. Ce phénomène ne pouvait être qu'une chose terrible.

De nos jours, c'est surtout l'émerveillement, et non la crainte, qui prévaut pendant une éclipse, même s'il s'agit essentiellement d'un phénomène optique. Si, pendant un moment, on ne voit plus le Soleil ou la Lune, cela est causé par l'interposition de la Terre qui leur fait de l'ombre. Une éclipse de Soleil se produit toujours durant la nouvelle lune ; tandis qu'une éclipse de la Lune survient en phase de pleine lune.

Comment utiliser le pouvoir de la Lune

De tout temps, les êtres humains ont cherché à tirer parti des pouvoirs de la Lune. Nos grands-mères, femmes éclairées, et les cultivateurs, en relation étroite avec la nature et les phénomènes célestes, nous ont transmis croyances et astuces.

La semaine qui suit le jour de la nouvelle lune est propice pour trouver du travail et se lancer dans de nouveaux projets. On dit qu'un enfant né le premier jour de la nouvelle lune connaîtra une vie heureuse. Par contre, si quelqu'un tombe malade ce jour-là, il le restera durant toute la première phase de la lune. La lunaison est également la période idéale pour labourer, pour tailler ses plantes ou ses arbustes et pour enlever les mauvaises herbes. Si l'on souhaite que ses cheveux ou ses ongles repoussent avec davantage de vigueur, c'est le moment de les couper. Cette phase lunaire ne convient pas beaucoup aux questions amoureuses ; par contre, elle est formidable pour amorcer une cure de nettoyage.

Le premier quartier annonce une semaine où le sommeil de beaucoup d'entre nous est plus léger. La chance sourira à ceux qui vendront un bien ou effectueront une transaction quelconque. D'autres connaîtront une motivation accrue dans leurs activités professionnelles et pourraient avoir une promotion. En règle générale, les relations interpersonnelles sont plus faciles. Les amoureux se rapprochent, font table rase des divergences d'opinion et prennent des engagements sérieux. La plupart des semis, à quelques exceptions près, doivent être effectués pendant la période de la lune croissante. Par ailleurs, les vieux jardiniers avaient coutume de dire que les légumes poussant au-dessus de la terre comme les choux et salades devaient être plantés au cours d'une phase de premier quartier de lune. Puisque les plantes sont en pleine période de croissance et demandent par conséquent un surcroît d'attention, c'est le moment de semer, de fertiliser, de diviser les plants et d'arroser davantage. Les ongles ou les cheveux profiteront également d'une bonne coupe. Une mise en garde cependant à ceux qui ont des problèmes émotionnels ou psychiques, ils risquent de faire durant cette période des gestes qu'ils regretteront.

La semaine qui suit le jour de la pleine lune est une période où règne un sentiment de confusion généralisé. Heureusement, cela ne dure pas. Les questions d'argent et de travail nous préoccupent davantage. En amour, les querelles se font plus nombreuses ; toutefois, scènes romantiques et prises de bec alternent souvent. Sur le plan social, la vie se fait souvent plus intéressante. Pour les plantes, il s'agit d'une période très active, bourgeons et racines croissent plus rapidement. Les mycologues ont aussi remarqué qu'ils trouvaient plus de champignons quelques jours après la pleine lune. Toutefois, semer ou rempoter n'est pas conseillé, car cela pourrait interrompre la période de croissance des végétaux. Ceux qui détestent aller chez le coiffeur devraient choisir cette semaine pour se faire couper les cheveux, car ils repousseront moins rapidement. Cette période se révèle faste pour ceux qui désirent entreprendre un régime amaigrissant.

Quant à la semaine du dernier quartier, il s'agit d'une période d'introspection ; on se cherche sans toujours bien savoir où l'on va. C'est également une semaine où l'on découvre que la persévérance est récompensée. Les efforts entrepris portent fruit. En fait, les actions et les gestes faits dans le passé nous rattrapent. On récolte ce que l'on a semé. Si l'Amour avec un grand A devient plus important que l'amour de son partenaire, il est temps de revenir sur terre pour améliorer sa vie de couple. Cette phase lunaire en est une également marquée du sceau de la spiritualité, de l'intuition et de la vie sociale. Dans le jardin, il faut en profiter pour enlever les fleurs fanées, les feuilles jaunies et les mauvaises herbes. Un bon nettoyage s'impose. Il est recommandé de semer ou de planter pendant cette période de lune décroissante tout ce qui se développe dans la terre : oignons, carottes, pommes de terre, etc. On dit aussi que c'est la meilleure période pour faire des confitures, car le sucre ne remontera pas à la surface, ce qui préviendra tout risque d'acidité et de fermentation.

3 janvier	Pleine lune	○
11 janvier	Dernier quartier	☾
18 janvier	Nouvelle lune	●
25 janvier	Premier quartier	☽
2 février	Pleine lune	○
10 février	Dernier quartier	☾
17 février	Nouvelle lune	●
24 février	Premier quartier	☽
3 mars	Pleine lune et éclipse lunaire totale	○
11 mars	Dernier quartier	☾
18 mars	Nouvelle lune et éclipse solaire partielle	●
25 mars	Premier quartier	☽
2 avril	Pleine lune	○
10 avril	Dernier quartier	☾
17 avril	Nouvelle lune	●
24 avril	Premier quartier	☽
2 mai	Pleine lune	○
10 mai	Dernier quartier	☾
16 mai	Nouvelle lune	●
23 mai	Premier quartier	☽
31 mai	Pleine lune	○
8 juin	Dernier quartier	☾
14 juin	Nouvelle lune	●
22 juin	Premier quartier	☽
30 juin	Pleine lune	○
7 juillet	Dernier quartier	☾
14 juillet	Nouvelle lune	●
22 juillet	Premier quartier	☽
29 juillet	Pleine lune	○
5 août	Dernier quartier	☾

12 août	Nouvelle lune	●
20 août	Premier quartier	☽
28 août	Pleine lune et éclipse lunaire totale	○
3 septembre	Dernier quartier	☾
11 septembre	Nouvelle lune et éclipse solaire partielle	●
19 septembre	Premier quartier	☽
26 septembre	Pleine lune	○
3 octobre	Dernier quartier	☾
11 octobre	Nouvelle lune	●
19 octobre	Premier quartier	☽
25 octobre	Pleine lune	○
1er novembre	Dernier quartier	☾
9 novembre	Nouvelle lune	●
17 novembre	Premier quartier	☽
24 novembre	Pleine lune	○
1er décembre	Dernier quartier	☾
9 décembre	Nouvelle lune	●
17 décembre	Premier quartier	☽
23 décembre	Pleine lune	○
31 décembre	Dernier quartier	☾

LA CARTE DU CIEL EN 2007

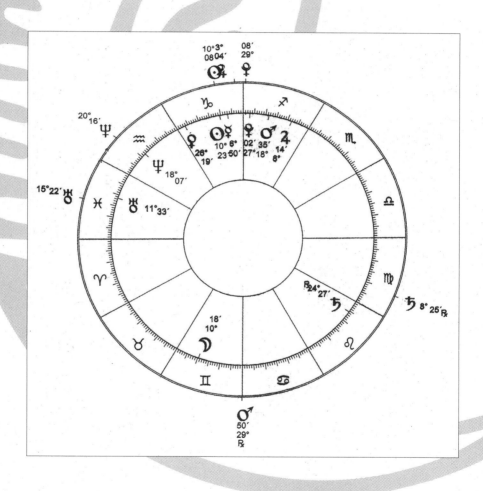

La position des planètes en 2007

Chacune de ces planètes exerce une influence sur vous et sur votre destinée, même si elle n'évolue pas directement dans votre signe. Le chapitre concernant vos prévisions annuelles et mensuelles vous donne une explication détaillée de chaque transit. Il vous renseigne également sur l'influence du Soleil, de la Lune et des éclipses.

Jupiter passera presque toute l'année en Sagittaire. Le 18 décembre, cette planète entrera en Capricorne où elle restera jusqu'au 31 décembre.

Saturne demeurera en Lion jusqu'au 2 septembre, puis passera en Vierge pour le reste de l'année.

Uranus transitera par les Poissons.

Neptune passera toute l'année en Verseau.

Pluton poursuivra sa visite du Sagittaire.

Mars visitera successivement le Sagittaire, le Capricorne, le Verseau, les Poissons, le Bélier, le Taureau, les Gémeaux et le Cancer.

Vénus transitera par tous les signes.

Mercure fera aussi le tour des 12 signes.

L'influence des planètes

Chaque planète possède ses attributs, ses caractéristiques et son symbolisme propre ; elle exerce des effets particuliers sur l'existence humaine. Ces effets ont été étudiés et voici, en résumé, ce qu'on peut dire pour chacune d'entre elles, sans se lancer dans un long cours d'astrologie.

Le Soleil Il représente la personnalité, la force vitale ; le désir de briller, la réussite sociale, l'élément masculin. Pour une femme, il s'agira de son conjoint ou de son père. C'est la position du Soleil dans le zodiaque qui détermine à quel signe on appartient.

La Lune Symbole de l'émotivité par excellence, elle exerce son influence sur les sentiments et les émotions, elle évoque les changements, l'intuition, les petits déplacements, la famille, la mère. Pour un homme, elle représentera son épouse ou sa conjointe.

Mercure   Il s'agit de la planète des enfants, de la jeunesse, mais aussi de l'intelligence, de la logique, du désir d'apprendre, des études, des communications et du commerce. Pour une personne en particulier, elle représentera ses propres enfants.

Vénus   Évidemment, il s'agit de la planète qui régit les amours, les sentiments, le bonheur, la vie de couple, le goût des belles choses, les arts et l'apparence.

Mars   Nommée en l'honneur du dieu romain de la guerre, elle est l'énergie, la force, l'extériorisation, le travail. Mais elle régit aussi les conflits, les blessures, les accidents et les opérations chirurgicales.

Jupiter   Planète de la vie matérielle, elle influence nos biens matériels, notre richesse, notre optimisme, nos honneurs. On l'associe souvent aux appuis gouvernementaux, aux relations avec la loi et aux contacts avec l'étranger.

Saturne   De tout temps, elle a représenté la sagesse et l'évolution, mais aussi les restrictions, les épreuves et les pertes. Elle régit également la détermination, la patience, l'économie, le désir de sécurité et la fin de vie.

Uranus   Planète des changements brusques, elle joue un rôle sur l'imprévisible, l'originalité, l'esprit d'invention, les nouvelles technologies, la parapsychologie et les grands idéaux qui caractérisent un individu.

Neptune   Génie créatif, inspiration, vie émotive, croyances mystiques, secrets, mystères, dépendances et illusions sont les domaines placés sous l'influence de cette planète.

Pluton   Lorsque des changements profonds et radicaux, des transformations, des catastrophes, des nouveaux départs surviennent, c'est que cette planète agit avec force. Elle régit aussi la sexualité.

Au moment de notre naissance, les planètes se situent à un endroit particulier du zodiaque. Leurs influences se font donc sentir simultanément, mais différemment, pour chacun d'entre nous. Ainsi, deux personnes peuvent avoir le même signe et le même ascendant, mais subir les influences planétaires de manière différente.

Par exemple, si le Soleil se trouvait en Bélier lors de votre naissance, vous serez un Bélier énergique et vif... Toutefois, vous pouvez en même temps avoir Vénus en Poissons, ce qui vous rend sensible et sentimental en amour. Si Jupiter se trouve en Capricorne, vous serez, en plus, prudent et avisé en affaires, etc. Votre thème de naissance, qu'on appelle également carte du ciel, permet donc de définir ce qui vous différencie des autres natifs du même signe.

Prédictions mondiales pour 2007

Enfin, une période de répit! Depuis plusieurs années, le destin terrestre a été lourdement malmené par la quadrature Saturne-Jupiter, un angle défavorable entre deux planètes aux actions diamétralement opposées. Tout était sens dessus dessous, on ne reconnaissait plus rien, même la météo était tout à l'envers. En 2007, ces deux astres sont en harmonie jusqu'au 2 septembre, puis de nouveau à partir du 18 décembre. Cela signifie que nous devrions assister à de nombreux progrès, dans plusieurs domaines. Il ne faudrait quand même pas s'imaginer que tout marchera comme sur des roulettes sans qu'on mette la main à la pâte. Cet équilibre naissant est fragile. D'ailleurs, nous pourrions en avoir la preuve à l'automne, puisque cette période est une nouvelle fois régie par des aspects planétaires dysharmoniques. Bref, nous pourrions faire quelques pas en avant, pour reculer de plus belle si l'on commet des erreurs de jugement.

Des nouvelles encourageantes pourraient nous parvenir tant sur le plan économique que politique. Certains hauts dirigeants connaissent une forte hausse de popularité, tandis que d'autres dont la cote d'amour était déjà sur le déclin sont remplacés rapidement par des candidats possédant davantage de charisme et de vision sociale. On peut dire que nous assisterons au retour de leaders forts, aussi bien du côté gouvernemental que religieux. Plus personne ne veut de chefs tièdes ni qui agissent contre les désirs de la population. Attendez-vous à des revirements intéressants dans plusieurs régions du globe, à commencer par ici. Pour ceux que ça intéresse, les astres ne disent rien à propos de la séparation du Québec du reste du Canada ; on pourrait toutefois arriver à une certaine forme de partenariat qui ferait l'affaire de la majorité.

Sur le plan international, les pourparlers de paix se multiplient. On fait plus que discuter, on arrive enfin à des ententes significatives. Le commerce entre les nations prend une envergure surprenante ; on parvient à régler une foule de différends et même à trouver des solutions aux problèmes qui affectaient le bétail.

De nouveaux chefs religieux arrivent enfin à mettre un peu d'ordre dans le comportement de leurs fidèles. Dans ce domaine également, on fait preuve de bonne volonté et d'ouverture sur le monde extérieur. Mais attention, il ne faut pas tout tenir pour acquis, car la situation pourrait dégénérer entre septembre et la mi-décembre.

Un mouvement vers la sagesse, vers l'autoresponsabilisation commence à poindre. On cherche moins à s'étourdir en consommant de manière effrénée ; on recycle davantage, on rénove, on prend mieux soin de ses affaires. On mise de plus en plus sur la solidité et le long terme. Il va sans dire que les commerces de gadgets et de biens jetables pourraient connaître une phase de stagnation ; les entreprises de rénovation, de récupération et d'entretien, quant à elles, iront en prospérant. Le transport et l'exportation sont eux aussi des secteurs avantagés.

Partout, on vise l'équilibre et l'on se décide finalement à fournir les efforts nécessaires. Ça avance lentement mais sûrement. Fini le temps où l'on croyait aux contes de fées, où l'on s'imaginait que les gouvernements feraient tout à notre place et qu'ils nous prendraient en charge comme des enfants. Après avoir piétiné pendant une décennie, voici que nous refaisons notre incursion dans l'ère du Verseau.

CL'HARMONIE ENTRE LES SIGNES

Êtes-vous en harmonie?

S'il est une question qui revient souvent, c'est bien celle-ci : mon signe s'accorde-t-il bien avec tel ou tel autre ? Répondre à une telle question, qui semble anodine, n'est pas si facile, et surtout la réponse ne peut être catégorique. C'est comme me demander si une personne aux yeux bleus peut s'entendre avec une autre ayant les yeux verts... La réponse demeure: « Ça dépend... »

La carte du ciel d'une personne est un système complexe où plusieurs éléments entrent en ligne de compte et non seulement le signe astrologique. L'ascendant, les planètes, les maisons et les aspects influencent plus ou moins la personnalité des individus. Il ne suffit pas de se baser sur le signe pour déterminer les affinités ou les antagonismes entre deux personnes.

Si toutefois la question vous préoccupe, et si vous connaissez votre ascendant et celui de l'être cher, vous pouvez constater, grâce au tableau qui suit, non seulement si vos signes sont compatibles, mais également si vos ascendants sont en harmonie. Vous pouvez voir si le signe de l'un a des affinités avec l'ascendant de l'autre, et vice versa. Cela vous permettra de juger de vos possibilités d'entente.

Puisque cela m'est demandé très souvent et que connaître les compatibilités entre les différents signes vous intéresse, je vous propose de découvrir les tendances générales. N'oubliez jamais que rien n'est définitif. Si vous avez rencontré l'homme de votre vie ou la femme de vos rêves, même si son signe ne semble pas être en totale harmonie avec le vôtre, dites-vous que la vie sera votre meilleur juge.

Mon petit test instantané

	BÉLIER	TAUREAU	GÉMEAUX	CANCER	LION	VIERGE
Bélier	1	6	5	3	2	6
Taureau	6	1	6	5	3	2
Gémeaux	5	6	1	6	5	3
Cancer	3	5	6	1	6	5
Lion	2	3	5	6	1	6
Vierge	6	2	3	5	6	1
Balance	4	6	2	3	5	6
Scorpion	6	4	6	2	3	5
Sagittaire	2	6	4	6	2	3
Capricorne	3	2	6	4	6	2
Verseau	5	3	2	6	4	6
Poissons	6	5	3	2	6	4

	BALANCE	SCORPION	SAGITTAIRE	CAPRICORNE	VERSEAU	POISSONS
Bélier	4	6	2	3	5	6
Taureau	6	4	6	2	3	5
Gémeaux	2	6	4	6	2	3
Cancer	3	2	6	4	6	2
Lion	5	3	2	6	4	6
Vierge	6	5	3	2	6	4
Balance	1	6	5	3	2	6
Scorpion	6	1	6	5	3	2
Sagittaire	5	6	1	6	5	3
Capricorne	3	5	6	1	6	5
Verseau	2	3	5	6	1	6
Poissons	6	2	3	5	6	1

Quel nombre avez-vous obtenu ?

1 Puisque vous êtes tous les deux du même signe, les points communs entre vous ne manquent pas. Vous vous ressemblez comme deux vieux copains, vous vous comprenez sans vous dire un mot. Vous avez les mêmes qualités... mais aussi les mêmes défauts, et c'est là que, parfois, les étincelles surgissent. Vos travers se retrouvent chez l'autre et vous agacent. Vos propres points faibles vous sautent au visage. Toutefois, puisque vous avez en commun les mêmes buts, les mêmes idéaux, les mêmes opinions sur plusieurs sujets, cette connivence naturelle vous rapproche. Attention, par contre, car il peut s'agir d'une arme à double tranchant : vous vous connaissez tellement bien – vous êtes tirés du même moule – que rien ne vous étonne en l'autre, et vous risquez ainsi de percer tous ses mystères. Laissez-lui son jardin secret, et surtout ne le tenez pas pour acquis. Tâchez de le surprendre au moment où il s'y attend le moins ; vous pourrez ainsi vivre tous deux une relation passionnante empreinte de complicité.

2 Vos deux signes relèvent du même élément. Vous avez la même sensibilité, la même façon d'aborder l'existence et le quotidien, la même intensité dans vos relations interpersonnelles ; c'est d'ailleurs très probablement ce qui vous a plu chez l'autre. Malgré tout, vous possédez chacun votre individualité, vos différences. Au quotidien, l'entente est bonne, et la relation, vraiment harmonieuse. Votre façon d'agir, de résoudre les problèmes est à peu près la même. En règle générale, ensemble, c'est le paradis sur terre... Mais tout n'est pas parfait, loin de là. Vous avez tous deux le même entêtement, et il est impossible à l'un ou à l'autre de prendre le dessus. Lorsque les choses tournent mal, vous vous isolez chacun de votre côté, ce qui ne règle rien. Les discussions, les divergences d'opinion ou d'avis font partie du vécu de chaque couple. Apprenez à rester amis même lorsque vous n'êtes pas d'accord et à vous respecter mutuellement... Lorsque vous travaillez de concert, rien n'est impossible pour vous. Votre relation pourrait être tout simplement magnifique si vous savez travailler l'un avec l'autre et non chacun de votre côté.

3 Vos deux signes se retrouvent « en carré » ou en croix. Malgré des traits communs, vos personnalités sont très différentes l'une de l'autre ; cette différence vous a intrigué, attiré au départ, souvenez-vous-en. Même vos objectifs et votre sens des valeurs sont différents ; pourtant vous raisonnez de la même manière. Lorsque tout va bien, tout est merveilleux, mais en cas de conflit, ça peut chauffer. Les divergences d'opinion, les situations délicates ne manquent pas entre vous. S'il est normal de ne pas être toujours du même avis sur tout, il est cependant essentiel d'apprendre à s'écouter pour éviter les malentendus. Ce qui vous a séduit chez l'autre, c'est justement sa vision différente de la vie. Il est donc important d'allier respect et compréhension si vous voulez éviter les heurts. La passion entre vous est très importante, mais attention de ne pas vous enflammer à tout bout de champ. Laissez l'autre s'exprimer. Vous coupez facilement la parole à l'autre sans toujours vous rendre compte qu'un peu d'écoute et d'attention serait tellement plus profitable. Ouvrez votre cœur... et vos oreilles ! Vous pourrez vivre une relation très enrichissante ensemble.

4 Vos deux signes sont en opposition ; vous êtes aux antipodes l'un de l'autre... peut-être est-ce ce qui vous a fait vibrer lors de votre première rencontre. Même si vous êtes très différents, vous vous complétez magnifiquement, malgré quelques petites escarmouches sans conséquence. Puisque les forces de l'un comblent les points faibles de l'autre, vous avez l'impression de voir votre propre image, comme le négatif d'une photo. Votre conjoint vous permet de découvrir des horizons que vous n'imaginiez pas, de voir le monde sous un jour totalement différent, de vous surpasser. Votre conjoint vous permet aussi de percevoir vos faiblesses. Sans vous l'avouer, ce qui vous agace en lui (ou en elle) met en lumière vos propres défauts. Une telle perception des choses peut créer des frictions, mais vous sentez bien que votre union est très originale et particulière, et vous réussissez à surmonter vos problèmes. Votre couple est équilibré, complémentaire et harmonieux ; vous vous apportez beaucoup l'un à l'autre, et vos chances qu'une stabilité et qu'un enrichissement mutuel s'installent dans votre couple sont excellentes.

5 Vos deux signes se trouvent en sextile : vos éléments sont donc compatibles. Votre union sera facile, agréable et sans problème insurmontable. Vous n'avez peut-être pas eu de coup de foudre l'un pour l'autre, et la passion ne vous a pas littéralement emportés. Mais avec le temps vous avez appris à vous connaître et à vous apprécier, et c'est là l'essentiel. Votre affection est profonde. L'amitié qui vous unit, votre compréhension et votre communication exceptionnelles vous permettent de dialoguer sans heurts et de vous expliquer : comme on dit, vous êtes sur la même longueur d'onde. Si votre vision des choses diffère, d'autres éléments et d'autres caractéristiques vous réunissent. Vos sensibilités et vos désirs se rejoignent. Par le dialogue, les petites difficultés s'aplanissent toujours. Le rire et l'humour vous rapprochent l'un de l'autre. Avec un minimum d'efforts, votre relation sera douce, tendre et revigorante. Vous irez là où vos pas vous porteront, main dans la main.

6 Seriez-vous étranger l'un à l'autre ? Pour trouver des points communs entre vous, il faut bien chercher. Souvent, vous avez même l'impression de ne pas parler la même langue. Et pourtant… vous pourriez vous entendre, avec un peu d'efforts de part et d'autre. Le plus amusant est que cette différence peut se révéler un précieux atout au cours d'activités communes, dans vos loisirs ou même au travail. Le manque de communication dans votre couple est flagrant ; vous le déplorez et aurez parfois l'impression que votre conjoint ne vous comprend pas et ne répond pas à vos attentes. Vos valeurs et vos objectifs divergent du tout au tout parfois. Dans de telles conditions, votre vie de couple repose sur vos efforts. Il est inutile d'essayer de changer votre partenaire. Acceptez-le, sans condition. Pour rendre votre vie à deux plus harmonieuse, vous pourriez jouer sur le romantisme. Sachez surprendre votre partenaire en proposant des sorties en amoureux, des dîners aux chandelles à l'improviste et des surprises de toutes sortes. Si votre partenaire n'arrive pas à cerner complètement votre personnalité, cela peut être un plus. Alliez cette carte « mystère » à la carte « romantisme » et, à coup sûr, vous ferez battre son cœur. Des liens psychiques très forts peuvent être tissés entre vous deux ; une compréhension au-delà des mots, voire de la télépathie, n'est pas impossible. Voilà une autre énigme dont vous pourrez jouer pour stimuler votre couple.

TROUVER SON ASCENDANT, C'EST FACILE !

Vous ne connaissez pas votre ascendant ? Nous allons vous donner une méthode très simple pour le trouver.

DE QUOI AVEZ-VOUS BESOIN ?

De votre heure de naissance, c'est tout.

COMMENT FAIRE ?

1. Prenez votre heure de naissance ;
2. ajoutez le temps sidéral ;
3. additionnez le tout.

Vous voyez, ce n'est pas bien compliqué.

Dans les lignes qui suivent, nous vous donnons :

1. quelques renseignements sur votre **heure de naissance** ;
2. le **temps sidéral** qui correspond à votre **date de naissance** ;
3. des **indications** pour additionner l'un à l'autre.

Avant d'aller plus loin, lisez donc les paragraphes qui suivent ; vous serez sûr de ne pas faire d'erreur.

1. Votre heure de naissance

L'ascendant se calcule à partir de l'heure de naissance ; il faut donc que vous sachiez à quelle heure vous êtes né pour le calculer.

> **NOTE :** **Si vous ne connaissez pas votre heure de naissance**, seul un astrologue expérimenté pourrait trouver votre ascendant. Mais **informez-vous** : des parents, des proches, des frères ou sœurs, voire l'hôpital où vous êtes né peuvent vous renseigner sur votre heure de naissance.

Si votre heure de naissance est imprécise, vous pouvez essayer quand même. Évidemment, l'ascendant que vous obtiendrez alors sera imprécis, lui aussi.

Donc, vous savez maintenant que votre ascendant se calcule à partir de votre heure de naissance. Rappelez-vous cependant deux petites choses :

Si vous êtes né en après-midi ou en soirée, il faut que vous preniez votre heure en **système de 0 à 24 heures**. Donc, au lieu d'écrire 2-h de l'après-midi, vous écrivez 14 h ; au lieu de 9 h du soir, vous écrivez 21 h.

C'est bien important, ne l'oubliez pas !

En effet, si vous êtes né en soirée ou en après-midi, vous n'aurez pas le même ascendant que si vous étiez né le matin.

En astrologie, il faut toujours prendre **l'heure réelle** et non pas l'heure avancée. Vous ne voulez pas calculer l'ascendant de quelqu'un qui serait né une heure plus tard que vous !

Savez-vous si vous êtes né pendant une période d'heure avancée ? C'est facile : dans les lignes qui suivent, vous le verrez aisément.

Tableau de l'heure avancée

Avant 1918, il n'y avait pas d'heure avancée.

Si vous êtes né entre les dates suivantes, enlevez une heure à votre heure de naissance pour avoir votre heure réelle de naissance.

En 1918, du 14 avril au 31 octobre, dans toute la province de Québec.

De 1919 à 1927 inclusivement, l'heure était avancée à **Montréal seulement** :

- en 1919, du 31 mars au 25 octobre* ;
- en 1920, du 2 mai au 3 octobre* ;
- en 1921, du 1er mai au 2 octobre* ;
- en 1922, du 30 avril au 1er octobre* ;
- en 1923, du 13 mai au 30 septembre* ;
- en 1924, du 18 mai au 28 septembre* ;
- en 1925, du 3 mai au 27 septembre* ;

- en 1926, du 2 mai au 26 septembre* ;
- en 1927, du 1er mai au 25 septembre*.

* À Montréal seulement — pas dans le reste du Québec. Donc, si vous êtes né entre ces dates à Montréal, enlevez une heure. Si vous êtes né ailleurs dans la province, laissez votre heure telle quelle.

À partir de 1928, l'heure est avancée **à Montréal et dans tout le reste de la province** entre les dates suivantes :
- en 1928, du 29 avril au 30 septembre ;
- en 1929, du 28 avril au 29 septembre ;
- en 1930, du 27 avril au 28 septembre ;
- en 1931, du 26 avril au 27 septembre ;
- en 1932, du 24 avril au 25 septembre ;
- en 1933, du 30 avril au 24 septembre ;
- en 1934, du 29 avril au 30 septembre ;
- en 1935, du 28 avril au 29 septembre ;
- en 1936, du 26 avril au 27 septembre ;
- en 1937, du 25 avril au 26 septembre ;
- en 1938, du 24 avril au 25 septembre ;
- en 1939, du 30 avril au 24 septembre ;
- en 1940, du 28 avril au 31 décembre* ;
- en 1941, TOUTE L'ANNÉE* ;
- en 1942, TOUTE L'ANNÉE* ;
- en 1943, TOUTE L'ANNÉE* ;
- en 1944, TOUTE L'ANNÉE* ;
- en 1945, du 1er janvier au 30 septembre*.

* L'heure fut avancée continuellement, hiver comme été, durant la guerre.

- en 1946, du 28 avril au 29 septembre ;
- en 1947, du 27 avril au 28 septembre ;
- en 1948, du 25 avril au 26 septembre ;
- en 1949, du 24 avril au 25 septembre ;
- en 1950, du 30 avril au 24 septembre ;
- en 1951, du 29 avril au 30 septembre ;
- en 1952, du 27 avril au 28 septembre ;
- en 1953, du 26 avril au 27 septembre ;
- en 1954, du 25 avril au 26 septembre ;
- en 1955, du 24 avril au 25 septembre ;
- en 1956, du 29 avril au 30 septembre ;
- en 1957, du 28 avril au 27 octobre ;
- en 1958, du 27 avril au 26 octobre ;

- en 1959, du 26 avril au 25 octobre;
- en 1960, du 24 avril au 30 octobre;
- en 1961, du 30 avril au 29 octobre;
- en 1962, du 29 avril au 28 octobre;
- en 1963, du 28 avril au 27 octobre;
- en 1964, du 26 avril au 25 octobre;
- en 1965, du 25 avril au 31 octobre;
- en 1966, du 24 avril au 30 octobre;
- en 1967, du 30 avril au 29 octobre;
- en 1968, du 28 avril au 27 octobre;
- en 1969, du 27 avril au 26 octobre;
- en 1970, du 26 avril au 25 octobre;
- en 1971, du 25 avril au 31 octobre;
- en 1972, du 30 avril au 29 octobre;
- en 1973, du 29 avril au 28 octobre;
- en 1974, du 28 avril au 27 octobre;
- en 1975, du 27 avril au 26 octobre;
- en 1976, du 25 avril au 31 octobre;
- en 1977, du 24 avril au 30 octobre;
- en 1978, du 30 avril au 29 octobre;
- en 1979, du 29 avril au 28 octobre;
- en 1980, du 27 avril au 26 octobre;
- en 1981, du 26 avril au 25 octobre;
- en 1982, du 25 avril au 31 octobre;
- en 1983, du 24 avril au 30 octobre;
- en 1984, du 29 avril au 28 octobre;
- en 1985, du 28 avril au 27 octobre;
- en 1986, du 27 avril au 26 octobre;
- en 1987, du 5 avril au 25 octobre;
- en 1988, du 3 avril au 30 octobre;
- en 1989, du 2 avril au 29 octobre;
- en 1990, du 1er avril au 28 octobre;
- en 1991, du 7 avril au 29 octobre;
- en 1992, du 5 avril au 25 octobre;
- en 1993, du 4 avril au 31 octobre;
- en 1994, du 3 avril au 30 octobre;
- en 1995, du 2 avril au 29 octobre;
- en 1996, du 7 avril au 27 octobre;
- en 1997, du 6 avril au 26 octobre;
- en 1998, du 5 avril au 25 octobre;
- en 1999, du 4 avril au 31 octobre;
- en 2000, du 2 avril au 29 octobre;

- en 2001, du 1er avril au 28 octobre;
- en 2002, du 7 avril au 27 octobre;
- en 2003, du 6 avril au 26 octobre;
- en 2004, du 4 avril au 31 octobre;
- en 2005, du 3 avril au 28 octobre;
- en 2006, du 2 avril au 29 octobre;
- en 2007, du 1er avril au 25 novembre.

Donc, si vous êtes né entre les dates que nous venons de donner, n'oubliez pas d'enlever une heure à votre heure de naissance pour obtenir votre heure réelle de naissance.

2. Le temps sidéral

Comme nous l'avons vu précédemment, pour calculer l'ascendant, il suffit d'additionner votre heure réelle de naissance au temps sidéral qui correspond à votre journée de naissance.

Le temps sidéral est une heure qui correspond à une seule journée de l'année. Chaque journée a le sien; il n'y a pas deux journées qui ont le même temps.

Pour calculer votre ascendant, vous avez donc besoin de connaître le temps sidéral qui correspond au jour de votre fête. Comment faire? Rien de plus simple.

Aux pages 52 et 53, vous trouverez un tableau: à la première ligne du tableau figurent les 12 mois de l'année, chacun correspondant à une colonne. La première colonne comporte des chiffres allant de 1 à 31. Ces chiffres correspondent, bien sûr, aux quantièmes (jours) des mois.

Il vous suffit maintenant de trouver, dans la colonne qui correspond à votre mois de naissance, la ligne de votre jour de fête, et le tour est joué.

> **PAR EXEMPLE:** Si vous êtes né le 1er janvier, vous cherchez sous janvier, à la première ligne, et vous voyez 6 h 36. Le temps sidéral qui correspond à votre jour de naissance est donc **6 h 36**.
> De même, si vous êtes né le 14 mai, vous allez voir, sous la colonne de mai, la ligne qui correspond au 14, et vous trouvez votre temps sidéral, qui est **15 h 24**.
> **NOTE:** Pour vous faciliter la tâche, les tableaux des pages 52 et 53 indiquent le temps sidéral corrigé et simplifié.
> Suivez la ligne qui correspond à votre jour de fête jusqu'à la colonne de votre mois de naissance: vous avez maintenant le temps sidéral qui correspond à votre jour de naissance.

3. Et puis, vous additionnez

Vous avez donc maintenant votre heure réelle de naissance et le temps sidéral qui correspond à votre journée de naissance : il vous suffit de faire une toute petite addition. Bien sûr, vous avez pris soin de vous assurer que votre heure de naissance est inscrite **en système de 0 à 24 heures,** surtout si vous êtes né en après-midi ou en soirée.

> ATTENTION : Vous avez des heures et des minutes. Vous savez qu'il y a **60 minutes** dans une heure et **24 heures** dans une journée.
>
> Donc si, en additionnant, vous avez un total de minutes supérieur à 60, vous soustrayez 60 du nombre des minutes et vous ajoutez 1 au nombre des heures.
>
> De même, si, en additionnant, vous avez un total d'heures supérieur à 24, vous soustrayez 24.
>
> Vous avez maintenant un total en heures et en minutes ; vous n'avez plus qu'à consulter le petit tableau de la page 46, à trouver la section qui correspond à la vôtre et à LIRE votre ascendant.

Voici un exemple pour illustrer cette méthode. Supposons qu'une personne soit née le 24 juin 1967, à 2 h 25 de l'après-midi.

Nous savons que, pour calculer l'ascendant, il faut utiliser l'heure en système de 0 à 24 heures. Donc, 2 h 25 de l'après-midi, c'est en réalité 14 h 25. Comme l'heure était avancée (voir tableau de l'heure avancée), il faut donc soustraire 1 heure, ce qui donne 14 h 25 − 1 h 00 = 13 h 25.

Maintenant que nous avons l'heure réelle de naissance, faisons le calcul :

Heure réelle de naissance	13 h 25
Temps sidéral (du 24 juin)	+ 18 h 06
Total	31 h 31

Comme le nombre des heures est supérieur à 24, nous soustrayons 24 heures à 31 h 31, ce qui donne:

$$
\begin{aligned}
& 31\ h\ 31 \\
- &\ 24\ h\ 00 \\
\hline
& 7\ h\ 31
\end{aligned}
$$

En consultant la **Table des ascendants** (en page 54), on voit bien que l'ascendant de cette personne est Balance.

Faites vous-même vos calculs

1   Inscrivez votre heure de naissance   _____ h _____
(en système de 0 à 24 heures)

2   Enlevez 1 heure   (– 1 heure)
mais seulement si vous êtes né
en période d'heure avancée   = _____ h _____

Ceci vous donne votre heure
de naissance réelle

3   Inscrivez le temps sidéral qui
correspond à votre jour de naissance + _____ h _____

4   Additionnez les deux lignes
précédentes   = _____ h _____

5   Si le nombre des minutes dépasse 60,
enlevez 60 minutes et ajoutez 1 heure;
sinon, laissez tel quel.

Si le nombre des heures dépasse 24,
enlevez 24 heures; sinon, laissez tel quel.

Vous obtenez _____ h _____

Maintenant, consultez la table des
ascendants et trouvez le vôtre.

Temps sidéral

Du 1er janvier au 30 juin

JOUR	JANV.	FÉVR.	MARS	AVRIL	MAI	JUIN
1	6 h 36	8 h 38	10 h 33	12 h 36	14 h 33	16 h 36
2	6 h 40	8 h 42	10 h 37	12 h 40	14 h 37	16 h 40
3	6 h 44	8 h 46	10 h 40	12 h 44	14 h 41	16 h 43
4	6 h 48	8 h 50	10 h 44	12 h 48	14 h 45	16 h 47
5	6 h 52	8 h 54	10 h 48	12 h 52	14 h 49	16 h 51
6	6 h 56	8 h 58	10 h 52	12 h 55	14 h 53	16 h 55
7	7 h 00	9 h 02	10 h 56	12 h 58	14 h 57	16 h 59
8	7 h 04	9 h 06	11 h 00	13 h 02	15 h 01	17 h 03
9	7 h 08	9 h 10	11 h 04	13 h 06	15 h 05	17 h 07
10	7 h 12	9 h 14	11 h 08	13 h 10	15 h 09	17 h 11
11	7 h 15	9 h 18	11 h 12	13 h 14	15 h 13	17 h 15
12	7 h 19	9 h 22	11 h 16	13 h 18	15 h 17	17 h 19
13	7 h 23	9 h 26	11 h 20	13 h 22	15 h 21	17 h 23
14	7 h 27	9 h 30	11 h 24	13 h 26	15 h 24	17 h 27
15	7 h 31	9 h 33	11 h 28	13 h 30	15 h 28	17 h 31
16	7 h 35	9 h 37	11 h 32	13 h 34	15 h 32	17 h 34
17	7 h 39	9 h 41	11 h 36	13 h 38	15 h 36	17 h 38
18	7 h 43	9 h 45	11 h 40	13 h 42	15 h 40	17 h 42
19	7 h 47	9 h 49	11 h 44	13 h 46	15 h 44	17 h 46
20	7 h 51	9 h 53	11 h 48	13 h 50	15 h 48	17 h 50
21	7 h 55	9 h 57	11 h 52	13 h 54	15 h 52	17 h 54
22	7 h 59	10 h 01	11 h 55	13 h 58	15 h 56	17 h 58
23	8 h 03	10 h 05	11 h 58	14 h 02	16 h 00	18 h 02
24	8 h 07	10 h 09	12 h 02	14 h 06	16 h 04	18 h 06
25	8 h 11	10 h 13	12 h 06	14 h 10	16 h 08	18 h 10
26	8 h 15	10 h 17	12 h 10	14 h 14	16 h 12	18 h 14
27	8 h 19	10 h 21	12 h 14	14 h 18	16 h 16	18 h 18
28	8 h 23	10 h 25	12 h 18	14 h 22	16 h 20	18 h 22
29	8 h 26	10 h 29	12 h 22	14 h 26	16 h 24	18 h 26
30	8 h 30		12 h 26	14 h 29	16 h 28	18 h 30
31	8 h 34		12 h 30		16 h 32	

Temps sidéral

Du 1er juillet au 31 décembre

JOUR	JUIL.	AOÛT	SEPT.	OCT.	NOV.	DÉC.
1	18 h 34	20 h 37	22 h 39	0 h 37	2 h 39	4 h 38
2	18 h 38	20 h 41	22 h 43	0 h 41	2 h 43	4 h 42
3	18 h 42	20 h 45	22 h 47	0 h 45	2 h 47	4 h 46
4	18 h 46	20 h 49	22 h 51	0 h 49	2 h 51	4 h 50
5	18 h 50	20 h 53	22 h 55	0 h 53	2 h 55	4 h 54
6	18 h 54	20 h 57	22 h 59	0 h 57	2 h 59	4 h 57
7	18 h 58	21 h 00	23 h 03	1 h 01	3 h 03	5 h 01
8	19 h 02	21 h 04	23 h 07	1 h 05	3 h 07	5 h 05
9	19 h 06	21 h 08	23 h 11	1 h 09	3 h 11	5 h 09
10	19 h 10	21 h 12	23 h 14	1 h 13	3 h 15	5 h 13
11	19 h 14	21 h 16	23 h 18	1 h 17	3 h 19	5 h 17
12	19 h 18	21 h 20	23 h 22	1 h 21	3 h 23	5 h 21
13	19 h 22	21 h 24	23 h 26	1 h 25	3 h 27	5 h 25
14	19 h 26	21 h 28	23 h 30	1 h 29	3 h 31	5 h 29
15	19 h 30	21 h 32	23 h 34	1 h 32	3 h 35	5 h 33
16	19 h 34	21 h 36	23 h 38	1 h 36	3 h 39	5 h 37
17	19 h 38	21 h 40	23 h 42	1 h 40	3 h 43	5 h 41
18	19 h 42	21 h 44	23 h 46	1 h 44	3 h 47	5 h 45
19	19 h 46	21 h 48	23 h 50	1 h 48	3 h 50	5 h 49
20	19 h 49	21 h 52	23 h 54	1 h 52	3 h 54	5 h 53
21	19 h 53	21 h 56	23 h 58	1 h 56	3 h 58	5 h 57
22	19 h 57	22 h 00	0 h 02	2 h 00	4 h 02	6 h 01
23	20 h 02	22 h 04	0 h 06	2 h 04	4 h 06	6 h 05
24	20 h 06	22 h 08	0 h 10	2 h 06	4 h 10	6 h 09
25	20 h 10	22 h 12	0 h 14	2 h 12	4 h 14	6 h 13
26	20 h 14	22 h 16	0 h 18	2 h 16	4 h 18	6 h 17
27	20 h 18	22 h 20	0 h 23	2 h 20	4 h 22	6 h 21
28	20 h 22	22 h 24	0 h 26	2 h 24	4 h 26	6 h 24
29	20 h 26	22 h 27	0 h 30	2 h 28	4 h 30	6 h 28
30	20 h 30	22 h 31	0 h 34	2 h 32	4 h 34	6 h 32
31	20 h 33	22 h 35		2 h 36		6 h 36

Table des ascendants…
Quel est le vôtre ?

Comparez le total obtenu en additionnant votre heure de naissance réelle au temps sidéral du jour de votre naissance, aux tranches d'heures ci-dessous pour connaître votre ascendant.

Heures :	Ascendants :
- de 0 h 00 à 0 h 34	Cancer
- de 0 h 35 à 3 h 21	Lion
- de 3 h 22 à 5 h 59	Vierge
- de 6 h 00 à 8 h 40	Balance
- de 8 h 41 à 11 h 18	Scorpion
- de 11 h 19 à 13 h 43	Sagittaire
- de 13 h 44 à 15 h 35	Capricorne
- de 15 h 36 à 16 h 58	Verseau
- de 16 h 59 à 17 h 59	Poissons
- de 18 h 00 à 19 h 04	Bélier
- de 19 h 05 à 20 h 24	Taureau
- de 20 h 25 à 22 h 22	Gémeaux
- de 22 h 23 à 24 h 00	Cancer

Définition des ascendants

Bélier : ce signe prédispose à l'impulsivité et même à l'agressivité. Vous êtes franc, mais vous vous faites souvent des ennemis, car votre entourage n'est pas toujours prêt à admettre la vérité. Vous êtes essentiellement un être dynamique ; toutefois, il vous arrive fréquemment de commencer mille et un projets et de n'en terminer aucun. Vos sentiments sont vifs et entiers. Nous devons souligner ici que vous détenez le record des accidents.

Taureau : vous êtes tenace, persévérant, mais bien souvent têtu. Vous allez toujours au bout de ce que vous entreprenez. Vous refusez les échecs et vous vous battez jusqu'à la mort pour réussir. L'argent est essentiel à votre bien-être, et vous avez toujours peur d'en manquer. Vous êtes lent à vous attacher, mais vos sentiments sont d'une profondeur et d'une stabilité peu communes. Il est vrai que vous n'êtes pas bavard, mais, quand vous parlez, on sait toujours à quoi s'en tenir.

Gémeaux: j'ai surnommé ce signe le « courant d'air ». Effectivement, vous bougez sans cesse, vous êtes partout à la fois et vous ne voulez rien manquer. C'est d'ailleurs pour cette raison que vous avez tellement tendance à vous éparpiller. Vos réflexes et vos réactions sont très rapides. Vous adorez parler et communiquer; voilà pourquoi vous êtes si doué pour travailler avec le public. Même si vous parlez beaucoup, vous n'exprimez pas toujours facilement vos sentiments.

Cancer: cet ascendant confère une nature très maternelle ou paternelle, selon le cas. Vous avez énormément besoin de vous sentir aimé. Vous dorlotez les vôtres et vous comblez leurs besoins avant même qu'ils ne les aient exprimés. Votre hypersensibilité et votre naïveté vous jouent bien souvent de vilains tours. Pour vous, l'amour, l'amitié et la famille sont sacrés. D'ailleurs, les sentiments sont votre meilleur carburant.

Lion: vous êtes le roi des animaux et, effectivement, vous ne détestez pas régner sur votre entourage. Vous n'acceptez pas de passer inaperçu et, finalement, vous avez presque toujours besoin d'un public. Il y a cependant une exception: quand vous êtes triste ou déprimé, vous ne voulez plus voir personne. Vous partagez facilement vos gains et vos succès, mais vous ne voulez aucun témoin de vos chagrins. Assurément, vous êtes doué pour l'administration... et pour le vedettariat.

Vierge: cet ascendant rend méthodique, méticuleux, logique et rationnel. Avouons toutefois que vous êtes souvent maniaque des détails, de l'hygiène et de la propreté. On peut vous compter parmi les êtres les plus responsables et les plus dévoués du zodiaque. Malheureusement, vous vous sentez toujours coupable de tout et vous estimez que vous n'en avez jamais assez fait. Votre mémoire est davantage axée sur les mauvais souvenirs que sur les bons. Si je peux me permettre de vous donner un conseil, je vous dirais de moins penser et de mettre plus de fantaisie dans votre vie.

Balance: votre charme est incontestable, vous trouvez tout beau et, avec vous, rien n'est jamais totalement négatif. Vous détestez la solitude et vous éprouvez constamment le besoin d'être entouré, que ce soit au travail ou dans votre vie privée. Vous ne pouvez supporter ni le mensonge, ni l'hypocrisie, ni l'injustice. Le seul problème que vous ayez, c'est quand il s'agit de prendre une décision : vous n'en finissez plus de balancer.

Scorpion : vous avez bien mauvaise réputation et, pourtant, elle n'est absolument pas fondée. Il n'y a pas de bons ni de mauvais signes ; chacun a ses qualités et ses défauts. Ces rumeurs qui circulent sur votre compte viennent sûrement d'un astrologue qui n'aimait pas les Scorpion ; moi, je vous aime bien. N'oublions pas que vous êtes méfiant et que vous ne laissez pas facilement paraître vos sentiments. Vous êtes un travailleur acharné et votre mémoire est phénoménale. D'ailleurs, ne vous souvenez-vous pas toujours de ce qu'on vous a fait ?

Sagittaire : votre indépendance frise souvent les extrêmes. Vous ne voulez rien devoir à personne et vous remettez toujours au centuple les faveurs qu'on vous fait. Vous avez la bougeotte, vous ne tenez pas en place et vous adorez voyager. La nature et les animaux vous attirent énormément. Un emploi sédentaire ne vous convient pas tellement ; cependant, s'il est question de mouvement au travail, vous serez parfaitement satisfait.

Capricorne : vous êtes comme le bon vin : plus vous vieillissez, plus vous prenez de la force et du piquant. Et puisque vous vous bonifiez avec le temps, la deuxième partie de votre vie est toujours bien meilleure que la première. Il est vrai que vous mettez sans cesse les bouchées doubles lorsqu'il s'agit de travail et que vous êtes plutôt perfectionniste. Vous parlez peu et, souvent, votre entourage vous reprochera d'être renfermé et replié sur vous-même.

Verseau : vous êtes très humain, mais votre bonté se retourne facilement contre vous. En effet, vous êtes souvent victime de profiteurs, de parasites et de faux amis qui abusent carrément de vous. Apprenez à dire non et vous serez gagnant. Vous jugez d'après vous-même et vous êtes constamment déçu. Votre intuition est pourtant surprenante : vous auriez intérêt à vous y fier davantage.

Poissons: de tous les signes, vous êtes le plus sensible et le plus vulnérable. Vous vous découragez facilement et vous abandonnez la lutte après le premier échec. Par peur de la solitude, vous vous entourez de gens qui vous causent beaucoup plus de chagrin que de joie. Attention ! Vous avez une âme de missionnaire et vous êtes incapable de refuser quoi que ce soit à votre prochain. Les paradis artificiels et les croyances utopiques exercent beaucoup d'attraction sur vous.

IMPORTANT : il n'existe pas de signes purs ; ainsi, il est impossible d'être un pur Bélier, un pur Taureau, etc. L'influence de votre ascendant et celle des positions planétaires à votre naissance sont tout aussi importantes. J'ai constaté que l'influence de l'ascendant est de plus en plus forte avec le temps. En vieillissant, c'est l'ascendant qui prédomine et, dans la deuxième partie de la vie, il prend une valeur significative. Toutefois, on compte deux exceptions : l'ascendant Capricorne et l'ascendant Vierge, qui obéissent à la règle inverse.

Les 12 signes et les 36 décans

SIGNE	1ᴱᴿ DÉCAN	2ᴱ DÉCAN	3ᴱ DÉCAN
Bélier 21 mars au 20 avril	21 mars au 31 mars	1ᵉʳ avril au 10 avril	11 avril au 20 avril
Taureau 21 avril au 20 mai	21 avril au 29 avril	30 avril au 10 mai	11 mai au 20 mai
Gémeaux 21 mai au 21 juin	21 mai au 1ᵉʳ juin	2 juin au 11 juin	12 juin au 21 juin
Cancer 22 juin au 23 juillet	22 juin au 1ᵉʳ juillet	2 juillet au 12 juillet	13 juillet au 23 juillet
Lion 24 juillet au 23 août	24 juillet au 3 août	4 août au 13 août	14 août au 23 août
Vierge 24 août au 23 septembre	24 août au 3 septembre	4 septembre au 13 septembre	14 septembre au 23 septembre
Balance 24 septembre au 23 octobre	24 septembre au 3 octobre	4 octobre au 13 octobre	14 octobre au 23 octobre
Scorpion 24 octobre au 22 novembre	24 octobre au 2 novembre	3 novembre au 12 novembre	13 novembre au 22 novembre
Sagittaire 23 novembre au 20 décembre	23 novembre au 2 décembre	3 décembre au 12 décembre	13 décembre au 20 décembre
Capricorne 21 décembre au 20 janvier	21 décembre au 31 décembre	1ᵉʳ janvier au 10 janvier	11 janvier au 20 janvier
Verseau 21 janvier au 19 février	21 janvier au 31 janvier	1ᵉʳ février au 10 février	11 février au 19 février
Poissons 20 février au 20 mars	20 février au 29 février	1ᵉʳ mars au 10 mars	11 mars au 20 mars

LES SUBTILITÉS DE VOTRE DÉCAN

On entend souvent parler des différents décans, et vous connaissez probablement le vôtre. Pourtant la plupart des gens ne savent pas trop ce que c'est ni à quoi cela correspond.
Vous avez dû constater que les natifs de votre signe sont loin d'être tous comme vous. En fait, chaque décan a une influence bien particulière et renseigne sur votre personnalité, mais aussi sur vos tendances, vos goûts et vos besoins.

Dans les lignes qui suivent, signe par signe, vous trouverez quelle est l'influence du décan et comment il touche votre façon d'être.

BÉLIER (du 21 mars au 20 avril)

Ce que vous avez en commun avec les autres natifs de votre signe
Vous êtes actif et dynamique, vous avez constamment quelque chose en tête et, comme vous n'aimez pas attendre, vous allez droit au but. Ardent, compétitif, vous êtes très stimulé par les défis, ce qui vous pousse à commencer un tas de choses; pourtant lorsque ça démarre votre motivation baisse, et vous vous attaquez à un autre projet. Franc mais brusque, vous dites tout ce que vous pensez, ce qui crée parfois des frictions. Vous ne supportez pas la contrariété, vous piquez des colères terribles, mais vous n'êtes pas rancunier pour deux sous. En amour, vous êtes fougueux : c'est la passion et rien d'autre qui vous attire.

Quelle sorte de Bélier êtes-vous ?

•   **Bélier du 1er décan** (du 21 au 31 mars)
Votre vitalité est incroyable, vous êtes une vraie dynamo. Vous vous sentez vivre lorsque vous êtes dans le feu de l'action, vous avez donc constamment besoin de bouger, d'accomplir quelque chose. Les obstacles ne vous font pas peur, vous avez même tendance

à les oublier, ce qui joue parfois contre vous, dans les questions matérielles notamment. Rapide en tout, vous ne supportez pas qu'on vous fasse attendre : sur la route, vous faites des excès, ce qui peut vous occasionner accidents et contraventions. Leader de nature, vous avez tendance à diriger les gens autour de vous : les collègues, parfois même les supérieurs. Vous contrôlez, vous donnez des ordres, mais n'aimez pas en recevoir.

• **Bélier du 2ᵉ décan** (du 1ᵉʳ au 10 avril)
Décidément, on vous remarque de loin ! Vous avez une personnalité éclatante, vous aimez les vêtements luxueux, le beau : vous attachez beaucoup d'importance à votre image. Pour vous, réussir est la priorité : vous vous arrangez pour y arriver, vous gardez votre direction. Votre attitude reflète la confiance, ce qui vous aide beaucoup sur le plan professionnel. Dans votre petit univers comme dans votre bande d'amis, c'est vous le roi, pourtant vous êtes très généreux avec ceux qui vous entourent. Vous êtes droit et fier de nature, mais vous ne pardonnez pas lorsqu'on vous critique ou qu'on vous met en boîte.

• **Bélier du 3ᵉ décan** (du 11 au 20 avril)
Vous êtes le plus affectueux des Bélier. Vous bouillonnez d'énergie, mais vous avez un peu de mal à prendre des décisions et fonctionnez mieux en équipe que seul. Les tensions interpersonnelles et la chicane vous indisposent au plus haut point ; heureusement, votre sens de la diplomatie vous permet d'éviter bien des affrontements. Vous êtes très habile sur le plan humain, ce qui vous aide à atteindre vos buts. Votre vie sociale est remplie, mais le centre de votre existence, ce sont vos amours. Votre vie de couple est très importante pour vous, vous êtes passionné, aimant, mais vos attentes ne sont pas toujours réalistes.

TAUREAU (du 21 avril au 20 mai)

Ce que vous avez en commun avec les autres natifs de votre signe
Votre sens pratique est incroyable. Déterminé et travailleur, vous atteignez presque toujours les buts que vous vous êtes fixés. Vous êtes prudent, vous pesez le pour et le contre avant de vous décider, mais une fois que votre idée est faite, vous n'en changez plus. Il faut dire que vous êtes un peu anxieux, que les changements et les risques ne vous plaisent pas du tout. Un peu casanier, vous appréciez la nature, le calme et les bonnes choses de la vie. Sur le plan

interpersonnel, vous êtes plutôt timide, mais en amour comme en amitié, vous êtes fidèle et loyal.

Quelle sorte de Taureau êtes-vous ?

• **Taureau du 1er décan** (du 21 au 29 avril)
De tous les Taureau, c'est vous le plus rapide et le plus curieux, votre esprit est vif, votre sens du commerce incroyable. Vous ne perdez jamais vos intérêts de vue. Vous êtes très communicatif, vous parlez beaucoup (quoique vous soyez assez discret sur vous-même), vous savez vous attirer des sympathies, surtout vous avez le don de convaincre les autres. En affaires, vous jouez habilement vos cartes, vous réussissez toujours à obtenir l'aide ou les faveurs nécessaires pour atteindre vos buts. Assez mondain, vous aimez les sorties, rencontrer du monde : vous connaissez beaucoup de gens, mais ce sont davantage des relations sociales que de vrais amis.

• **Taureau du 2e décan** (du 30 avril au 10 mai)
Vous avez vraiment le sens de la famille, vous misez beaucoup sur votre petit monde, vous faites de gros efforts pour votre partenaire et vos jeunes. Même avec vos amis, vous êtes un papa gâteau ou une maman poule. Plutôt inquiet de nature, vous vous tracassez pour ceux que vous aimez, vous cherchez constamment à les protéger. Généreux, hospitalier, vous aimez recevoir et gâter ceux qui sont à votre table. On vous apprécie beaucoup et avec raison. Assez rêveur par moments, vous avez de fortes émotions et une grande sensibilité.

• **Taureau du 3e décan** (du 11 au 20 mai)
Vous avez le sens du pratique, le tangible est très important pour vous. Sage, prévoyant, vous prenez votre temps, ce qui vous évite bien des erreurs, en affaires notamment. Assez matérialiste, vous êtes très avisé dans les questions d'argent et vous pensez à long terme ; vous avez toujours de petites réserves en cas de besoin, et votre compte en banque est certainement plus rondelet que vous ne le dites. Avec les autres, vous êtes discret, vous parlez peu, pourtant vos gestes en disent long et l'on peut toujours compter sur vous.

GÉMEAUX (du 21 mai au 21 juin)

Ce que vous avez en commun avec les autres natifs de votre signe
Votre intelligence est remarquable, votre esprit aussi. Curieux, vous vous intéressez à un tas de choses, vous allez spontanément vers les gens, vous nouez des amitiés, voire des flirts, mais vous

êtes un peu changeant, et ce qui vous intéresse un jour peut vous ennuyer le lendemain. Intellectuel, brillant, vous avez presque toujours le dernier mot. Vos champs d'intérêt sont variés, vous connaissez un tas de choses quoique pas toujours en profondeur. Très mondain, vous raffolez des sorties, des réunions sociales. Vous êtes constamment « sur la trotte ».

Quelle sorte de Gémeaux êtes-vous ?
• **Gémeaux du 1er décan** (du 21 mai au 1er juin)
La réussite compte beaucoup à vos yeux, vous aimez les belles choses, vous avez des goûts luxueux, et vous savez que cela prend des sous pour vous les offrir. Vous aimez bien être le centre d'attraction, être admiré, et vous misez beaucoup sur la réussite professionnelle ou sociale. Communicatif et plein d'entrain, vous avez le talent d'aller chercher les appuis ou les faveurs et, en affaires, vous avez un flair incroyable. Vous avez donc toutes les chances de finir vos jours bien à l'aise.

• **Gémeaux du 2e décan** (du 2 au 11 juin)
Vous êtes pétillant, vous aimez bouger, vous avez constamment envie de faire quelque chose, de vous investir dans un projet. Que ce soit dans vos loisirs ou sur le plan professionnel, votre esprit compétitif vous pousse constamment à vous surpasser. Démonstratif, franc, vous n'avez pas peur de dire ce que vous pensez, même si cela peut blesser vos interlocuteurs. Vous êtes très chaleureux, vous prenez les devants dans votre groupe d'amis, d'ailleurs vous ne supportez pas qu'on vous contredise. En amour, quand vous voulez quelque chose, rien ne peut vous arrêter.

• **Gémeaux du 3e décan** (du 12 au 21 juin)
Quelle vedette vous êtes ! Que ce soit dans votre cercle d'amis ou avec des inconnus, on apprécie votre esprit, votre humour et votre intelligence. Vous rayonnez sur votre entourage, vous ne dérogez jamais à votre sens des valeurs. Confiant, vous aimez bien qu'on remarque votre intelligence, votre humour, votre allure ; vous prenez spontanément la première place, que ce soit dans votre milieu de travail, dans votre cercle d'amis ou dans votre couple. Très mondain, hyper-séduisant, vous avez le don de charmer les gens, et l'on ne vous résiste pas très longtemps. Comédien-né, confiant, voire un brin snob, vous ne passez jamais inaperçu.

CANCER (du 22 juin au 23 juillet)

Ce que vous avez en commun avec les autres natifs de votre signe

Vous êtes né sous le signe des émotions et de la famille : vous êtes donc sensible, fragile, même si vous vous faites une carapace en société. Doux, affectueux, un peu rêveur, vous avez du mal à supporter qu'il y ait de la chicane autour de vous. Votre petite famille est le centre de votre vie ; vous adorez votre conjoint, vos enfants. Généreux, accueillant, vous êtes bien chez vous, entouré des vieux copains et des vôtres. Vous avez une nature d'artiste et une très grande créativité.

Quelle sorte de Cancer êtes-vous ?

• **Cancer du 1er décan** (du 22 juin au 1er juillet)

Vous avez soif d'harmonie et de tendresse, vous êtes un grand romantique, mais vous avez bien du mal à passer aux actes, à faire des choix. Être bien entouré est essentiel à votre équilibre ; vous avez besoin de rapports agréables avec les gens. La dispute et l'injustice vous horripilent. Votre gentillesse et votre charme font qu'on vous apprécie, mais vous avez souvent du mal à vous affirmer par peur des conflits. La vie sentimentale est très importante à vos yeux, vous rêvez tellement d'aimer et d'être aimé.

• **Cancer du 2e décan** (du 2 au 12 juillet)

Quel esprit vous avez ! Très communicatif, vous éprouvez de fortes émotions, mais vous dites ce que vous ressentez, vous exprimez vos opinions, vous faites valoir vos arguments avec brio. Votre vie sociale est bien remplie ; vous avez de nombreuses activités, un tas d'amis et vous vous déplacez beaucoup. Indépendant de nature, même si vous adorez votre conjoint, vous aimez bien avoir vos propres occupations, vos relations, votre métier… et surtout votre propre compte en banque.

• **Cancer du 3e décan** (du 13 au 23 juillet)

Votre sensibilité est vraiment à fleur de peau. Très généreux, toujours aux aguets, vous cherchez constamment à faire plaisir à votre petit monde, à dorloter ceux que vous aimez et à les protéger, car vous êtes un peu inquiet de nature. Hyper-maternel ou paternel, vous en faites beaucoup pour les vôtres, un peu trop même ; vous avez du mal à établir vos limites, à dire non. Vous changez constamment d'humeur, d'idée : prendre des décisions est parfois un tour de force pour vous. Par bonheur, vous êtes très souple et vous vous adaptez bien aux circonstances.

LION (du 24 juillet au 23 août)

Ce que vous avez en commun avec les autres natifs de votre signe
Vous avez une personnalité forte, vous vous affirmez, que ce soit parmi vos intimes ou avec des inconnus. Sûr de vous, vous mettez beaucoup d'énergie pour gravir des échelons, vous voulez réussir tant sur le plan social que financier. Tout semble facile pour vous, et pourtant vous y mettez beaucoup d'efforts. On vous remarque, on vous estime, et cela fait parfois l'envie de certaines personnes de votre entourage. Vous êtes d'une très grande générosité, toutefois vous avez horreur de l'hypocrisie. En amour, vous donnez beaucoup mais vous exigez beaucoup aussi.

Quelle sorte de Lion êtes-vous?
• **Lion du 1er décan** (du 24 juillet au 3 août)
Vous êtes le plus sage, mais en même temps le plus ambitieux des Lion. Vous êtes responsable, sérieux. Votre diplomatie et votre sens politique servent vos intérêts. Vous êtes habile avec les gens, vous pouvez même les manipuler au besoin. Côté sous, vous êtes très prévoyant, vous misez sur le solide, sur le long terme, et cela finit toujours par rapporter. Perfectionniste, malgré vos réalisations, vous voulez toujours faire plus, faire mieux. En amour et sur le plan personnel, vous êtes très entier, très stable, mais il faut que le partenaire soit à la hauteur.

• **Lion du 2e décan** (du 4 au 13 août)
On vous remarque de loin, vous êtes tellement flamboyant! Votre optimisme fait plaisir à voir. Confiant, chef-né, vous prenez des initiatives, vous donnez forme à vos projets. Même en affaires, le risque ne vous fait pas peur; en général, cela vous avantage, mais il ne faut pas sous-estimer les difficultés ou donner votre confiance trop facilement. En général, c'est seul que vous maximiserez vos chances de réussite. Vous régnez dans votre milieu de travail, dans votre cercle d'amis, à la maison et même en amour.

• **Lion du 3e décan** (du 14 au 23 août)
Vous êtes le plus intrépide des Lion, vous avez une énergie prodigieuse, rien ne vous arrête ni ne vous résiste. Les défis ne vous font pas peur; vous surmontez les obstacles, mais parfois vous allez trop vite, ce qui vous expose à des erreurs coûteuses. Une bonne planification vous permettrait d'atteindre plus rapidement vos objectifs ambitieux. Vous êtes très entier en amour comme en amitié. Vous êtes franc, direct, quoique parfois un peu trop contrôlant avec votre entourage. Laissez un peu plus de place aux autres, vos rapports humains n'en seront que plus agréables.

VIERGE (du 24 août au 23 septembre)

Ce que vous avez en commun avec les autres natifs de votre signe
Vous avez soif de perfection. Votre intelligence est vive ; vous raisonnez beaucoup, un peu trop même. Pratique, minutieux, vous êtes prévoyant, et ce, dans toutes les sphères de votre vie. Travailleur, assidu, responsable, sans faire de bruit vous faites votre chemin. Souvent d'ailleurs votre timidité vous empêche de prendre vraiment le crédit de vos réalisations. Avec votre entourage, vous avez peur de déplaire, de faire de la peine ; cela fait en sorte que vous n'arrivez pas toujours à imposer des limites. Votre sens du dévouement est remarquable.

Quelle sorte de Vierge êtes-vous ?

• **Vierge du 1er décan** (du 24 août au 3 septembre)
Très logique, vous raisonnez bien, vous savez faire passer vos opinions, vos idées sans qu'on s'en rende compte. Votre entourage se fie d'ailleurs beaucoup sur votre jugement. Votre bon sens et votre esprit constructif peuvent vous mener très loin, d'ailleurs vous êtes un excellent administrateur. Économe, prudent, vous réussissez à vous imposer sur le plan professionnel et à avoir un compte en banque bien garni. Vos amis sont peu nombreux, mais leur fidélité est à toute épreuve. En amour, vous savez ce que vous voulez : très entier, vous vous investissez beaucoup dans votre couple.

• **Vierge du 2e décan** (du 4 au 13 septembre)
Vous êtes le plus affectueux des Vierge. Sur le plan professionnel, vous êtes travailleur, organisé, mais vous manquez un peu d'initiative. Tranquille, discret, vous avez soif de romantisme et vous rêvez de l'Amour parfait. Conciliant, vous faites beaucoup de compromis et d'efforts pour que tout aille bien dans votre couple. Vous avez même tendance à esquiver les discussions tant vous avez peur de la chicane ; pourtant certaines sont nécessaires. Avec les années, vous vous affirmerez davantage, ce qui sera pour le mieux.

• **Vierge du 3e décan** (du 14 au 23 septembre)
Que vous êtes sociable ! Vous recherchez les contacts humains, vous raffolez des sorties et des réceptions, vous faites bonne impression sur les gens que vous croisez. Votre logique est brillante ; vous avez un sens de l'humour bien à vous. Dans vos activités, on apprécie votre sens critique, votre esprit d'équipe et votre efficacité. Habile communicateur, vous avez la bosse du commerce et gardez toujours vos intérêts en tête. Le renouveau vous stimule, et vous avez certainement une allure beaucoup plus jeune que votre âge.

BALANCE (du 24 septembre au 23 octobre)

Ce que vous avez en commun avec les autres natifs de votre signe

Votre désir de plaire vous ouvre bien des portes! Votre gentillesse et votre côté humain charment ceux que vous rencontrez. Positif, sociable, vous aimez beaucoup les rapports interpersonnels. Vous appréciez les arts, la beauté, l'harmonie; d'ailleurs la chicane vous déplaît tellement que, parfois, vous avez du mal à vous affirmer. Votre sens de la justice est marqué; à vrai dire vous recherchez la perfection en tout, ce qui vous rend parfois indécis, hésitant. Vous êtes hyper-romantique, et l'amour occupe une place très importante dans votre cœur. La solitude vous fait peur, une vie à deux agréable et sereine est donc essentielle à votre bonheur.

Quelle sorte de Balance êtes-vous?

• **Balance du 1ᵉʳ décan** (du 24 septembre au 3 octobre)

Vous êtes d'une sensibilité extrême; c'est vous le plus tendre des Balance. Imaginatif, romanesque, vous êtes constamment à la recherche du partenaire idéal. Cela peut même vous empêcher de vous engager avec un être en chair et en os. C'est dommage, car vous avez vraiment soif d'amour et de tendresse. Vous avez des attentions délicieuses pour ceux qui vous entourent, vous cherchez à faire plaisir à tous; cela fait en sorte que vous hésitez à établir vos limites, à dire non. Sur le plan professionnel, vous avez une grande créativité et beaucoup de potentiel, mais vous manquez d'initiative et vous attendez trop, ce qui peut parfois retarder vos réalisations.

• **Balance du 2ᵉ décan** (du 4 au 13 octobre)

Vous êtes le plus sage et le plus sérieux des Balance. Idéaliste, vous recherchez la perfection en tout. Cela fait en sorte que vous avez toujours peur de commettre des erreurs. Vous cherchez constamment à en faire plus, à vous surpasser. Dans les questions financières, vous vous trompez rarement; économe, vous misez sur le long terme, vous finissez toujours par atteindre vos objectifs matériels. Sur le plan affectif, vous avez soif de stabilité; vous n'êtes pas très démonstratif, pourtant vos actes parlent pour vous. Vous êtes tendre, fidèle et dévoué. Vous vous investissez pleinement dans votre vie intime et, avec le temps, vous trouverez le bonheur dont vous rêvez.

• **Balance du 3ᵉ décan** (du 14 au 23 octobre)

Vous avez une personnalité expansive, vous prenez votre place, vous vous affirmez. Optimiste, vous avez des goûts artistiques, vous appréciez les belles choses, le luxe, et vous dépensez sans compter. Heureusement que vous avez des aptitudes pour gagner de l'argent ! Votre tact et votre diplomatie vous aident sur le plan professionnel, vous permettent de trouver des appuis. Vous aimez la vie mondaine, les rencontres, les belles sorties : vous avez beaucoup de charme et vous en êtes conscient. Pourtant, lorsque vous aimez, vous devenez très stable, très aimant et vous déployez beaucoup d'efforts pour que votre couple fonctionne.

SCORPION (du 24 octobre au 22 novembre)

Ce que vous avez en commun avec les autres natifs de votre signe
Vous avez un charme mystérieux qui fait tourner bien des têtes. Votre charisme est fort, mais les gens ne savent pas trop comment réagir avec vous. Vous êtes passionné, entier et vous ne faites aucune concession. Émotif, vous vous cachez derrière une carapace, vous testez les gens. Vous devinez même ce qu'ils ont derrière la tête. Vous avez une mémoire d'éléphant, vous ressassez longtemps ce qu'on vous a fait. Vous êtes déterminé, volontaire et très tenace ; lorsque vous voulez quelque chose, aucune difficulté ne vous rebute. Pas surprenant qu'on vous trouve un peu mystérieux.

Quelle sorte de Scorpion êtes-vous ?

• **Scorpion du 1er décan** (du 24 octobre au 2 novembre)
Quel caractère ! Quand vous vous fâchez, ce n'est pas drôle. Vous savez ce que vous voulez, vous n'avez pas peur des affrontements, vous dites ce que vous pensez. Vos sentiments sont d'une intensité incroyable, que ce soit de l'amour ou de la haine. Dans vos occupations, les défis vous stimulent ; vous déployez une telle volonté que vous surmontez les obstacles : votre volonté est étonnante. Vous avez toutefois peu de vrais amis. Sur le plan intime, vous recherchez la passion : vous être impulsif, ardent, mais jaloux avec ceux que vous aimez.

• **Scorpion du 2e décan** (du 3 au 12 novembre)
Vous avez une personnalité très « magnétique ». Même si vous ne vous en rendez pas compte, vous faites tourner bien des têtes. Vous êtes très généreux avec votre entourage, vos proches notamment, mais vous ne supportez pas qu'on essaie d'abuser de vous ou qu'on vous mente. En amour, vous donnez sans compter, mais vous êtes possessif : la fidélité est très importante à vos yeux. Vous avez du flair en affaires. Intense dans tout ce que vous faites, vous vous engagez beaucoup dans vos activités professionnelles, vous planifiez,

vous savez utiliser les gens qui vous entourent; vous avez donc tous les atouts pour atteindre les plus hautes cimes.

• **Scorpion du 3ᵉ décan** (du 13 au 22 novembre)
Vous êtes le plus doux et le plus sociable des Scorpion. Très sensible, vous placez votre vie intime au centre de votre existence: vous savez faire naître et maintenir la passion dans votre couple. Les sacrifices ne vous font pas peur lorsqu'il s'agit de faire plaisir à ceux que vous aimez. Perspicace, vous devinez tout. Votre intuition est phénoménale et vous permet de deviner ce qu'on voulait vous cacher. Côté carrière, vous savez vous faire aimer et apprécier de vos collaborateurs, et vous utilisez votre pouvoir de séduction. En société, vous êtes aimable, charmant en apparence, quoique toujours un peu sur vos gardes. Très observateur, vous voyez tout.

SAGITTAIRE (du 23 novembre au 20 décembre)
Ce que vous avez en commun avec les autres natifs de votre signe
Quel entrain vous avez! Vous êtes confiant, positif, vous bougez constamment. Ouvert à tout, aux autres cultures, aux gens, vous êtes toujours bien entouré. Très indépendant, vous dites ce que vous pensez, vous ne supportez pas qu'on vous empêche d'agir; conseils et contraintes vous font horreur, en ce qui concerne vos finances notamment. Le renouveau vous stimule, d'ailleurs vous rêvez constamment de voyages, de nouvelles activités; vous appréciez beaucoup les plaisirs, la bonne bouffe. Sur le plan sentimental, vous êtes fougueux, passionné, mais vous tenez beaucoup à votre autonomie.

Quelle sorte de Sagittaire êtes-vous?
• **Sagittaire du 1ᵉʳ décan** (du 23 novembre au 2 décembre)
Vous êtes le plus communicatif et le plus spirituel des Sagittaire. Enjoué, amusant, vous parlez beaucoup, vous vous faites spontanément des amis, mais vous en changez souvent. En fait, vous êtes tellement changeant qu'on a du mal à vous suivre. Cela ne vous empêche pas d'avoir beaucoup de plaisir en société, de vous faire remarquer. Vos sentiments sont vifs quoique pas toujours profonds. Très doué pour les affaires ou le commerce, vous avez beaucoup d'aptitudes à gagner des sous, mais vous dépensez libéralement; avec vous l'argent roule, et étrangement vous vous en sortez toujours brillamment.

- **Sagittaire du 2ᵉ décan** (du 3 au 12 décembre)

C'est vous le plus sensible et le plus affectueux des Sagittaire. Vous avez une énergie incroyable quoique fluctuante : tantôt vous déplacez des montagnes, tantôt vous restez passif, sans bouger. Les gens vous stimulent. Vous adorez les déplacements, les sorties, les voyages, en fait vous seriez toujours prêt à partir. Recevant, hospitalier, votre maison est continuellement pleine de monde, et votre table, bien garnie. Votre petite famille est très importante pour vous ; vous adorez votre conjoint et vos enfants.

- **Sagittaire du 3ᵉ décan** (du 13 au 20 décembre)

De tous les Sagittaire, c'est vous le plus stable, le plus raisonnable. Vous misez sur l'avenir, vous avez des idées constructives, et surtout la ténacité nécessaire pour les mettre à exécution. Dans les questions d'argent, vous calculez tout, vous finissez toujours par tirer avantage de toutes les situations. Tant mieux parce que vous appréciez les bonnes choses, les plaisirs et les voyages, et cela prend des sous. Votre indépendance financière est essentielle pour vous ; vous mettez beaucoup d'efforts pour réussir sur le plan professionnel et, tôt ou tard, vous y arrivez. Socialement, vous êtes chaleureux, plein d'entrain, pourtant vous gardez une certaine réserve. Vous savez ce que vous voulez. Avec votre petit monde et votre partenaire, votre loyauté ne fait aucun doute.

CAPRICORNE (du 21 décembre au 20 janvier)

Ce que vous avez en commun avec les autres natifs de votre signe

Sans faire de bruit, vous finissez toujours par atteindre vos objectifs. Très jeune, vous étiez déjà sage, mûr et intelligent. Votre ténacité et votre détermination vous permettent d'atteindre vos objectifs, lentement mais sûrement. Prévoyant, vous mettez beaucoup de cœur dans ce que vous faites, et vos résultats sont spectaculaires, sur le plan matériel notamment. Le temps travaille toujours pour vous et vous finirez vos jours à l'abri du besoin. Vous êtes pourtant bien discret, timide même, mais très stable, tant en amitié qu'en amour. Vos proches savent qu'ils peuvent vraiment compter sur vous. Étrangement, vous rajeunissez avec les ans.

Quelle sorte de Capricorne êtes-vous ?

- **Capricorne du 1ᵉʳ décan** (du 21 au 31 décembre)

Vous êtes enthousiaste, votre optimisme fait plaisir à voir. Capable de vous vendre, de faire passer vos idées, vous travaillez fort pour atteindre le succès professionnel et financier. Avec le temps, vous dépassez même vos objectifs, et un certain facteur chance peut vous avantager épisodiquement. Votre sens des valeurs est fort, vous respectez l'ordre, les traditions, et vous avez la faculté de trouver des gens qui vous aident à réaliser vos projets. Vous aimez les plaisirs de la vie, mais avec modération. Sur le plan interpersonnel, vous êtes enjoué, affectueux et stable.

• **Capricorne du 2e décan** (du 1er au 10 janvier)
Vous êtes le plus énergique des Capricorne, le plus pétillant. Votre tête est pleine de projets, d'idées, et en même temps vous avez tout ce qu'il faut pour les mener à terme. Vous ne perdez pas une minute, les défis vous stimulent, et vous êtes d'ailleurs assez compétitif : cela vous permet de vous hisser assez haut dans votre sphère d'activité. En finances, vous prenez des risques bien calculés, ce qui sert vos intérêts. Malgré votre diplomatie naturelle, vous n'hésitez pas à affirmer vos idées. Sur le plan affectif, vous êtes ardent, intense, mais vous misez sur la stabilité et le long terme.

• **Capricorne du 3e décan** (du 11 au 20 janvier)
Bien des têtes se retournent sur votre passage, et cela ne vous déplaît pas. Votre bon goût vous permet d'apprécier les belles choses, les objets luxueux, mais vous demeurez discret. Cela fait en sorte qu'on vous trouve parfois un peu froid. Vous faites beaucoup d'efforts pour que les gens qui vous entourent soient heureux, vous êtes exceptionnellement loyal dans vos affections. À la fois ambitieux et déterminé, vous finirez par connaître la réussite tant sociale que matérielle : les deux comptent beaucoup à vos yeux. En fait, vous finissez toujours par atteindre vos buts, si élevés soient-ils.

VERSEAU (du 21 janvier au 19 février)
Ce que vous avez en commun avec les autres natifs de votre signe
Il n'y a pas à dire, vous êtes quelqu'un d'original, vous avez vos idées, vos valeurs bien à vous, et cela ne vous dérange pas de choquer les bien-pensants. Avant-gardiste, un peu artiste, vous avez une allure qu'on remarque. Vous appréciez le changement, les technologies de pointe. Vous avez des éclairs de génie, mais côté pratique vous manquez d'assiduité, vous remettez à plus tard, ce qui vous empêche de donner forme à vos projets. Dans les questions de sous, vous manquez de persévérance. Les contacts humains comptent beaucoup pour vous, vos amis passent avant tout. Côté cœur, vous êtes fougueux mais un peu volage : chose certaine, les conventions, ce n'est pas pour vous.

Quelle sorte de Verseau êtes-vous ?

• **Verseau du 1er décan** (du 21 au 31 janvier)
Vous êtes un rêveur, vous idéalisez l'amour, vous cherchez le conjoint idéal, l'âme sœur. Vos attentes ne sont pas toujours réalistes. Cela vous fait papillonner d'un partenaire à l'autre, jusqu'au jour où vous comprenez que la perfection n'existe pas. Hypersociable, vous adorez rencontrer des gens, vous vous faites des amis de toutes sortes ; ceux que vous côtoyez apprécient beaucoup vos qualités humaines. Côté carrière, vous êtes créatif, vous avez de bonnes idées, quoique la ténacité vous fasse parfois défaut.

• **Verseau du 2e décan** (du 1er au 10 février)
Vous êtes le plus intellectuel et le plus vif des Verseau. Vous comprenez rapidement les concepts et les théories, vous donnez l'impression de tout savoir, vous êtes dangereusement convaincant. Vous avez soif d'apprendre, il y a constamment de nouveaux champs d'intérêt qui vous stimulent. En affaires, vous avez le sens de l'opportunité et vous jouez bien vos cartes. Votre vie sociale est trépidante, votre réseau social s'élargit constamment, toutefois vos relations interpersonnelles demeurent souvent un brin superficielles.

• **Verseau du 3e décan** (du 11 au 19 février)
Votre sensibilité est grande, vos émotions vous gouvernent constamment. Sur le plan intime, vous êtes plein d'amour pour votre conjoint, pour vos jeunes, pourtant vos relations avec eux sont loin d'être traditionnelles : c'est la complicité qui compte pour vous. Très sociable, vous adorez rencontrer des gens, vous êtes très sensible aux ambiances, vous ressentez les problèmes des autres avec beaucoup d'intensité, un peu trop même. Généreux, accueillant, vous rêvez de vous engager socialement, d'être utile dans votre milieu.

POISSONS (du 20 février au 20 mars)

Ce que vous avez en commun avec les autres natifs de votre signe
Vous vivez au rythme de vos émotions, vous êtes hypersensible. En fait, vous avez de très belles valeurs humaines, vous êtes compatissant, vous cherchez constamment à faire plaisir, à aider ceux qui vous entourent. Intuitif, vous devinez bien des choses, mais vous avez tendance à rêver plutôt qu'à agir, et certaines facettes de votre vie en pâtissent. Sur le plan matériel notamment, vous êtes négligent. Cela ne vous empêche pas d'être toujours prêt à dépanner ceux qui sont dans le besoin, et il y en a probablement beaucoup dans votre entourage. Vous adorez vos amis, votre fa-

mille et votre partenaire, vous cherchez à les dorloter, à les gâter, bref, vous avez bien du mal à dire non.

Quelle sorte de Poissons êtes-vous ?
• **Poissons du 1ᵉʳ décan** (du 20 au 29 février)
Vous êtes beaucoup plus structuré que les autres Poissons. Certes, vous êtes souple sur le plan humain, mais lorsque vous avez un but, vous savez être tenace, ce qui vous sert tant sur le plan professionnel que dans les questions d'argent. Vous êtes bon gestionnaire, économe, mais votre grand cœur vous coûte parfois cher. Sur le plan intime, vous êtes sérieux, tendre, vous en faites beaucoup pour ceux que vous aimez, un peu trop même. Plutôt anxieux, vous attendez avant de donner votre confiance ou votre cœur, mais lorsque vous le faites, c'est pour la vie. Avec le temps, vous vous affirmerez davantage, vous serez plus ferme, et votre existence n'en sera que plus agréable.

• **Poissons du 2ᵉ décan** (du 1ᵉʳ au 10 mars)
Vous êtes la générosité en personne, vous cherchez constamment à faire le bonheur des autres. Boute-en-train et optimiste, vous adorez les contacts humains, les sorties, les voyages, vous profitez des bonnes choses. À vrai dire la modération n'est pas votre fort. Dans vos activités vous faites plus que votre part ; sur le plan matériel par contre, vous auriez avantage à calculer plus, à être plus prudent. Heureusement, vous avez souvent beaucoup de flair, et de bonnes occasions peuvent vous tirer d'embarras à la dernière minute. Parfois des personnes influentes peuvent vous donner un petit coup de pouce. En amour, vous êtes exalté, vous vous donnez sans réserve.

• **Poissons du 3ᵉ décan** (du 11 au 20 mars)
Il n'y a pas à dire, vous êtes le plus actif et le plus dynamique des Poissons. Lorsque vous êtes en forme, vous pouvez déplacer des montagnes, vous élaborez des projets, vous entraînez les gens à vous suivre. Si les défis vous stimulent, la petite routine a tôt fait de vous ennuyer : vous devenez alors négligent, vous avez la tête ailleurs. Vous avez des qualités humaines exceptionnelles, mais l'organisation et la prévoyance ne sont pas votre fort : cela joue souvent contre vous en affaires. Vous avez des émotions à fleur de peau ; vous dites ce que vous avez sur le cœur, quoique souvent vous le regrettiez après coup. Côté cœur, vous êtes amoureux, insatiable même : la passion vous donne des ailes.

BÉLIER

DU 21 MARS AU 20 AVRIL

Dynamisme, énergie, tels sont les qualificatifs qui décrivent le mieux votre signe. Entreprendre ne vous fait pas peur, et vous n'hésitez pas un instant à aller de l'avant dans mille et un projets. En fait, vous êtes infatigable.

Tout comme la nature qui se réveille après un long hiver dans votre signe, votre activité est débordante. Avec autant d'idées en tête et d'envie de bouger, il n'est pas étonnant de vous voir mettre plusieurs projets en marche simultanément. Toutefois, comme il est presque impossible de tout mener de front, vous ne pouvez tout réaliser, et ce sont souvent les autres qui terminent votre travail ou en tirent profit.

Chez vous, les demi-mesures n'existent pas. Vous aimez ou vous détestez; c'est clair et net. Le mot compromis ne fait pas partie de votre vocabulaire. Vous n'avez pas un tempérament qui vous porte à faire des courbettes aux gens qui vous irritent ou dont le comportement vous déplaît; votre franchise est parfois bien mal perçue et peut créer des froids ou des inimitiés. Mais ce n'est sûrement pas cela qui vous fera changer d'avis ou de façon d'être.

Homme ou femme d'action, seule l'inactivité parvient à vous perturber. N'avoir rien à faire ou devoir attendre vous met les nerfs à fleur de peau : vous trépignez, vous ne tenez pas en place, vous vous rongez les sangs en pensant à tout ce que vous pourriez faire au lieu d'attendre, et vous n'en pouvez plus. Non, la patience n'est pas votre fort.

Votre dynamisme et votre ardeur au travail font de vous un être sensationnel pour amorcer ou même lancer les activités, et, dans les sprints de dernière minute, personne ne vous égale. Mais le revers de la médaille d'une telle énergie, c'est qu'elle n'est pas éternelle. Votre intérêt commence à s'émousser dès qu'une autre idée prend forme. Les travaux de longue haleine, les projets à long terme et les études poussées ne vous conviennent pas très bien. Pour vous, il n'y a que le changement qui soit un véritable défi.

Évidemment, le plan émotif n'est pas en reste. Encore une fois, il vous faut de l'action ; vos sentiments ne sont pas mitigés, loin de là. Il n'est pas rare de vous voir piquer une crise terrible pour une bagatelle ; heureusement, la rancune n'est pas un trait de votre caractère, et vous ne restez pas fâché longtemps. La personne à qui vous en vouliez tant peut devenir celle que vous aimez le plus en quelques minutes. Direct, franc, vous ne mâchez pas vos mots, notamment envers les gens qui tardent à se décider et qui hésitent. Ils vous mettent les nerfs en boule, et vous ne vous gênez pas pour le leur faire savoir. Attendre, c'est déjà difficile, mais attendre à cause des autres, c'est carrément insupportable.

Avec un caractère aussi net, la petite vie de « pépère pantoufle », un travail routinier et le petit train-train quotidien ne sont décidément pas pour vous. Que l'on parle défis de taille, choses à accomplir, gens à convaincre, voilà qui vous plaît et vous passionne.

En amour, que vous soyez homme ou femme, c'est vous qui choisissez votre partenaire, et plus l'entreprise vous semble difficile, plus la personne vous attire. Vous avez un tempérament ardent et entreprenant, et rien ne vous empêchera de défendre ceux que vous aimez, au risque de vous mettre vous-même en danger.

Quant à la colère, même si elle vous submerge facilement, avec vos fameux coups de tête, et qu'il ne faut pas vous prendre avec des pincettes dans ces moments-là, vous avez un cœur d'or et savez vous faire pardonner.

Comment se comporter avec un Bélier ?

Le meilleur moyen de bien s'entendre avec un Bélier est de ne pas le contrarier. Puisqu'il a l'esprit de contradiction, il suffit de dire blanc pour qu'il dise noir. Donc, en se rangeant à son avis, on évite bien des problèmes. Il pourrait même piquer une de ses célèbres colères sous prétexte de défendre son point de vue ; dans ce cas, attendre que l'orage soit passé est encore la meilleure attitude à adopter. Si vous tentez de le raisonner sur le coup, à force d'arguments logiques, vous ne ferez qu'attiser sa colère. Lorsque la tempête se sera apaisée, il sera temps de discuter.

N'oubliez pas que le Bélier est extrêmement actif. Alors ne tentez pas de lui demander de vous attendre toute une soirée, assis à ne rien faire. Rester tranquille, se reposer sont des choses qu'il ne peut faire. Pour développer une relation agréable avec lui, il faut le stimuler, lui trouver des activités, l'appuyer dans tous ses projets… et ne pas se décourager s'il abandonne après avoir commencé.

En somme, il vous faudra de la patience pour deux, mais comme il a de l'énergie pour quatre, sinon plus, vous ne vous ennuierez jamais.

Ses goûts

Ses vêtements sont plutôt voyants et de couleur vive. Il porte de gros bijoux, et en grande quantité. Son intérieur est chargé, coloré, parfois hétéroclite aux yeux des autres, mais cela lui plaît ; c'est le plus important, après tout !

Ses goûts le portent vers ce qui se voit, va vite ou fait du bruit. Il aime montrer ce qu'il possède et n'hésite pas à faire étalage de ses possessions en public.

Ce n'est pas un fin gastronome : on le voit plus souvent fréquenter les endroits de restauration rapide que les salles de nouvelle cuisine. Il mange rapidement, avale sans mastiquer. Si c'est lui qui prépare le repas, gare aux casseroles brûlées, car évidemment, pour gagner du temps, il ne fera pas mijoter les petits plats à feu doux mais les fera plutôt cuire à gros bouillons.

Son potentiel

Comme il s'agit d'un être rempli d'énergie, débordant d'idées, il est toujours en train de commencer quelque chose. Par contre, quand il est question de fignoler, il préfère confier la finition à quelqu'un d'autre. Il n'a pas la patience qu'il faut pour remettre cent fois son ouvrage sur le métier.

Son raisonnement est surtout logique et pratique ; ce n'est pas lui qui pourra disserter sur la philosophie taoïste. Très habile de ses mains, le Bélier fera des merveilles avec le métal, le feu, la soudure, le génie et la chirurgie. Il est aussi très doué pour la politique et ferait un excellent stratège militaire, dans le domaine de la défense. Son dynamisme et ses nombreuses idées lui permettent également d'ouvrir sa propre entreprise, mais comme il a du mal à penser à long terme, cela pourrait ne pas durer éternellement. Son caractère autoritaire en fait un chef naturel ; il est donc bien placé pour commander… et déléguer.

Ses loisirs

Puisque c'est le dynamisme qui l'anime, le Bélier adore les activités qui lui permettent de se mesurer aux autres. Il sera donc naturellement attiré par les sports de compétition. Mais il y a tant de disciplines qui le fascinent qu'il aura bien des difficultés à s'en tenir à une seule, il en changera souvent. Dès qu'il maîtrise les rudiments d'une activité, qu'il sait comment elle fonctionne et qu'il s'est mesuré aux autres, cela l'intéresse moins et il s'envole pour aller voir ailleurs. Puisque c'est la rapidité qui l'intéresse, on le verra plus souvent au volant d'une formule 1 que derrière une table pour une partie d'échecs. On ne le verra pas non plus assis avec un livre, mais plus souvent en train de s'élancer d'une falaise en deltaplane. Puisqu'il est superactif et ne semble pas rebuté par le danger, au grand désespoir de ceux qui l'aiment, il optera pour la course automobile (il conduit vite « naturellement »), le saut en parachute, l'alpinisme ou le saut à l'élastique… Il n'est donc pas étonnant de le voir revenir couvert de plaies et de bosses, qui ne vont certes pas le ralentir ! Si vous voulez le retenir à la maison pour la soirée, proposez-lui de visionner le plus récent film d'action et non un film philosophique japonais.

Sa décoration

Ça brille, ça attire le regard, alors c'est pour lui. Pour son décor, proposez-lui des objets aux couleurs franches, gaies, et même vives ; par exemple, le rouge franc que les décorateurs hésitent à utiliser ne lui fait pas peur. Les teintes pastel et les nuances subtiles ne sont pas franchement de son goût ; ça le déprime même. Il choisira son mobilier dans le style moderne ou contemporain. Il aime aussi les objets inusités, les meubles imposants, et les accessoires et bibelots en grand nombre. Chez lui, le décor est plutôt surchargé, et il n'hésite pas à le renouveler de fond en comble. Les souvenirs l'encombrent. Il ne faut donc pas s'étonner de trouver le vieux fauteuil de grand-père au fond du garage ou pire, dans la remise au bout de la cour. Bref, son décor lui ressemble. On aime ou l'on n'aime pas, mais une chose est sûre, il ne laisse personne indifférent.

Son budget

Puisque le Bélier démarre au quart de tour et agit souvent sur un coup de tête, il ne faut certes pas lui demander de faire preuve de prévoyance, pas même sur le plan financier. De temps en temps, il décidera de faire un budget et d'économiser. Vous serez très étonné, car il le fera... durant quelques jours ! Mais il est tellement sujet aux coups de foudre qu'il finit souvent par vider son compte en banque pour un objet qui attirera son attention dans un magasin, pour de nouveaux vêtements à la mode, pour des appareils qui lui feront gagner du temps... bref, il videra son portefeuille et n'hésitera pas longtemps à surcharger ses cartes de crédit. Et, bien entendu, il attendra de recevoir les « derniers rappels » avant de remettre de l'ordre dans ses affaires. Devant un tel comportement, on est toujours étonné de constater qu'il arrive à s'en sortir sans trop de problème.

Quel cadeau lui offrir ?

Il n'est pas facile d'offrir un cadeau à une personne qui se procure elle-même tout ce qui lui tente et qui semble posséder tout ce qu'il lui faut. Le meilleur cadeau est donc celui qui le surprendra. Il adore les nouveautés. Soyez aux aguets pour dénicher des articles dernier cri, ceux qui viennent de sortir et qu'il n'a pas encore vus. Vous pouvez aussi orienter votre choix sur le modèle « revu et amélioré ». Un vêtement dernier cri, un gros bijou, un accessoire énorme, et bien sûr tout cela dans les couleurs les plus vives, le ravira. N'essayez pas de lui offrir un casse-tête ou un jeu d'échecs ; allez-y plutôt avec le plus récent jeu vidéo, mais pas un jeu d'énigmes à résoudre. Il appréciera plus une course de formule 1. Il aime que ça aille vite, que ça fasse du bruit et que ça se voie. N'oubliez jamais que c'est un être impatient. S'il lui faut commander un article et attendre de 4 à 8 semaines avant de le recevoir, il ne tiendra pas en place ; faites-lui la surprise, commandez-le pour lui.

Les enfants Bélier

Les enfants Bélier marchent et parlent souvent plus tôt que les autres enfants du même âge. Ils courent, bougent, sautent, grimpent, rien ne les effraie ; ils sont même un peu casse-cou. Ils ont peu conscience du danger, ne regardent pas souvent où ils posent leurs pieds et, pour cela, sont les champions des accidents. Leurs parents doivent se montrer très vigilants avec eux. Attention aussi aux allumettes : ils adorent jouer avec le feu. Ils sont étourdissants ; il faut avoir des yeux tout autour de la tête pour les surveiller. Ce sont aussi des chefs de bande qui aiment commander et prendre des initiatives. Colériques, batailleurs et parfois hyperactifs, ils ont besoin d'activités qui leur permettront de dépenser leur surplus d'énergie. En classe, le jeune Bélier, qui a un esprit vif, sera porté à s'intéresser à tout. Il faudra donc redoubler d'efforts pour capter son intérêt et l'amener à se concentrer sur un seul sujet à la fois. Autant à l'école qu'à la maison, il faut l'encourager à terminer ce qu'il entreprend, lui inculquer la patience et la détermination, deux qualités qu'il n'a pas naturellement, mais qui lui permettront d'aller très loin s'il sait les utiliser.

L'ado Bélier

L'élément qui régit ton signe est le feu, ce qui te donne une énergie puissante, le goût d'entreprendre, de bouger. On remarque souvent ton enthousiasme, tes idées du tonnerre, ton courage et même ta témérité. Ton entourage te reproche de ne pas réfléchir, d'aller trop vite, de commencer mille et une choses sans rien terminer, tout simplement parce que tu aimes expérimenter, essayer, relever de nouveaux défis et ne pas t'attarder sur ce qui prend trop de temps. Tu n'aimes pas la routine, le train-train, mais avoue que ce qui te demande des efforts ne te plaît guère non plus. Tu as tendance à te démotiver et à t'ennuyer rapidement; il te faut toujours du nouveau.

Tu aimes les sports qui te permettent de bouger, de démontrer ta force et ton endurance. Tu as besoin de te défouler, de te dépenser physiquement, car tu es rempli d'énergie. Mais tu fais tout très rapidement, même manger. Tu avales trop vite et n'importe quoi. N'oublie pas que tu es en pleine croissance et qu'il te faut de bons aliments sains pour renouveler toute l'énergie que tu dépenses sans compter. Méfie-toi aussi des accidents, car tu agis souvent sans réfléchir, et cela peut te causer des problèmes.

Ta spontanéité et ta franchise sont de belles qualités, mais il faut savoir les utiliser avec discernement. Tu ne mâches pas tes mots lorsque tu as quelque chose à dire, et parfois cela blesse tes proches. Pourtant, ta sincérité est aussi très appréciée par tes amis.

Tes études

Tu aimes que ça bouge; il te faut donc trouver des projets à court terme qui te permettront de franchir les étapes avec rapidité. Tu seras fier lorsque tu les réussiras. Par contre, tu as tendance à te décourager lorsque tu es confronté à des travaux à long terme ; tu as l'impression de piétiner et tu voudrais rapidement faire autre chose. Pour tes études, il faudra trouver un programme court qui débouche rapidement sur un emploi concret, rapidement accessible. Ne te lance pas dans de longues années d'études ; tu ne le supporterais pas.

Ton orientation

Un métier où il y a du nouveau, où ça bouge te conviendra parfaitement. Les métiers qui demandent des idées et un esprit vif t'attireront, que ce soit la vente, la publicité, le marketing, les affaires, la mécanique, la justice, les forces policières, les soins dentaires, le journalisme, les emplois où l'on travaille le métal ou avec le feu, bref tout ce qui demande de l'initiative et un esprit d'entreprise te passionnera. Tu pourrais même avoir l'idée de créer ta propre entreprise et d'être ton propre patron. Tu es un chef-né.

Tes rapports avec les autres

Puisque tu ne restes jamais en place, tu rencontreras beaucoup de gens et connaîtras beaucoup de personnes ; c'est ce que tu recherches. Tu aimes confronter tes idées à celles des autres, mais tu cherches toujours à avoir le dernier mot. En fait tu n'es pas très réceptif aux idées des gens ; ce que tu aimes surtout, c'est la compétition. Tu as beaucoup d'amis, mais tu en changes souvent. Dans ton groupe, tu chercheras toujours à diriger. Tu seras un meneur. Cela t'exposera aussi à des conflits de personnalité, et tu pourrais perdre de très bons amis.

Céline Dion, Janette Bertrand, Roch Voisine, Jacques Villeneuve, Francine Ruel, Francis Reddy, Alain Choquette, Mariah Carey, France D'Amour, Michèle Richard, Corneille, Norah Jones, Sarah Jessica Parker, Joss Stone, Reese Witherspoon, Jennifer Garner, Stéphanie Lapointe, Marie-Élaine Thibert.

Pensée positive pour le Bélier

Je reçois les cadeaux de la vie avec reconnaissance et je les partage dans la joie. Plus je donne et plus je reçois.

Pensée positive spéciale pour 2007

Je profite de toute la chance qui passe, pour mon plus grand bien et pour celui des autres.

Le subconscient nous dirige toujours selon nos pensées. En répétant le plus souvent possible ces pensées conçues tout spécialement pour vous, vous vous attirerez plein de belles choses.

Signe: Bélier

Élément: Feu

Catégorie: Cardinal

Symbole: ♈

Points sensibles: Dents, vertèbres cervicales, fièvre, blessures et accidents, à la tête, notamment.

Planète maîtresse: Mars, planète de l'énergie.

Pierres précieuses: Sanguine, rubis, diamant.

Couleurs: Rouge, orange, jaune; les teintes vives.

Fleurs: Tulipe, marguerite, œillet.

Chiffres chanceux: 4-7-13-16-20-24-31-36.

Qualités: Énergique, actif, dynamique, entreprenant, courageux.

Défauts: Imprudent, égocentrique, pas assez tenace.

Ce qu'il pense en lui-même: Je n'ai pas de temps à perdre...

Ce que les autres disent de lui: Quelle bombe d'énergie... Impossible de le suivre!

PRÉDICTIONS ANNUELLES

Ç a y est, votre tour est enfin arrivé ! Les astres vous choient, et ce, à tous points de vue. Il ne vous suffira que de quelques efforts pour transformer votre destinée en véritable conte de fées. Le temps est venu de prendre votre vie bien en main, de bondir vers vos objectifs et de réaliser tous ces projets qui vous trottaient dans la tête depuis un bon moment. Toutes les chances de réussite sont de votre côté, il vous suffit simplement de mettre les choses en marche. Le reste se fera presque comme par enchantement.

Santé – Excellente année pour régler vos problèmes passés en adoptant un style de vie plus adéquat. Les correctifs que vous apporterez à votre régime alimentaire donneront des résultats spectaculaires. Votre ardeur se met à augmenter et vous l'emploierez de façon positive ; l'exercice physique, la danse et le sport vous permettront de gérer ce surplus d'énergie. Même le moral bénéficiera de vos bonnes résolutions. Vous vous sentez plus positif, vos nerfs gagnent en solidité et vous envisagez la vie de façon particulièrement optimiste.

Sentiments – Vous entrez dans un cycle de grande popularité. Tout le monde voudra devenir votre ami. Il va sans dire que les invitations, les occasions de participer à des activités emballantes et les possibilités de rencontrer de nouvelles gens se multiplieront. Les solitaires auront la chance de trouver un partenaire à la hauteur de leurs attentes. Ceux qui sont déjà engagés dans une relation amoureuse verront celle-ci évoluer de manière fort intéressante ; un rapprochement, des fiançailles ou une union sont tout à fait possibles.

Affaires – Les bons aspects de Jupiter vous ouvrent toutes les portes. L'année se prête parfaitement aux réorganisations professionnelles, aux nouveaux départs, aux transactions ainsi qu'au commerce. Si vous n'êtes pas heureux dans votre travail, vous pourrez enfin apporter les modifications nécessaires, voire vous en trouver un autre qui correspondra davantage à vos aspirations. Une promotion, un contrat inespéré ou une offre fort avantageuse vous permettra d'asseoir votre avenir. Les finances se portent de mieux en mieux, vous mettez même des sous de côté. Ajoutons que vous aurez de la veine dans les jeux de hasard et les loteries. Bonne année aussi pour voyager, pour étudier, pour déménager ou pour rénover votre domicile.

JANVIER

D	L	M	M	J	V	S
	1	2	3 ○ D	4D	5F	6F
7	8	9	10	11	12	13
14	15F	16F	17D	18 ● D	19	20
21	22	23	24	25	26	27
28	29	30D	31D			

○ Pleine lune   ● Nouvelle lune
F Jour favorable   D Jour difficile

Santé – Votre vitalité est impressionnante au cours de la première quinzaine, mais on ne peut pas en dire autant de vous nerfs qui semblent à fleur de peau. À partir du 15, un autre scénario se dessine. Le moral va beaucoup mieux, toutefois vous devez faire davantage attention à ne pas vous blesser ni contracter une infection ou subir un malaise.

Sentiments – Entre le 4 et le 28, vous bénéficiez du passage de Vénus dans votre onzième secteur, ce qui vous permet de passer de beaux moments avec vos amis et de vous en faire de nouveaux. Les activités sociales abondent, et elles sont toutes plus excitantes les unes que les autres. Sur un plan plus intime, nous décelons quelques petits nuages pendant les deux premières semaines, mais tout rentre dans l'ordre rapidement.

Affaires – Si vous souhaitez faire des démarches ou mettre un gros projet en chantier, tâchez d'agir avant le 20, car c'est alors que vos chances sont les meilleures. Parlant de chance, cette période pourrait vous réserver une agréable surprise dans un tirage. Une offre tombée du ciel vous fait entrevoir un avenir meilleur. Bon temps pour voyager ou chercher un nouveau logis.

FÉVRIER

D	L	M	M	J	V	S
				1F	2 ○ F	3F
4	5	6	7	8	9	10
11F	12F	13D	14D	15D	16	17 ●
18	19	20	21	22	23	24
25	26D	27D	28F			

○ Pleine lune	● Nouvelle lune
F Jour favorable	D Jour difficile

Santé – La présence de la planète Mars dans une zone névralgique de votre ciel risque de vous valoir certains ennuis si vous ne prenez pas les précautions qui s'imposent. Soyez donc vigilant pour ne pas vous faire mal. N'abusez ni de vos forces ni des bonnes choses, votre organisme le tolérerait fort mal. À partir du 25, le ciel se dégage et vous commencez à retrouver votre aplomb.

Sentiments – Les trois premières semaines s'annoncent douces et agréables tant avec votre chéri qu'avec les amis, si vous mettez un peu d'eau dans votre vin. Avec un membre de la famille, ça pourrait s'avérer plus laborieux ; vos efforts pour préserver l'harmonie donnent peu ou pas de résultats. Laissez faire le temps et concentrez-vous sur ceux qui sont plus gentils. Belle surprise en amour au cours de la dernière semaine.

Affaires – La partie n'est pas gagnée d'avance. Vous devrez redoubler d'efforts pour arriver à vos fins. C'est vrai qu'il y a quelques batailles en vue, mais vous finirez certes par les gagner. Même chose pour les retards et les contretemps sur lesquels vous aurez le dernier mot en faisant preuve de ténacité. Les derniers jours du mois vous réservent d'excellentes nouvelles.

MARS

D	L	M	M	J	V	S
				1F	2F	3 ○
4	5	6	7	8	9	10F
11F	12F	13D	14D	15	16	17
18 ●	19	20	21	22	23	24
25D	26D	27D	28F	29F	30	31

○ Pleine lune et éclipse lunaire totale   ● Nouvelle lune et éclipse solaire partielle
F Jour favorable   **D** Jour difficile

Santé – Le climat astrologique est nettement plus encourageant; si les éclipses en perturbent plusieurs, vous semblez à l'abri des contretemps. Vous avez de l'énergie à revendre, votre vitalité est de retour et par-dessus le marché vous êtes joli comme un cœur. L'arrivée du printemps vous donne envie de vous occuper davantage de vous, de perdre quelques kilos, de vous refaire une beauté. Génial!

Sentiments – Ici aussi les choses vont beaucoup plus rondement. Les célibataires pourraient rencontrer la personne de leurs rêves, alors que les autres retomberont littéralement amoureux de leur partenaire, mieux encore, ce sera parfaitement réciproque. Entre le 18 et le 31, un proche se met les pieds dans les plats; heureusement que vos bons conseils l'aident à s'en sortir. Socialement, vous êtes en tête du palmarès.

Affaires – Excellent mois pour rattraper le temps perdu ou pour vous attaquer à ce qui accrochait. Vous cumulez les succès, vos progrès sont évidents et, au besoin, on vous donne un bon coup de main pour vous faciliter la tâche. Le renouveau vous attire et le moment est propice à ce genre d'entreprise. Chances au jeu du 1er au 18.

AVRIL

D	L	M	M	J	V	S
1	2 ○	3	4	5	6	7F
8F	9D	10D	11	12	13	14
15	16	17 ●	18	19	20	21
22D	23D	24F	25F	26	27	28
29	30					

○ Pleine lune   ● Nouvelle lune
F Jour favorable   D Jour difficile

Santé – Les 10 premiers jours sont exceptionnels, vous allez bien à tous les points de vue. Par la suite, on dénote une baisse d'énergie. Ça tombe mal, vous avez un million de projets… mais le corps ne suit pas toujours. Malgré tout, essayez de demeurer sage et n'abusez pas de vos forces sans quoi vous vous retrouveriez sur le carreau.

Sentiments – Votre plus belle période s'étend du 12 au 30 lorsque Vénus, planète du bonheur, fait un angle positif à votre signe. Vous pouvez alors régler tous les petits malentendus passés et repartir du bon pied. De nombreuses sorties sont à prévoir, et l'une d'entre elles risque de transformer radicalement la vie des solitaires. Un enfant, un frère ou une sœur vous confie une excellente nouvelle. Pas facile de vous joindre, le téléphone ne dérougit pas.

Affaires – Durant la première semaine, d'heureux concours de circonstances vous font gagner du terrain, tout vous arrive tout rôti dans le bec. Par la suite, vous devez fournir certains efforts pour conserver votre vitesse de croisière. Mais vous êtes si doué et vous possédez un tel sens du timing que vous ne pouvez faire autrement que de réussir. Ente le 11 et le 27, vous bénéficiez d'une période en or pour les démarches, les transactions, les déplacements et les signatures de contrats.

MAI

D	L	M	M	J	V	S
		1	2 ○	3	4F	5F
6D	7D	8D	9	10	11	12
13	14	15	16 ●	17	18	19D
20D	21F	22F	23F	24	25	26
27	28	29	30	31 ○ F		

○ Pleine lune   ● Nouvelle lune
F Jour favorable   D Jour difficile

Santé – Vous n'êtes pas encore au sommet de votre forme, mais les choses devraient changer rapidement à compter du 16. Avec l'arrivée de Mars dans votre signe, vos forces seront décuplées, vous déborderez d'entrain et de vitalité. Vous ferez tout très vite, mais attention toutefois de ne pas vous blesser. Avec un tel transit, il est impérieux de demeurer vigilant et de bien regarder où l'on va.

Sentiments – Jusqu'au 8, tout va comme sur des roulettes avec votre chéri. Par après, vous devez mettre un peu d'eau dans votre vin ou vous montrer plus compréhensif afin de conserver une relation harmonieuse. La marmaille et les copains vous font passer de beaux moments entre le 11 et le 29. À la même période, on vous lance de nombreuses invitations et vous recevez de bonnes nouvelles concernant un être que vous affectionnez.

Affaires – Quelques lenteurs ou déceptions semblent ponctuer la première quinzaine. Inutile de vous en faire, tout s'arrangera rapidement. À vrai dire, le 16, vous entamez un cycle particulièrement chanceux qui s'étendra jusqu'à la fin de juin. Tout vous réussira, vos rêves deviendront réalité, vous gagnerez beaucoup d'argent et pourriez même rafler un prix substantiel dans un tirage.

JUIN

D	L	M	M	J	V	S
					1F	2F
3D	4D	5	6	7	8	9
10	11	12	13	14 ●	15	16D
17D	18F	19F	20	21	22	23F
24	25	26	27	28F	29F	30 ○ D

○ Pleine lune   ● Nouvelle lune
F Jour favorable   D Jour difficile

Santé – La planète Mars demeure dans votre signe, pas étonnant donc que vous pétiez le feu. Votre organisme résiste aisément tant au stress qu'aux infections. Seul un accident bête risque de freiner vos élans ; à vous d'être sur vos gardes pour l'éviter. Tout se déroule à la vitesse de l'éclair, vous n'avez guère le temps de souffler et parfois ça joue avec vos nerfs. Heureusement que vous êtes fait fort !

Sentiments – Du 16 juin au 15 juillet, Vénus, planète du bonheur intime, traverse votre cinquième secteur. Vos amours vous procureront énormément de satisfactions ; retour de la passion et de la tendresse. Si vous êtes seul, préparez-vous à avoir le coup de foudre pour un être exceptionnel. Avec les amis et dans les réunions mondaines, tout va à merveille, on n'a d'yeux que pour vous… ce qui est bien loin de vous déplaire.

Affaires – Ne perdez pas de temps à vous poser trop de questions, il faut absolument que vous agissiez. Les efforts que vous déploierez pour faire avancer votre carrière ou pour augmenter vos revenus donneront des résultats spectaculaires, parfois même au-delà de vos propres espérances. La chance vous sourit et vous continuez à avoir la main heureuse au jeu. Bon mois pour les voyages d'affaires ou d'agrément.

JUILLET

D	L	M	M	J	V	S
1D	2	3	4	5	6	7
8	9	10	11	12	13D	14 ● D
15F	16F	17	18	19	20	21
22	23	24	25F	26F	27D	28D
29 ○ D	30	31				

○ Pleine lune   ● Nouvelle lune
F Jour favorable   D Jour difficile

Santé – La planète Mars est sortie de votre signe et, forcément, vous vous sentez moins survolté ; profitez-en donc pour recharger vos batteries et faire le point. Bien que vous soyez ravi de vos accomplissements des derniers mois, votre résistance nerveuse en a souffert et il est grand temps de bâtir votre paix intérieure. De belles marches dans la nature ou quelques séances de yoga devraient rapidement vous remettre sur le piton.

Sentiments – Je vous rappelle que Vénus vous accompagne jusqu'au 15 et que cette planète vous fournira de multiples occasions d'améliorer votre destinée amoureuse. On continue de vous lancer une foule d'invitations, les activités stimulantes ne manquent pas, surtout au courant de la première quinzaine. Un enfant ou un parent vous cause quelques inquiétudes, mais ça ne saurait durer. Gardez espoir !

Affaires – Le moment est venu de dresser un bilan de tout ce que vous avez entrepris depuis le début de l'année. Au besoin, vous rajusterez votre tir, effectuerez des choix et prendrez d'importantes décisions. Consacrez-y le temps nécessaire car, si vous sautez des étapes, vous pourriez vous en mordre les doigts. Ne précipitez pas les choses. Petites chances au jeu avant le 15.

AOÛT

D	L	M	M	J	V	S
			1	2	3	4
5	6	7	8	9D	10D	11F
12 ● F	13F	14	15	16	17	18
19	20	21F	22F	23F	24D	25D
26	27	28 ○	29	30	31	

○ Pleine lune et éclipse lunaire totale   ● Nouvelle lune
    F Jour favorable   **D** Jour difficile

Santé – Rien à redouter des éclipses, bien au contraire. Prendre du temps pour vous ou changer d'air vous fait le plus grand bien ; d'ailleurs vous semblez d'attaque plus que le mois dernier. Une fois la première semaine écoulée, l'énergie cesse de chanceler et vous apprenez à mieux la canaliser. Bref, vous avez tout ce qu'il faut pour profiter de la vie.

Sentiments – Vos talents de communicateur ont un effet monstre. Vous savez trouver des arguments convaincants pour faire entendre raison à vos proches, particulièrement à votre douce moitié ; quant à vos amis et aux nouvelles connaissances, ils boivent littéralement vos paroles. Bon mois pour resserrer les liens affectifs, votre entourage ne demande pas mieux. Coup de cœur possible pour les célibataires après le 9.

Affaires – Ici aussi vos dons d'orateur vous valent de nombreux succès. Que ce soit dans des négociations ou des démarches, vous jouez toujours gagnant car vous savez vous vendre et faire accepter vos idées. Magnifique période pour signer un contrat ou pour prendre le large. Au jeu, vous pouvez tenter votre chance entre le 7 et le 30.

SEPTEMBRE

D	L	M	M	J	V	S
						1
2	3	4	5D	6D	7D	8F
9F	10	11 ●	12	13	14	15
16	17	18F	19F	20D	21D	22
23 / 30	24	25	26 ○	27	28	29

○ Pleine lune   ● Nouvelle lune et éclipse solaire partielle
F Jour favorable   **D** Jour difficile

Santé – Tout va pour le mieux dans le meilleur des mondes, malgré une phase d'incertitude et d'anxiété que l'on décèle entre le 6 et le 28. Vous avez suffisamment de ressources pour en venir à bout et pour retrouver rapidement votre aplomb. Le mois est propice aux transformations beauté, aux régimes amaigrissants ainsi qu'aux rajeunissements de look. Ça coûte cher, mais les résultats vous vaudront des compliments.

Sentiments – Vénus est revenue se promener dans votre cinquième secteur ; par conséquent vous pourrez meubler votre solitude ou resserrer les liens qui vous unissent à votre partenaire. En effet, vos amours sont nettement favorisées et plusieurs envient votre bonheur. La vie sociale se porte elle aussi très bien. Vos amis vous admirent, alors que les nouvelles connaissances sont conquises tant par votre brillante personnalité que par votre fière allure.

Affaires – Quelques doutes vous assaillent et vous allez chercher consolation dans les magasins. Vous vous offrez quelques gâteries, pourquoi pas, vous en avez les moyens. Au boulot, les choses n'avancent pas assez vite pour vous ou n'obéissent pas à vos plans mais, en usant de persévérance, vous devriez en venir à bout. Si le cœur vous en dit, vous pouvez tenter votre chance aux jeux de hasard.

OCTOBRE

D	L	M	M	J	V	S
	1	2	3D	4D	5F	6F
7	8	9	10	11 ●	12	13
14	15F	16F	17D	18D	19D	20
21	22	23	24	25 ○	26	27
28	29	30D	31D			

○ Pleine lune   ● Nouvelle lune
F Jour favorable   **D** Jour difficile

Santé – Le mois s'annonce délicat et certaines mesures s'imposent. D'abord, prenez vos précautions quand vous vous déplacez ou lorsque vous manipulez des objets avec lesquels vous pourriez vous blesser. Ce serait également une mauvaise idée d'abuser de vos forces ou des bonnes choses de la vie. Apprenez à dire non et n'en prenez pas trop sur vos épaules, sans quoi les nerfs ne tiendront pas le coup.

Sentiments – Les 8 premiers jours s'annoncent encore magnifiques tant sur le plan amoureux que mondain. Par la suite, vous risquez de trouver que votre vie manque de piquant et qu'on se désintéresse de vous. Ce n'est pas en adressant des reproches à votre entourage que vous améliorerez la situation, bien au contraire ; vous pourriez alors provoquer quelques altercations que vous regretteriez. Des soucis d'ordre familial font déborder le vase...

Affaires – Mieux vaut y aller mollo. Ce n'est pas le temps d'imposer votre point de vue ni de ruer dans les brancards, essayez plutôt la douceur et la souplesse. Au besoin, flattez vos détracteurs dans le sens du poil. Je vous assure que vous les désarmerez et que vous finirez par triompher.

NOVEMBRE

D	L	M	M	J	V	S
				1F	2F	3F
4	5	6	7	8	9 ●	10
11F	12F	13F	14D	15D	16	17
18	19	20	21	22	23	24 ○
25	26D	27D	28D	29F	30F	

○ Pleine lune   ● Nouvelle lune
F Jour favorable   **D** Jour difficile

Santé – Si le ciel se dégage sur le plan nerveux à partir du 11, on ne peut pas en dire autant du plan physique. Les risques de blessures, d'inconforts, voire de malaises demeurent bien présents. Cependant, si vous adoptez une attitude préventive, vous pourrez aisément passer à côté. Attention, vous cédez trop souvent aux tentations ; la gourmandise pourrait vous jouer des tours.

Sentiments – Vous êtes fort bien entouré, mais il semble que ça ne suffise pas à vous rendre heureux. Chercheriez-vous la bête noire, quand vos amis et votre douce moitié redoublent d'efforts pour vous faire plaisir ? Avec la famille, ça demeure compliqué et il serait sage de ne pas trop vous en mêler. Au moins, le comportement ou la situation d'un enfant s'améliore grandement au cours de la seconde quinzaine.

Affaires – La première partie du mois comporte son lot de pépins, de retards et d'insatisfactions. Prenez tout ça avec un grain de sel et reportez légèrement vos entreprises. À compter du 11, vous amorcez un cycle réparateur durant lequel vous pourrez régler une foule de problèmes qui vous empêchaient de fonctionner à plein. Le paiement d'une réclamation, le règlement d'un litige passé ou le remboursement d'une somme que vous aviez prêtée vous permet de renflouer le budget.

DÉCEMBRE

D	L	M	M	J	V	S
						1
2	3	4	5	6	7	8F
9 ● F	10F	11D	12D	13	14	15
16	17	18	19	20	21	22
23○/30	24 D / 31	25D	26F	27F	28	29

○ Pleine lune ● Nouvelle lune
F Jour favorable D Jour difficile

Santé – Vous avez un moral à toute épreuve, ce qui vous aide à vaincre les difficultés. Pour que tout soit parfait, il faudrait continuer à vous prémunir contre les accidents et à faire preuve de plus de retenue face aux plaisirs de la table. Des blessures, des indigestions ou de sérieux maux de tête pourraient être évités en faisant attention.

Sentiments – Le climat devrait s'alléger graduellement. D'une part, les tracas d'ordre familial feront place à une atmosphère cordiale. D'autre part, vous serez plus ouvert aux qualités et aux efforts de vos proches, ce qui vous permettra de constater à quel point on vous aime. Avouons que votre entourage se montre enchanté par cette nouvelle attitude. Les pauvres ne savaient plus à quel saint se vouer! D'agréables sorties et réunions sociales viendront parfaire le tout.

Affaires – Vous avez presque fini de régler ce qui clochait et vous vous préparez à foncer de nouveau. Fiez-vous à votre intuition, vous ne raterez alors aucune occasion de gagner vos galons. Les déplacements d'affaires ou de loisirs donnent d'heureux résultats, même chose pour les démarches ainsi que les négociations. Quelques chances au jeu avant le 21, à vous d'en profiter.

TAUREAU

DU 21 AVRIL AU 20 MAI

Quand on parle des taureaux, on pense bien souvent à ceux qui hantent les arènes d'Espagne, des animaux vifs et combatifs. Décidément, ils ont peu de choses en commun avec vous, qui êtes un être lent et tranquille. En fait de taureau, vous ressembleriez plutôt à cette bonne vache de campagne qui broute paisiblement, sans se compliquer l'existence.

Amoureux de la nature, de la campagne, de la verdure, vous trouvez le moyen d'avoir une boîte à fleurs ou un jardinet même au cœur de la ville. Il vous faut absolument un espace vert pour égayer votre paysage.

Ce qui frappe au premier abord, lorsqu'on vous rencontre, c'est votre fidélité et votre stabilité. Vous n'êtes pas du genre à déménager tous les ans et à vous faire de nouveaux amis toutes les semaines. Votre domicile, vos biens, vos amis, vous y tenez et vous les gardez précieusement. Le temps qui passe n'émousse pas vos sentiments : au contraire, il les renforce. Pour vous, vos petites habitudes, vos vieilles pantoufles, vos vieux amis et vos bons voisins sont très importants, et vous n'êtes pas prêt à tout chambarder. En amour, c'est la même chose. Vous ne recherchez pas la passion dévorante, mais plutôt un attachement, une grande amitié et une forte complicité avec l'élu de votre cœur. Vous vous montrez dévoué et sincère, mais vous avez aussi le souvenir tenace et la mémoire longue. Vous n'acceptez ni le mensonge ni la tromperie, et s'il arrivait que vous subissiez ces outrages, vous vous en souviendriez longtemps. D'ailleurs, votre mémoire est remarquable.

Vous savez retrouver la moindre de vos petites choses : les papiers, les petits cadeaux que les enfants vous ont faits trois ans plus tôt, ce que votre patron vous a dit au téléphone le mois précédent. Peu importe ce dont il s'agit, vous oubliez fort peu de choses.

Les mauvaises langues se moqueront de cette faculté en disant que vous avez un esprit lent, que vous mettez du temps à comprendre les explications ou les raisonnements et que, pour cette raison, vous apprenez tout par cœur. Laissez-les parler! Chez vous, il n'y a pas de place pour la désorganisation: tout est classé, rien ne se perd. Vous êtes méthodique, responsable et déterminé... un peu têtu, parfois! L'important, c'est d'arriver au but, pas à pas, lentement mais sûrement. Vous connaîtrez parfois des retards, des délais parce qu'il vous faudra surmonter des obstacles; mais en prenant votre temps, vous réussirez à éviter l'échec.

Ce dont vous avez une sainte horreur, c'est d'être poussé dans le dos. Vous ne fonctionnez bien qu'en allant à votre propre rythme. Les délais trop courts et les situations urgentes vous déplaisent; vous connaissez vos capacités et vos limites, et vous savez que travailler dans l'urgence vous empêche d'exprimer tout votre talent.

En fait, vous détestez les changements trop radicaux. Que ce soit au boulot ou à la maison, qu'il s'agisse d'implanter un système informatique, d'être muté dans le quartier voisin, de changer de couvre-lit ou de déménager, tout cela crée un petit sentiment de panique en vous. Pourtant, une fois habitué à votre nouvelle réalité (ça prend un petit bout de temps), vous reconnaîtrez que ce changement en a valu la peine. Mais sur le coup, vous ne trouvez pas ça drôle ni attrayant.

Vous avancez lentement mais sûrement, ce qui vous permet d'atteindre votre but, même si c'est parfois long. Vous avez une patience d'ange, mais puisque vous vous montrez craintif, vos peurs peuvent vous empêcher d'agir ou miner votre moral.

Ce n'est pas parce que vous prenez tout votre temps que vous n'appréciez pas les plaisirs de la vie, au contraire. Vous avez un faible pour la bonne chère, les vins capiteux, les belles choses. Sérieux et prévoyant, vous savez exactement ce qu'il faut faire pour vous les procurer. Comme vous souffrez d'insécurité, vous savez aussi prévoir les coups durs et vous vous ménagez des portes de sortie. Vous êtes rarement pris au dépourvu et vous savez faire de petites économies pour les jours plus difficiles.

Vous êtes une personne terre à terre qui attache une certaine importance à l'univers matériel. Cet aspect de la vie n'est pas sans vous causer quelques inquiétudes qui font sourire vos proches. Petit à petit, vous faites votre nid et vous parvenez sans grand sacrifice à vivre avec une certaine aisance. Et évidemment, c'est là que les cigales qui ont chanté tout l'été viennent voir le Taureau, qui a su se faire fourmi.

Comment se comporter avec un Taureau?

Le Taureau possède un esprit très cartésien. Avec lui, un plus un, ça fait toujours deux. Il refuse les généralités, les on-dit ou les « je pense bien », les « peut-être que » ; lorsque vous discutez avec un Taureau, il vaut mieux être sûr de ce que vous dites. Oubliez aussi les théories métaphysiques vaseuses. Il comprend mieux ce qu'il voit que ce qu'il entend. Donc, si vous le pouvez, prouvez vos assertions par A+B, et autant que possible par écrit.

Ne tentez pas de l'entraîner dans des projets à peine ébauchés ou fantaisistes. De toute façon, il sera incapable de prendre une décision sur-le-champ ; il lui faudra peser le pour et le contre et il s'assurera d'avoir tout bien compris avant de se décider. Il doit y penser et se faire une idée, ce qui, vous le constaterez, peut demander un temps fou. De bonnes occasions lui passent ainsi sous le nez, mais il ne s'en formalise pas.

Le Taureau est quelqu'un de méthodique qui ne peut pas partir sur les chapeaux de roue. Ce sera à vous de l'encourager et de l'aider à se lancer. Mais une fois parti, vous verrez qu'il ira loin. Il appréciera votre aide, mais surtout pas qu'on le pousse dans le dos. S'il se sent pressé et obligé d'agir à la hâte, il refusera tout simplement d'avancer.

Vos relations avec un Taureau seront harmonieuses si vous évitez tout conflit. N'oubliez pas qu'il possède une mémoire phénoménale et qu'il n'oublie jamais rien, que ce soit le bien ou le mal qu'on lui a fait. En respectant son besoin essentiel de calme et de sécurité, vous développerez une bonne relation avec lui.

Si vous voulez qu'il vous suive dans une activité qui vous plaît mais qui n'est pas forcément de son goût, essayez le « donnant-donnant » avec lui ; normalement, ça marche toujours très bien avec un Taureau. Après tout, un plus un, ça fait deux.

Ses goûts

On l'a vu, le Taureau adore la campagne et la nature. S'il n'y habite pas, il la recréera chez lui avec des plantes, des meubles anciens ou rustiques. Être propriétaire de sa maison est une autre de ses priorités. Il aime porter des vêtements sobres et classiques. Ce n'est décidément pas quelqu'un qui suit la mode de près ; il préfère garder ses vêtements longtemps.

À table, le Taureau fait honneur à la bonne chère. N'hésitez pas à lui servir des portions généreuses. Les plats en sauce, les salades et les produits laitiers lui plaisent beaucoup. Il savoure, il déguste ; cela fait plaisir à voir. Par contre, il a tendance à abuser et à manger trop.

Son potentiel

Pas à pas, le Taureau va son petit bonhomme de chemin, avec détermination et sans se laisser arrêter par quoi que ce soit. Il n'est pas un être vif et il réagit mal sous la pression et les urgences. Le court terme, ce n'est pas dans ses cordes. Mais dans les projets à longue échéance, il se révèle fantastique. Il ne prend pas de risques, mais il ne commet pas d'erreurs.

On l'a dit, le Taureau est matérialiste. Pour cette raison, il est imbattable dans les métiers de gestion, d'administration, de la construction, de l'ébénisterie et de l'immobilier. Il réussira également bien dans l'artisanat, l'esthétique, la coiffure, l'alimentation et la restauration. Il a beau être craintif, il ne perd pas de vue ses intérêts personnels. Avec un dollar, il est capable d'en faire 10.

Ses loisirs

C'est un être terre à terre. Il préférera donc les loisirs paisibles et rentables : il peut s'occuper en bricolant ou en réparant un objet utile. Vous voulez lui faire plaisir ? Alors proposez-lui de réparer le robinet qui coule, de construire une terrasse ou de coudre des rideaux pour la chambre d'amis plutôt que de l'emmener danser. Et imaginez les économies ainsi réalisées ; lui, il y a déjà pensé ! C'est une personne très habile de ses mains pour construire, pour fabriquer ; il n'est peut-être pas rapide, mais ce qu'il fait est bien fait, et c'est du solide ! Au jardin aussi, il connaît la réussite. Le Taureau aime la nature et a le pouce vert.

Les jours de pluie, le Taureau aime jouer à des jeux de société où son sens de la stratégie et son intelligence seront mis au défi. Il apprécie les jeux de cartes, le bridge et les échecs, où il se révèle un excellent stratège. De tels loisirs lui permettent de mettre sa timidité de côté pour socialiser avec des partenaires de jeu.

À la cuisine, homme ou femme, le Taureau consacrera des heures à mijoter des petits plats que vous n'oublierez pas de sitôt. Pour lui, cuisiner est un véritable plaisir, et même un art.

Le natif du Taureau a de nombreux talents dans différents domaines : artisanat, poterie, céramique. Bref, il sait produire de ses propres mains. Comme le signe du Taureau correspond à la gorge, beaucoup d'entre eux chantent et ont une très belle voix.

Paradoxe de sa nature, au cinéma ou en lecture, il préfère des œuvres d'aventures ou de comédie, malgré sa personnalité pantouflarde. Peut-être préfère-t-il vivre la grande aventure à travers des personnages de fiction ?

Sa décoration

Le Taureau aime être à l'aise dans son environnement. Il dispose d'un intérieur très confortable : de gros fauteuils moelleux, des meubles solides et, bien souvent, une table de salle à manger de grandes dimensions (il aime tant manger). En tant qu'amoureux de la campagne, le Taureau optera souvent pour un mobilier rustique.

En général, il s'entoure d'objets anciens, mais sans pour cela sacrifier son confort ; une belle armoire ancienne lui conviendra, mais une chaise qui branle, ce n'est guère pour lui.

Signe de terre, le Taureau est très attaché aux possessions matérielles ; il préfère avoir sa propre maison, qu'il considère comme un bon investissement. Il la choisira solide, agréable et entourée d'un lopin de terre verdoyant, dans la mesure du possible. La céramique, le bois, la brique et la pierre sont les matériaux qu'il préfère, et il les utilise, même si sa résidence se situe en plein centre-ville. À peine la porte de sa demeure franchie, on s'y sent comme à la campagne. Le Taureau n'est pas non plus du genre à tout chambouler. Les meubles changent rarement de place et bien que son intérieur ne soit pas très moderne, il est très chaleureux.

Son budget

Le Taureau est un être sérieux qui a le sens de l'économie et qui est très habile de ses mains. Donc, sur le plan financier, il pourrait être avantagé par rapport à d'autres. Néanmoins, on l'entend souvent dire que les temps sont durs, que les taxes sont élevées, que les enfants dépensent trop. Bref, le Taureau n'a pas d'argent à jeter par les fenêtres. Il compte et recompte chaque sou. Et même s'il vient de gagner le gros lot, n'ayez crainte, ce n'est pas lui qui aura la folie des grandeurs et qui dilapidera sa fortune sans réfléchir.

Toutefois, il n'est pas non plus comme un écureuil qui engrange sans dépenser. Il sait saisir au vol d'excellentes occasions, et peu de bonnes affaires lui passent sous le nez. Pour lui, l'épargne est un mode de vie. Sage au travail, sage en amour, pourquoi serait-il différent lorsqu'il pense à son porte-monnaie ? L'argent ne se trouve pas le long des trottoirs, et il en est pleinement conscient. C'est un être prévoyant, mais qui semble souffrir un peu d'insécurité. On ne sait jamais ce qui peut arriver. Il aurait même tendance à exagérer sur ce point : la famine et la disette rôdent... Bien sûr, rien de cela n'arrive, mais il s'inquiète et ne se laissera jamais surprendre dans une mauvaise posture financière. Ses proches le taquinent même sur son côté pingre... tout en sachant très bien à quelle porte frapper lorsqu'eux-mêmes sont dans le besoin.

Notre Taureau a probablement un petit bas de laine bien gonflé ; il ne l'avouera jamais, mais il trouvera toujours quelques dollars cachés çà et là, si le besoin s'en fait sentir.

Quel cadeau lui offrir ?

Puisqu'il a le sens pratique, offrez-lui quelque chose d'utile, tout simplement. Son petit côté bricoleur sera servi si vous lui donnez des outils ou du matériel pour faire travailler ses dix doigts. Jardinage, couture ou artisanat sont aussi des passe-temps qui l'occupent ; ce sont donc de bonnes pistes à explorer pour lui faire plaisir.

Offrez-lui un portefeuille, un logiciel de comptabilité personnelle, une boîte ouvragée pour classer ses certificats de placement ou un petit coffre-fort : soyez assuré qu'il s'en servira, puisque l'argent compte beaucoup pour lui.

On l'a vu, le Taureau a une bonne fourchette et il ne résistera pas à un bon vin, du caviar, des gâteaux raffinés ou encore à un dîner gastronomique. Un parfum bien choisi peut également le mettre en joie, car le Taureau est très sensible aux odeurs.

Les enfants Taureau

Sages, très sages, les bébés Taureau sont dociles, souriants, faciles à vivre et beaux à croquer ! Ils le resteront même en grandissant. Il suffit de discuter avec eux, de leur expliquer les choses et de les prendre avec douceur, et tout se passera bien. S'ils sont contrariés, ils boudent et ils peuvent bouder longtemps, car même très jeunes, ils ont déjà une bonne mémoire et n'oublient rien.

Manquant parfois d'assurance et de confiance en eux, ces enfants Taureau ont besoin d'être entourés, aimés et soutenus par leurs proches. Sur le plan scolaire, quelques difficultés peuvent surgir, car ils ne sont pas très rapides et demandent beaucoup d'explications. Par contre ce sont des élèves appliqués et motivés lorsqu'ils savent qu'on les soutient. Ils feront leur chemin dans la vie si, très jeunes, on les habitue à des changements, car ils cherchent plutôt la stabilité. On leur donnera ainsi une meilleure confiance dans leurs moyens et on les incitera à repousser leurs limites.

L'ado Taureau

Tu es un être réfléchi, sérieux et prudent. Tu ne peux évoluer que dans le calme et la stabilité, et tu es très perturbé dès que l'on te bouscule ou que tu te sens menacé dans ta tranquillité.

Même si certaines personnes te disent que tu es trop lent, tu leur prouveras que tu fais rarement des erreurs, car tu réfléchis beaucoup avant d'entreprendre quoi que ce soit, et avec ton talent, tu deviens très doué pour réussir tout ce que tu fais. D'ailleurs, tu peux tout accomplir, du moment que tu n'es pas dérangé et que tu as tout ton temps pour analyser la situation avant de te lancer dans une entreprise quelconque. Tes goûts musicaux et tes talents artistiques sont importants, et tu adores tout ce qui se rapporte à l'art.

Tu es également un être très près de la nature, ce qui te permet de te ressourcer et de faire le point. Tu aimes te retrouver à la campagne pour préparer tes plans, mais surtout pour oublier les petits tracas quotidiens. Par contre, un imprévu, un chambardement, un changement brusque, et te voilà bien ennuyé. Tu supportes mal le stress et tu ne te sens pas bien lorsqu'il y a trop de transformations autour de toi.

Tu es têtu, et il est bien difficile de te faire changer d'idée. Mais tu es aussi quelqu'un de loyal et d'honnête, sur qui l'on peut compter. Par contre, tu es sensible; alors, prends garde de ne pas te faire manipuler. Sur le plan financier, puisque tu es raisonnable, ne t'en fais pas, tu iras loin.

Tes études

Tu es très assidu et appliqué, donc il n'y a pas grand-chose à ton épreuve. Tes travaux sont généralement faits bien longtemps d'avance, tu révises bien pour réussir tes examens et tu planifies tes études et ton avenir. Tu possèdes la détermination et la persévérance nécessaires pour mener tes projets à terme. Tu es aussi prudent, et tu sais où tu t'en vas... Ne t'inquiète pas, le temps travaille pour toi ; tu réussiras à atteindre tous les buts que tu t'es fixés et ceux que tu te fixeras dans l'avenir.

Ton orientation

Ton choix de carrière peut surprendre, mais ton bon jugement est ton meilleur atout. Il s'agit de ta vie, tu connais tes capacités et tu sais ce que tu peux faire. Puisque tu as de la suite dans les idées, les métiers liés à la planification, à la comptabilité, à l'administration, à la psychologie, au commerce et à l'immobilier te conviendront très bien. Le chant, la musique, l'art, la terre, le travail manuel sont aussi des domaines qui t'attirent et dans lesquels tu réussiras. L'aspect financier de ta vie d'adulte t'inquiète, mais n'aie aucune crainte, tu te prépares un bel avenir.

Tes rapports avec les autres

Les gens que tu côtoies savent qu'ils peuvent compter sur toi, car tu es quelqu'un de sérieux. Tu as des idées bien arrêtées, et il est difficile de te les faire changer. Par contre, tu ne les imposes pas aux autres. Pour être à l'aise, il te faut un environnement stable. Tu as de bons copains avec qui tu t'entends très bien, souvent même mieux qu'avec les membres de ta famille. Tu aimes tes amis, tu les protèges, tu leur donnes beaucoup. Mais il serait bon aussi que tu saches recevoir !

Roy Dupuis, Claude Dubois, Michel Barrette,
Ginette Reno, Louise Portal, Gaston L'Heureux, Jean Leloup,
Denise Filiatrault, Janet Jackson, Vincent Graton,
Arielle Dombasle, Cher, Claude Blanchard, Guy Mongrain,
Marie Plourde, Joëlle Morin, Patrick Huard, Cate Blanchett,
Jack Nicholson, Uma Thurman, Renée Zellweger,
Enrique Iglesias, Ariane Moffatt, Sylvain Cossette,
Micheline Lanctôt, Michel Goyette.

Pensée positive pour le Taureau

J'avance avec confiance sur le chemin de ma vie. J'accepte tous les bienfaits futurs et présents, en me donnant le droit d'en profiter.

Pensée positive spéciale pour 2007

J'accueille le changement avec sérénité, car je sais au plus profond de moi que c'est pour mon plus grand bien.

Le subconscient nous dirige toujours selon nos pensées. En répétant le plus souvent possible ces pensées conçues tout spécialement pour vous, vous vous attirerez plein de belles choses.

Signe: Taureau

Élément: Terre

Catégorie: Fixe

Symbole: ♉

Points sensibles: Gorge, sinus, nuque, thyroïde, seins, système glanduaire. Bonne résistance générale.

Planète maîtresse: Vénus, planète du bonheur intime.

Pierres précieuses: Émeraude, jade, corail.

Couleurs: Les couleurs pastel et les tons de vert.

Fleurs: Muguet, pivoine, toutes les fleurs des champs.

Chiffres chanceux: 3-9-13-18-23-36-39-45-49.

Qualités: Persévérant, méthodique, pondéré, d'une patience à toute épreuve.

Défauts: Anxieux, matérialiste, lent.

Ce qu'il pense en lui-même: Pourquoi vouloir changer quelque chose quand ça peut rester pareil?

Ce que les autres disent de lui: Si l'on ne le pousse pas, il sera encore à la même place dans dix ans!

PRÉDICTIONS ANNUELLES

C ette année, vous vous attaquez aux questions de fond. Vous arrêter uniquement au plus urgent ne vous dit rien, vous voulez aller à la base du problème et connaître les raisons du malaise que vous ressentez. Vous traversez une phase d'introspection, vous vous cherchez et vous finirez par comprendre les mécanismes qui vous poussaient à agir d'une certaine façon dans le passé. Le moment est venu non seulement de prendre d'importantes décisions, mais aussi de réévaluer vos priorités. Gros travail en perspective, mais croyez-moi, les résultats seront extrêmement positifs, si bien que vous vous retrouverez parmi les signes les plus favorisés de 2008. N'hésitez plus : tout ce branle-bas vous ouvrira de nouveaux horizons nettement plus avantageux !

Santé – Avec Saturne qui est toujours dans le portrait, ce n'est pas le temps de vous laisser aller ni de faire fi des principes d'une saine hygiène de vie. Réglez vos problèmes sans tarder, remettez de l'ordre dans votre vie et soyez plus conséquent. En agissant de la sorte, vous traverserez les huit premiers mois sans difficulté. À partir de septembre, votre résistance sera meilleure, vous sentirez votre énergie et votre moral remonter.

Sentiments – Comme vous apprenez à mieux vous connaître, à cerner vos véritables besoins, il est tout à fait normal que vous vous posiez de sérieuses questions au sujet de certaines relations. Mieux encore, vous prenez conscience de votre propre valeur, vous souhaitez vous affirmer et, surtout, vous n'avez plus envie de faire un tas de courbettes pour qu'on vous aime à tout prix. Vous êtes enfin prêt à établir vos limites et à vous arranger pour qu'on les respecte. Tant pis si ça ne fait pas l'affaire de tout le monde, vous avez désormais suffisamment de courage pour prendre ce risque. Adieu les profiteurs, les sangsues qui veulent tout avoir mais rien donner en retour ! Vous commencez à vous respecter et vous voulez que les autres fassent pareil. Bravo ! De toute façon, ceux qui s'éloigneront de vous seront remplacés par des gens de plus grande valeur.

Affaires – Des transformations importantes sont sur le point de se produire sur le plan professionnel. Parfois vous en serez l'instigateur, alors qu'à d'autres moments c'est la destinée qui vous imposera ce brusque revirement. Vous n'appréciez guère les changements, mais ceux-ci finiront par donner des résultats exceptionnels. À partir de l'automne, vous évoluerez de manière plus stable sans avoir constamment à réviser votre tir. Votre budget prendra du mieux et vous sentirez le vent tourner. La fin de l'année vous permettra d'avoir un avant-goût de l'énorme chance qui vous accompagnera en 2008. D'ici là, ne laissez pas l'insouciance, la négligence ou la naïveté vous jouer des tours ; ne prêtez pas un rond, ne signez rien sur un coup de tête, verrouillez bien vos portes et vos fenêtres et prémunissez-vous contre les dégâts matériels.

JANVIER

D	L	M	M	J	V	S
	1	2	3 ○	4	5D	6D
7F	8F	9F	10	11	12	13
14	15	16	17F	18 ● F	19D	20D
21	22	23	24	25	26	27
28	29	30	31			

○ Pleine lune   ● Nouvelle lune
F Jour favorable   D Jour difficile

Santé – La première quinzaine est moyenne sur le plan physique, par contre elle s'annonce fort positive au point de vue psychologique. Les situations vous apparaissent avec davantage de clarté et vous vous prêt à prendre des résolutions ou des décisions. L'énergie devrait remonter à compter du 17, si bien que vous pourriez vous débarrasser d'un vieux problème.

Sentiments – Les astres vous poussent à réévaluer certaines relations. Vous en avez assez de jouer les seconds violons, vous cherchez désormais à prendre votre place, ce qui déplaît à quelques-uns. Tant pis pour eux s'ils ne sont pas capables de vous respecter ni d'accepter vos idées. Vous vous aimez assez pour ne pas déroger de votre ligne de conduite.

Affaires – Vous avez d'excellentes idées, mais les choses traînent en longueur jusqu'à la nouvelle lune, soit le 18. Par la suite, ça commence à débloquer et ce que vous espériez pourrait enfin se concrétiser. Bon mois pour entreprendre des démarches, pour présenter vos projets et pour songer à une réorientation professionnelle. Même si ça met du temps à démarrer, vous aurez le dernier mot.

FÉVRIER

D	L	M	M	J	V	S
				1D	2 ○ D	3D
4F	5F	6	7	8	9	10
11	12	13F	14F	15F	16D	17 ● D
18	19	20	21	22	23	24
25	26	27	28D			

○ Pleine lune   ● Nouvelle lune
F Jour favorable   D Jour difficile

Santé – Excellent mois en perspective, durant lequel vous pourrez régler quelques ennuis de santé qui persistaient. Le moral est au beau fixe, vous envisagez la vie avec davantage d'optimisme. Bonne période pour se reprendre en main, pour adopter de meilleures habitudes, pour mettre le nez dehors et pour bouger un peu plus. Toutes ces initiatives ne feront qu'accroître votre bien-être.

Sentiments – Vénus, Mercure et Mars avantagent votre signe. Vous êtes donc en mesure de régler une foule de petits conflits qui vous empoisonnaient l'existence. Une belle complicité s'installe avec votre partenaire, tandis que les solitaires sont enchantés de la douce amitié amoureuse qui pointe à l'horizon. Un proche révise son attitude, quel soulagement!

Affaires – C'est le temps de foncer, de présenter vos requêtes, de chercher du boulot ou de renégocier vos conditions de travail. Votre intuition vous guide dans la bonne direction, vous vous féliciterez de l'avoir écoutée. Les démarches demeurent hautement favorisées, tout comme les déplacements de plaisance ou d'affaires. Allez de l'avant, le mois s'y prête parfaitement.

MARS

D	L	M	M	J	V	S
				1D	2D	3 ○ F
4F	5	6	7	8	9	10
11	12	13F	14F	15D	16D	17
18 ●	19	20	21	22	23	24
25	26	27	28D	29D	30F	31F

○ Pleine lune et éclipse lunaire totale ● Nouvelle lune et éclipse solaire partielle
F Jour favorable **D** Jour difficile

Santé – Ce ne sont pas tant les éclipses qui risquent de vous perturber en ce mois mais plutôt l'angle délicat que font Saturne et Mars à votre signe. La résistance étant basse, vous avez tout intérêt à vous protéger contre les infections et les malaises. Comme vos réflexes ne sont pas si aiguisés, vous devriez redoubler de prudence dans vos déplacements et lorsque vous manipulez des objets avec lesquels vous pourriez vous blesser.

Sentiments – La communication avec vos proches est loin d'être évidente avant le 18. Toutefois, en faisant quelques concessions, vous pourrez arriver à sauvegarder l'harmonie. Le comportement ou la situation d'un membre de la famille vous inquiète et parfois vous vous sentez désarmé. Dès le mois prochain, les choses devraient rentrer dans l'ordre et vous pourrez alors reprendre le dessus.

Affaires – Le moment serait mal choisi pour vous révolter ou pour faire des gestes irréfléchis. La meilleure chose à faire, c'est d'opter pour la souplesse et de vous donner du temps. Actuellement, vous êtes à la merci des décisions des autres ; mieux vaut donc l'accepter sans faire de houle. Prochainement, les barrières et les obstacles tomberont, vous repartirez en neuf. D'ici là, une perte matérielle pourra être évitée si vous prenez les précautions nécessaires.

AVRIL

D	L	M	M	J	V	S
1F	2 ○	3	4	5	6	7
8	9F	10F	11D	12D	13D	14
15	16	17 ●	18	19	20	21
22	23	24D	25D	26F	27F	28F
29	30					

○ Pleine lune	● Nouvelle lune
F Jour favorable	D Jour difficile

Santé – Encore quelques jours de vigilance et tout se mettra à mieux aller. En effet, dès le 6, vous serez débarrassé de l'influence oppressante de la planète Mars et serez en mesure de régler tout ce qui accrochait. À vrai dire, vous vous sentirez renaître. Profitez-en pour soigner vos petits bobos, pour faire le plein d'énergie, bref, pour repartir du bon pied. Moralement aussi, nous assistons à une belle remontée.

Sentiments – Quelques soubresauts marquent encore la première quinzaine, puis tout devrait se tasser. La famille cessera de vous tourmenter, vos amis seront plus disponibles et vous pourriez même vous en faire de nouveaux. Voilà pourquoi vous devriez accepter toutes ces invitations qu'on vous lance. Avec votre partenaire, on peut dire que le nuage est enfin passé.

Affaires – Une fois la première semaine écoulée, vous entrez dans un cycle de renouveau. C'est le temps de mettre un point final aux situations qui stagnent ou, pire encore, qui vous stressent. Excellente période pour chercher un nouvel emploi ou pour apporter de sérieux correctifs à celui que vous avez. Des rénovations ou un réaménagement de votre domicile coûtent un peu plus cher que prévu initialement.

MAI

D	L	M	M	J	V	S
		1	2 ○	3	4	5
6	7F	8F	9F	10D	11D	12
13	14	15	16 ●	17	18	19
20	21D	22D	23D	24F	25F	26
27	28	29	30	31 ○		

○ Pleine lune   ● Nouvelle lune
F Jour favorable   D Jour difficile

Santé – Ça continue de remonter tant sur le plan moral que physique. La conjoncture demeure propice au rétablissement et à l'adoption d'une meilleure hygiène de vie. Si vous ressentez le besoin de consulter, soyez assuré que vous dénicherez une personne susceptible de vous aider grandement. Une remise en beauté vous tente ? Ce serait génial à compter du 8.

Sentiments – Vénus, planète de la bonne entente et du bonheur amoureux, fera un angle positif à votre signe du 8 mai au 16 juin. Vos rapports avec les autres et en particulier avec votre partenaire deviendront particulièrement satisfaisants. Si vous êtes seul, vous pourriez faire une belle découverte au cours d'une sortie. La vie sociale redémarre, vous voyez beaucoup de monde et ça vous fait le plus grand bien.

Affaires – Jusqu'au 18, vous restez avantagé à peu près en tout. Vos démarches donnent des résultats concrets ; vous savez également ment présenter vos arguments avec brio et par conséquent tous se rangent à votre avis. Agissez sans tarder car, sans être négatif, le reste du mois offre moins de potentiel.

JUIN

D	L	M	M	J	V	S
					1	2
3F	4F	5D	6D	7	8	9
10	11	12	13	14 ●	15	16
17	18D	19D	20F	21F	22	23
24	25	26	27	28	29	30 ○ F

○ Pleine lune   ● Nouvelle lune
F Jour favorable   **D** Jour difficile

Santé – Si vous pouviez arrêter de vous faire du mauvais sang pour rien, tout irait tellement mieux ! Le plus troublant, c'est que quand vous analysez les situations rationnellement, vous voyez qu'il n'y a rien de grave. Pourtant, les émotions finissent par prendre le dessus et vous vous affolez inutilement. Essayez de vous occuper davantage, ça vous changera les idées. Un autre conseil, ne laissez pas la fatigue s'installer, celle-ci minerait tant votre moral que votre vitalité.

Sentiments – Je vous rappelle que vous traversez un cycle idyllique jusqu'au 16. Profitez au maximum de tout ce qu'on veut vous offrir, laissez-vous gâter. Les amis et votre partenaire sont véritablement attentifs à vos besoins. Sans être vilain, le reste du mois s'annonce plus monotone. Il se peut également que vous soyez obligé de consacrer temps et énergie à un proche qui traverse des moments difficiles.

Affaires – Ça ne va probablement pas aussi vite ni aussi rondement que vous le souhaiteriez, mais vous êtes bien armé pour faire face aux contretemps et aux délais. Votre persévérance légendaire vous permet de venir à bout de tout. Par surcroît, vous avez un bon sens du *timing*, ce qui vous indique le moment opportun pour agir.

JUILLET

D	L	M	M	J	V	S
1F	2D	3D	4	5	6	7
8	9	10	11	12	13	14 ●
15D	16D	17F	18F	19F	20	21
22	23	24	25	26	27F	28F
29 ○ F	30D	31D				

○ Pleine lune   ● Nouvelle lune
F Jour favorable   D Jour difficile

Santé – L'arrivée de la planète Mars dans votre signe augmente sensiblement votre motivation ainsi que votre dynamisme. Toutefois ce transit présente également un risque accru de défaillances et d'accidents. Prenez davantage soin de votre santé et demeurez vigilant en toute situation présentant un risque de vous blesser. Ce serait dommage de vous retrouver sur le carreau alors que vous avez des projets à la tonne.

Sentiments – La première quinzaine laisse à désirer. Des soucis, une déception, un affrontement voire une dispute sont possibles. Heureusement que le reste du mois s'annonce beaucoup mieux. Vos amours vous procureront de grandes satisfactions ; les solitaires pourraient même meubler le vide de leur existence. Les amis réapparaissent dans le portrait, vous vous divertirez énormément.

Affaires – Vos bonnes idées ne portent pas toujours des fruits. Ce n'est pas parce qu'elles n'ont pas de sens, c'est tout simplement une question de *timing*. Dès le mois prochain vous les verrez se matérialiser, alors d'ici là profitez-en pour planifier et peaufiner vos projets. Inutile de mettre la charrue avant les bœufs. Un conseil en passant : protégez-vous contre les dégâts matériels, les pertes et les escroqueries.

AOÛT

D	L	M	M	J	V	S
			1	2	3	4
5	6	7	8	9	10	11D
12 ● D	13D	14F	15F	16	17	18
19	20	21	22	23	24F	25F
26D	27D	28 ○	29	30	31	

○ Pleine lune et éclipse lunaire totale   ● Nouvelle lune
F Jour favorable   **D** Jour difficile

Santé – Une fois la première semaine écoulée, vous êtes libéré de l'influence dérangeante de Mars. Vous évoluez plus librement, votre résistance cesse d'être chancelante et vous gérez plus adéquatement vos réserves d'énergie. Le moral semble plus fragile entre le 5 et le 20. Un bon moyen d'en venir à bout serait de laisser le passé de côté. Cessez de ruminer de vieilles histoires, il est grand temps de tourner la page.

Sentiments – Des moments de joie sont entrecoupés de déceptions. En effet, le mois est en dents de scie. Ce qui semble coulé dans le béton une journée menace de s'écrouler le lendemain. Pas facile de composer avec des gens qui changent constamment d'idée ou d'humeur. Faites-vous une carapace, profitez du positif et ne vous laissez pas démolir par le reste, bientôt ça ira mieux.

Affaires – Dès le 7, vous êtes en mesure d'agir plus librement. Ce n'est pas parfait, mais vous constatez un net progrès par rapport aux derniers mois. N'hésitez pas à vous y reprendre à deux fois, car les projets qui ne fonctionneront pas du premier coup pourraient très bien aboutir un peu plus tard. Votre motivation au travail finira par donner des résultats.

SEPTEMBRE

D	L	M	M	J	V	S
		.				1
2	3	4	5	6	7	8D
9D	10F	11 ● F	12	13	14	15
16	17	18	19	20F	21F	22D
23D / 30	24D	25	26 ○	27	28	29

○ Pleine lune   ● Nouvelle lune et éclipse solaire partielle
F Jour favorable   **D** Jour difficile

Santé – La vilaine Saturne qui sapait votre énergie tant morale que physique depuis quelques années sort définitivement du portrait le 2 de ce mois. Vous vous sentirez infiniment mieux dans votre peau, vous retrouverez votre dynamisme d'antan, sans compter que votre organisme deviendra beaucoup plus résistant. Magnifique mois pour vous débarrasser de vos problèmes et pour célébrer l'arrivée d'un cycle meilleur.

Sentiments – Il y a encore des hauts et des bas dans ce secteur. Certains vous adorent tandis que d'autres se comportent de manière bien décevante. Envoyez donc promener les ingrats, les profiteurs, les éternels insatisfaits et les égoïstes. Vous n'avez plus de temps à perdre avec eux… Ce serait bien plus amusant de vous concentrer sur ceux qui vous traitent avec les égards que vous méritez.

Affaires – Les obstacles se mettent à tomber un à un, et ça tombe bien, puisque votre priorité actuelle est le redressement de votre carrière. D'ici à la fin de l'année, vous pourrez finalement goûter à cette stabilité que vous prisez tant. Les efforts déployés en vue d'améliorer votre situation professionnelle ou financière commencent à porter des fruits. Vous sentez que le vent tourne et vous avez parfaitement raison.

OCTOBRE

D	L	M	M	J	V	S
	1	2	3	4	5D	6D
7F	8F	9F	10	11 ●	12	13
14	15	16	17F	18F	19F	20D
21D	22	23	24	25 ○	26	27
28	29	30	31			

○ Pleine lune   ● Nouvelle lune
F Jour favorable   D Jour difficile

Santé – Décidément, vous faites d'énormes progrès! Vous allez tellement mieux qu'on vous donnerait dix ans de moins. Votre allure épanouie alliée à votre vigueur renouvelée vous valent l'admiration de vos proches; cela fait même des envieux. Bon mois pour vous refaire une beauté, pour faire un gros ménage de votre garde-robe et pour renouveler votre style. Moralement, il n'y a aucun nuage à l'horizon.

Sentiments – Fini le temps des amères déceptions! Vous entrez dans un cycle bénéfique qui vous redonnera la joie de vivre. Vos amours repartent de plus belle. Les célibataires pourraient même faire la connaissance d'un être mature et parfaitement compatible. La vie sociale s'anime elle aussi; on assiste au retour d'anciennes connaissances et vous avez l'occasion de vous faire de nouveaux amis.

Affaires – Ici aussi les astres vous avantagent. C'est le moment ou jamais de faire des démarches pour trouver un poste à votre goût. Si vous êtes satisfait de votre travail actuel, attendez-vous à une augmentation de salaire, à une prime, voire à une promotion. La période est également propice aux voyages, aux transactions ainsi qu'au commerce en général. Les activités s'intensifient, plusieurs bonnes offres vous parviennent, bref, c'est reparti pour de bon.

NOVEMBRE

D	L	M	M	J	V	S
				1D	2D	3D
4F	5F	6	7	8	9 ●	10
11	12	13	14F	15F	16D	17D
18	19	20	21	22	23	24 ○
25	26	27	28	29D	30D	

○ Pleine lune   ● Nouvelle lune
F Jour favorable   **D** Jour difficile

Santé – La presque totalité des astres vous avantage. Il n'y a que Mercure et Neptune qui pourraient vous jouer des tours entre le 11 et le 30, ce qui se traduirait par le retour de certaines peurs ou insécurités. Ne vous laissez pas avoir, il n'y a rien de vilain en vue, c'est simplement votre imagination qui vous joue des tours. Physiquement, tout est sous contrôle, rien de mauvais non plus de ce côté. Un conseil cependant, protégez votre gorge.

Sentiments – Les neuf premiers jours se déroulent exactement sur le même tempo que le mois précédent; vous avez tout ce qu'il faut pour être heureux. Le reste du mois s'annonce plus calme, mais ça ne devrait pas du tout vous déplaire de passer quelques soirées tranquilles à la maison... surtout en si bonne compagnie. Un enfant n'arrive pas à se brancher, ça vous agace un peu.

Affaires – Le rythme positif se maintient, il pourrait même s'accélérer. Dire qu'il n'y a pas si longtemps c'était le calme plat et que maintenant vous ne savez plus où donner de la tête... On sollicite vos bons services à gauche et à droite, et l'on est prêt à bien des concessions pour vous avoir. On pourrait même vous offrir plus que ce que vous demandiez. Les propositions alléchantes se multiplient et les finances remontent. Vous avez toutes les raisons de sourire.

DÉCEMBRE

D	L	M	M	J	V	S
						1F
2F	3	4	5	6	7	8
9 ●	10	11F	12F	13D	14D	15D
16	17	18	19	20	21	22
23 ○ / 30F	24 / 31	25	26D	27D	28F	29F

○ Pleine lune   ● Nouvelle lune
F Jour favorable   D Jour difficile

Santé – Tout va pour le mieux dans le meilleur des mondes. Vous avez un meilleur contrôle de vos émotions car vous avez finalement compris que vous vous inquiétiez pour rien. Vous terminez même l'année sur une note particulièrement optimiste. Votre organisme se porte lui aussi à ravir; il n'y a que la gourmandise qui risque de surcharger votre système digestif ente le 6 et le 31.

Sentiments – Votre popularité atteint de nouveaux sommets; votre présence est d'ailleurs fort recherchée. On vous lance une foule d'invitations. Certains vous feront même des déclarations émouvantes. Une personne appartenant à votre passé refait surface, mais cette fois vous voyez trop clair dans son jeu pour vous laisser berner à nouveau.

Affaires – Démarches et nouveaux projets donnent des résultats époustouflants tandis qu'au quotidien tout se déroule exactement comme vous le souhaitez. Le 18 marque une date importante puisque, à partir de ce jour et pour plus d'un an, vous serez comblé par Jupiter, la plus positive des planètes. Préparez-vous, la chance s'en vient ! Au fait, pourquoi ne pas vous acheter un billet de loterie pendant la dernière quinzaine ?

GÉMEAUX

DU 21 MAI AU 21 JUIN

Les deux personnages que votre signe représente sont tout à fait significatifs de votre double personnalité. Vous pouvez rapidement passer d'un extrême à l'autre, et même faire les choses en double.

Vous ne passez pas inaperçu : toujours actif, toujours à gesticuler et à discuter vivement, vous donnez parfois l'impression d'être une vraie tornade.

Vous êtes aussi un habile communicateur, qui peut donner son opinion sur une multitude de sujets, même lorsque vous en ignorez les tenants et les aboutissants. Personne ne peut vous prendre en défaut, tellement vous donnez l'impression de tout connaître.

Vous êtes un être qui a besoin de contacts humains pour s'épanouir pleinement. La solitude et l'isolement vous donnent froid dans le dos. Vous avez besoin de donner votre point de vue et d'avoir un public pour l'écouter. Vous êtes quelqu'un de très populaire, de bien entouré ; vous avez besoin d'une vie sociale bien remplie.

Parfois, on vous pense frivole et léger. À première vue, vos amitiés peuvent sembler superficielles, et vous êtes un touche-à-tout qui ne peut s'arrêter pour développer un aspect particulier de ses relations ou de ses connaissances. En fait, vous fuyez simplement l'ennui. Qui pourrait vous en vouloir pour cela ?

Mais vous possédez surtout d'énormes dons pour œuvrer en communication, dans les médias, en journalisme, dans la vente ou dans l'enseignement. La nouveauté est votre moteur. Chaque jour qui passe vous permet d'apprendre et de découvrir de nouvelles facettes de l'existence, d'essayer une multitude de choses, de relever de nouveaux défis. Il faut que votre vie bouge, et vous n'avez pas de temps à perdre avec des questionnements inutiles et stériles. D'ailleurs, avec un esprit aussi vif et curieux, vous vous ouvrez de larges horizons; vos champs d'intérêt sont variés et nombreux, et vous ne pouvez vous limiter à ne faire qu'une chose à la fois.

Vous êtes capable de mener deux ou trois activités de front, à la surprise de tous. Vous pouvez téléphoner tout en écrivant un texte à votre ordinateur, vous raser en conduisant, préparer un repas en aidant les enfants à faire leurs devoirs, regarder la télévision en faisant des exercices, bref, vous êtes étourdissant! Ce que vous faites dans une journée demanderait plusieurs jours à n'importe qui d'autre, et évidemment votre agenda est plus que rempli: sorties, amis à rencontrer, cours du soir, invitations de dernière minute, travail, passe-temps préférés, bref, vous essayez de tout faire, de ne rien manquer dans la vie.

Évidemment, vous êtes une personne un peu stressée, voire nerveuse. On le serait à moins. Vous avez une âme d'adolescent et, physiquement, vous ne faites pas votre âge. Vous représentez tellement la jeunesse éternelle que vieillir vous fait peur. Pourtant, vous garderez toujours votre cœur de 20 ans, même quand vous en aurez 90; alors, ne vous tracassez pas trop pour cela.

En amour aussi, butiner ne vous fait pas peur. On pourrait même croire à certains moments que c'est votre passe-temps préféré. Pourtant, vous êtes attaché à votre partenaire. Mais vous pensez qu'il n'y a pas de mal à regarder ailleurs, simplement pour voir. C'est sans doute un Gémeaux qui a inventé le flirt, car vous adorez vous amuser. En véritable paon que vous êtes, vous déployez vos charmes, faites des yeux de biche et savez séduire comme personne. Mais lorsque votre proie se rend et succombe, vous filez à toute vitesse… Vous vous rappelez soudainement que vous aviez un autre rendez-vous.

Vous garder à la maison, vous empêcher de sortir et de voir des gens est impossible. Vous êtes un courant d'air et avez besoin de votre liberté.

Comment se comporter avec un Gémeaux?

Puisque le Gémeaux est le signe de la liberté, l'imprévu sera toujours la norme. Changer d'activités, d'amis ou même d'humeur, souvent sans raison, n'est pas une exception dans son cas, mais bien la règle. Un Gémeaux peut se dire fatigué et avoir envie de passer une soirée tranquille à regarder la télévision, puis se lever brusquement pour aller faire la foire dans la boîte de nuit la plus proche de son domicile.

Avec lui, une existence de tout repos n'est pas possible. L'ennui le gagne rapidement et l'horripile. Pour le rendre heureux, il faut absolument lui concocter un programme époustouflant, avec une multitude d'activités et de gens. Le mieux est de le déstabiliser, de jouer de multiples personnages, de fuir la conformité et de le surprendre. Ce n'est qu'ainsi qu'il sera heureux et ravi.

Pour se ressourcer, il doit absolument se dépenser et s'étourdir avec des activités à l'extérieur, sans vous, et rencontrer beaucoup de gens différents. Ouvrez-lui la porte, et il en profitera au maximum avant de vous revenir avec mille et une histoires à vous raconter. Chercher à le retenir, c'est le perdre à coup sûr.

Pour se faire apprécier d'un Gémeaux, il faut être prêt à parler, à discuter, à se livrer et surtout à le contredire parfois, car il adore argumenter et convaincre. Si vous cherchez à avoir le dernier mot, il sera ravi, car il aime les gens qui savent lui tenir tête et qui ont un esprit vif et inventif.

Pour gagner son estime, montrez-lui votre indépendance, ayez vos propres occupations, rencontrez vos amis. Il ne cherche pas la docilité chez son partenaire, car pour lui la docilité devient vite de l'ennui, et l'ennui le fait fuir.

Alors, sortez, intéressez-vous à de multiples sujets et, lorsque vous le croiserez entre la cuisine et le salon, entre deux portes, vous aurez plein de trucs surprenants à lui raconter; vous éveillerez ainsi son intérêt, vous l'intriguerez, et il cherchera à se rapprocher de vous. Il sera là pour vous écouter d'une oreille attentive et pour discuter de tout ce que vous aurez découvert.

Ses goûts

Le Gémeaux s'intéresse à tout et à tous. Par contre, il ne peut fixer son attention très longtemps sur un sujet, et dès qu'il a découvert le pourquoi du comment, il passe à autre chose. Il peut se passionner pour la biologie moléculaire le lundi, l'histoire du vélo le mardi et finir la semaine en se demandant quelle est la philosophie qui sous-tend le système politique de la Corée du Nord en plein XXIe siècle. Bref, le sujet l'intéresse, mais en connaître les détails, très peu pour lui. Il survole pour se faire une idée, mais va rarement au fond des choses.

Sa demeure n'est pas non plus une petite maison conventionnelle de banlieue; elle est plutôt à son image, décontractée et grouillante d'activité. Chez lui, c'est presque portes ouvertes. Sa silhouette d'adolescent est mise en valeur par ses vêtements décontractés. La cravate ou les talons aiguilles, très peu pour le Gémeaux. D'ailleurs, il se crée son propre style, qui n'est jamais le même, et évolue au jour le jour, au gré de son humeur, mais surtout pas selon les circonstances. On le remarquera… N'est-ce pas ce qu'il recherche de toute façon ?

Comme il est toujours pressé, il est un habitué des établissements de restauration rapide. Il mange vite, sans goûter, car souvent il fait une autre activité en même temps qu'il se nourrit. Il n'a pas de temps à perdre à savourer. Mais il aime les repas à plusieurs services. D'ailleurs, il n'est pas rare de le voir picorer dans l'assiette des autres pour varier son menu ; mais si vous faites la même chose, il vous fera les gros yeux.

Son potentiel

Le Gémeaux est une personne intelligente qui manie très bien les idées et les concepts ; malheureusement, parce qu'il s'intéresse à trop de choses, il est aussi superficiel et ne parvient pas à s'intéresser en profondeur à quoi que ce soit.

Il est le candidat idéal pour les entreprises de communication et de relations publiques, pour les médias, le journalisme en particulier, mais aussi pour la vente, l'enseignement, l'animation et la comédie. D'ailleurs, quoi qu'il fasse, il est toujours en représentation. Il aime se montrer et s'amuser. Il est brillant, très habile de ses mains, et sa dextérité est légendaire.

Quelle que soit son occupation, il s'arrangera toujours pour organiser des activités et des sorties de toutes sortes. Il aime raconter des anecdotes, planifier des rencontres avec des compétiteurs, discuter de ce qu'il y a à faire… Bref, faites-lui confiance pour vous divertir et vous organiser un emploi du temps des plus variés et chargés. Car s'il peut tout faire en même temps, il pense que les autres sont aussi aptes que lui à mener plusieurs activités de front.

Ses loisirs

On l'a vu, le Gémeaux se désintéresse rapidement d'une activité lorsqu'il la maîtrise bien. Le changement, le renouveau et de nouvelles découvertes sont nécessaires pour lui éviter l'ennui. Il lui faut à tout prix passer à autre chose. Ses loisirs doivent être stimulants et non répétitifs, car il en changera.

Intelligent et curieux, il adore apprendre : il n'est pas rare de le voir s'inscrire à plusieurs cours en même temps, et souvent bien différents les uns des autres. Qu'il s'agisse de cuisine méditerranéenne ou de mécanique automobile, tout l'intéresse... enfin, jusqu'à ce qu'il en comprenne les rudiments ; après, il voudra passer à une autre chose qui le captivera aussi. Il aime acquérir de nouvelles connaissances, et la lecture lui permet d'apprendre et de s'évader. Il est doué pour l'écriture, car il a une imagination très féconde.

Le Gémeaux aime par-dessus tout les contacts humains, il est particulièrement attiré par les activités mondaines ou sociales. Il n'est pas rare de le voir dans un lancement de livre, à une première au théâtre, même après une épuisante journée de travail. Il déborde d'énergie lorsqu'il est question d'être en société. Il peut même accepter deux ou trois invitations la même journée. Ça l'emballe de courir d'un endroit à l'autre, de communiquer, de discuter, de parler, de voir du monde, bref, de se montrer et de nouer des relations, même fugaces.

Il a un côté intellectuel très développé, mais il aime aussi beaucoup faire marcher ses dix doigts, car il se sait fort habile. Le piano, les activités manuelles et les arts sont les domaines qui lui plaisent le plus, et il peut exceller dans la danse, le massage ou la graphologie. Pas un domaine ne le rebute et tout l'intéresse vraiment, mais son intérêt s'émousse rapidement. Il cherche constamment de nouvelles sources d'intérêt, de nouvelles passions qui sauront l'emporter et le faire vibrer.

Au cinéma, il vaut mieux lui proposer une nouveauté, car il aura sans doute vu tous les films à l'affiche depuis quelques semaines. Emmenez-le voir le dernier succès dont tout le monde parle, celui qui fait scandale ou encore un spectacle qui l'étonnera. Par la suite, un souper au restaurant sera de mise, bien entendu pour discuter de ce qu'il vient de voir.

Sa décoration

Le Gémeaux a un décor qui ressemble bien à sa personnalité, c'est-à-dire changeant. Et l'on ne parle pas de juste bouger les meubles. Non. Il n'hésitera pas à renouveler toute sa décoration de fond en comble. Ainsi, il pourrait avoir un intérieur japonais avec des meubles laqués et, d'un seul coup, se retrouver avec un ameublement digne d'un film de science-fiction, avec de l'acier inoxydable et des blocs de verre dans tous les coins. En fait, à y regarder de plus près, on constatera que, quelle que soit sa décoration, il préférera un style dépouillé et plutôt moderne, mais il ne faut jurer de rien avec lui, car on ne sait jamais... Par contre, comme il s'agit d'un signe d'air, notre fameux courant d'air appréciera les fenêtres, la lumière et les pièces à aires ouvertes. Il se choisira souvent une résidence ou un appartement aux étages supérieurs, pour avoir une vue imprenable sur le monde.

Il n'est pas du genre à se terrer à la campagne, car il a besoin d'une vie sociale trépidante, de recevoir et de voir beaucoup de gens. La vie citadine lui convient bien, et surtout les tours d'habitation d'où il peut contempler le monde à ses pieds.

Assurément, ses goûts le portent vers le contemporain; les nouveautés et l'exclusivité exercent un attrait puissant sur lui. Ce qui brille l'attire particulièrement, notamment les miroirs qui multiplient les espaces, les couleurs pâles, les teintes nuancées et rares, presque indéfinissables, le verre qui joue avec la lumière. Son intérieur fait jaser ceux qui le voient, et c'est justement l'effet recherché.

Son budget

Sur le plan financier aussi, le Gémeaux est bien changeant: c'est tout ou rien. Il peut se faire écureuil, économiser sou par sou, planifier son budget, choisir ses placements, puis tout flamber en une soirée ou lors d'une expédition de magasinage... Et il ne partait pas pour ça!

Évidemment, ses finances subissent des fluctuations: l'argent rentre mais sort souvent aussi rapidement. Il n'hésite jamais à dépenser pour acquérir un objet qui lui plaît, en se disant qu'il s'occupera des factures plus tard, en temps utile. Bien entendu, quand elles arrivent, il est parfois pris de court, mais il ne s'en fait pas pour si peu. Il jongle entre les rentrées d'argent et les sorties, les dettes et les surplus, et finit toujours par s'en sortir... jusqu'à la fois suivante.

Quel cadeau lui offrir?

Le meilleur cadeau est celui qui le surprendra et qui lui laissera un souvenir dont il pourra parler longtemps.

S'il s'agit d'un passionné de lecture, les récentes parutions l'intéressent toujours. Il a l'esprit ouvert, alors n'ayez pas peur de choisir un sujet qu'il ne connaît pas du tout : il adore découvrir et bientôt il vous donnera des leçons là-dessus.

Les œuvres ou les magazines qui traitent de nombreux thèmes lui plaisent bien ; les revues sur la littérature ou le cinéma aussi. Du papier à lettres, des stylos (il les perd constamment !) seront aussi les bienvenus. Puisqu'il passe des heures au bout du fil, vous pourriez lui offrir un téléphone portable, ou encore un appareil de type Palm, ou un abonnement à Internet, pour qu'il garde contact avec tout le monde.

Certains Gémeaux sont des collectionneurs. Une pièce originale ou rare pour enrichir sa collection sera appréciée. Vous pouvez aussi lui offrir un gadget inutile mais surprenant qui l'intriguera et fera jaser lorsqu'il le montrera à ses amis.

Les enfants Gémeaux

Les petits Gémeaux sont curieux de tout. Ils posent mille et une questions. Ils sont vifs et brillants. Leur esprit est constamment en éveil. Avant même de savoir parler, ils gazouillent sans arrêt. En fait, ils en ont tellement à dire qu'ils apprennent à parler très tôt, et dès ce moment, la paix et la tranquillité de la famille sont perturbées.

Les questions s'enchaînent, et ils vous laissent à peine le temps de répondre que déjà de nouvelles interrogations surgissent. Très tôt, ils ont tendance à avoir le dernier mot. Ce n'est pas de tout repos, mais ils sont si adorables.

Ils sont également bien entourés ; ils ont de nombreux amis qu'ils inviteront à dîner ou à dormir à la maison, sans vous prévenir. Rapidement, la maison se transformera en hall de gare ; ils déborderont d'activités, et c'est tout juste s'il leur restera du temps pour aller à l'école et pour dormir... Comme ils sont toujours par monts et par vaux, il vous arrivera de les chercher, car une activité n'attend pas l'autre. On les croit occupés dans leur chambre à faire leurs devoirs, on se retourne et on les voit en train de jouer sur la pelouse.

Très habiles de leurs mains, les enfants Gémeaux bricolent, dessinent admirablement et sont très adroits. Avec eux, le donnant-donnant marche bien, car ils aiment négocier. S'ils nettoient leur chambre, vous devrez les conduire à leur match de soccer. Ne cédez pas rapidement à leurs demandes, parce qu'ils en profiteront pour quémander une autre faveur, et vous n'en sortirez plus. Avec eux, vous n'aurez jamais le dernier mot. Ils sont très vifs, ont un esprit brillant, même s'ils ont déjà une petite tendance à être superficiels.

Ils ne tiennent pas en place et sont vraiment très sociables. Apprenez-leur toutefois à planifier leur horaire, à déterminer leurs priorités, à concentrer leurs efforts et stimulez-les afin qu'ils aient le goût d'approfondir les choses au lieu de papillonner constamment de l'une à l'autre. S'ils aiment le sport, offrez-leur une activité qui demande une constante remise en question de leur capacité physique : la gymnastique acrobatique, par exemple.

L'ado Gémeaux

En astrologie ton signe correspond à l'adolescence. Éternellement jeune, tu conserveras toute ta vie l'idéalisme qui te caractérise maintenant. Tu as un signe d'air, ce qui te donne un intérêt pour de multiples activités. Ton entourage te reprochera peut-être de changer trop souvent d'idée, mais tu évolues rapidement et tu as besoin de relever constamment de nouveaux défis, d'apprendre de nouvelles choses, de tenter de nouvelles expériences.

Tu t'intéresses à tout, et cela t'ouvre des horizons et te permet de rencontrer beaucoup de gens très différents. Tu aimes t'exprimer, communiquer, côtoyer beaucoup de monde. Tu es bavard mais, finalement, tu parles peu de ce que tu ressens.

Polyvalent et spontané, tu as une soif d'apprendre immense, et ce besoin d'en savoir plus fait de toi quelqu'un de brillant et dont on recherche la compagnie. Fais attention toutefois de ne pas trop disperser tes énergies, car la superficialité te guette.

Avec toi, tout va vite. Tu mènes plusieurs projets et activités de front, et tu en as d'autres en vue. Tu es aussi un être émotif : tes opinions et tes goûts changent très rapidement, et peu de gens comprennent comment tu peux dire blanc un jour et noir le lendemain, mais, en réalité, tu es fidèle à toi-même.

Tes études

Tu t'intéresses à tellement de choses qu'il est difficile pour toi de te bâtir un programme d'études cohérent. Pense à long terme. Quels sont les domaines qui t'intéressent le plus ? Concentre-toi sur ces sujets, quitte à suivre des cours complémentaires dans d'autres champs d'intérêt. Fixe-toi un objectif et essaie de ne pas le perdre de vue, même s'il y a tellement de choses intéressantes dans ce monde. Tu as tout le temps de les découvrir plus tard. Tu as une intelligence très vive, qui te permet de te débrouiller et d'avoir des résultats plus que convenables, mais il ne faut pas te demander de te concentrer pour travailler avec assiduité et application. Tu as plutôt tendance à étudier ou à faire tes travaux à la dernière minute, à survoler la matière pour en saisir les principes plutôt qu'à bien la comprendre, ce qui peut te jouer des tours.

Ton orientation

Choisir sa voie lorsqu'on s'intéresse à tellement de choses, lorsqu'on a des talents multiples peut devenir un vrai casse-tête. Tes projets d'avenir changent constamment, et tu ne parviens pas à te fixer définitivement. Le mieux pour toi est donc d'opter pour une carrière qui te permettra de déployer tes multiples talents. N'oublie pas que tu peux profiter de tes loisirs pour explorer de nombreux domaines. L'écriture, le journalisme, la traduction, la vente, le commerce, le tourisme, les relations publiques, le travail de bureau et la mécanique de précision sont des milieux professionnels qui pourraient te convenir, car le travail n'y est pas routinier. De plus, très souvent, les natifs de ton signe mènent de front deux carrières totalement différentes, tout en ayant de multiples activités en dehors; donc, ne t'inquiète pas, tu pourras essayer tout ce qui te tente, sans trop te limiter.

Tes rapports avec les autres

Les autres sont excessivement importants dans ta vie. Tu es très sociable et tu as besoin d'être entouré de nombreux amis pour échanger des idées et pour étaler tes connaissances, il faut bien l'avouer. En fait, tu réussis presque toujours à avoir le dernier mot, car tu connais une multitude de choses sur tout, ce qui te permet de donner ton opinion sur des sujets très variés. Tu te lies facilement, et ta vie sociale est trépidante. Tes amis sont très importants dans ta vie; il est donc important pour toi de bien les choisir, car ils pourraient exercer une grande influence sur toi.

Charles Aznavour, André Montmorency, Chloé Sainte-Marie, Marilyn Monroe, Jacques Duval, Macha Grenon, Rita Lafontaine, Danielle Ouimet, Paul McCartney, Benoît Brière, Alanis Morissette, Jacynthe René, Johnny Depp, Nicole Kidman, Angelina Jolie, Pierre Bruneau, Pierrette Robitaille, Isabel Richer.

Pensée positive pour le Gémeaux

Je suis en paix avec toutes les facettes de ma personnalité; je suis en harmonie avec moi-même et j'ouvre la porte à de multiples bénédictions.

Pensée positive spéciale pour 2007

Je cultive la gratitude et la joie.
La vie me gâte et j'en profite pleinement.

Le subconscient nous dirige toujours selon nos pensées. En répétant le plus souvent possible ces pensées conçues tout spécialement pour vous, vous vous attirerez plein de belles choses.

Signe: Gémeaux

Élément: Air

Catégorie: Double

Symbole: Ⅱ

Points sensibles: Poumons, bronches, bras, épaules, mains, tension, nervosité, insomnie.

Planète maîtresse: Mercure, planète du commerce.

Pierres précieuses: Topaze, cristal, aigue-marine.

Couleurs: Tous les bleus, gris, kaki.

Fleurs: Marguerite, jasmin, rose jaune.

Chiffres chanceux: 3-4-16-17-23-26-34-37-43-44.

Qualités: Intelligent, sociable, vif, concilliant, brillant, communicateur, expressif, habile, convaincant.

Défauts: Bavard, superficiel, frivole, instable, parfois un peu profiteur.

Ce qu'il pense en lui-même: Je peux parler de n'importe quoi.

Ce que les autres disent de lui: Il parle tellement! Réussirons-nous à placer un mot?

PRÉDICTIONS ANNUELLES

Les six premiers mois sont très prometteurs. Même si tout ne vous tombe pas tout rôti dans le bec, vous avez suffisamment de ressources pour obtenir ce qui vous tient à cœur. Vous êtes sur une excellente lancée et, en fournissant quelques efforts, vous maintiendrez cette formidable cadence. Durant le reste de l'année, vous risquez de vous laisser aller, ce qui menace de vous faire perdre du terrain à tous les niveaux. Ne tenez rien pour acquis: savourez toutes les bonnes choses qui emplissent votre vie, toutes les belles personnes qui vous entourent, ainsi vous continuerez à être heureux.

Santé – Vous vous croyez tout permis, vous avez la conviction d'être invincible. Vous ne vous souciez guère de l'avenir, pourtant la santé est un cadeau dans lequel on doit investir chaque jour. Heureusement, il n'est pas trop tard pour bien faire, pour agir de manière plus conséquente. N'attendez pas que votre mode de vie désorganisé entraîne quelque malaise. La gourmandise ainsi que le manque de sommeil ou de repos minent vos réserves sans que vous en soyez conscient. Le moment est venu de faire un brin de prévention et d'adopter de meilleures habitudes.

Sentiments – La présence de Jupiter et de Pluton dans votre septième secteur vous confèrent un charisme, voire un *sex-appeal* hors du commun. Ce n'est toutefois pas parce qu'on est en pâmoison devant vous que vous devez vous comporter en dictateur. Les autres ont eux aussi droit à leurs opinions: prenez au moins le temps de les écouter. Autre point à souligner: la sensibilité de vos proches qui est bien plus grande que vous ne l'imaginez. Réfléchissez à l'impact de vos propos, sans quoi votre entourage risque de finir par se lasser de votre attitude. Et dire que vous êtes si gentil quand vous le voulez! Allez, un petit effort et tout le monde sera content, vous le premier.

Affaires – Encore énormément de travail à l'horizon! Plusieurs d'entre vous se retrouveront avec deux emplois, beaucoup d'heures supplémentaires ou plus de contrats qu'ils ne sont capables d'en accepter. Si vous ne voulez pas crouler sous une montagne de besogne ni perdre le contrôle, vous devrez certainement faire des choix. De juillet à la fin de décembre, vos rapports avec l'autorité pourraient se corser si vous ne mettez pas un peu d'eau dans votre vin. Que ce soit avec le patron, le gouvernement ou un représentant de l'ordre, vous risquez de ne pas avoir le dernier mot; évitez donc les affrontements et respectez la consigne.

JANVIER

D	L	M	M	J	V	S
	1	2	3 ○	4	5	6
7D	8D	9D	10F	11F	12	13
14	15	16	17	18 ●	19F	20F
21D	22D	23	24	25	26	27
28	29	30	31			

○ Pleine lune   ● Nouvelle lune
F Jour favorable   **D** Jour difficile

Santé – Jusqu'au 17, vous êtes soumis à l'opposition de la planète Mars, ce qui risque de malmener votre physique. Les excès, la négligence ou l'imprudence pourraient vous jouer des tours. Prenez donc les précautions qui s'imposent pour ne pas contracter une infection, subir un malaise ou faire un accident. Le reste du mois s'annonce particulièrement entraînant, vous serez en pleine forme.

Sentiments – Entre le 4 et le 28, un transit avantageux de Vénus vous promet énormément de succès en amour et sur le plan social. Les choses iront bon train avec votre partenaire. Si vous êtes seul, vous pourrez enfin trouver la personne de vos rêves. Des sorties emballantes, de charmantes invitations ainsi que des rapports privilégiés avec vos amis contribuent à votre bonheur.

Affaires – Si la première quinzaine laisse à désirer, vous pouvez espérer que tout se tassera rapidement. À compter de la nouvelle lune du 18, vous entamerez un cycle de redressement au cours duquel vos efforts en vue d'améliorer votre situation professionnelle ou financière seront couronnés de succès. Bonne période également pour les déplacements et les signatures de contrats.

FÉVRIER

D	L	M	M	J	V	S
				1	2 ○	3
4D	5D	6F	7F	8F	9	10
11	12	13	14	15	16F	17 ● F
18D	19D	20	21	22	23	24
25	26	27	28			

○ Pleine lune	● Nouvelle lune
F Jour favorable	D Jour difficile

Santé – Le physique se porte plutôt bien, c'est davantage sur le plan psychologique que ça cloche. Vos émotions sont de véritables montagnes russes, ce qui vous pousse à la gourmandise. À certains moments vous avez des accès d'euphorie, alors qu'à d'autres vous éprouvez des doutes et des insécurités de toutes sortes. Vous changez d'idée comme vous changez de chemise, pas facile de vous y retrouver! Attendez donc au mois prochain pour prendre des décisions.

Sentiments – Vous n'êtes pas vraiment bien dans votre peau et ça affecte vos rapports avec les autres. Vous manquez de patience, vous cherchez la bête noire et vous allez même jusqu'à déterrer de vieilles histoires oubliées depuis longtemps. Heureusement que vous vous ressaisissez à partir du 21, au grand soulagement d'ailleurs de votre entourage.

Affaires – Ça ne tourne pas rond. Rien de catastrophique, mais tous ces retards et ces tuiles qui vous tombent dessus finissent par vous agacer. Mauvais calcul de penser que c'est en lançant l'argent par les fenêtres que vous oublierez vos frustrations, bien au contraire. Dès le mois prochain, vous serez à nouveau favorisé; en attendant, essayez de prendre ce qui arrive avec un grain de sel.

MARS

D	L	M	M	J	V	S
				1	2	3 ○ D
4D	5F	6F	7F	8	9	10
11	12	13	14	15F	16F	17D
18 ● D	19	20	21	22	23	24
25	26	27	28	29	30D	31D

○ Pleine lune et éclipse lunaire totale   ● Nouvelle lune et éclipse solaire partielle
F Jour favorable   **D** Jour difficile

Santé – Plusieurs planètes commencent à vous avantager; toutefois, les éclipses de ce mois vous recommandent de ne pas relâcher complètement votre vigilance. Si vous vous balancez de tout, votre récupération tardera à venir mais, avec un minimum d'efforts, vous pourriez remonter la pente tant physiquement que moralement. À vous de décider!

Sentiments – C'est entre le 1ᵉʳ et le 18 que vous vivrez les moments les plus agréables. Une amitié amoureuse ou carrément un coup de foudre serait susceptible de transformer la destinée des solitaires. À l'intérieur des couples déjà formés, c'est le retour de la complicité et de la bonne entente. Le reste du mois se déroule bien lui aussi, à condition de vous ouvrir davantage à ceux qui vous entourent; n'attendez pas qu'ils devinent ce dont vous avez envie. Un membre de la famille vous cause temporairement quelques inquiétudes.

Affaires – C'est le temps d'agir et de corriger ce qui ne va pas. En usant de diplomatie et en planifiant judicieusement vos interventions, vous ne pouvez que réussir. Les gestes précipités et l'arrogance donneraient cependant le résultat contraire. Un coup de chance, un bon tuyau ou un appui inattendu vous ouvre de nouvelles portes. La période est propice aux déplacements d'affaires et de loisirs ainsi qu'aux recherches.

AVRIL

D	L	M	M	J	V	S
1D	2 ○ F	3F	4	5	6	7
8	9	10	11F	12F	13F	14D
15D	16	17 ●	18	19	20	21
22	23	24	25	26D	27D	28D
29F	30F					

○ Pleine lune   ● Nouvelle lune
F Jour favorable   D Jour difficile

Santé – Entre le 6 avril et le 16 mai, Mars et Jupiter se baladent dans un secteur délicat de votre thème astrologique. Ces transits prédisposent à divers accidents et malaises; toutefois, il est assez facile d'y échapper si l'on adopte quelques mesures préventives. Gardez l'œil ouvert durant vos déplacements et quand vous manipulez des objets avec lesquels vous pourriez vous blesser. Par ailleurs, un mode de vie mieux structuré allié à de saines habitudes alimentaires vous garderont à l'abri des défaillances.

Sentiments – Dès le 12, vous recevez la visite de Vénus, ce qui a un impact positif sur votre cote de popularité. Vos amis se montrent particulièrement gentils et vous pourriez d'ailleurs vous en faire de nouveaux. Parlant de rencontres, il ne faudrait pas oublier les solitaires, qui auront la chance de croiser un être séduisant. Quant aux autres, ils se rapprocheront de leur partenaire, et ce, malgré quelques discussions qui s'annoncent assez corsées. Avec la famille par contre, ça tiraille.

Affaires – La première semaine est remplie de promesses, ne perdez donc pas de temps pour mettre vos projets en marche ou pour présenter vos demandes. Par après, vous aurez tout intérêt à vous faire plus discret. Attention également aux contraventions, aux pertes matérielles et aux erreurs de jugement.

MAI

D	L	M	M	J	V	S
		1	2 ○	3	4	5
6	7	8	9F	10F	11D	12D
13	14	15	16 ●	17	18	19
20	21	22	23	24D	25D	26F
27F	28F	29	30	31 ○		

○ Pleine lune   ● Nouvelle lune
F Jour favorable   **D** Jour difficile

Santé – Je vous rappelle que certaines planètes risquent de faire obstacle à votre bien-être d'ici le 16; demeurez donc sur vos gardes et continuez d'investir dans votre santé. Par après, le ciel se dégage; vous retrouvez à la fois votre bonne humeur et votre dynamisme, sans compter que votre résistance tant au stress qu'aux maladies se met à augmenter.

Sentiments – La belle Vénus continue de vous choyer jusqu'au 8. Plusieurs surprises agréables vous attendent. On vous témoigne beacoup d'attention et l'on cherche à vous gâter par tous les moyens. Ce qui arrivera par la suite n'est pas à dédaigner. Ce sera un tantinet plus tranquille, mais votre destinée affective gagnera en stabilité et en profondeur. Les ennuis familiaux sont, hélas, toujours là.

Affaires – La première quinzaine comporte encore son lot d'infortunes, de tuiles et de délais de toutes sortes. Vous en avez ras le bol mais soyez sans crainte: vous finirez par passer au travers. De toute façon, tout ira tellement mieux par la suite que vous oublierez rapidement vos déboires. De nouveaux projets stimulants, des commentaires positifs ainsi qu'une bonne proposition vous redonnent du cœur à l'ouvrage.

JUIN

D	L	M	M	J	V	S
					1	2
3	4	5F	6F	7D	8D	9
10	11	12	13	14 ●	15	16
17	18	19	20D	21D	22F	23F
24F	25	26	27	28	29	30 ○

○ Pleine lune   ● Nouvelle lune
F Jour favorable   D Jour difficile

Santé – Très bonne période en perspective. Vous allez de mieux en mieux et vous pourriez définitivement profiter de ce cycle avantageux pour vous prendre en main, voire vous débarrasser une fois pour toutes de plusieurs problèmes qui vous agaçaient. Une remise en beauté, une coupe de cheveux ou un régime donnerait des résultats spectaculaires ente le 16 et le 30.

Sentiments – Tout le mois est excitant sur le plan amical ainsi que social. Vos copains et les nouvelles connaissances apprécient grandement votre personnalité. En amour, c'est surtout la seconde quinzaine qui vous avantage. Une rencontre pour les solitaires ou un rapprochement pour les autres vous donne des ailes. Avec la famille, c'est l'accalmie, ce n'est pas trop tôt !

Affaires – La conjoncture est positive, il n'y a pas grand-chose qui puisse freiner vos élans ; au besoin, on pourrait même vous donner un sérieux coup de main. Un nouveau contrat, un meilleur poste ou une démarche qui aboutit favorablement vous fait filer vers vos objectifs. Votre entourage vous stimule en plus de vous donner d'excellents conseils. Mois propice aux déménagements, aux rénovations et aux voyages.

JUILLET

D	L	M	M	J	V	S
1	2F	3F	4D	5D	6D	7
8	9	10	11	12	13	14 ●
15	16	17D	18D	19D	20F	21F
22	23	24	25	26	27	28
29 ○	30F	31F				

○ Pleine lune   ● Nouvelle lune
F Jour favorable   **D** Jour difficile

Santé – La présence de Mars dans votre douzième secteur a tendance à diminuer vos réserves d'énergie ainsi que votre résistance, mais un peu de repos et une alimentation équilibrée pourraient remédier à cette situation. Passer davantage de temps à l'extérieur vous ferait également le plus grand bien. La première quinzaine demeure avantageuse pour les métamorphoses beauté.

Sentiments – Vénus continue à vous faire de l'œil jusqu'au 15. Si vous n'avez pas encore rencontré l'âme sœur, ça ne saurait tarder. Quant à ceux qui vivent déjà une relation, ils continueront de travailler la communication avec leur partenaire, ce qui donnera des résultats concrets. Entre le 16 et le 31, un soupçon de diplomatie et de souplesse vous permettra de bien vous entendre avec tout le monde.

Affaires – Quelqu'un vous joue dans le dos ou tente de profiter de vous ; heureusement, vous vous ouvrez les yeux à temps, n'empêche que, sur le plan humain, la déception est cuisante. Une réponse que vous attendiez tarde à venir ; même chose pour un projet qui met bien du temps à aboutir. Soyez tenace et surtout ne vous découragez pas au premier refus : je vous assure que vous finirez par triompher.

AOÛT

D	L	M	M	J	V	S
			1D	2D	3	4
5	6	7	8	9	10	11
12 ●	13	14D	15D	16F	17F	18F
19	20	21	22	23	24	25
26F	27F	28 ○ D	29D	30	31	

○ Pleine lune et éclipse lunaire totale   ● Nouvelle lune
  F Jour favorable   **D** Jour difficile

Santé – Rien de majeur à signaler pour la première semaine. À partir du 7 cependant, les choses changent. En arrivant dans votre signe, la planète Mars rehausse considérablement votre énergie tant morale que physique. Vous sortez de votre période léthargique et n'aurez probablement pas assez de vingt-quatre heures dans vos journées pour faire tout ce qui vous tente. Attention malgré tout car ce transit prédispose aux accidents bêtes.

Sentiments – Entre le 9 et le 31, Vénus revient vous faire un beau clin d'œil. La vie sociale autant qu'intime vous apporte de nombreuses satisfactions. Des rencontres électrisantes, des sorties réussies de même que des activités emballantes vous permettent de passer des moments enchanteurs. Seule ombre au tableau, un membre de la famille qui tente de vous monter sur la tête.

Affaires – Ça traîne encore jusqu'au 7, mais la cadence devrait augmenter par après, à un tel point que vous risquez d'être débordé de travail. Décidément, cette année, c'est tout ou rien ! Un coup de chance ou une occasion saisie au vol entre le 7 et le 21 apporte de l'eau au moulin. Vos revenus iront en augmentant, mais ce n'est pas une raison pour lancer l'argent par les fenêtres ni pour faire confiance au premier venu.

SEPTEMBRE

D	L	M	M	J	V	S
						1
2	3	4	5	6	7	8
9	10D	11 ● D	12F	13F	14F	15
16	17	18	19	20	21	22F
23F / 30	24F	25D	26 ○ D	27	28	29

○ Pleine lune   ● Nouvelle lune et éclipse solaire partielle
F Jour favorable   D Jour difficile

Santé – Mars demeure dans votre signe jusqu'au 29 ; ce n'est pas le temps de relâcher votre vigilance ni de vous laisser aller. En prenant davantage soin de vous et en évitant de vous exposer au danger, vous devriez traverser le mois sans problème. Moralement, vous serez à votre meilleur entre le 6 et le 28 ; vous verrez également plus clair en vous et définirez sans hésiter vos priorités.

Sentiments – Vénus continue de vous favoriser. Les mondanités n'arrêtent pas et partout vous faites une impression du tonnerre. Vos amis et les nouvelles gens que vous rencontrez sont en admiration devant vous. C'est vrai que vous êtes particulièrement séduisant ces temps-ci, ce qui constitue d'ailleurs un atout en or pour les célibataires. Quant aux autres, ils trouveront le moyen de ramener la passion et le dialogue à l'intérieur de leur couple.

Affaires – Si vous agissez avec méthode, vous remporterez des succès de taille. L'impulsivité et la rébellion donneraient toutefois le résultat contraire. Ce ne serait vraiment pas le moment de vous élever contre l'autorité, ni de déroger au code de la route ou à la loi. L'éloquence de vos propos vous permettra de convaincre qui vous voulez entre le 7 et le 30.

OCTOBRE

D	L	M	M	J	V	S
	1	2	3	4	5	6
7D	8D	9D	10F	11 ● F	12	13
14	15	16	17	18	19	20F
21F	22D	23D	24	25 ○	26	27
28	29	30	31			

○ Pleine lune   ● Nouvelle lune
F Jour favorable   D Jour difficile

Santé – Mars a quitté votre signe et avec lui sont partis les dangers de vous blesser. À vous maintenant de vous attaquer à la gourmandise car votre propension au grignotage menace votre silhouette et alourdit votre digestion. Attention également aux excitants, le café par exemple, dont vous avez tendance à abuser.

Sentiments – Les huit premiers jours s'annoncent magiques tant sur le plan amoureux qu'amical. Par la suite, vous devrez consacrer un peu plus d'efforts à vos relations interpersonnelles si vous souhaitez que tout continue de baigner dans l'huile. Vers la fin du mois, vous recevez des nouvelles de quelqu'un dont vous n'aviez pas entendu parler depuis belle lurette.

Affaires – Vous continuez d'avoir des arguments percutants, ce qui vous ouvre bien des portes. Vous avez réponse à tout, on ne peut qu'abonder dans votre sens. On apprécie également vos initiatives ainsi que vos bonnes idées. Vos rapports avec la direction se détendent, on cesse d'être sur votre dos. Bonne période pour faire des démarches, pour effectuer un transfert, pour signer un contrat et pour voyager.

NOVEMBRE

D	L	M	M	J	V	S
				1	2	3
4D	5D	6F	7F	8F	9 ●	10
11	12	13	14	15	16F	17F
18D	19D	20	21	22	23	24 ○
25	26	27	28	29	30	

○ Pleine lune	● Nouvelle lune
F Jour favorable	D Jour difficile

Santé – Vous commencez le mois en beauté sur le plan psychologique. À partir du 11, votre humeur risque de s'assombrir si vous ressassez de vieilles histoires ou si vous cherchez la bête noire. Vos habitudes alimentaires devraient s'assagir dès le 9. Vous pourriez même arriver à perdre ces quelques kilos superflus qui vous fatiguaient depuis un certain temps. Bonne période aussi pour vous refaire une beauté.

Sentiments – Du 9 novembre au 6 décembre, Vénus évolue dans votre cinquième secteur. Ce transit a toujours des répercussions favorables sur la destinée amoureuse et la vie sociale. Votre cote de popularité sera à la hausse, ce qui pourrait vous permettre de resserrer certains liens et de vous faire de nouveaux amis. Les solitaires pourraient également commencer une relation à long terme.

Affaires – Ici aussi votre cote d'amour est à la hausse, et il est fort possible qu'on requière vos services pour un nouveau poste. L'obtention d'un contrat ou d'une promotion constitue une autre belle possibilité. Le budget se replace au courant de la seconde quinzaine, en bonne partie parce que vous passez moins de temps dans les magasins. Les déplacements demeurent favorisés.

DÉCEMBRE

D	L	M	M	J	V	S
						1D
2D	3F	4F	5F	6	7	8
9 ●	10	11	12	13F	14F	15F
16D	17D	18	19	20	21	22
23 ○ / 30D	24 / 31F	25	26	27	28D	29D

○ Pleine lune	● Nouvelle lune
F Jour favorable	D Jour difficile

Santé – Quelques sautes d'humeur sont à prévoir avant le 21. Vous passez d'un extrême à l'autre de façon si déconcertante que vous-même avez du mal à vous y retrouver. Vous en faites trop et je crois que ça finit par jouer avec vos nerfs. Heureusement, tout se tasse par la suite. Un petit rhume ou une légère indisposition vous guette pendant les trois premières semaines, mais tout disparaît rapidement sans laisser de traces.

Sentiments – Je vous rappelle que vous avez tout ce qu'il faut pour donner une orientation positive à votre vie. On vous adore et l'on cherche par tous les moyens à vous faire plaisir. Le reste du mois ne vous réserve rien de vilain. Toutefois, si vous souhaitez qu'il se passe quelque chose, vous devrez prendre les devants puisque votre entourage semble manquer d'initiative ou d'idées.

Affaires – Vous courez à gauche et à droite, par moments vous ne savez plus par quel bout commencer. À un horaire surchargé viennent s'ajouter de nouvelles responsabilités, un contrat ou des heures supplémentaires. Au moins l'argent rentre et vous pouvez mettre des sous de côté. Les dix derniers jours seront beaucoup plus relax; vous pourrez enfin récupérer.

CANCER
DU 22 JUIN
AU 23 JUILLET

Comme l'indique la carapace de votre signe, représenté par un crabe, vous êtes un être solide, doux et tendre à l'intérieur. En fait, il y en a peu comme vous dans le zodiaque. Pour cette raison, vous êtes un excellent parent, c'est dans votre nature.

La Lune exerce une véritable influence sur votre signe ; ses cycles et ses lunaisons se font sentir davantage dans votre cas. Toute votre vie est marquée au sceau des rayons lunaires, même votre humeur. Cela est si évident que certaines personnes vous qualifient de lunatique, car vous changez au fil de l'influence lunaire.

Votre imagination est si fertile qu'il n'est pas rare que vous soyez dans la lune, à vous laisser porter par vos rêveries.

Néanmoins, lorsqu'il est question de votre famille, de vos enfants, de votre entourage, vous êtes quelqu'un d'excessivement terre à terre, peut-être trop parfois. Vous êtes toujours prêt à dorloter, à gâter, à aider vos proches, mais surtout vos chers petits. Avec ces derniers, vous aurez tendance à vous montrer surprotecteur. Vous cherchez avant tout à les rendre heureux et vous vous inquiétez, bien souvent sans raison. Même lorsqu'ils seront adultes, ou vieux, vos enfants resteront vos enfants, et vous vous en ferez toujours pour leur bien-être, quitte parfois à les étouffer avec vos cajoleries.

Les Cancer sont les mamans poules et les papas gâteau par excellence. S'ils n'ont pas d'enfants, les Cancer jetteront leur dévolu sur ceux des autres, car pour eux une vie sans enfants n'est pas pensable. Les Cancer attirent les enfants, qui savent bien qu'il y a toujours une petite friandise à croquer dans leur garde-manger, un mot gentil ou un conseil désintéressé et sincère à recevoir.

Le drame du Cancer est qu'il a si peur de faire de la peine, de déplaire qu'il aura du mal à dire non, à trancher, à se décider. Cela est probablement dû à l'aspect féminin de ce signe, car même les hommes Cancer, persuadés de la supériorité du mâle, ont du mal à refuser quelque chose lorsqu'on sait les prendre.

Le Cancer a besoin de son cocon pour se sentir bien. Son logis devient alors un refuge, une forteresse, une carapace où il se sait en sécurité et heureux. Il n'est guère facile de le faire sortir de son antre. Le Cancer hésite, remet au lendemain, et il faut vraiment insister pour le forcer à bouger. Il trouve toujours un bon prétexte pour rester tranquillement dans son petit nid.

Par contre, si on le brusque, si l'on insiste, le Cancer finit par s'amuser et prendre plaisir aux activités qu'on l'a obligé à faire. Il restera réticent à mettre le nez dehors, même en sachant pertinemment ce qui l'attend et qu'il appréciera ce que vous lui proposerez. Par contre, si c'est son enfant qui a besoin de lui, alors le Cancer se précipitera pour lui apporter son aide; une armée entière ne saurait l'arrêter.

La vie du Cancer est rythmée par les repas. Savoureux, invitants, les petits plats qu'il propose enchantent les palais les plus fins. Il a toujours une nouveauté à faire goûter, un petit délice à proposer. Être invité chez un Cancer, c'est être convié à un banquet d'odeurs, de saveurs et de mets délectables. Bien sûr, la restauration, l'hôtellerie, l'alimentation sont des domaines qui lui conviennent tout à fait. D'ailleurs, même si vous n'en faites pas votre métier, manger est si important dans votre vie que vous trouverez toujours le moyen de concocter un petit plat pour vos amis… ou pour vous-même! Ce n'est pas un Cancer qui se laissera mourir de faim.

En plus de bien soigner son estomac, le Cancer sait également s'occuper de son esprit, et il ne manque pas d'inspiration. Le matin est la période idéale pour vous laisser aller à la rêverie. Vous n'arrivez pas à démarrer votre journée sans avoir pris le temps nécessaire pour vous réveiller.

Une fois que vous commencez votre journée toutefois, vous débordez d'énergie. L'influence de la Lune se fait encore une fois sentir, car vous êtes capable de durer et de durer encore. On se demande si vous avez besoin de dormir autant, ou si c'est pour rêver que vous paressez au lit le matin.

On l'a dit, vous n'hésitez jamais à venir à la rescousse de vos proches. Vous avez un cœur d'or. Votre conjoint, vos enfants, vos amis l'admettent. Pourtant, on vous reproche d'en faire un peu trop parfois. Vous êtes si dévoué que vos proches passent avant tout. Vous les chouchoutez jusqu'à saturation. Et vous vous rongez les sangs lorsqu'ils sont au loin : on ne sait jamais… si quelque chose leur arrivait ! L'éventail de vos soucis, quand il s'agit de votre entourage, est vraiment très large. Vous vous en faites pour une bosse au front, un retard devient un accident dans votre imagination ou mille et une inquiétudes vous accaparent soudainement l'esprit pour un oui ou pour un non. Vos proches en rient… mais parfois jaune, car ils vous trouvent un peu exaspérant.

Vous dorlotez ceux que vous aimez jusqu'à ce qu'ils n'en puissent plus. Vous les enfermez, les couvez, les nourrissez, les suralimentez jusqu'à épuisement. Ils se plaignent de ne pas pouvoir respirer. Pourtant, dans le fond, ils aiment bien ça, car une maman, un papa, un conjoint ou un ami Cancer, c'est la félicité. Il prend souvent les tracas quotidiens sur ses épaules et facilite la vie de tous au maximum.

Comment se comporter avec un Cancer ?

Le mieux est de le laisser s'occuper de vous. Il veillera à ce que vous ne manquiez de rien : « As-tu faim ? T'as pas un petit creux ? » Il sera toujours disposé à vous prêter une oreille attentive et s'il pense que vous lui cachez vos tracas, il s'imaginera le pire. Dans ces conditions, il vaut mieux vous confier pour éviter qu'il ne s'en fasse avec des riens.

La pure logique n'est guère son fort ; il préférera s'en remettre à ses émotions, même lorsqu'il discute avec vous. Intuitif, il peut rapidement déceler que quelque chose vous pose problème. Vous aurez beau tenter de lui prouver par A plus B qu'il s'en fait pour rien, il se fiera davantage à son intuition qu'à vos arguments.

Le Cancer est rongé par l'insécurité ; il a besoin d'être constamment rassuré, et il faut lui donner confiance en lui, car sur ce plan, le déficit est grand. Il apprécie la moindre de vos petites attentions ; il est donc primordial qu'il se sente aimé et épaulé. Faites-lui savoir que vous l'aimez.

Si vous ne parvenez pas à le convaincre d'entreprendre telle ou telle activité, ou de vous accompagner pour telle ou telle visite, il suffit de lui dire que sa présence fera plaisir aux enfants, et vous le verrez vite enfiler sa plus belle tenue pour vous suivre sans plus poser de questions. Ça marche presque à tous les coups.

Pour éviter qu'il ne pense qu'à ses soucis, réels ou imaginaires, il faut l'inciter à sortir, à voir des gens, à pratiquer des activités à l'extérieur. Il ne le fera pas de lui-même. Insistez : il ne sait pas dire non, et vous pourrez l'emmener où vous voudrez. Par la suite, il vous remerciera.

Ses goûts

Chez le Cancer, les plaisirs de la table priment. C'est au milieu de son petit monde qu'il est le plus heureux. Il vous offrira un repas copieux et délicieux. Le Cancer savoure sa nourriture comme d'autres savourent la vie ; pour lui, les deux sont intimement liées. Il a le sens de l'hospitalité, et vous pouvez frapper à sa porte, de jour comme de nuit, elle est toujours ouverte pour ses amis, sa famille et surtout ses enfants. Évidemment, une bonne assiette les y attend.

Son antre est un nid chaleureux, rempli d'objets aux formes invitantes et de souvenirs. On s'y sent bien et l'on a l'impression que les ennuis quotidiens y sont absents. Lui-même apprécie son repaire, voilà pourquoi il ne veut pas en sortir. Souvent, le Cancer est propriétaire de sa petite maison, car elle fait partie de sa carapace ; c'est son élément de protection, l'endroit où il aime se retrouver.

Si votre vieille voisine court derrière les petits enfants de la rue pour leur offrir les biscuits qu'elle vient de faire, c'est certainement une belle grand-maman Cancer.

Son potentiel

Le Cancer est d'un altruisme exacerbé. C'est dans sa nature. Il n'est donc pas rare de le voir œuvrer comme infirmière ou responsable du service à la clientèle de son entreprise.

Sa nature gourmande sera également bien servie dans l'alimentation, l'épicerie, la restauration (quel cordon-bleu !) et l'hôtellerie. Il aime également la psychologie, les soins à autrui, l'éducation, les services de garderie et la comptabilité.

Son côté protecteur le pousse souvent à gagner sa vie dans un domaine où il pourra laisser libre cours à son désir d'aider l'humanité tout entière. S'il a choisi un métier moins lié au service au public, il demeurera néanmoins attentif au bien-être d'un collègue, d'un confrère ou d'un employé qui a des problèmes. Il ne peut s'empêcher de s'inquiéter pour les autres.

Ses loisirs

Le Cancer a besoin de sentir tout son petit monde autour de lui pour être vraiment bien. Il préférera donc avoir des activités familiales plutôt que des sorties dans les boîtes de nuit à la mode... Si vous avez besoin de son aide pour garder le petit dernier, pour préparer un repas alors que vous êtes alité, appelez-le, il arrivera en moins de temps qu'il n'en faut pour le dire.

D'ailleurs, notre Cancer aime bien cuisiner. Il est gourmand, d'accord, mais c'est aussi pour lui un bon moyen de réunir autour de lui tous ceux qu'il aime. Il n'hésitera pas à passer des heures dans la cuisine pour vous concocter des petits plats. Et si vous discutez recettes avec lui, alors ce super cordon-bleu vous éblouira par ses talents et ses connaissances culinaires.

Son esprit de famille est très développé et, pour cette raison, l'histoire et la généalogie sauront l'attirer. Très attaché aux souvenirs, aux objets anciens ou aux bricolages des enfants, il pourrait même devenir collectionneur.

Si vous décidez de l'emmener au cinéma ou de lui acheter un roman, n'hésitez pas à cultiver son côté fleur bleue. Les grandes histoires de tendresse et de romantisme sauront le ravir, surtout si la fin consiste en une envolée lyrique sur fond de retrouvailles, de mariage ou d'amour passionné.

Sa décoration

On sait que le Cancer aime bien se protéger sous sa carapace et offrir un refuge aux membres de sa famille. Son intérieur sera donc confortable, chaleureux et douillet. Son petit nid lui permet de se retrancher d'un monde qui va trop vite et qui se fait trop stressant. Chez lui, vous vous sentirez en sécurité, protégé et choyé.

Sa décoration peut sembler hétéroclite, car il aime les objets et il en a accumulé au fil des ans. Il y en a partout. Cet adepte du *cocooning* s'est créé un cocon douillet où l'histoire de sa petite famille peut se lire au moyen des nombreux souvenirs qui y sont exposés: des photos, le premier soulier de l'aîné, les trophées sportifs du benjamin, un beau dessin de sa cadette, qui aura bientôt 50 ans... mais qu'à cela ne tienne, le Cancer a tout conservé. Si un membre de sa famille cherche un document familial, il est à peu près assuré de le retrouver dans les nombreux souvenirs entreposés chez lui.

La Lune gouverne son signe. Le Cancer aura donc tendance à s'entourer de rondeur. On constate cela en examinant les meubles anciens qu'il aime : les sièges profonds, les consoles et les commodes aux formes rebondies. Chez lui, aucune arête ; tout accentue le sentiment de douceur et de bien-être, qui frappe dès qu'on arrive chez lui. On se sent tellement bien chez lui qu'il est souvent bien difficile de s'en aller... Les enfants le savent bien.

Son budget

Le Cancer est un être sage. On pourrait même le qualifier de peureux. Il ne risquera pas ses économies sur un coup de tête. Avec lui, le mot modération a tout son sens. Il pèse sans cesse le pour et le contre avant de délier les cordons de sa bourse. Si une dépense peut attendre, s'il n'est pas sûr, il y réfléchira deux fois. Et s'il se sent pressé de prendre une décision, il se rebellera et se renferma bien vite dans sa carapace.

Ce n'est pas un être pingre, mais il connaît bien la valeur des choses. Il mise sur la qualité plutôt que la quantité. Sa voiture, même chère, durera longtemps et lui assurera la sécurité qu'il recherche. Sa maison sera solide et située dans un quartier où sa valeur augmentera avec les années.

Il sait investir dans des obligations ou des actions stables ; ce n'est pas lui qui courra un risque à la Bourse. Il préfère y aller d'un train pépère, mais arriver à bon port. D'ailleurs, il se décide lentement, mais ne se trompe pas. Son avenir est planifié, et sa retraite, bien préparée. C'est un être sage qui ne mettra pas sa sécurité en péril.

Pour dépanner un être cher, voilà quelqu'un sur qui l'on peut compter. Il accourra, et souvent avec les bras chargés d'une multitude de solutions... quand ce ne sera pas de présents.

Quel cadeau lui offrir ?

Il est relativement facile de faire plaisir à un Cancer. Puisque son intérieur a tellement d'importance à ses yeux, un petit quelque chose pour sa maison, un bibelot, un souvenir ou un objet sera grandement apprécié, surtout si cela ajoute encore un peu de rondeur à son environnement.

Puisque la cuisine est sa passion, n'hésitez pas à lui offrir des livres de recettes, des ustensiles, de la vaisselle, des accessoires pour sa table, ou un grand gueuleton dans un bon restaurant.

En fait, c'est plus le geste en lui-même qui comptera à ses yeux; donc vous n'aurez pas besoin de vous ruiner pour lui faire plaisir. Par exemple, un objet fait de vos mains, ou mieux encore par un enfant, le ravira.

Un dessin, une poterie, une peinture, un coussin au crochet, un pull tricoté de vos mains, une vieille photographie de vos ancêtres communs agrandie et encadrée, voilà ce qu'il appréciera. Et n'ayez crainte, votre cadeau occupera une place de choix parmi ses plus chers souvenirs.

Les enfants Cancer

Un bébé Cancer est un bébé facile. On ne l'entend jamais, il fait ses nuits, dort beaucoup et ne pleurniche pas, à moins justement qu'on l'ait empêché de faire un gros dodo.

Ce sera aussi un petit glouton qui aimera bien le sein de sa maman, plus que le biberon d'ailleurs.

Affectueux, sensible et obéissant, ce formidable bout de chou cherchera toujours à faire plaisir. Les petits garçons sont très attachés à leur maman et le resteront toute leur vie. Il faut donc leur apprendre à voler de leurs propres ailes et ne pas trop les couver, car ils pourraient s'accrocher à vous et ne pas prendre leur envol.

L'enfant Cancer gardera toute sa vie un indéfectible souvenir de la maison de son enfance et de sa famille. Il faudra le pousser hors du nid lorsque le temps sera venu, sinon il pourrait bien continuer à y trouver refuge à la moindre inquiétude. En fait, il reviendra souvent vers vous pour chercher sa dose de tendresse.

L'enfant Cancer a un cœur d'or; il pourrait donner tout ce qu'il a à ses petits camarades moins bien lotis. Il devra apprendre à être plus réaliste, à ne pas trop dépendre des autres, à ne pas trop chercher à surprotéger ses frères ou ses sœurs pour s'épanouir dans la vie.

L'ado Cancer

En tant que signe d'eau, le jeune Cancer a une sensibilité à fleur de peau. Tu ressens l'influence de ton milieu familial, et ta mère occupe une place prépondérante dans ta vie, parfois même à ton insu.

Affectueux, tranquille et plutôt réservé, tu as une imagination très féconde qui te porte à la rêverie. Le plus important pour toi est de te sentir aimé, et tu te montres prévenant et aimable avec tous ceux qui t'entourent, allant même parfois au-devant de leurs désirs, avant qu'ils les aient exprimés. Lorsque quelqu'un se montre intransigeant avec toi, ou si tu penses qu'on s'en prend à un membre de ta famille, tu deviens dur et tu ne te laisses pas faire.

Ta sensibilité te rend un peu timide ; tu ne donnes pas ta confiance facilement et, dans un nouveau groupe, tu as tendance à rester à l'écart. Pourtant, lorsque tu es entouré de ceux qui t'aiment, tu t'ouvres : tu te sens vraiment à l'aise.

À l'instar de la Lune qui gouverne ton signe, tu es quelqu'un de changeant. On te trouve parfois capricieux, voire girouette. La raison de ta versatilité est que ta vie émotive guide tes états d'âme. L'avenir t'inquiète un peu, mais tu dois apprendre à apprécier tout ce que la vie met de bon sur ton chemin, sans trop t'arrêter à ses aspects les moins jolis !

Tu es profondément humaniste et généreux, tu as un très grand cœur, un sens profond de la famille. La fidélité et la loyauté ne sont pas les moindres de tes qualités. Tu attends le grand amour, car tu accordes beaucoup de valeur aux sentiments. Tu rêves même d'une petite famille bien à toi, que tu pourras aimer, protéger et gâter.

Tes études

Pour que tu donnes un bon rendement, il te faut un environnement d'études chaleureux. Les polyvalentes géantes et les cégeps impersonnels t'effraient. Malgré tout, comme tu es doué et travailleur, tu réussis à te débrouiller. Décider de ton orientation est par contre un véritable casse-tête. Que choisir ? Tu as tellement d'aptitudes et de talents. Mais tu es un peu lent. Tu veux être sûr de faire le bon choix, de ne pas te lancer à l'aveuglette dans un domaine qui ne te plaira pas à 100 %. Prends ton temps, fais confiance à tes capacités et à tes qualités, et tout ira bien. Une fois que ton choix sera fait, ce sera sans aucun doute le bon.

Ton orientation

Musique, écriture et poésie, peinture, tous les arts te plaisent. Tes talents artistiques sont variés et immenses. Même si tu décides de ne pas les utiliser pour en faire ta carrière, il te faut les développer car ils seront une bonne base de ressourcement. Tu as une imagination fertile et si tu sais bien l'utiliser, elle te permettra de mieux canaliser ton émotivité. L'alimentation ou le travail avec les enfants sont d'autres secteurs qui pourraient te plaire. Les techniques de garderie, l'enseignement, l'histoire, la géographie, la diététique, la restauration, l'hôtellerie, les services de traiteur, le cinéma, les soins infirmiers, la médecine, la gestion, la décoration, le jardinage, l'immobilier, la plomberie, le commerce, les antiquités sont autant de domaines qui te permettront d'exprimer tes capacités. Tu vois : tu as le choix.

Tes rapports avec les autres

Tu pressens les événements et les situations. Si un de tes proches est en difficulté, ton intuition te préviendra. Tu as du flair, mais tu ne t'y fies pas assez. Très sensible à l'opinion de tes amis, tu seras ton plus dur critique. Bien sûr, tu es le meilleur juge, mais ne te laisse pas influencer, forge-toi ta propre opinion sans te ranger à celle du voisin par commodité.

Tu es un ami formidable ; ta générosité, tes attentions et ta gentillesse font de toi une personne très recherchée. Et en plus, on te sait très fidèle en amitié comme en amour. Il est à peu près sûr que tu as gardé tes meilleurs amis depuis l'école maternelle ou primaire.

Jean-Pierre Ferland, Robert Charlebois, Martine St-Clair, Éric Salvail, Pascale Bussières, Garou, Claire Lamarche, Sylvester Stallone, Nathalie Simard, Marie-Josée Taillefer, Michel Tremblay, Tom Cruise, Marie-Chantal Toupin, Isabelle Boulay, Jessica Simpson, Caroline Néron, Pamela Anderson, Sylvie Léonard, Richard Z. Sirois.

Pensée positive pour le Cancer

Je vais de l'avant en toute confiance. Je suis libéré de mon passé et je deviens réceptif à tout ce que la vie et les autres veulent me donner de bon.

Pensée positive spéciale pour 2007

Je suis maître de ma vie. Je me fais de plus en plus confiance et j'entreprends de nouvelles choses qui m'apportent épanouissement et mieux-être.

Le subconscient nous dirige toujours selon nos pensées. En répétant le plus souvent possible ces pensées conçues tout spécialement pour vous, vous vous attirerez plein de belles choses.

Signe: Cancer

Élément: Eau

Catégorie: Cardinal

Symbole: ♋

Points sensibles: Appareil digestif, foie, estomac, rate, pancréas, seins, glandes mammaires. Dyspepsie, digestion lente, besoin de beaucoup de sommeil.

Planète maîtresse: La Lune, qui représente l'émotivité.

Pierres précieuses: Perle, onyx, pierre de lune

Couleurs: Blanc, gris, argent, toutes les couleurs pastels.

Fleurs: Rose blanche, lys, nénuphar.

Chiffres chanceux: 3-8-11-15-23-29-33-35-46-48.

Qualités: Sensible, esprit de famille, dévoué, hospitalier, bienveillant, tenace, très maternel.

Défauts: Indécis, peureux, rêveur, lent à démarrer, accroché à sa mère, dépressif, vit dans ses souvenirs et dans le passé.

Ce qu'il pense en lui-même: Qu'est-ce que je pourrais faire pour faire plaisir aux enfants?

Ce que les autres disent de lui: Les enfants d'abord, les autres ensuite.

PRÉDICTIONS ANNUELLES

Votre ciel ne comporte désormais aucune influence négative; on peut donc vous annoncer une année dans la très bonne moyenne. Vous aurez le contrôle sur votre destinée. D'ailleurs, la majeure partie de ce qui arrivera sera le résultat des gestes que vous ferez. Évidemment, si vous ne faites rien, si vous ne lancez aucun projet, il ne se passera pas grand-chose. Par contre, si vous mettez la main à la pâte, si vous vous employez à améliorer votre existence en y consacrant les efforts nécessaires, vous serez enchanté des résultats. Tout est entre vos mains!

Santé – Le moment serait bien choisi pour vous ressaisir, pour régler ce qui cloche depuis un bon bout de temps. Tout ce que vous entreprendrez en vue de corriger vos problèmes portera des fruits. Une thérapie, un programme d'exercice, une meilleure alimentation ou un traitement médical vous permettra de fonctionner infiniment mieux. Vous pourriez également vous débarrasser d'une mauvaise habitude. Bien sûr, il vous faudra de la discipline et de la motivation, mais vous en avez plus que vous ne le pensez. Vous serez fier de vous, ce qui, en soi, est déjà un grand pas dans la bonne direction.

Sentiments – Il y a tellement longtemps que vous vous êtes perdu de vue! Vous vous connaissez à peine et vous n'avez qu'une vague idée de ce que vous espérez de l'avenir. Au moins, vous savez ce que vous ne voulez plus: être constamment à la merci des autres! Voici l'année parfaite pour vous retrouver, pour reprendre contact avec vous-même et pour tenter d'autres expériences, par exemple sortir un peu plus. Je sais que vous n'aimez pas trop quitter votre petit nid mais, chaque fois que le ferez, le résultat sera positif. Vous pourriez entre autres créer de nouveaux liens et même nouer de belles amitiés.

Affaires – Vous avancez lentement mais sûrement; ne dit-on pas que petit train va loin? Il y a beaucoup de travail à l'horizon et même si vous trouvez vos activités parfois un peu routinières, la stabilité de votre situation vous réconforte. Pécuniairement, vous faites avec ce que vous avez, et je dois vous accorder que votre inventivité pour permet d'accomplir des miracles. À partir de septembre, vos finances seront moins serrées et vous pourrez vous permettre davantage de latitude dans votre budget. Bonne année pour les études et les recyclages qui sont très prometteurs à long terme.

JANVIER

D	L	M	M	J	V	S
	1	2	3 ○	4	5	6
7	8	9	10D	11D	12F	13F
14F	15	16	17	18 ●	19	20
21F	22F	23D	24D	25D	26	27
28	29	30	31			

○ Pleine lune   ● Nouvelle lune
F Jour favorable   **D** Jour difficile

Santé – Rien de bien grave à signaler d'ici le 17, si ce n'est quelques épisodes d'anxiété ou d'incertitude. Le moral se replace par la suite, mais Mars sera en opposition à votre signe, ce qui risque de vous valoir quelques malaises ou un accident si vous ne prenez pas les précautions nécessaires. Faites attention et vous passerez outre.

Sentiments – Vous avez de bonnes idées, mais vous avez parfois du mal à les faire accepter et souvent vous vous sentez incompris. Inutile de revenir sans cesse sur le sujet, on fait la sourde oreille ou l'on comprend tout de travers ce que vous essayez de dire. Donnez-vous un peu de temps, tout finira par rentrer dans l'ordre. En attendant, il y au moins un proche qui vous appuie et qui arrive à vous faire oublier ces petits désagréments.

Affaires – Les trois premières semaines sont propices à la stabilisation de votre situation professionnelle, ce qui vous permettra d'entrevoir l'avenir avec sérénité. Vous effectuez votre travail fort consciencieusement et vous ne craignez pas d'y investir temps et énergie. Soyez sans crainte, même si l'on ne le dit pas ouvertement, on est conscient de vos réalisations. Un contrat ou des heures supplémentaires vous aident à balancer votre budget.

FÉVRIER

D	L	M	M	J	V	S
				1	2 ○	3
4	5	6D	7D	8D	9F	10F
11	12	13	14	15	16	17 ●
18F	19F	20D	21D	22	23	24
25	26	27	28			

○ Pleine lune
F Jour favorable

● Nouvelle lune
D Jour difficile

Santé – La planète Mars continue de vous menacer jusqu'au 25 : voilà pourquoi il faut faire très attention à vous. Quelques mesures préventives vous garderont à l'abri des défaillances, alors qu'une vigilance accrue vous permettra d'éviter un accident bête. Par ailleurs, ce serait un bon mois pour une remise en beauté.

Sentiments – Même si certains proches continuent de faire la tête, votre partenaire trouve le moyen de vous changer les idées. Sa gentillesse et ses délicates attentions vous font plaisir au plus haut point. D'ici au 21, de nombreuses invitations contribuent à votre bonheur. Si vous êtes seul, qu'à cela ne tienne : vous avez tout ce qu'il faut pour faire une agréable rencontre.

Affaires – Les choses ne se déroulent pas comme vous l'aviez prévu. Quand ce ne sont pas des retards qui vous désarçonnent, ce sont des conflits inutiles qui vous font perdre un temps fou. Heureusement que vous êtes capable de vous ressaisir rapidement et de trouver des solutions ingénieuses. Malgré quelques soubresauts, les démarches et les déplacements se soldent par des résultats positifs.

MARS

D	L	M	M	J	V	S
				1	2	3 ○
4	5D	6D	7D	8F	9F	10
11	12	13	14	15	16	17
18 ●	19F	20F	21D	22D	23	24
25	26	27	28	29	30	31

○ Pleine lune et éclipse lunaire totale   ● Nouvelle lune et éclipse solaire partielle
F Jour favorable   **D** Jour difficile

Santé – En plus d'être libéré de l'opposition de la planète Mars, vous êtes parfaitement imperméable aux influences des éclipses. Vous remontez vite la pente tant moralement que physiquement. La période serait idéale pour mettre le nez dehors plus souvent, pour faire de l'exercice ou de la danse. Il est grand temps de tourner certaines pages et de regarder en avant.

Sentiments – Les interminables discussions et la froideur feront place à un cycle nettement plus avantageux dès le 18. Les conflits se règleront enfin, certaines personnes vous présenteront même leurs excuses. Un enfant vous arrivera avec d'excellentes nouvelles, et l'on vous proposera une myriade de sorties et d'activités divertissantes.

Affaires – Les délais, les obstacles ainsi que les affrontements sont désormais choses du passé. Vous reprenez votre vitesse de croisière, si bien que plus rien n'y paraît une fois passée la nouvelle lune du 18. À partir de ce moment, vos demandes et négociations se soldent par de francs succès ; vos déplacements d'affaires ou de loisirs sont également favorisés.

AVRIL

D	L	M	M	J	V	S
1	2 ○ D	3D	4F	5F	6F	7
8	9	10	11	12	13	14F
15F	16D	17 ● D	18	19	20	21
22	23	24	25	26	27	28
29D	30D					

○ Pleine lune   ● Nouvelle lune
F Jour favorable   **D** Jour difficile

Santé – Les choses vont de mieux en mieux. À compter du 6, vous devriez constater que votre énergie augmente sensiblement. Vous êtes plus motivé et avez le goût de réaliser mille et un projets, y compris certains que vous négligiez depuis quelque temps. Ce ne sont certes pas les petits moments d'anxiété que nous dénotons entre le 11 et le 27 qui vous ralentiront.

Sentiments – Les 12 premiers jours sont magiques pour toutes vos relations intimes. Que ce soit avec votre partenaire, la marmaille ou votre meilleur ami, il se passe plein de trucs extraordinaires. Rien de vilain à signaler par la suite, au contraire : car c'est sur le plan social que vous êtes alors comblé. Vos copains ainsi que les nouvelles connaissances vous font passer d'agréables moments.

Affaires – Entre le 6 avril et le 16 mai, vous bénéficiez d'influences particulièrement favorables. D'heureux concours de circonstances ou carrément un coup de chance vous permettent de marquer des points. Vous pourriez même remporter un petit prix dans un tirage. Votre situation professionnelle devient enviable, vous gagnez plus d'argent et vous avez tout lieu d'en être fier. C'est un cycle favorable pour les recherches et les voyages également.

MAI

D	L	M	M	J	V	S
		1F	2 ○ F	3F	4	5
6	7	8	9	10	11F	12F
13D	14D	15	16 ●	17	18	19
20	21	22	23	24	25	26D
27D	28D	29F	30F	31 ○		

○ Pleine lune   ● Nouvelle lune
F Jour favorable   D Jour difficile

Santé – Jusqu'au 16, tout va comme sur des roulettes. La robustesse de votre moral n'a d'égale que la résistance de votre physique. Afin de continuer à ce rythme trépidant, je vous invite à faire davantage attention à vous au cours de la seconde quinzaine car vous n'êtes pas à l'abri d'une blessure ou d'un malaise.

Sentiments – Du 8 mai au 16 juin, vous recevez la visite de Vénus. Ce transit illumine toujours la destinée amoureuse. Avec votre partenaire, c'est à nouveau la lune de miel ou, si vous êtes seul, vous pourriez enfin rencontrer l'âme sœur. Par-dessus le marché, on vous lance une foule d'invitations; vous voyez du bien beau monde et faites une impression du tonnerre partout où vous passez.

Affaires – Je vous rappelle que vous êtes toujours en période de chance jusqu'au 16. Ne tardez pas à agir, à présenter vos requêtes ou à mettre vos projets en branle, car vous risquez de vous heurter à davantage de difficultés par la suite. Bon temps encore une fois pour voyager, pour chercher un nouveau logis ou pour apporter des améliorations à celui que vous avez déjà.

JUIN

D	L	M	M	J	V	S
					1	2
3	4	5	6F	7F	8D	9D
10	11	12	13	14 ●	15	16
17	18	19	20	21	22D	23D
24D	25F	26F	27F	28	29	30 ○

○ Pleine lune   ● Nouvelle lune
F Jour favorable   D Jour difficile

Santé – Un transit plutôt délicat vous recommande d'être sur vos gardes jusqu'au 25. Redoubler de prudence dans vos déplacements ou quand vous utilisez des objets dangereux vous épargnera un accident. Soignez vos petits bobos sans tarder, autrement ils prendront plus de temps à disparaître. Moralement, vous vivez une alternance de bonne humeur et de déprime. Heureusement, le mois se termine sur une note optimiste.

Sentiments – Vénus reste chez vous encore toute la première quinzaine. De belles rencontres sont en vue, entre autres pour les célibataires. Socialement, ça demeure enlevant, on vous traite aux petits oignons. Absolument rien de mauvais par la suite, mais vous devrez apprendre à vous contenter d'un rythme de vie plus routinier. Un membre de la famille vous cause de légères inquiétudes.

Affaires – Armez-vous de patience car vous aurez probablement à vous y reprendre plus d'une fois pour arriver à vos fins. Un juste mélange de ténacité et de souplesse vous permettra de vous en sortir haut la main. Ne vous rebiffez pas trop contre l'autorité même si c'est vous qui avez raison, vous risqueriez d'envenimer la situation. Laissez faire le temps, tout s'arrangera.

JUILLET

D	L	M	M	J	V	S
1	2	3	4F	5F	6F	7D
8D	9	10	11	12	13	14 ●
15	16	17	18	19D	20D	21F
22F	23F	24	25	26	27	28
29 ○	30	31				

○ Pleine lune   ● Nouvelle lune
F Jour favorable   D Jour difficile

Santé – Tout rentre dans l'ordre, vous êtes moins ballotté par les événements. Votre organisme semble plus vigoureux, sans compter que vous êtes désormais à l'abri des accidents. Excellente période pour rompre avec une mauvaise habitude ou pour mettre à la porte une personne qui sapait toute votre énergie.

Sentiments – Vous prenez votre place, ça déplaît à certains, mais vous ne vous en faites plus avec ça. Un ami vous appuie et vous confirme le bien-fondé de votre démarche. Entre le 15 et le 31, vous passez des moments de rêve avec votre partenaire; si vous êtes seul, une sortie vous réserve une grosse surprise. À la même période, vous recevrez de nombreuses invitations. On pourrait également vous proposer un agréable déplacement.

Affaires – Vous traversez une phase de redressement et de transformation. Vous avez l'âme d'un conquérant, si bien que vous osez entreprendre quelque chose de complètement différent. Au besoin, on pourrait vous donner un solide coup de main. Ça ne prendra pas de temps que vous vous féliciterez de cette initiative. Bon mois pour chercher du travail ou pour voyager.

AOÛT

D	L	M	M	J	V	S
			1F	2F	3D	4D
5	6	7	8	9	10	11
12 ●	13	14	15	16D	17D	18D
19F	20F	21	22	23	24	25
26	27	28 ○ F	29F	30D	31D	

○ Pleine lune et éclipse lunaire totale	● Nouvelle lune
F Jour favorable	**D** Jour difficile

Santé – La première semaine est fantastique, vous avez le vent dans les voiles et rien ne peut vous arrêter. Durant le reste du mois, vous avez tendance à broyer du noir, à tout prendre trop à cœur, ce qui risque de miner votre énergie. Parlez-vous un peu, laissez le passé derrière vous et essayez de prendre l'air plus souvent. Ce n'est pas en restant dans votre coin que vous chasserez le cafard.

Sentiments – Du 1er au 9 puis du 20 au 31, vous pouvez compter sur l'affection de vos proches, qui se montrent d'une gentillesse hors du commun et qui s'évertuent à vous faire plaisir. Entre ces deux périodes passe un léger creux de vague, toutefois il est dépourvu d'événements négatifs. Un frère ou une sœur se met encore les pieds dans les plats, et cette fois vous décidez de ne pas intervenir.

Affaires – C'est pendant la première et la dernière semaine que vous accomplirez le plus de choses. Vous aurez d'excellentes idées qui vous permettront d'aller de l'avant ou de remédier à une situation irritante. Ne prêtez pas d'argent et ne signez rien sans bien prendre connaissance du document que l'on vous propose.

SEPTEMBRE

D	L	M	M	J	V	S
						1
2	3	4	5	6	7	8
9	10	11 ●	12D	13D	14D	15F
16F	17	18	19	20	21	22
23 / 30	24	25F	26 ○ F	27D	28D	29

○ Pleine lune   ● Nouvelle lune et éclipse solaire partielle
F Jour favorable   **D** Jour difficile

Santé – L'éclipse et différents transits planétaires diminuent légère-ment votre résistance ainsi que votre vitalité. Rien de très sérieux mais plutôt un vague sentiment de ne pas fonctionner à plein. Vous accordez trop d'importance au passé en plus de vous soucier inutilement de votre avenir. Essayez de préférence de vous bran-cher sur l'instant présent; en vous octroyant tout le repos néces-saire et en vous alimentant sainement, vous devriez rapidement retrouver votre pep.

Sentiments – La communication avec votre entourage laisse à dé-sirer entre le 6 et le 28. Vous n'êtes pas du tout sur la même lon-gueur d'onde. Quand ce n'est pas vous qui êtes irritable, c'est un proche qui sort de ses gonds sans trop de raison. Au lieu de vous entêter, reportez les discussions au mois prochain alors que les astres seront plus cléments.

Affaires – Bien que ce ne soit pas la catastrophe, vous n'arrivez pas à vous épanouir dans votre travail. Les tâches sont mal distri-buées : soit qu'on vous en demande trop, soit qu'on ne vous fait pas suffisamment confiance. Au moins, une bonne nouvelle sur le plan financier vient adoucir vos frustrations.

OCTOBRE

D	L	M	M	J	V	S
	1	2	3	4	5	6
7	8	9	10D	11 ● D	12F	13F
14F	15	16	17	18	19	20
21	22F	23F	24D	25 ○ D	26	27
28	29	30	31			

○ Pleine lune   ● Nouvelle lune
F Jour favorable   **D** Jour difficile

Santé – L'arrivée de la planète Mars vous tire de votre torpeur. Vous avez le goût de bouger, de mordre dans la vie; le moral est bien meilleur, bref, vous vous sentez renaître. Le seul effet négatif de ce transit est qu'il engendre parfois des accidents et des accès de fièvre. Soyez donc particulièrement vigilant et prémunissez-vous contre les infections.

Sentiments – Du 8 octobre au 9 novembre, vous pourrez enfin trouver une solution aux conflits qui vous opposent à certains proches. Les solitaires participent à une sortie qui leur permet de rencontrer quelqu'un de bien. Si vous êtes déjà en couple, soyez assuré que le dialogue avec votre partenaire sera bien meilleur.

Affaires – Ici aussi, ça débloque. Vous trouvez des solutions à vos problèmes et vous repartez du bon pied. D'ici au 24, vous avez énormément de succès dans vos démarches pour de meilleures conditions de travail, dans des négociations ou dans un déplacement imprévu. Vous savez vous faire respecter; on vous accorde davantage de latitude et vous pouvez ainsi faire ce que bon vous semble.

NOVEMBRE

D	L	M	M	J	V	S
				1	2	3
4	5	6D	7D	8D	9 ● F	10F
11	12	13	14	15	16	17
18F	19F	20D	21D	22D	23	24 ○
25	26	27	28	29	30	

○ Pleine lune   ● Nouvelle lune
F Jour favorable   D Jour difficile

Santé – Mieux vaut vous y faire, Mars s'éternisera dans votre signe jusqu'à la fin de l'année... Cependant, en demeurant sur le qui-vive et en adoptant de saines habitudes de vie, vous pourrez facilement éviter les ennuis et profiter à plein du surplus d'énergie provoqué par ce transit. Psychologiquement, la tension des 11 premiers jours fait rapidement place à une humeur du tonnerre.

Sentiments – N'oubliez pas que vous êtes toujours jusqu'au 9 dans un cycle de bonheur intense. Par la suite, il y aura peut-être un peu moins de magie, mais vous saurez faire preuve d'adresse pour conserver l'harmonie dans vos relations interpersonnelles. Vous êtes un véritable boute-en-train, semant la gaieté et la joie de vivre autour de vous. Croyez-moi, on vous en sera reconnaissant!

Affaires – Ici encore, votre ingéniosité fait son œuvre. Vous avez des idées de génie qui vous ouvrent bien des portes. Par-dessus le marché, vous disposez d'un sens du *timing* extraordinaire, particulièrement pendant les deux dernières semaines du mois. On vous accorde tout ce que vous demandez sans regimber. Vous avez le goût de célébrer votre victoire en vous payant une belle gâterie. Excellente idée!

DÉCEMBRE

D	L	M	M	J	V	S
						1
2	**3D**	**4D**	**5D**	**6F**	**7F**	**8**
9 ●	**10**	**11**	**12**	**13**	**14**	**15**
16F	**17F**	**18D**	**19D**	**20**	**21**	**22**
23 ○ / 30	**24 / 31**	**25**	**26**	**27**	**28**	**29**

○ Pleine lune	● Nouvelle lune
F Jour favorable	**D** Jour difficile

Santé – Vous continuez de courir à gauche et à droite mais, tout de même, regardez où vous mettez les pieds. Vous faites tout à la vitesse de l'éclair, parfois en prenant des risques ou en abusant de vos capacités. Attention à l'épuisement et aux accidents bêtes! Ce serait dommage de vous retrouver à plat alors que vous affichez une mine aussi magnifique.

Sentiments – À partir du 6, Vénus transite votre cinquième secteur. Un coup de foudre attend les solitaires, tandis que ceux qui sont en couple retomberont littéralement amoureux de leur partenaire. La vie sociale vous procure de nombreuses satisfactions: sorties, réceptions et invitations vous font passer des moments passionnants. Une bonne nouvelle concernant un enfant vient s'ajouter à ce tableau déjà parfait.

Affaires – Votre brillante personnalité ne laisse personne indifférent et votre cote de popularité bat son plein. En plus, comme vous vous dévouez corps et âme au travail, vous gagnez la tête du peloton. Une proposition alléchante, des heures supplémentaires, une prime ou une augmentation de salaire pourraient d'ailleurs vous permettre de gâter ceux que vous aimez.

LION

DU 24 JUILLET AU 23 AOÛT

En bon Lion que vous êtes, vous régnez sur votre petit monde, et cela se voit. Vous êtes la vedette de votre cercle amical ou familial, et vous appréciez que les têtes se tournent sur votre passage. On vous remarque, et tout en vous contribue à cela : vos vêtements, vos attitudes, votre démarche, bref votre allure générale est féline et ne passe pas inaperçue.

Vous voulez être à la tête de la meute, partout et dans tout. Votre intérieur doit être le mieux tenu, votre carrière doit atteindre des sommets, vous devez remporter le plus important trophée sportif, vous devez diriger une multinationale, bref que ce soit pour récurer les chaudrons ou pour diriger une banque, vous ne jouerez jamais les seconds violons.

On ne peut pas dire que vous soyez mauvais perdant ; vous êtes plutôt un gagnant qui a du panache, et qui sait se montrer débonnaire et généreux avec autrui. La victoire vous va bien, il n'y a pas de doute là-dessus. Et souvent, vous la méritez. Énergique, ambitieux, ayant du cœur à l'ouvrage, vous vous donnez à 100 % ou, plutôt, à 200 %. Vous vous concentrez sur votre but, et votre ardeur est remarquable. Rien ne semble trop difficile à vos yeux, quitte à redoubler d'efforts pour atteindre votre but. Qu'il s'agisse d'un poste de direction, de l'aménagement de votre demeure, de vos cours de piano, tout est mis en œuvre pour contribuer à votre triomphe. Le résultat est remarquable et remarqué, et c'est le but que vous vous étiez fixé. Vous ne supportez pas l'indifférence.

Et bien sûr, quand on ne laisse pas indifférent, certains admirateurs nous soutiennent et d'autres nous envient. Vous serez donc souvent l'objet de jalousie et de critiques acerbes. Vous occupez toute la scène, et certains vous reprocheront de jouer à la star ; ne vous en faites pas avec ces mesquineries, car dans le fond ces gens vous envient et vous admirent. En fait, tout vous réussit si bien qu'on pourrait croire que vous parvenez à votre but sans effort, que tout vous tombe du ciel, et pourtant, vous travaillez d'arrache-pied pour obtenir tout ce que vous possédez... Vous savez si bien cacher vos efforts qu'on dirait que votre succès va de soi; vous avez tellement l'air d'être au-dessus de vos affaires.

Il en va de même sur le plan personnel. Vous dissimulez vos soucis, vos inquiétudes et votre chagrin; vous dites que tout va bien, même lorsque vous êtes désemparé. Vous êtes tellement habile pour cacher vos tracas que même vos proches n'y voient que du feu... et vous vous sentez bien seul dans ces moments-là.

Vous régnez sur votre entourage, certes, mais vous n'êtes ni un être arrogant ni un avare. Vous êtes un roi qui veille attentivement sur ses sujets et vous savez vous montrer très généreux.

Démonstratif et ardent comme vous l'êtes, vous vivez vos amours sous le signe de la passion, et vous recherchez un partenaire qui vous fera honneur. Si en plus cette personne se montre indifférente ou est inaccessible, le défi n'en est que plus attirant pour le Lion, qui se lancera alors dans une véritable chasse.

En tant que maître du monde, vous avez un sens de la justice très élevé. Vous êtes une personne entière, honnête et droite, et vous demandez la même chose de votre entourage. Hélas! tout le monde ne vous ressemble pas. Ainsi, si vous vous associez, cette union sera profitable... à vos partenaires, car vous mettrez tout votre cœur et beaucoup de passion à votre travail, ce qui rapportera beaucoup à ceux qui en feront moins et qui vous laisseront agir. Vous donnez de bon cœur, mais vous ne pardonnez pas de sitôt la duperie et le mensonge. Dans ces cas-là, le Lion en vous se réveille et gronde.

Comme leurs homologues des savanes, les femmes Lion seront souvent reines de leur foyer et pourront mener sans problème une carrière parallèle à leur vie domestique. Elles vont « chasser » pour rapporter de la nourriture.

Votre signe est celui du commandement, de la gestion, et, même si vous commencez au bas de l'échelle, vous finirez par obtenir un poste de direction. Vous avez un goût inné pour l'autorité; vous aimez décider de tout, choisir le film que votre conjoint veut voir, organiser les activités des enfants et jusqu'à donner votre avis sur la maison que votre sœur veut acquérir. Vous êtes là pour tout organiser, tout diriger, et il ne faut certainement pas que les autres viennent se mêler de vos affaires et vous dire quoi faire!

Votre point faible serait sûrement votre petit côté orgueilleux et vaniteux. Vous aimez la flatterie, et cela peut vous jouer de vilains tours. Tout semble facile pour vous, et l'on a souvent tendance à croire que tout vous arrive sans effort alors que avez certainement travaillé très dur pour en arriver là et pour surmonter de nombreux obstacles. Mais une fois que vous avez réussi, avouez quand même que vous gonflez votre crinière d'orgueil!

Comment se comporter avec un Lion?

Le meilleur moyen de s'entendre avec un Lion est de ne pas s'opposer à lui. Il n'appréciera pas que vous le remettiez en question et pourrait en faire une affaire personnelle. Que vous vous mettiez en colère, que vous criiez, que vous tempêtiez n'y changera rien; au contraire, il s'entêtera. Par contre, le Lion n'est pas insensible à la logique et au bon sens; c'est donc la carte qu'il faut jouer pour le convaincre. Pour obtenir ce que vous désirez, vous pouvez aussi faire appel à ses émotions, à ses bons sentiments. C'est un être généreux qui ne vous tournera pas le dos en cas de besoin. Exposez-lui la situation et laissez-lui le plaisir de proposer son aide. Il aura l'impression que ça vient vraiment de lui et sera d'autant plus heureux de vous donner un bon coup de main.

Le Lion a une haute opinion de lui-même; il aime bien qu'on fasse attention à lui. Au restaurant, à la maison ou en société, n'hésitez pas à lui laisser prendre la première place; il vous en sera reconnaissant... De toute façon, il la prendra, alors autant la lui laisser rapidement pour éviter les heurts. Le Lion aime s'afficher, se faire remarquer. Il aime les activités qui lui permettront de se montrer en public. Invitez-le au théâtre, dans des premières et des lancements officiels. Par contre, vous devrez l'accompagner, car il a besoin de sa petite cour et déteste être seul.

Si vous avez des reproches à lui faire, attendez un tête-à-tête. Ne le faites jamais, au grand jamais, devant une tierce personne ou pire – quel outrage! – en public. Humilié, notre Lion ne vous le pardonnerait jamais. Et même s'il a tort, ne le contredisez pas devant les autres: soutenez-le, quitte à rétablir les choses en privé, lorsqu'il sera mieux disposé à vous écouter. Si vos propos sont sensés et logiques, ou s'il pense vous faire plaisir, il rentrera ses crocs et, en bon gros minet généreux, il se laissera convaincre.

Le Lion soigne particulièrement son image publique; donc, ne lui faites jamais un affront devant les autres, car son âme de fauve saura vous le faire payer cher. Si vous réussissez à lui faire croire que vos idées sont les siennes, si vous ne le prenez pas à rebrousse-poil mais plutôt en jouant la carte de la douce caresse, le félin rugissant deviendra le plus gentil des chats et vous mangera dans la main... Ceci reste entre nous, bien entendu !

Ses goûts

Évidemment, le Lion a des goûts royaux. Il apprécie tout ce qui contribue à le mettre en valeur. Ses vêtements sont élégants, généralement griffés, un peu voyants mais classiques, souvent de teintes claires, beiges ou dorées. Il affiche des bijoux de prix, des pierres véritables, des fourrures bien choisies. Sa maison se remplit de beaux objets, généralement précieux, de dorures et surtout de miroirs qui reflètent ses atours. Il aimera un décor lumineux et luxueux.

À table, la mise en scène l'attire : l'argenterie, un chandelier, une table bien dressée. Dans la nature, le lion est un carnassier. Notre Lion aime aussi les viandes et les sauces raffinées. Il déguste avec élégance, se soucie du décorum et a de belles manières. Ce n'est pas lui qui vous fera honte à table ; au contraire, sa présence rehaussera vos repas.

Son potentiel

Ce personnage royal ne se contentera sûrement pas d'un poste de subalterne. Le Lion veut toujours faire mieux que les autres ; il consacre donc beaucoup de temps et d'énergie à sa carrière. L'avancement et les promotions, voilà ce qu'il recherche. Par contre, il n'hésitera jamais à commencer en bas de l'échelle, car il sait que son ardeur, ses talents et ses efforts le mèneront rapidement vers les plus hauts sommets de son entreprise. Le balayeur deviendra président de la compagnie.

Le Lion excellera dans les postes de commandement, l'administration, la gestion, la politique, le gouvernement, la finance, les affaires, la haute fonction publique, les postes de responsabilité, les grades les plus élevés de l'armée. Quoi qu'il fasse, il obtiendra un poste clé en peu de temps. D'ailleurs, les Lion sont d'excellents entrepreneurs et démarrent souvent leur propre entreprise ou travaillent à leur compte. Ils aiment dominer mais surtout pas se faire dominer. Comme ils aiment se mettre en avant pour étaler leur allure féline, leur petit côté théâtral sera bien servi s'ils décident de monter sur les planches ; il n'est pas rare de constater que bon nombre d'artistes, notamment des acteurs, sont du signe du Lion. Ce sont des stars dans l'âme.

Ses loisirs

Même si c'est parfois à son insu, le Lion choisit des activités où il pourra briller. Ce n'est pas lui qui passera son temps le nez dans un moteur automobile; il risquerait de s'y salir. Par contre, demandez-lui de conduire une voiture de course, et il sera heureux d'afficher ses qualités. Le Lion aime les sports nobles: le golf, l'équitation, le tennis, le polo ou ceux qui donnent du prestige, comme la formule 1. La victoire lui va très bien. Alors si en plus il réussit à devancer ses adversaires, il sera le plus heureux du monde.

Le Lion aime déployer ses talents, surtout devant un public. Le théâtre, qu'il a dans le sang, et le chant lui conviennent tout à fait. Sous les feux de la rampe, il s'illumine; c'est une vraie vedette. Il aime aussi assister et se montrer à des spectacles haut de gamme.

Il a une vie mondaine brillante et n'hésite jamais à se faire remarquer. Si un photographe de presse est dans le coin, il s'arrangera pour figurer en bonne place sur les clichés. Et si, par hasard, il se retrouve à la une des journaux, il ne se tiendra plus de joie.

En fait, le Lion évolue toujours comme si les caméras de télévision étaient braquées sur lui en permanence. Quoi qu'il fasse, cuisiner, planter un clou ou passer l'aspirateur dans le salon, il le fera sourire aux lèvres. Même ses vêtements de travail seront impeccables. Tout lui réussit, et le voir évoluer avec autant de brio fait les délices de ses admirateurs.

Sa décoration

Le Lion, en bon roi, n'habite pas une maison comme vous et moi, mais plutôt un palais. Il a des goûts grandioses; ce qu'il y a de mieux et de plus luxueux trouve toujours place dans son intérieur, et la dépense ne lui fait pas peur. Des tapis épais et moelleux, probablement très pâles, blancs ou ivoire, vous accueillent à l'entrée de son antre. Ce qui frappe au premier coup d'œil, ce sont les miroirs: ils sont magnifiques et disposés de manière à refléter les bibelots précieux, les dorures, les objets de cristal. Des meubles très chers et des tentures imposantes viennent compléter une décoration riche et luxueuse. Le Lion possède un goût inné pour le beau. Il sait choisir les plus belles matières, le meilleur bois, les tissus les plus luxueux; il aime l'opulence, et ça se voit. C'est d'ailleurs l'effet recherché. Il se passionne pour les œuvres d'art, les meubles ayant beaucoup de style, les objets luxueux et n'hésite pas à s'en procurer, même à prix faramineux… Heureusement, malgré un décor chargé, il choisit des couleurs claires : crème, blanc ivoire, jaune doré, or brillant, ce qui crée un ensemble lumineux et impressionnant sans être oppressant. Le Lion adore aussi les mises en scène ; s'il vous invite pour un petit goûter à l'improviste, les porcelaines, les dentelles délicates, les vases de cristal seront tout naturellement de la partie. Ce n'est pas la demeure de n'importe qui, et ça se voit.

Son budget

Avec un tel goût pour le luxe, on pourrait croire que le Lion se moque de son budget et pourrait allégrement se ruiner pour un bel objet. C'est vrai qu'il ne regarde pas à la dépense et qu'il aime les belles choses, mais c'est aussi un excellent administrateur qui sait planifier ses achats. Il sait comment se procurer ce dont il a envie, sans pour cela mettre en péril ses finances. Tout un art !

Ses revenus sont aussi bien gérés que son intérieur. Ses placements sont judicieux, et s'il vous donne des conseils financiers, soyez assuré qu'il sait de quoi il parle. Il n'est pas du genre à mettre tous ses œufs dans le même panier et il diversifie fort bien ses investissements : les valeurs mobilières et immobilières, la Bourse n'ont guère de secrets pour lui. Même avec un budget minuscule, il fera des merveilles et réussira à économiser tout en s'offrant de petits luxes, un véritable tour de force qui en impressionne plus d'un.

Les natifs du Lion ont un sens de la gestion bien aiguisé et ils aiment être leur propre maître. Donc, plutôt que de travailler pour autrui, la plupart décideront de se lancer en affaires, ce qui leur permettra d'exploiter plusieurs talents, sans avoir de comptes à rendre. Ils travaillent très fort pour parvenir au succès. Pourtant, tout semble si facile pour eux que plusieurs les envient.

Quel cadeau lui offrir ?

Le Lion est un amateur de beaux objets. Tout le monde n'a pas les moyens de lui offrir un voyage autour du monde en paquebot de luxe ou une Ferrari, mais en respectant une petite règle toute simple, on peut lui faire un plaisir incommensurable, même si l'on ne lui offre qu'un t-shirt ou un bibelot : n'achetez que des articles de première qualité. Choisissez ce qu'il y a de mieux : une veste griffée, un vase de cristal, des fleurs de première qualité. Il appréciera davantage cela qu'une multitude de cadeaux sans valeur. Le Lion aime qu'on fasse attention à lui ; donc, votre présent sera considéré comme un hommage que vous lui rendez. Ne lui offrez donc pas d'argent; il en serait offensé. Notre Lion n'est pas à vendre! Il aura l'impression qu'il n'a pas d'importance à vos yeux; il appréciera plus un cadeau choisi avec amour qu'un chèque lui permettant d'acheter lui-même ce qui lui plaît.

Le cadeau idéal est un bijou: les diamants sont toujours appréciés. Mais si votre budget ne vous le permet pas, des parfums importés, des objets de luxe ou rares, des vêtements élégants (et préférablement griffés) ou des billets pour un spectacle couru sauront lui plaire. Quoi que vous décidiez de lui offrir, soignez particulièrement la présentation de votre cadeau (du papier de soie, un emballage élégant, un ruban doré), car son plaisir en sera décuplé.

Les enfants Lion

Dans un groupe d'enfants, le plus photogénique sera un petit Lion. Même s'il ne sait pas encore dire deux mots, dès que vous sortez un appareil photo, il affiche son plus beau sourire, prêt à vous charmer.

Même lorsqu'il est un bout de chou, le petit Lion fait des mimiques, prend des poses, sourit aux anges. Il a déjà du magnétisme et sait comment être le centre d'intérêt de son entourage. Ce n'est pas un enfant qui s'amuse seul dans son coin; il a besoin d'un public. À la garderie, à l'école, dans la ruelle avec ses copains, il continuera de voler la vedette. Il a besoin de briller et demande beaucoup d'attention. C'est un chef de groupe qui sait se faire respecter.

Avec un enfant Lion, il faut être présent. Vous devez lui manifester de l'affection, même quand il se trompe ou lorsqu'il perd. Vous devez alors lui expliquer que d'autres aussi peuvent gagner et qu'un échec ne signifie nullement qu'il n'est bon à rien. Il doit comprendre qu'il ne peut pas être le premier partout, qu'il n'est pas nécessaire d'être toujours parfait en toute chose. Dites-lui que, malgré ses échecs occasionnels, vous l'aimez tout autant. Les enfants Lion sont brillants, intelligents, travailleurs; vous serez très fier d'eux.

L'ado Lion

Ton signe fait honneur au roi des animaux. Comme lui, tu te fais remarquer, et cela te plaît énormément. Tu as tendance à gonfler ta crinière, à te pavaner un peu, sans méchanceté. Tu ne supportes pas d'être le deuxième; tu dois absolument être le premier en tout. Tu as une nature noble et généreuse, et tu es né pour diriger. Dans ton cercle d'amis, c'est probablement toi qui mènes, et lorsque ce n'est pas le cas, tu peux sortir tes griffes de fauve.

Tu t'exprimes facilement, tu donnes ton point de vue, parfois même lorsqu'on ne t'a pas demandé ton avis. En fait, tu as une assez haute estime de toi.

Quand tu ne te sens pas en forme, tu t'isoles dans ton coin jusqu'à ce que ça aille mieux ; tu penses sûrement que c'est mieux pour ton image. Tu n'es pas du genre à raconter tes problèmes. Tu n'aimes pas te faire consoler ; tu es bien trop indépendant pour cela. Tu cherches à préserver cette force de caractère que tu affiches en tout temps.

Par contre, lorsque ça va bien, tu n'hésites pas à te montrer et à briller de mille feux. Tu es intelligent, tu as bon cœur et tu es conscient de toutes tes capacités. Tu es fier aussi ; si l'on te critique en public, si l'on te dénigre, cela te blesse profondément. L'opinion des autres compte beaucoup pour toi ; tu cherches toujours à te mettre en valeur et à être au mieux de ta forme. Tu aimes les honneurs, mais reste sur tes gardes : ce monde est rempli de flatteurs qui pourraient te manipuler facilement.

Les beaux vêtements et le luxe sont ce que tu préfères, et tu réussis à te les offrir. Tu as des projets ambitieux et toute la volonté qu'il faut pour les réaliser. On dirait que tout vient aisément à toi, que tu n'as qu'à te pencher un peu pour récolter. Pourtant, on oublie tous les efforts que tu as faits pour parvenir à ton but. Tu mérites amplement ton succès, car tu travailles dur pour l'obtenir.

Tes études

Ton signe est fixe ; lorsque ton choix est fait, la réussite te sourit. Les efforts ne te font pas peur, et tu es prêt à mettre toute l'énergie nécessaire pour atteindre tes objectifs qui, il faut bien le dire, sont assez grands. Tu aimes être le premier, et la compétition te stimule. Les concours, les examens ne te troublent pas outre mesure ; tu les prends comme de nouveaux défis. En équipe, tu dois apprendre à laisser un peu de place aux autres et à leur accorder le mérite de leurs bonnes idées. Cette façon de faire te permettra de diriger le groupe tout en sachant motiver tes troupes pour atteindre le succès.

Ton orientation

L'ambition est probablement ce qui te caractérise le plus. Tu as mille et un projets. Ils sont parfois bien farfelus aux yeux des autres, mais laisse-les sourire et poursuis ta route sans te retourner. Tu connais tes capacités, tu peux juger de tes limites et tu es déterminé. Donc, rien ne peut te résister lorsque tu te mets en tête d'atteindre tes objectifs. Tu es un chef-né, un leader. Choisis une sphère d'activité où tu pourras t'épanouir. L'administration, la gestion, la finance, la politique, le génie, les relations publiques, les arts, le cinéma, le droit et la fonction publique sont des domaines où tu pourrais exprimer toutes tes qualités. Tu peux réussir dans n'importe quoi, si tu sens que tu peux montrer qui est le meilleur, c'est-à-dire toi. Un Lion ne peut se contenter d'un emploi subalterne, et il est rare qu'il demeure un employé toute sa vie. Il commence parfois au bas de l'échelle, mais à force de travail, il finira par être au sommet de la hiérarchie. Les Lion pensent souvent à créer leur entreprise, peut-être est-ce déjà dans tes plans d'avenir ?

Tes rapports avec les autres

Tu agis souvent comme le « chef de la bande », et tes amis occupent une place prépondérante dans ta vie sociale. Tu aimes rencontrer de nouveaux visages, surtout quand ils te permettent de te faire valoir. Par contre, tu es très attaché à tes amis ; tu les aides, tu les défends et si tu sais t'imposer, tu sais aussi les protéger. Tu as une sainte horreur du mensonge, et lorsque tu retires ta confiance à quelqu'un, il devra travailler fort pour la regagner. L'élément le plus faible chez toi, c'est que tu n'oses pas demander. Quémander n'est pas dans ta nature. Si ça ne va pas dans ta vie, tu préfères t'isoler et faire croire que tout va bien plutôt que de demander de l'aide. Tu es foncièrement honnête et tu t'attends à ce que tout le monde qui t'entoure le soit aussi.

Pascale Montpetit, Charles Lafortune, Martha Stewart, Yvon Deschamps, Félix Leclerc, Sandra Bullock, André Gagnon, Marjo, Maurice Richard, Carole Laure, Julie Snyder, Bruno Pelletier, Judi Richards, Michel Jasmin, Madonna, Marc Messier, Laurence Jalbert, Luce Dufault, Lynda Lemay, Martin Drainville, Jennifer Lopez, Hilary Swank, Audrey Tautou, Charlize Theron, Ben Affleck, Halle Berry, Audrey de Montigny, Charles Lafortune, André Ducharme, Marc Dupré, Rémy Girard.

Pensée positive pour le Lion

Je rayonne sur les autres, et les nombreux bienfaits que je leur offre me sont rendus au centuple. Je suis un soleil bienfaisant.

Pensée positive spéciale pour 2007

Je demeure ouvert au changement. Je fais confiance à la vie et j'accepte avec sérénité cette nouvelle étape, car je sais que tout ira pour le mieux.

Le subconscient nous dirige toujours selon nos pensées. En répétant le plus souvent possible ces pensées conçues tout spécialement pour vous, vous vous attirerez plein de belles choses.

Signe: Lion

Élément: Feu

Catégorie: Fixe

Symbole: ♌

Points sensibles: Cœur, système cardiovasculaire, taux de cholestérol, tension artérielle, infarctus, colonne vertébrale, maux de dos.

Planète maîtresse: Le Soleil, source de la vie.

Pierres précieuses: Diamant, brillant, rubis.

Couleurs: Les nuances du soleil et de l'or, jaune, beige.

Fleurs: Rose rouge, pensée, coquelicot.

Chiffres chanceux: 5-9-10-14-25-26-30-35-41-46.

Qualités: Noble, fier, généreux, énergique, doué de magnétisme, vedette, juste.

Défauts: Orgueilleux, autoritaire, goût exagéré du luxe, vaniteux, en impose aux autres.

Ce qu'il pense en lui-même: Il faut absolument que je fasse mieux que les autres.

Ce que les autres disent de lui: Voilà notre vedette qui arrive!

PRÉDICTIONS ANNUELLES

Bien que la lourde présence de Saturne se fasse encore sentir jusqu'au 2 septembre, vous pouvez compter sur l'appui de Jupiter pour traverser ce cycle de chambardements. Vous n'avez pas encore le plein contrôle de votre destinée et devrez composer avec des situations qui ne feront pas votre affaire. Ce qui est plus encourageant, c'est que vous êtes désormais mieux armé pour affronter l'adversité. Vous avez les moyens nécessaires pour triompher, mais encore faut-il les utiliser. Deux options s'offrent à vous. Soit vous demeurez passif en attendant que passe la tempête qui, incidemment, devrait se terminer à l'automne. Soit vous décidez d'intervenir, de vous retrousser les manches en vous disant que vous gagnerez la bataille. Vous connaissant, je sens que vous choisirez la deuxième possibilité. Vous faites bien, vous êtes un vainqueur par nature !

Santé – Saturne vous suggère fortement d'adopter une attitude protectrice car, cette année, une once de prévention vaut infiniment mieux qu'une tonne de remèdes. Soyez à l'écoute des signaux que votre corps vous envoie et ainsi vous évoluerez sans difficulté. Par contre, si vous vous croyez invincible et que vous faites fi des règles d'une saine hygiène de vie, vous risquez d'être rappelé à l'ordre. N'allez pas non plus vous exposer au danger inutilement.

Sentiments – Comme vous redéfinissez vos besoins et vos priorités, il est normal que vous fassiez des choix concernant certaines relations. Vous devenez plus sélectif, vous sélectionnez avec soin ceux qui font partie de votre intimité ; vous allez même jusqu'à éloigner certaines personnes. Grâce à Jupiter dans votre cinquième secteur, vous rencontrerez énormément de nouvelles gens mais, encore là, vous restez méfiant et ne laissez pas n'importe qui entrer dans votre vie, surtout s'il d'agit d'un nouvel amour. Plusieurs membres de votre entourage éprouvent des ennuis et l'on viendra encore solliciter votre aide.

Affaires – Drôle d'année en perspective ! Dans certaines sphères vous essuyez des revers, voire des pertes, tandis que dans d'autres vous bénéficiez d'un fort courant de chance. Au fait, vous pourriez vous retrouver parmi les gagnants de la loterie. Au travail et en affaires, vous devez agir avec circonspection ; pas d'actes impulsifs ni de risques inutiles. Des changements significatifs se produiront, que ce soit à la suite de votre initiative ou d'un revirement de situation. Ce qu'il faut savoir, c'est que même si vous êtes désarçonné sur le coup, vous finirez par en bénéficier. De nouvelles portes s'ouvriront et vous pourrez évoluer dans un environnement totalement différent. Protégez votre argent et vos biens, prémunissez-vous contre les dégâts matériels. Voyage en vue.

JANVIER

D	L	M	M	J	V	S
	1	2	3 ○	4	5	6
7	8	9	10	11	12D	13D
14D	15F	16F	17	18 ●	19	20
21	22F	23F	24F	25D	26D	27
28	29	30	31			

○ Pleine lune   ● Nouvelle lune
F Jour favorable   D Jour difficile

Santé – Les 17 premiers jours s'annoncent formidables. Pourquoi ne pas en profiter pour faire provision d'énergie et pour soigner vos petits bobos ? Agissez sans tarder et vous obtiendrez des résultats du tonnerre. Si vous devez consulter un professionnel de la santé, celui-ci trouvera rapidement le moyen de vous aider.

Sentiments – La vie sociale est tourbillonnante ; on vous lance une foule d'invitations, les occasions de sortir se multiplient et vous impressionnez tout le monde. Les célibataires pourraient même conquérir un être séduisant. Si tout va bien dans les mondanités, il n'en est pas de même avec vos proches ; les discussions sont fréquentes et ne se résolvent pas facilement.

Affaires – C'est la première quinzaine qui offre le meilleur potentiel. N'attendez pas pour négocier, pour faire vos démarches, pour chercher du travail ou pour signer un contrat. Cette période est propice aux voyages et pourrait aussi vous valoir un prix dans un tirage. Le reste du mois est plus routinier. En plus, quelques retards sont possibles.

FÉVRIER

D	L	M	M	J	V	S
				1	2 ○	3
4	5	6	7	8	9D	10D
11F	12F	13	14	15	16	17 ●
18	19	20F	21F	22D	23D	24
25	26	27	28			

○ Pleine lune   ● Nouvelle lune
F Jour favorable   **D** Jour difficile

Santé – Rien de vilain à signaler. C'est donc dire qu'avec un minimum d'efforts vous pourrez passer un mois agréable. Mieux encore, les actes que vous ferez pour améliorer votre vitalité ou votre qualité de vie seront couronnés de succès. Le moral tient bon ; il irait encore mieux cependant si vous laissiez le passé derrière vous.

Sentiments – Les altercations que vous avez eues avec un proche trouvent enfin une issue acceptable, mais vous en avez gros sur le cœur. Vous acceptez de pardonner mais pas d'oublier… Vous avez tellement de choses à faire que vous refusez certaines invitations pourtant bien tentantes. Dommage, ça vous permettrait de vous changer les idées tout en remontant votre estime de vous-même.

Affaires – Mois très occupé durant lequel vous ne verrez pas le temps passer. Une nouvelle tâche vient s'ajouter à vos activités habituelles. Par surcroît, il y a une foule de problèmes à régler et d'urgences auxquelles il faut faire face ; heureusement que vous êtes efficace ! Vous arrivez à tout arranger et même à passer au travers de cette montagne de travail. Chapeau !

MARS

D	L	M	M	J	V	S
				1	2	3 ○
4	5	6D	7D	8F	9F	10F
11	12	13	14	15	16	17
18 ●	19F	20F	21D	22D	23	24
25	26	27	28	29	30	31

○ Pleine lune et éclipse lunaire totale   ● Nouvelle lune et éclipse solaire partielle
F Jour favorable   **D** Jour difficile

Santé – Les éclipses et l'opposition de la planète Mars menacent de diminuer votre vitalité et vous exposent aux accidents. Prenez donc toutes les précautions nécessaires pour ne pas vous blesser ni subir une défaillance. La nervosité vous joue des tours ; vous dormez moins bien, vous pensez trop. Bref, vous êtes stressé et ça vous rend irritable.

Sentiments – Votre état vous fait manquer de patience avec vos proches, qui le prennent fort mal. Ça ne prend pas grand-chose pour que les discussions s'enflamment ou qu'on se mette à vous bouder. Pourtant, en faisant un petit effort, vous pourriez en venir à bout. La situation d'un membre de la famille vous tracasse. Tout n'est pas gris : les trois premières semaines sont truffées d'invitations attrayantes et d'occasions de sorties.

Affaires – Vous avez beau vous démener, les choses ne vont pas à votre goût. Le moindre projet met un temps fou à se concrétiser ; vos activités sont sans cesse interrompues et vous devez composer avec l'incompétence de certains. Au travail, la tension est grande, il pourrait même se produire des changements inattendus. Une consolation : vous avez quelques chances au jeu avant le 18.

AVRIL

D	L	M	M	J	V	S
1	2 ○	3	4D	5D	6D	7F
8F	9	10	11	12	13	14
15	16F	17 ● F	18D	19D	20	21
22	23	24	25	26	27	28
29	30					

○ Pleine lune   ● Nouvelle lune
F Jour favorable   D Jour difficile

Santé – Dès le 6, vous êtes complètement débarrassé de cette dérangeante opposition de Mars. Encore quelques jours de prudence et tout devrait rentrer dans l'ordre. Par la suite, vous remontez rapidement la pente. Vous jouissez de beaucoup plus d'énergie; votre résistance augmente, sans compter que le moral est nettement plus solide.

Sentiments – La famille fait encore des siennes pendant la première semaine, puis tout rentre dans l'ordre. Entre le 12 avril et le 8 mai vous bénéficiez d'un bon transit de Vénus. Vous passez d'agréables moments avec vos copains et pourriez même élargir votre cercle de relations. Une douce amitié amoureuse pourrait égayer la destinée des célibataires, alors qu'à l'intérieur des couples ce sera le retour de la complicité et de la tendresse.

Affaires – Ici aussi, ça devrait aller beaucoup plus rondement une fois la première semaine passée. Ce qui s'éternisait se mettra à évoluer favorablement; vos démarches cesseront d'être stériles et pourraient même vous valoir de l'avancement, voire un nouveau poste. Bon temps pour voyager, pour chercher un logis, pour signer un contrat ou tout simplement pour mettre de l'ordre dans vos affaires. Petites chances au jeu.

MAI

D	L	M	M	J	V	S
		1D	2 ○ D	3D	4F	5F
6	7	8	9	10	11	12
13F	14F	15D	16 ● D	17	18	19
20	21	22	23	24	25	26
27	28	29D	30D	31 ○ F		

○ Pleine lune   ● Nouvelle lune
F Jour favorable   D Jour difficile

Santé – La première quinzaine est bonne, mais la seconde l'est davantage. Du 1er au 15, vous trouverez les ressources nécessaires pour affronter le stress et quelques malaises. Par la suite, vous vous sentirez beaucoup plus vigoureux, votre moral redeviendra solide et vous aurez l'allure d'un champion. Vous parviendrez également à mettre le doigt sur la véritable cause d'un problème que vous traîniez.

Sentiments – Rappelez-vous que Vénus vous fait de l'œil jusqu'au 8 et que par conséquent vous jouez gagnant en amour et sur le plan social. Le reste du mois ne vous réserve pas de mauvaises surprises ; il est tout simplement plus tranquille. Vos amis sont toujours là pour vous écouter et vous prodiguer de judicieux conseils.

Affaires – Entre le 16 et le 31, plusieurs planètes favorisent vos entreprises. Les démarches en vue d'améliorer votre situation professionnelle ou de redresser vos finances rapporteront plus que vous ne l'espériez. La chance vous sourit dans plusieurs domaines, y compris dans les tirages. Bonne période pour voyager ou entreprendre des rénovations domiciliaires.

JUIN

D	L	M	M	J	V	S
					1F	2F
3	4	5	6	7	8	9F
10F	11D	12D	13D	14 ●	15	16
17	18	19	20	21	22	23
24	25D	26D	27D	28F	29F	30 ○

○ Pleine lune	● Nouvelle lune
F Jour favorable	D Jour difficile

Santé – Jusqu'au 25, vous continuez à faire des progrès remarquables. C'est le temps ou jamais de faire provision d'énergie et de remédier à vos ennuis. Votre intuition se révèle un guide précieux, vous pouvez compter dessus. Vous allez bien et ça paraît. La dernière moitié du mois serait idéale pour un petit régime, une coupe de cheveux ou une métamorphose beauté.

Sentiments – Du 16 juin au 15 juillet, Vénus et Jupiter vous promettent du bonheur à profusion. Vous retombez amoureux de votre partenaire, qui éprouve exactement les mêmes sentiments à votre endroit. On prévoit également de nombreuses occasions de vous divertir et de rencontrer des personnes stimulantes, ce qui pourrait entre autres transformer radicalement la destinée des solitaires.

Affaires – La chance passe, à vous de la saisir. Tout ce que vous entreprendrez sur le plan professionnel donnera des résultats concrets et provoquera une hausse de vos revenus. Les démarches, les déplacements d'affaires ou d'agrément, le commerce ainsi que les signatures de contrats vous conviennent au plus haut point. Même au jeu, vous faites des envieux.

JUILLET

D	L	M	M	J	V	S
1	2	3	4	5	6	7F
8F	9D	10D	11	12	13	14 ●
15	16	17	18	19	20	21
22D	23D	24D	25F	26F	27	28
29 ○	30	31				

○ Pleine lune ● Nouvelle lune
F Jour favorable D Jour difficile

Santé – Les choses se corsent. La quadrature de Mars diminue votre résistance ainsi que votre vitalité, sans parler qu'elle vous expose aux accidents. En prenant davantage soin de vous et en demeurant prudent, vous éviterez les embêtements. Vous vous inquiétez trop facilement, vous êtes hypersensible et ça aussi vous empêche de fonctionner à plein.

Sentiments – N'oubliez surtout pas que vous traversez une période privilégiée sur ce plan du 1er au 15. Vos amours vous procurent d'énormes satisfactions et vous êtes parfaitement en droit d'espérer que ça dure. Le seul secteur où ça ne tourne pas rond est celui de la famille. Quand ce ne sont pas les inquiétudes qui vous assaillent, ce sont les prises de bec qui vous chagrinent.

Affaires – Un climat d'incertitude ou de désorganisation règne dans votre milieu de travail ; des changements inattendus pourraient survenir. Quoi qu'il arrive, vous finissez par vous en sortir même si c'est laborieux. Méfiez-vous des voleurs et des escrocs ; prémunissez-vous également contre les bris, les pannes et les dégâts matériels. Quelques chances au jeu pour un prix secondaire.

AOÛT

D	L	M	M	J	V	S
			1	2	3F	4F
5D	6D	7	8	9	10	11
12 ●	13	14	15	16	17	18
19D	20D	21F	22F	23F	24	25
26	27	28 ○	29	30F	31F	

○ Pleine lune et éclipse lunaire totale	● Nouvelle lune
F Jour favorable	**D** Jour difficile

Santé – La première semaine est tout aussi délicate que le mois précédent; il est encore trop tôt pour relâcher votre vigilance. Par après, les choses se replacent rapidement sur le plan physique; c'est le retour attendu de la résistance et de la vitalité. Moralement, ça demeure les montagnes russes. Par moments, votre optimisme est débordant, par d'autres, c'est l'anxiété qui a le dessus.

Sentiments – Il faut croire que Vénus s'ennuyait de vous, puisqu'elle s'apprête à revenir dans votre signe le 9. Si vous n'avez pas encore comblé le vide de votre existence, gardez l'œil ouvert, ça s'en vient. L'entente à l'intérieur des couples sera plus présente que jamais et vous ferez un effet monstre dans les nombreuses réunions sociales auxquelles vous assisterez. Avec la famille, le nuage commence à se dissiper.

Affaires – Il n'y a pas grand-chose à attendre des sept premiers jours. Cependant, le reste du mois promet d'être exceptionnel. Une situation que vous aviez crue sans issue se mettra à évoluer favorablement. Les tensions professionnelles iront en diminuant. On pourrait même vous aider à atteindre vos objectifs. Le budget s'améliore lui aussi – qui sait, peut-être grâce à un gain entre le 8 et le 31?

SEPTEMBRE

D	L	M	M	J	V	S
						1D
2D	3	4	5	6	7	8
9	10	11 ●	12	13	14	15D
16D	17D	18F	19F	20	21	22
23 / 30D	24	25	26 ○	27F	28F	29D

○ Pleine lune	● Nouvelle lune et éclipse solaire partielle
F Jour favorable	D Jour difficile

Santé – Voici un mois franchement positif, surtout que Saturne quitte votre ligne le 2, après un long séjour. Vous vous sentez renaître, c'est comme si l'on vous enlevait un gros poids de sur les épaules. Vos états d'âme deviennent plus stables, votre énergie augmente et vous retrouvez votre beau sourire. C'est le temps ou jamais de vous reprendre en main.

Sentiments – Vénus est toujours dans votre signe, vous assurant d'une vie amoureuse exquise. Socialement, ça s'annonce aussi enlevant : les réceptions que vous organisez et les sorties que vous acceptez se soldent par un franc succès. Vous rencontrez du nouveau monde, ce qui vous stimule au plus haut point. Un enfant, un frère ou une sœur vous confie une excellente nouvelle entre le 6 et le 28.

Affaires – Vous avez le vent dans les voiles. Votre créativité, votre habileté à communiquer ainsi que vos initiatives vous ouvrent toutes les portes. Au travail, un vent de renouveau vous permet de vous rapprocher de votre idéal. Bien entendu, les finances se portent de mieux en mieux et vous avez encore la main heureuse au jeu. Quant aux déplacements, ils demeurent eux aussi avantageux.

OCTOBRE

D	L	M	M	J	V	S
	1	2	3	4	5	6
7	8	9	10	11 ●	12D	13D
14D	15F	16F	17	18	19	20
21	22	23	24F	25 ○ F	26D	27D
28	29	30	31			

○ Pleine lune   ● Nouvelle lune
F Jour favorable   D Jour difficile

Santé – Ce n'est peut-être pas aussi reluisant que le mois dernier mais, en faisant quelques efforts, vous pourriez fonctionner à merveille. Dans le fond, ce qui vous perturbe, c'est que vous abusez de vos forces. Pas étonnant qu'à l'occasion vous ayez les batteries à plat ou que vous vous sentiez nerveux : vous vous en demandez trop. Essayez donc de mettre la pédale douce.

Sentiments – Pour les huit premiers jours, vous bénéficiez encore de la présence magique de Vénus. La vie intime aussi bien que les mondanités vous transportent au paradis. Par la suite, tout le monde semble pris par une foule d'occupations et vous risquez de vous sentir délaissé. Au lieu d'attendre après les autres, ce qui de toute façon n'est pas dans votre nature, prenez des initiatives : organisez une petite fête, et tout le monde sera content, vous le premier.

Affaires – Vous déplorez un manque de synchronisation d'ici au 24. Les situations emmêlées succèdent aux retards de toutes sortes ; vous passez beaucoup de temps à remettre les choses en ordre. La pression est grande, mais à vous voir à l'œuvre, il semblerait que ça ne vous affecte pas du tout. Que vous savez bien cacher votre jeu ! Quelques chances au jeu du 1er au 9.

NOVEMBRE

D	L	M	M	J	V	S
				1	2	3
4	5	6	7	8	9 ● D	10D
11F	12F	13F	14	15	16	17
18	19	20F	21F	22F	23D	24 ○ D
25	26	27	28	29	30	

○ Pleine lune   ● Nouvelle lune
F Jour favorable   **D** Jour difficile

Santé – Le mois commence en beauté mais, à partir du 11, vous laissez tomber vos bonnes résolutions et recommencez à en faire trop. À ce rythme-là, vous allez à nouveau retomber en panne. Votre esprit n'a pas de répit, ce qui affecte votre digestion et votre sommeil. Déterminez vos priorités et laissez faire le reste. Après tout, Rome ne s'est pas fait en un jour.

Sentiments – Une belle période pointe à l'horizon. En effet, à compter du 9, vous pourrez facilement renouer avec vos amis et vous mettre d'accord avec votre partenaire au sujet d'une divergence d'opinions. Vous serez constamment sur la trotte ou en train de préparer des soirées qui récolteront un succès monstre. Un enfant n'en fait qu'à sa tête: mieux vaut le laisser vivre ses expériences.

Affaires – L'accalmie est bienvenue dans la première semaine, vous pouvez enfin souffler un peu. Puis, ça repart de plus belle. Une montagne de travail vous attend, sans compter que vous devez démêler plusieurs affaires compliquées. Et comme si ce n'était pas assez, un vieux problème refait surface. Cette fois, au moins, vous y trouvez une solution définitive.

DÉCEMBRE

D	L	M	M	J	V	S
						1
2	3	4	5	6D	7D	8F
9 ● F	10F	11	12	13	14	15
16	17	18F	19F	20D	21D	22
23 ○ / 30	24 / 31	25	26	27	28	29

○ Pleine lune   ● Nouvelle lune
F Jour favorable   D Jour difficile

Santé – Vous devenez plus raisonnable; vous gérez beaucoup mieux le stress et, surtout, vous apprenez à ne plus vous en faire avec ce que pensent les autres. Si vous avez envie de perdre quelques kilos pour les fêtes, agissez dès la première semaine et vous vous approcherez de votre idéal. Cette période serait aussi propice aux transformations beauté.

Sentiments – La première moitié du mois est tout à fait exquise; elle pourrait même coïncider avec une étonnante rencontre pour les solitaires. N'attendez pas pour régler ce qui vous dérange; videz votre sac avant le 15, et l'on s'efforcera de vous satisfaire. Un membre de la famille fait la tête mais vous choisissez de l'ignorer. Tant pis pour lui et surtout tant mieux pour vous. Il y a trop de gens gentils autour de vous pour perdre du temps avec cet éternel bébé gâté.

Affaires – Vous accomplissez énormément de choses durant les trois premières semaines. Tout va rondement et vous finissez même avec une longueur d'avance. Une bonne nouvelle, une vieille affaire qui se règle ou l'aboutissement positif d'une requête vous comble de joie. Une somme d'argent que vous n'attendiez pas vous tombe du ciel et vous décidez de vous offrir une gâterie importante. Bravo, vous la méritez totalement.

VIERGE

DU 24 AOÛT
AU 23 SEPTEMBRE

S i vous recherchez la perfection jusque dans les plus petits détails, alors il faut confier votre travail à un natif de la Vierge. Vous ne serez pas déçu.

La Vierge a un grand sens pratique. C'est un être travailleur, attentif, minutieux, parfois un peu lent à cause justement de sa grande conscience professionnelle qui l'incite à fignoler le moindre travail. La Vierge ne peut se dépêcher. Elle est méticuleuse et a en horreur le mot brouillon. Quand une Vierge se met à la tâche, vous pouvez être sûr qu'elle s'appliquera, ce qui évidemment demande du temps. Mais n'ayez crainte, le résultat sera parfait. Ce n'est pas du travail, c'est une œuvre d'art. Évidemment, si vous mettez des heures à nettoyer votre poignée de porte avant de sortir, vous n'aurez plus le temps d'aller bien loin. Mais votre poignée sera la plus brillante en ville !

La Vierge manque parfois de confiance, et, le plus surprenant, de confiance dans la vie ; elle est de tempérament craintif. Elle redoute par-dessus tout la maladie, la contamination, les guerres, la pollution et même de manquer de travail, d'argent... Bref, tout est source de craintes pour elle.

Sur le plan financier, la Vierge est sage et économe. Les coups de tête dans les magasins, très peu pour elle. Elle préfère faire des placements sûrs, contribuer chaque année à son REÉR, et les dépenses non planifiées ne sont décidément pas à son programme. Pour caricaturer sa prévoyance : une Vierge ira jusqu'à comptabiliser le prix d'un litre de lait dans un petit calepin pour être sûre de se conformer à son budget. Vos amis et même votre famille vous traitent de Séraphin. Pourtant, ils sont les premiers à faire la queue devant votre porte pour vous emprunter quelques dollars lorsque leur compte en banque frise l'apoplexie.

En toute chose, la Vierge essaie d'atteindre la perfection ; les détails sont fignolés, rien n'est laissé au hasard. Une secrétaire

Vierge pourra passer des heures à trouver le bon endroit pour placer une virgule dans un texte. Un comptable Vierge ne réussira pas à dormir s'il s'est glissé une erreur de 2 ¢ dans les comptes de la société qui l'emploie; il voudra trouver à tout prix l'origine de cette perte de capitaux. Une maman Vierge fera des kilomètres pour retrouver un ruban tombé des cheveux de la petite, deux jours plus tôt au parc... Bref, une Vierge aurait tout intérêt à se faire payer à l'heure et pas au contrat ou à la pièce: c'est à son avantage!

L'esprit de la Vierge est à son image, d'une logique purement cartésienne. Les concepts abstraits ne lui font pas peur, et on la voit évoluer à l'aise dans les sciences pures, les mathématiques. Malheureusement, sa timidité l'empêche souvent de tirer le meilleur parti de ses coups d'éclat. Souvent quelqu'un d'autre tirera profit de ses efforts, parce qu'elle hésite à se mettre au premier plan pour revendiquer ses réussites.

La Vierge accorde une importance parfois exagérée au moindre problème de santé. Elle y pense énormément et fait des montagnes de tout petits riens; pourtant, elle n'a pas de quoi s'en faire. Elle se nourrit bien, mène une vie calme et rangée, prend soin de son hygiène et de sa santé, mais malgré tout, un petit malaise l'inquiète. Avec elle, un rhume devient une pleurésie avec complications et un comédon, le symptôme d'un cancer de la peau. Le pharmacien du coin la connaît bien.

La Vierge peut sembler un personnage froid, austère. En fait, elle extériorise peu ses sentiments. Mais c'est quelqu'un sur qui l'on peut compter, car elle est dévouée et ressent le besoin d'aider son prochain. Il n'est pas rare de rencontrer une Vierge dans les organismes humanitaires. Tout ce qui demande un dévouement sans limites est fait pour elle, du moment qu'il s'agit d'une bonne cause. Si elle en fait plus que ce qu'on lui demande, elle reste par contre dans l'ombre, car elle n'aime pas se retrouver sous les feux de la rampe. Elle a un caractère timide, mais elle contribue beaucoup au bien-être de ses semblables, satisfaisant en cela son âme de missionnaire. La Vierge agit pour les autres et non pas pour la gloire qu'elle pourrait en tirer.

D'ailleurs, la Vierge vit beaucoup en fonction des autres et de leurs besoins. Elle est toujours prête à sauver le monde, un frère dans le besoin, une sœur malheureuse, un parent débordé. Toutefois, peu à peu, elle se rend compte que la majorité des gens qu'elle aide sont plutôt égoïstes, et cela la force à penser un peu plus à elle-même plutôt qu'aux autres. Vous changerez surtout dans la seconde partie de votre vie, et ceux qui justement vous conseillent de faire plus attention à vous viendront se plaindre que vous faites moins attention à eux... Ils ne réussissent plus à vous manipuler, et cela les irrite. Tant pis pour eux. Vous avez dépassé le stade de la culpabilité, et c'est tant mieux pour vous !

Comment se comporter avec une Vierge ?

La Vierge est une personne facile d'accès et accommodante. Toutefois, elle a généralement la tête dure et défend ses idées point par point. Pour réussir à la convaincre, vous devrez développer une argumentation logique, avec des textes, des photos, de la vidéo, des citations ou une source de référence solide pour appuyer vos propos. Armez-vous de patience, car même en lui faisant la preuve par 10 que vous avez raison, elle mettra du temps à l'admettre... et encore, l'admettra-t-elle vraiment ? En fait, il ne faudra pas vous surprendre si quelques semaines plus tard, vous l'entendez affirmer le contraire de ce que vous aviez eu tant de mal à lui faire comprendre plus tôt. Et si vous le lui faites remarquer, elle vous soumettra d'autres références qui appuient ses arguments. Bref, elle aura toujours le dernier mot.

Si vous tenez à ce qu'un natif de la Vierge fasse quelque chose pour vous, le mieux est de le prendre par les sentiments. Son sens du devoir et la crainte de décevoir sont ses points faibles. En tenant compte de cela, vous réussirez à lui faire faire n'importe quoi de raisonnable. Si vous voulez l'entraîner dans des activités loufoques, oubliez ça tout de suite ; peu importent vos arguments, vous n'arriverez à rien avec elle. La Vierge est d'un caractère un peu taciturne, renfermé, et il faut aller au-devant d'elle pour réussir à établir un contact. Elle ne communique pas facilement et peut même sembler froide, mais surtout dure et intransigeante avec elle-même. Elle ne se permet aucune erreur, ne s'en pardonne aucune non plus, et l'idée que les autres se font d'elle est très importante à ses yeux... Son incroyable crainte de déplaire à autrui refait toujours surface.

La Vierge est minutieuse et prend tout son temps. Il faut donc lui mettre des balises, des délais à respecter, sinon rien n'avance. Quand elle fait le ménage, elle ira dénicher la moindre poussière dans le plus petit interstice ; alors il n'est pas étonnant si cela lui prend la journée... Et tant qu'à faire, elle se mettra à laver les rayonnages du vaisselier et à replacer les petits plats dans les grands, les couteaux et les fourchettes en ordre de grandeur... La Vierge ne supporte pas tellement la pression, mais un échéancier lui permettra de mieux gérer son travail ; celui-ci sera remis à temps et souvent mieux fait que celui des autres.

Les natifs de ce signe ont un besoin constant d'être sécurisés. Il faut leur dire que vous appréciez leur travail; cela leur donnera confiance, et ils en seront tout heureux. Une Vierge demande beaucoup de réconfort et de soutien. En la réconfortant, vous vous gagnez sa confiance et sa reconnaissance éternelles.

Ses goûts

Les goûts de la Vierge sont à son image... raisonnables. Les teintes sobres, neutres, les couleurs de terre notamment ont sa préférence. Ses tenues sont plutôt classiques (les mauvaises langues disent démodées) et faites de fibres naturelles. Si vous visitez sa penderie, vous y trouverez des vêtements qui datent de plusieurs années; elle les garde très longtemps et dans un très bon état. La Vierge n'accueille pas facilement les visiteurs. Si elle vous reçoit, soyez conscient que c'est un privilège. Son décor est dépouillé, et l'esthétique n'est pas dans ses priorités. Elle se concentre surtout sur le côté pratique des objets et des meubles... même l'éclairage est strictement fonctionnel. Ce qui frappe surtout, c'est la propreté... pas un grain de poussière à l'horizon! Si vous voulez lui faire plaisir, optez plutôt pour des objets pratiques dont elle a besoin, car la frivolité n'est pas dans ses goûts. Recevoir une cafetière, un couvre-couette ou un bon et solide poêlon antiadhésif fera son bonheur. Le natif de la Vierge fait attention à tout, même au nombre de calories contenues dans le plus succulent des mets. En fait, avant de s'exclamer sur la beauté du plat, sur les saveurs et les couleurs, elle analysera le contenu pour en déterminer le taux de gras ou de sucre, avant de l'avaler. La Vierge se classe première au palmarès des adeptes de régimes amaigrissants. Avant de l'inviter à passer à votre table, essayez de savoir si elle n'est pas dans une de ses périodes de restriction.

Son potentiel

La Vierge se trouve souvent sous les ordres de patrons qui recherchent un employé modèle... qui acceptera un salaire de crève-la-faim et fera en plus le travail de plusieurs personnes. Minutieux, méthodique et silencieux, le natif de la Vierge excelle dans le classement, la paperasse, les chiffres, les mathématiques, la recherche en laboratoire ou les travaux en solitaire. Dans le service au public, c'est la perle rare! En fait, elle doit absolument mettre son sens de la minutie en action pour s'épanouir. Logique et consciencieuse, la

Vierge peut abattre une montagne de travail sans jamais se plaindre ou laisser échapper un mot de découragement. Après la trentaine par contre, elle commence à se rendre compte que certains abusent d'elle et elle tente de mieux définir sa place dans la société, sans toutefois que son zèle, son efficacité et son perfectionnisme en souffrent.

Ses loisirs

La Vierge ne s'amuse pas sans but. Il lui faut des loisirs qui rapportent, que ce soit de l'argent ou des connaissances. Ses loisirs ont toujours un but précis, car elle n'aime pas gaspiller son temps. Parmi ses loisirs de prédilection, il y a évidemment la lecture, notamment d'ouvrages techniques, qui l'aideront dans son travail et lui permettront de prendre de l'avance dans ses études ou de poursuivre son cheminement personnel. Les biographies, les livres de référence sont souvent ses livres de chevet. À la télévision, elle choisira de s'installer devant le petit écran pour voir des documentaires ou des émissions éducatives. La Vierge n'est pas une grande joueuse. Mais si son esprit, ses connaissances ou son intelligence sont mis à contribution, elle appréciera énormément les jeux de société, par exemple Quelques arpents de pièges, le Scrabble, Docte Rat. Du côté stratégie, elle choisira le Risk ou les échecs. Si vous envisagez une sortie avec une Vierge, il n'est pas nécessaire de vous précipiter sur le plus récent film, car il ne l'intéressera peut-être pas. Une conférence ou les documentaires des *Grands Explorateurs* ont plus de chance d'attirer son attention et de la captiver. Les natifs de la Vierge sont placés sous le signe du bénévolat. Beaucoup d'entre eux consacrent quelques heures chaque semaine à une œuvre qui leur tient à cœur. Ils s'occupent de personnes âgées ou d'enfants en difficulté, par exemple.

Sa décoration

Notre Vierge a des goûts simples où le pratico-pratique est en vedette. Pour elle, le superflu est vraiment superflu. Avec de telles dispositions d'esprit, elle choisira un mobilier adapté à ses besoins. Les effets esthétiques, très peu pour elle. Les teintes de son intérieur sont plutôt sages et neutres. Le gris, le grège, le beige et le blanc lui plaisent... la couleur du bois naturel l'attire. Ses meubles sont fonctionnels avant tout. Sans hésiter, elle optera pour ceux qui sont le plus susceptibles de se conformer à ses besoins au détriment de ceux qui sont plus beaux et à la mode. La Vierge aime le dépouillement. Si elle vit seule, il y a de fortes chances de ne trouver qu'une seule chaise dans la cuisine, qu'un seul fauteuil dans le salon. Après tout, on ne peut pas s'asseoir sur deux chaises à la fois! L'esthétique de la décoration n'est pas sa priorité. Un mur vide demeurera dénudé. Tableaux, laminages, encadrements ne sont pas utiles, donc elle s'en passe très bien. Son intérieur étant d'une propreté inpeccable, on pourrait manger sur le plancher.

Son budget

L e mot préféré de notre sage Vierge est prévoyance. Courir des risques avec son argent, jamais au grand jamais! Les spéculations et les placements hasardeux, la Bourse, ce n'est certes pas sa tasse de thé. Les investissements sûrs, qui rapporteront peut-être moins mais qui n'engloutiront pas ses économies, voilà de quoi conforter notre Vierge dans ses décisions et la rassurer. La Vierge n'achète jamais sur un coup de tête; elle ne succombe pas aux coups de foudre. Lorsqu'elle délie les cordons de sa bourse, c'est parce qu'elle sait exactement ce qu'elle veut et la valeur de ce qu'elle achète. Peu importent ses revenus, même modestes, un natif de la Vierge réussit toujours à mettre de côté une partie de son argent, en cas de besoin. Anxieux de nature, il veille à tout prévoir: une maladie, une dépense soudaine, sa retraite. Ses raisons d'économiser sont nombreuses et toujours justifiées. Toute sa vie, la Vierge aura peur de manquer d'argent, ce qui ne se produira sans doute jamais, car elle est si sérieuse, si sage, si prévoyante... mais elle s'inquiète; c'est dans sa nature.

Quel cadeau lui offrir?

N otre Vierge est résolument attirée par le côté pratique des objets; il est donc inutile de vouloir l'éblouir avec des babioles sans utilité ou des articles de luxe. Le mieux est de vous renseigner sur les objets utiles qui lui manquent encore, par exemple dans la cuisine ou pour son travail. Ce n'est pas la peine de lui offrir une assiette de collection en porcelaine si son aspirateur est en panne. Non seulement la superficialité de votre cadeau lui sautera aux yeux, mais en plus elle sera rongée de culpabilité en songeant à l'argent que vous avez dépensé pour un objet dont elle ne saura que faire. Si vous envisagez lui offrir un livre, vous rejoignez ses goûts, mais assurez-vous de lui donner une biographie, un recueil de trucs santé, un guide pratique, un livre de référence utile pour la maison ou le travail. Ne sombrez pas dans la frivolité.

Un petit appareil ménager, par exemple un presse-agrumes, une centrifugeuse, un mélangeur, un ouvre-boîtes électrique, un appareil pour sceller les sachets comblera une Vierge, alors qu'un collier de perles a toutes les chances de finir oublié dans le fond d'un tiroir. Du côté des vêtements, évitez les extravagances de la mode. Choisissez plutôt une veste en fibres naturelles : lin, coton ou laine. Ses goûts sont classiques, sobres même. Le beige, le café au lait, le gris et le noir lui plaisent beaucoup, et vous serez assuré que votre veste sera portée, soigneusement entretenue et qu'elle la gardera longtemps.

Les enfants Vierge

Souvent chétifs à la naissance, les bébés Vierge demandent des soins constants de leurs parents durant leurs premières années d'existence. Tout ce qui passe, ils l'attrapent. Il faudra donc veiller à bien les protéger des maladies.

Par ailleurs, ce sont des enfants obéissants, dociles, sages ; ils ne sont pas bruyants, ne font pas de mauvais coups et peuvent s'amuser tout seuls dans un coin. En fait, ils ont les défauts de leurs qualités : ce sont des timides. Les parents devront veiller à leur faire rencontrer d'autres enfants, à les emmener souvent dans des endroits qui ne leur sont pas familiers.

Les enfants Vierge développent des petites phobies ; il faut donc savoir les apprivoiser et les rassurer. Pour eux, prendre l'ascenseur, dormir dans le noir, s'approcher d'une chenille ou rencontrer les nouveaux petits voisins de l'autre côté de la rue peut se révéler une montagne à gravir. Vous devrez renforcer leur confiance en eux.

Une autre de leur qualité, qui peut rapidement devenir un défaut, est leur grand perfectionnisme, qui a tendance à les ralentir. Entraînez-les à fonctionner un peu plus rapidement ou fixez-leur des délais ; vous verrez qu'ils les respecteront sans problème. Les enfants Vierge ont d'énormes qualités et un fabuleux potentiel, qu'ils ignorent bien souvent. C'est à leur entourage de leur ouvrir les yeux et de les guider.

L'ado Vierge

Tu es timide et réservé. Te faire remarquer sans raison n'est vraiment pas dans ta personnalité. Cela te met très mal à l'aise, surtout lorsque tu dois rencontrer des gens que tu ne connais pas. Tu préfères rester à l'écart. C'est dommage, car les autres ne voient pas toujours ton potentiel et tes qualités. Toi, tu préfères observer le monde de loin, tu as un sens critique très développé, et lorsque tu ouvres la bouche, ce n'est certes pas pour dire n'importe quoi. Tu sais de quoi tu parles et tu peux en dire beaucoup sur les sujets qui t'intéressent.

Tu as beaucoup de qualités que certains voient comme des défauts. En fait, tu accordes beaucoup d'importance à l'ordre et à la propreté, ce qui pourrait devenir une véritable obsession si tu n'y prends pas garde. Tu es perfectionniste, et ton esprit d'analyse est très développé. Tu te fais ta propre idée sur beaucoup de sujets. Ton opinion est toujours bien fondée; tu as tous les arguments en main pour prouver que tu as raison. Malheureusement, tu as aussi tendance à voir les bibites des autres et à négliger leurs qualités.

Tu agis presque toujours par logique, ce qui peut te faire paraître froid à première vue. Tu réfléchis énormément et tu ne laisses guère de place à l'impulsivité, aux coups de tête... Cette façon de faire t'évite bien des ennuis: tu sais où tu t'en vas. Malgré les délais ou les embûches, tu t'arranges toujours pour parvenir à bon port. Tu es travailleur et tu as développé une méthode et une façon de fonctionner qui t'assurent de toujours réussir ce que tu entreprends.

Ton point faible, sur lequel tu dois travailler, c'est ta crainte de tous et de tout. Tu as tendance à te ronger les sangs pour un oui ou pour un non, et même quand tu n'es pas directement impliqué. Ainsi, si tu te tracasses pour ton avenir et ta santé, tu penses aussi à la planète, à l'environnement qui se détériore sans cesse, tu t'inquiètes même de l'opinion que les autres ont de toi... bref, un rien te fait craindre le pire.

Mais finalement, ton défaut principal est celui de ne pas reconnaître ton potentiel. Tu sous-estimes tes capacités. Tu es souvent encore plus intransigeant et sévère avec toi que tu ne l'es avec les autres, ce qui te porte à toujours voir le côté noir des choses et des situations. N'oublie jamais que rien n'est tout noir ou tout blanc. Ouvre tes yeux, fais-toi confiance, et tu verras que ta vie s'améliorera grandement.

Tes études

Puisque tu brilles d'intelligence, ton esprit intellectuel sera souvent mis à contribution. Tu te montres appliqué, studieux, voire zélé dans tes études. Tu as aussi un solide sens critique qui te permet de bien analyser les événements et les situations, mais ton immense talent ne compense pas tes hésitations. Tu t'attardes tellement aux moindres détails que tes coéquipiers, lorsque tu travailles en groupe, ne peuvent s'empêcher de te taquiner à ce propos. Par contre, tu leur permets d'obtenir de très bons résultats ; alors on recherche ta compagnie et ta collaboration. D'ailleurs, tu as souvent l'impression qu'on te laisse faire les travaux tout seul, ce qui ne te déplaît pas. Par contre, lorsqu'on annonce les résultats, tout le groupe est présent. N'oublie pas de prendre le mérite qui te revient, car les autres pourraient s'attribuer tout ton travail sans t'en accorder le bénéfice.

Ton orientation

Tu penses souvent à ton avenir... avec inquiétude. Tu connais tes points forts et tu n'as pas peur d'effectuer des stages ou d'entreprendre de longues années d'études pour réussir à atteindre tes objectifs. Tu n'as pas peur de travailler seul ou de fournir beaucoup d'efforts, car tu es très appliqué et minutieux. Les domaines de la recherche scientifique, la médecine, les sciences de la santé, la diététique, les médecines douces, les services sociaux, l'alimentation, la pharmacie, la chimie, la fonction publique, le secrétariat, l'édition, l'éducation et la comptabilité te conviennent parfaitement. Il ne te reste qu'à faire un choix.

Tes rapports avec les autres

Tu es une personne généreuse, toujours prête à aider les autres, à dépanner ceux qui sont moins bien lotis que toi. Par contre, lorsque c'est à ton tour d'avoir besoin d'un petit coup de main, tu te rends compte que tu es bien seul. Souvent, les gens te tiennent pour acquis et t'apprécient parce que tu fais beaucoup de choses pour eux ; il va falloir que tu apprennes à renverser cette tendance et que tu t'entoures de gens qui t'apprécient, toi, et non ce que tu peux faire pour eux. En fait, les personnes à problèmes se tourneront facilement vers toi, car tu es sensible et tu as peur de blesser les autres en leur disant non. Le sentiment d'insécurité qui t'habite en est la cause : tu ne veux pas décevoir.

Avec tes amis, c'est la même chose, tu leur laisses occuper toute l'avant-scène, pendant que toi, tu travailles dur. Parfois, ce sont eux qui récoltent les lauriers de la gloire à ta place. Tu ne dis pas toujours ce que tu penses ; c'est dommage, car tu gagnerais à t'entourer de gens qui te stimulent et t'aiment vraiment.

Geneviève Brouillette, Louise Marleau, Julie Bélanger, Normand Brathwaite, France Castel, Mitsou, Nicole Leblanc, Guy A. Lepage, France Beaudoin, Claude Meunier, Patrick Norman, Agatha Christie, Stéphane Rousseau, Lise Dion, Andrée Boucher, Paul Houde, Cameron Diaz, Beyoncé Knowles, Shania Twain, José Théodore.

Pensée positive pour la Vierge

J'ai confiance en mes merveilleuses possibilités. Je suis sur la terre pour apprendre la joie et la cultiver. Enfin, je suis récompensé.

Pensée positive spéciale pour 2007

J'accepte de grandir et j'accueille dans la sérénité les nouvelles expériences qui s'offrent à moi. Tout contribue à l'amélioration de mon sort.

Le subconscient nous dirige toujours selon nos pensées. En répétant le plus souvent possible ces pensées conçues tout spécialement pour vous, vous vous attirerez plein de belles choses.

Signe: Vierge

Élément: Terre

Catégorie: Mutable

Symbole: ♍

Points sensibles: Intestins, phobies, appendicite, dépression, constipation, maladies psychosomatiques, angoisses.

Planète maîtresse: Mercure, planète de l'intelligence.

Pierres précieuses: Agate, marcassite, aigue-marine.

Couleurs: Beige, brun, marine, les teintes de terre.

Fleurs: Pétunia, lavande, belle-de-jour.

Chiffres chanceux: 4-8-11-17-23-28-30-35-40-44.

Qualités: Sage, sérieux, prudent, minutieux, ordonné, propre, discret, économe, travailleur.

Défauts: Peureux, manque de sécurité, timide, refoulé, angoissé, nerveux, manque de confiance.

Ce qu'il pense en lui-même: Qu'est-ce que les autres vont penser de moi?

Ce que les autres disent de lui: Pour une mission impossible, c'est lui qu'il faut demander: il fait des miracles!

PRÉDICTIONS ANNUELLES

Il y a déjà un bon moment que vous travaillez sur vous-même, que vous cherchez à améliorer votre qualité de vie. Cette année, Jupiter augmentera votre besoin de réagir fortement aux pressions extérieures. On ne vous reconnaîtra plus, à certains moments vous serez vous-même un peu dérouté par votre façon d'agir. Vous qui avez tout enduré sans dire un mot pendant si longtemps! Vous serez souvent tiraillé entre une action réfléchie et l'envie presque irrésistible de tout envoyer promener. Après un long cycle d'acceptation, voire de passivité, vous passez à l'autre extrême. Vous découvrirez bien entendu que le succès réside juste entre les deux mais, pour cela, vous devrez vivre les expériences qui s'en viennent. Un petit conseil: n'allez trop vite en affaires, car vous risquez de vous mettre les pieds dans les plats.

Santé – C'est encore cette fameuse planète Jupiter qui vous prédispose aux excès de toutes sortes et qui vous pousse à croire que vous êtes invincible. Attention donc à la gourmandise. Ne prenez pas non plus de risques inutiles et tâchez de ne pas vous mettre à terre en abusant de vos forces. Vous avez amplement le temps de revoir tout ça. Fixez-vous des règles de conduite adéquates et vous serez bien armé quand Saturne arrivera dans votre signe en septembre. Si un problème vous embête, réglez-le maintenant, car à partir de l'automne la récupération pourrait être plus lente.

Sentiments – Vous n'avez plus de patience pour les parasites ni pour ceux qui font obstacle à votre bonheur; vous prendrez donc de grandes décisions. Vous mettrez à la porte une fois pour toutes ceux qui vous nuisent, qui vous font sentir coupable ou qui sapent constamment votre énergie. Vous souhaitez vous affirmer, vous ne voulez pas qu'on vous dicte votre conduite, et c'est parfait. Mais ce serait encore bien mieux si, de votre propre chef, vous misiez un peu plus sur l'équilibre. Inutile de couper les liens avec tout le monde; au contraire, vous pourrez certainement approfondir les liens avec ceux qui en valent le coup. Ce n'est pas facile à départager, j'en conviens, mais vous avez suffisamment d'intuition pour franchir cette étape importante.

Affaires – Rappelons-le, vous avez tout intérêt à bannir les gestes irréfléchis. Pensez-y à deux fois avant de vous lancer dans une aventure qui pourrait vous laisser un goût amer; ne croyez pas non plus tout ce qu'on vous dira. Mauvaise année pour vous insurger contre l'autorité ou pour défier la loi. D'un autre côté, si vous misez sur des valeurs sûres, vous vous en féliciterez. Quelques ajustements seront probablement nécessaires au travail mais, croyez-moi, si vous jouez la carte de la souplesse et si vous vous montrez coopératif, vous finirez par en tirer de gros avantages. On peut d'ailleurs prévoir un retour de la chance à compter de la mi-décembre, même dans les tirages.

JANVIER

D	L	M	M	J	V	S
	1D	2D	3 ○	4	5	6
7	8	9	10	11	12	13
14	15D	16D	17F	18 ● F	19	20
21	22	23	24	25	26F	27F
28D	29D	30	31			

○ Pleine lune   ● Nouvelle lune
F Jour favorable   D Jour difficile

Santé – Des influences planétaires dérangeantes s'exercent durant les 17 premiers jours ; prenez vos précautions pour ne pas vous blesser ni être affecté par un malaise. Par la suite, tout se tasse, plus rien n'y paraît. Vous êtes vigoureux et positif, vous trouvez également des solutions adéquates à vos petites misères.

Sentiments – Si vous vous emportez, vous risquez de compromettre l'harmonie avec un proche. Par contre, si vous acceptez d'écouter cette personne, si vous faites preuve de douceur, vous vous entendrez à merveille. En ce mois, mieux vaut privilégier le dialogue que les ultimatums. Les tracas occasionnés par un parent au cours de la première quinzaine se résolvent par après.

Affaires – Ici aussi, les astres pourraient vous jouer des tours en début de mois. Laissez donc passer la tempête sans trop vous en faire. À compter du 18, vous êtes dans un cycle nettement plus favorable pendant lequel vous pourrez apporter les correctifs nécessaires et aller de l'avant. Une dépense imprévue vous fait paniquer sur le coup mais, avec un peu d'ingéniosité, vous réussirez à équilibrer votre budget.

FÉVRIER

D	L	M	M	J	V	S
				1	2 ○	3
4	5	6	7	8	9	10
11D	12D	13F	14F	15F	16	17 ●
18	19	20	21	22F	23F	24D
25D	26	27	28			

○ Pleine lune   ● Nouvelle lune
F Jour favorable   D Jour difficile

Santé – Les aspects planétaires sont nettement plus encourageants. Excellent mois pour refaire le plein d'énergie, pour vous prendre en main et pour vous débarrasser de vos problèmes. Psychologiquement, c'est tout ou rien. Tantôt vous nagez en pleine euphorie, alors qu'en d'autres moments les doutes et l'insécurité vous terrassent. Pourtant, il n'y a pas de tragédie à l'horizon… Parlez-vous un peu.

Sentiments – Vous traversez un cycle de popularité. On vous lance de gentilles invitations, on vous propose d'agréables sorties pendant lesquelles vous faites la connaissance de gens avec qui vous vous entendez à merveille. Les solitaires pourraient même avoir l'embarras du choix. À la maison, vous vous posez des questions au sujet de votre partenaire ou d'un enfant dont le comportement vous déroute un brin.

Affaires – Le mois est propice aux améliorations professionnelles. Bonne période donc pour chercher du boulot ou pour améliorer vos conditions de travail à l'emploi que vous avez déjà. En plus d'être très efficace dans vos tâches, vous prenez une initiative qui vous vaut l'admiration de votre entourage et qui assure votre position. Foncez, la chance vous sourit.

MARS

D	L	M	M	J	V	S
				1	2	3 ○
4	5	6	7	8	9	10D
11D	12D	13F	14F	15	16	17
18 ●	19	20	21F	22F	23D	24D
25	26	27	28	29	30	31

○ Pleine lune et éclipse lunaire totale   ● Nouvelle lune et éclipse solaire partielle
F Jour favorable   **D** Jour difficile

Santé – Étant donné que les éclipses se produisent dans l'axe de votre signe, je vous invite à prendre davantage soin de votre santé. Une attitude préventive vous épargnera des désagréments, tout comme la relaxation vous permettra de minimiser le stress. Vous avez du mal à prendre des décisions, rien ne sert de vous brusquer, le mois prochain vous y verrez plus clair.

Sentiments – Entre le 18 mars et le 12 avril, Vénus occupe un secteur positif de votre ciel. Bon temps pour régler vos petites querelles intimes, pour demander une faveur ou pour proposer à votre chéri quelque chose qui sort de l'ordinaire. Les réunions sociales se multiplient; l'une d'entre elles pourrait métamorphoser la destinée des solitaires. Dans la seconde quinzaine, un enfant, un frère ou une sœur vous confie ses problèmes.

Affaires – Vous avez du pain sur la planche. On ne se gêne pas pour vous en demander plus que d'habitude. Même si vous avez envie de vous révolter, mieux vaut accepter de bon gré cette surcharge momentanée de travail: à long terme, ce sera payant. Une erreur de jugement ou une distraction risque de vous coûter cher, soyez vigilant.

AVRIL

D	L	M	M	J	V	S
1	2 ○	3	4	5	6	7D
8D	9F	10F	11	12	13	14
15	16	17 ●	18F	19F	20D	21D
22	23	24	25	26	27	28
29	30					

○ Pleine lune   ● Nouvelle lune
F Jour favorable   D Jour difficile

Santé – La première semaine se déroule sans heurt. Par après toutefois, vous êtes soumis à l'opposition de la planète Mars, un transit plutôt délicat, souvent responsable d'une blessure ou d'un malaise. Prenez les précautions qui s'imposent ; vous pourrez ainsi traverser cette période sans être incommodé. Vous avez les nerfs à fleur de peau ; ce serait sage de vous garder du temps pour vous relaxer.

Sentiments – Je vous rappelle que vos amours ainsi que votre vie sociale sont très avantagés par Vénus durant les 12 premiers jours. Par la suite, vous devez mettre un peu d'eau dans votre vin si vous souhaitez que tout continue de marcher comme sur des roulettes. Un parent pourrait traverser une zone grise. Par contre, cet enfant, ce frère ou cette sœur qui a des problèmes devrait s'en sortir après le 19.

Affaires – Si une démarche ou un changement important faisait partie de vos projets, mieux vaut agir en début de mois car, à compter du 7, ça risque de devenir passablement plus compliqué. Au travail, la pression est forte ; vous devez même faire face à des situations inattendues. Ne dépensez pas d'avance une somme qui vous est due ; elle pourrait vous parvenir en retard.

MAI

D	L	M	M	J	V	S
		1	2 ○	3	4D	5D
6F	7F	8F	9	10	11	12
13	14	15F	16 ● F	17D	18D	19
20	21	22	23	24	25	26
27	28	29	30	31 ○ D		

○ Pleine lune	● Nouvelle lune
F Jour favorable	**D** Jour difficile

Santé – Vous avez déjà un bien meilleur contrôle de vos nerfs ; vous devenez plus philosophe et reprenez graduellement confiance en vous. Physiquement, la fragilité perdure jusqu'au 16. Soyez prudent dans vos déplacements et quand vous manipulez des objets avec lesquels vous pourriez vous blesser. Par ailleurs, une bonne hygiène de vie vous gardera en splendide forme. Le reste du mois s'annonce constructif.

Sentiments – Dès le 8, vous entamez un cycle de popularité, entre autres sur le plan des amitiés et de la vie sociale. Vous passez des moments bienfaisants avec vos copains et nouez de nouvelles amitiés. À ce sujet, une rencontre amicale pourrait vite se transformer en quelque chose de plus sérieux si vous êtes seul. Encore quelques tracas familiaux pendant la première moitié du mois.

Affaires – Ici, c'est sensiblement la même chose. La première quinzaine risque d'être aride, voire décevante. Par la suite s'amorce une phase de redressement durant laquelle vous pourrez effectuer un changement important concernant votre travail. En effet, le temps est venu de tourner certaines pages et d'investir votre énergie dans de nouvelles entreprises.

JUIN

D	L	M	M	J	V	S
					1D	2D
3F	4F	5	6	7	8	9
10	11F	12F	13F	14 ● D	15D	16
17	18	19	20	21	22	23
24	25	26	27	28D	29D	30 ○ F

○ Pleine lune   ● Nouvelle lune
F Jour favorable   **D** Jour difficile

Santé – Vous devriez vous sentir moins bousculé qu'au cours des mois précédents. Pourquoi ne pas en profiter pour mettre un peu d'ordre dans votre vie, pour soigner vos bobos et ainsi repartir du bon pied ? Surtout que votre moral est nettement meilleur et que vous avez les dispositions requises pour amorcer un nouveau départ.

Sentiments – Les aspects planétaires positifs en vigueur depuis le 8 mai perdurent jusqu'au 16 de ce mois ; vos amis et les nouvelles gens que vous rencontrez savent vous faire rire et vous divertir. Entre le 17 et le 30, l'atmosphère est beaucoup plus détendue à la maison, ce qui fait que vous avez moins le goût de quitter votre petit nid. Bonne nouvelle : avec la famille, tout se replace.

Affaires – Le cycle de renouveau bat son plein. Les démarches effectuées en vue d'améliorer votre situation professionnelle ou financière de même que les gestes faits en ce sens donnent des résultats concrets ; on pourrait même vous offrir un sérieux coup de main pour atteindre votre but. Une vieille affaire qui traînait se règle enfin ; pas parfaitement à votre goût, mais vous êtes si content que ça se termine que vous acceptez le règlement de bon cœur.

JUILLET

D	L	M	M	J	V	S
1F	2	3	4	5	6	7
8	9F	10F	11D	12D	13	14 ●
15	16	17	18	19	20	21
22	23	24	25D	26D	27F	28F
29 ○ F	30	31				

○ Pleine lune   ● Nouvelle lune
F Jour favorable   D Jour difficile

Santé – Non seulement ce mois est-il dépourvu de vilaines influences, mais vous pouvez même compter sur l'appui de Mars pour vous donner davantage de pep et d'énergie. Le *timing* est parfait pour prendre de bonnes résolutions et surtout les tenir. Un régime, une remise en beauté, un peu de sport, d'exercice ou de danse vous métamorphoserait. Quant au moral, il est au beau fixe.

Sentiments – Au foyer, les choses vont de mieux en mieux, si bien qu'à partir du 15, vous retombez littéralement en amour avec votre partenaire. La marmaille trouve elle aussi le moyen de vous faire sourire. En société aussi, ça promet, vous aurez énormément de plaisir. Si vous êtes seul, cette quinzaine pourrait vous permettre de faire la connaissance de quelqu'un de bien.

Affaires – La chance vous sourit: vous pourriez peut-être décrocher un prix secondaire dans un tirage. Mais c'est surtout sur le plan professionnel que vous êtes favorisé. Un nouveau poste, une augmentation de salaire, l'obtention d'un contrat ou au moins de meilleures conditions de travail égaient votre quotidien. Bon mois pour les déplacements d'affaires ou de plaisance, les déménagements et les nouveaux contacts.

AOÛT

D	L	M	M	J	V	S
			1	2	3	4
5F	6F	7D	8D	9	10	11
12 ●	13	14	15	16	17	18
19	20	21D	22D	23D	24F	25F
26	27	28 ○	29	30	31	

○ Pleine lune et éclipse lunaire totale   ● Nouvelle lune
F Jour favorable   **D** Jour difficile

Santé – Jusqu'au 7, tout continue d'aller pour le mieux. Vous avez de l'énergie à revendre et rien ne peut vous ralentir. Afin de poursuivre sur cette excellente lancée, vous devrez prendre quelques précautions durant le reste du mois. En effet, des dissonances planétaires vous prédisposeront alors aux accidents ainsi qu'aux défaillances.

Sentiments – Au cours des neuf premiers jours, Vénus vous promet une vie sociale trépidante et des amours suaves. Par la suite, votre partenaire et vos amis risquent d'avoir trop de choses à faire pour vous consacrer tout le temps dont vous auriez besoin. Ça tombe plutôt mal, car vous devez à nouveau affronter quelques ennuis d'ordre familial.

Affaires – La période de chance s'étend jusqu'au 8 et vous devriez en profiter au maximum pour mettre vos projets en marche ou pour présenter vos demandes. La pression augmente entre le 9 et le 31. Les événements ne prennent pas nécessairement la tournure que vous aviez espérée ; vous devez donc rajuster votre tir. Une situation imprévue vous pousse à faire un compromis qui ne vous tente guère. Heureusement, ce n'est que temporaire.

SEPTEMBRE

D	L	M	M	J	V	S
						1F
2F	3D	4D	5	6	7	8
9	10	11 ●	12	13	14	15
16	17	18D	19D	20F	21F	22F
23 / 30F	24	25	26 ○	27	28	29F

○ Pleine lune   ● Nouvelle lune et éclipse solaire partielle
F Jour favorable   **D** Jour difficile

Santé – Les dissonances planétaires s'étendent jusqu'au 29; il faut donc demeurer sur le qui-vive afin de ne pas vous blesser. En proscrivant les excès alimentaires et en évitant d'abuser de vos forces, vous maintiendrez une énergie vitale fort acceptable. Sur le plan psychologique, vous devriez vous sentir un peu plus relax à partir du 7.

Sentiments – Le dialogue est souvent ardu avec votre entourage. Quand vous essayez de parler à vos proches de vos inquiétudes ou de vos insatisfactions, soit qu'on coupe court à la conversation, soit qu'on prenne le mors aux dents. Au lieu de les supplier, jouez plutôt la carte de l'indépendance; vous verrez, ils auront tôt fait de rappliquer. Un parent réclame votre aide; vous n'arrivez pas à la lui refuser même si ça ne vous tente pas du tout.

Affaires – C'est le branle-bas de combat. Vous avez du mal à savoir où vous vous en allez, car rien n'est clair autour de vous. Vous nagez en pleine incertitude et vous détestez ça. Pourtant, il n'y a pas grand-chose à faire, si ce n'est d'attendre les derniers jours du mois qui coïncident avec l'arrivée d'un cycle plus prometteur. D'ici là, ne prenez pas de risques, protégez votre argent et vos possessions.

OCTOBRE

D	L	M	M	J	V	S
	1D	2D	3	4	5	6
7	8	9	10	11 ●	12	13
14	15D	16D	17F	18F	19F	20
21	22	23	24	25 ○	26F	27F
28D	29D	30	31			

○ Pleine lune	● Nouvelle lune
F Jour favorable	D Jour difficile

Santé – La période sombre est terminée; désormais le ciel se dégage et vous redevenez vous-même. Je dirais même que vous êtes mieux qu'avant la crise, puisque vous avez su en tirer d'importantes leçons. Vous êtes davantage branché sur vos véritables besoins et vous accordez bien moins d'importance à l'opinion des autres. Bon mois pour vous refaire une santé morale et physique.

Sentiments – Du 8 octobre au 9 novembre, Vénus, planète du bonheur amoureux et de la popularité, visite votre signe. Vous serez bien entouré, tant dans l'intimité qu'en société. Une déclaration enflammée ou une rencontre, pour les célibataires, vous fait voir la vie en rose. Acceptez les gentilles invitations qu'on vous lance, vous ne le regretterez certainement pas.

Affaires – On peut affirmer que la tendance est au redressement et à l'amélioration de votre sort. N'hésitez pas un seul instant à faire des gestes concrets en ce sens. On pourrait vous refiler un bon tuyau, suggérer votre nom pour un nouveau poste ou vous épauler solidement dans vos entreprises. Si vous devez participer à un concours ou si vous devez passer une entrevue, ayez confiance en vous: la partie est presque gagnée d'avance.

NOVEMBRE

D	L	M	M	J	V	S
				1	2	3
4	5	6	7	8	9 ●	10
11D	12D	13D	14F	15F	16	17
18	19	20	21	22	23F	24 ○ D
25D	26	27	28	29	30	

○ Pleine lune   ● Nouvelle lune
F Jour favorable   D Jour difficile

Santé – Les influences planétaires demeurent constructives; pas étonnant que vous continuiez à faire des progrès évidents. Plusieurs s'en aperçoivent à votre mine radieuse et à vos traits détendus. La pratique d'un sport ou d'une activité physique augmente votre vitalité, tout comme le yoga vous aide à évacuer les tensions.

Sentiments – Vénus continue de vous faire de l'œil durant les neuf premiers jours. Vos copains, votre partenaire et les nouvelles connaissances sont sous l'emprise de votre charme. Vous arrivez enfin à divulguer le fond de votre pensée, à exprimer vos besoins. Tant mieux, on vous traite aux petits oignons et l'on ne peut rien vous refuser. Le reste du mois est plus routinier mais pas décevant pour autant.

Affaires – Vous êtes toujours sur une excellente lancée. Ne restez pas dans votre coin à attendre que se présente une belle occasion, provoquez-la! Faites des démarches, négociez plus serré, sachez vous vendre. Quand vous verrez les résultats, vous vous demanderez pourquoi vous n'avez pas agi de la sorte avant. Quelques satisfactions sur le plan financier.

DÉCEMBRE

D	L	M	M	J	V	S
						1
2	3	4	5	6	7	8D
9 ● D	10D	11F	12F	13	14	15
16	17	18	19	20F	21F	22D
23 ○ D/30	24 / 31	25	26	27	28	29

○ Pleine lune   ● Nouvelle lune
F Jour favorable   D Jour difficile

Santé – Jusqu'au 18, vous avez tendance à vous sentir plus anxieux, sans doute parce que vous avez énormément à faire. Par la suite, vous retrouvez votre calme et vous êtes dans un magnifique état d'esprit pour profiter des réjouissances qui s'en viennent. À part un rhume ou des douleurs au dos, rien ne devrait vraiment vous affecter.

Sentiments – À partir du 6, vous bénéficiez à nouveau d'un transit favorable de Vénus. Vos amours repartent de plus belle, votre popularité se remet à grimper et l'on s'arrache votre présence. Vous vous amuserez, c'est garanti. Seule ombre au tableau, un léger problème de communication avec un enfant ou un membre de la famille. Fort heureusement, tout s'arrange avant Noël.

Affaires – Ça y est, Jupiter arrête de vous compliquer la vie le 18 et commence même à vous apporter un gros filon de chance. Ne me dites pas que c'est un peu tard, car vous allez en bénéficier pendant plus d'un an. Au menu : des finances plus prospères, une carrière qui monte en flèche et de la veine dans les jeux de hasard. Cela ne fait que commencer, bravo !

BALANCE

DU 24 SEPTEMBRE
AU 23 OCTOBRE

Il n'y a pas de doute lorsqu'on vous voit tergiverser avant de prendre une décision, on sait à qui l'on a affaire : une vraie Balance. Votre recherche de l'harmonie, de la beauté, de la justice est telle qu'il vous est souvent difficile de trancher. Prendre une heure pour choisir entre deux types de pain à la boulangerie, c'est vraiment vous ! Et ça, c'est quand vous ne changez pas d'idée juste avant de passer la porte pour sortir.

Vous recherchez le parfait équilibre entre toutes choses. Vivre dans une ambiance harmonieuse où la bonne entente et la cordialité règnent, voilà ce qui vous motive. On remarque votre courtoisie avec tous, que vous vous adressiez à un président de compagnie, à la vieille dame d'en face, au clochard qui hante votre quartier ou au serveur de votre restaurant favori. Un mot gentil ou une attention délicate vient souvent ponctuer vos relations avec les autres. Votre politesse est exquise, ce qui est fort rare et apprécié.

Vous êtes un être sociable qui reçoit toujours des invitations pour un dîner, une sortie, une première, un lancement, un cocktail, ou même pour une balade entre amis. Avouez que vous adorez être l'objet de tant d'attentions. Votre bonne humeur, votre amabilité et votre optimiste sont contagieux, c'est la raison pour laquelle vous êtes si populaire auprès des gens. Quant à votre charme légendaire, il en fait craquer plus d'un.

Le point central de votre vie est l'amour ; toute votre existence gravite autour de cet élément. Encore une fois, puisque vous recherchez ce qu'il y a de mieux, le grand amour, le partenaire parfait, ce n'est pas toujours facile. Alors, vous prenez votre temps, convaincu que la félicité vient à point à qui sait attendre.

Vous appréciez également la beauté ; vous êtes un hédoniste et vous le revendiquez. Votre plaisir et votre satisfaction vous sont apportés par la beauté : un parterre de fleurs, le dessin du petit dernier. Votre automobile, votre intérieur, tout reflète votre surprenante recherche de l'esthétique. Vous êtes toujours tiré à quatre épingles, vous voulez être à la mode, très chic. On ne peut rien vous reprocher sur votre tenue vestimentaire. Vous y mettez beaucoup d'efforts et, bien entendu, les compliments pleuvent, ce qui ne manque pas vous plaire, avouez-le !

Votre sens de la justice et de l'équité est une autre de vos principales caractéristiques : ne représente-t-on pas la Justice par une femme aux yeux bandés portant un glaive et une balance ? Qu'il s'agisse des affaires de l'État ou d'une querelle entre les enfants, d'une mésentente au bureau ou des conflits au Moyen-Orient, vous voudriez que la justice règne partout. Vous vous révoltez en pensant que les droits les plus élémentaires des individus sont bafoués partout dans le monde.

En toute circonstance, vous cherchez la paix et l'harmonie. La violence et l'agressivité vous répugnent. Lorsqu'un climat orageux tend à s'installer à l'endroit où vous êtes, vous préférez souvent partir plutôt que d'assister à des prises de bec. Pourtant, la solitude vous pèse. et vous ne restez jamais éloigné des autres trop longtemps. Mais vous savez choisir votre entourage, car la vulgarité vous blesse.

Votre humeur est remarquable, vous débordez d'optimisme et trouvez toujours le côté positif d'un événement ou d'une situation. Votre frère a perdu son emploi ? Tant mieux, c'est l'élément déclencheur qu'il lui fallait pour réorienter sa carrière. Votre meilleure amie est malade ? Eh bien, elle pourra ainsi se reposer, elle qui n'avait jamais le temps de souffler. Vous avez toujours le bon mot, mais surtout l'attitude appropriée, pour aider vos proches à surmonter leurs difficultés. Cette façon d'agir vous vaudra de nombreux compliments et plusieurs amitiés.

Ce que l'on remarque au premier regard, c'est votre douceur et l'harmonie de votre silhouette. Vos gestes sont élégants, votre démarche, sensuelle, et vous avez de petits tics tout à fait charmants, comme pencher la tête lorsque vous réfléchissez ou balancer la jambe quand vous êtes assis...

Évidemment, une telle recherche de la perfection et de la beauté en toutes choses ne vous permet pas de vous décider au quart de tour, et c'est là que le bât blesse parfois ; vos compagnes de magasinage trépignent d'impatience, vos collègues ragent... mais ça prendra le temps qu'il faudra, vous voulez être sûr de faire le meilleur choix possible.

Comment se comporter avec une Balance?

La Balance est un être tout à fait charmant et d'abords agréables. Discuter avec un natif de ce signe est un charme, du moment qu'il a tous les éléments en main: le pour, le contre, les circonstances. Avant de rendre un verdict, il a souvent besoin de connaître le «qui-du-pourquoi-du-comment». Son processus pourra vous sembler bien long, car il se rappelle qu'il n'a pas pris tel élément en considération et que tel autre mériterait aussi qu'on s'y attarde. Bref, tous les aspects d'un problème sont mis dans la balance.

Qu'il siège à l'ONU ou qu'il compare les ingrédients de deux sauces tomate, c'est long! Son interlocuteur doit bien souvent s'armer de patience.

Dans un dilemme, proposant deux solutions opposées, il suggérera des compromis pour accommoder toutes les parties. La Balance ne se fâche que très rarement; en fait, elle se sert plutôt de la douceur pour convaincre et tempérer ses contradicteurs. Si vous voulez faire sortir une Balance de ses gonds, il faudra vraiment que vous y mettiez le paquet, et encore, c'est peut-être vous qui sortirez de vos gonds avant elle. Lorsqu'on discute avec un natif de ce signe, la courtoisie et le sang-froid sont de mise. Exposez calmement vos doléances ou votre point de vue, et n'ayez crainte, une de ses légendaires idées ingénieuses l'aidera à dénicher une solution équitable pour tous.

Pour cohabiter harmonieusement avec une Balance, il faut lui créer un environnement calme et paisible. Les chicanes continuelles et les discussions orageuses pour un rien ne contribuent certes pas à une ambiance qu'il appréciera. De toute façon, vous n'arriverez à rien avec un natif de la Balance en utilisant l'agressivité, les cris et les larmes; la douceur, le charme et la gentillesse vous permettront de tout obtenir sans difficulté.

La Balance est un tantinet lente, donc si vous voulez absolument qu'elle ne manque pas votre rendez-vous, fixez le moment de la rencontre une heure plus tôt que prévu, ainsi vous serez assuré qu'elle sera là à temps.

Une Balance est systématiquement en retard, car elle prend trop de temps à se décider: des chaussures bleues ou noires, une robe moulante ou un pantalon ample, une cravate ou un polo à col ouvert... bref, elle tergiverse des heures devant la porte de la garde-robe. Et, bien entendu, lorsqu'elle se montre enfin le nez, vous pouvez être sûr que ses raisons seront bonnes, et ses excuses, adorables. Une Balance à l'heure, c'est vraiment un hasard!

Ses goûts

Pour la Balance, ce qui compte, c'est le beau. Un natif de ce signe est très sensible à la beauté, à l'harmonie. Ses vêtements sont choisis avec beaucoup de goût, de raffinement. Il est d'une élégance peu commune : généralement, couleurs, textures, accessoires sont assortis, des sous-vêtements au parapluie, rien n'est laissé au hasard et la recherche est parfaite. Il ne faut donc pas s'étonner de voir une Balance fouiller dans tous les recoins d'un magasin pour dénicher le portefeuille, la ceinture, les boucles d'oreilles qui s'agencent parfaitement à ses tenues.

Pour les couleurs, une Balance s'en tient surtout aux teintes douces et tendres qui reflètent bien sa personnalité. Les textures, pour leur part, sont souvent soyeuses, fluides, confortables.

Si la Balance s'habille avec un profond souci du détail, que dire de sa demeure. Dans son petit nid, tout est recherché et étudié. Plantes, papier peint, peintures, bibelots, éclairages, tentures, rien ne détonne... On se demande comment elle fait, tellement tout est à sa place...

Lorsqu'une Balance vous convie à sa table, vous pouvez être assuré que le plaisir des yeux tout autant que celui de la bouche sera comblé : chandelles, belles assiettes, nappes et serviettes de table faites à la main, ustensiles ciselés, sa présentation est étudiée et raffinée. Les mets, pour leur part, seront à son image : recherchés. Elle est un fin gourmet. Elle ne résiste pas devant un dessert bien présenté. Mais n'ayez crainte, si vous l'invitez, un natif de ce signe se montrera toujours charmant, élégant et reconnaissant, même si vous l'accueillez à la bonne franquette.

Son potentiel

Le natif de la Balance n'est pas un être impulsif, il préfère soupeser, étudier, voir le pour et le contre ; il ne faut donc pas lui confier un poste où les décisions se prennent rapidement. Par contre, si vous cherchez quelqu'un qui saura analyser le moindre aspect d'une tâche ou d'une décision avant de rendre son verdict, c'est le candidat qu'il vous faut.

Ses préférences le poussent à opter pour des activités dans le domaine des arts. C'est un artiste remarquable, un fin artisan : la beauté n'a plus aucun secret pour lui, et il atteindra des sommets inégalés si on lui confie des contrats où l'harmonie est le trait essentiel de sa production. Par exemple, il sera un architecte talentueux, mais excellera également en horticulture, en esthétique, en décoration, en étalagisme, en mode, en coiffure et en orfèvrerie. Si par hasard ses pas le conduisent dans une autre voie, il œuvrera par exemple en tant qu'avocat, juge, procureur, coroner, ou notaire ; des tâches qui demandent un solide esprit d'analyse, mais qui viendront également combler son esprit de justice. Il pourrait aussi se distinguer en relations publiques ou dans la diplomatie.

Ses loisirs

Si notre Balance n'a pas choisi un métier du domaine artistique, il leur consacrera sans aucun doute ses loisirs et il aura l'embarras du choix, car c'est un être doué d'un talent remarquable : peinture, aquarelle, céramique, poterie, couture, broderie, tricot, création de sites Web, design d'intérieur, aménagement paysager, toutes les portes lui sont ouvertes.

En fait, tout ce que touche une Balance devient une œuvre d'art : qu'il s'agisse de se maquiller ou d'assortir les couleurs des coussins du salon, elle le fait avec goût et élégance.

La Balance aime également la nature, et surtout les fleurs et les plantes. Son intérieur en est probablement rempli. Donnez-lui un lopin de terre, vous verrez ce qu'elle en fera. Pour un natif de ce signe, avoir le pouce vert n'est pas une expression dénuée de sens. S'il habite en ville, son balcon sera fleuri, et il s'occupera même des carrés d'arbres de sa rue.

La Balance est également une personne très sociable. La solitude lui pèse vite, et rester seule trop longtemps la conduira tout droit à l'ennui. Des sorties, des réunions entre amis, des dîners au restaurant, des spectacles sont des éléments essentiels à son équilibre mental. La Balance est une personne agréable qui sait séduire et enjôler ; elle ne reste donc jamais seule très longtemps.

Sa décoration

Son cocon est si douillet et si harmonieux qu'on pourrait avoir l'impression d'entrer dans un monde de rêve lorsqu'on y pénètre. Le temps et l'énergie que notre Balance a consacrés à son intérieur sont incalculables. Chez elle, rien ne dépasse : le tapis et les tentures se marient harmonieusement avec les meubles, et le moindre bibelot occupe la place qui lui convient exactement. Son intérieur est une symphonie de couleurs subtiles et de formes délicates où tout est parfait, en équilibre. Il faut dire que le moindre élément a été sélectionné avec soin ; on pourrait se croire dans les pages d'un magazine de décoration. En fait, la Balance a un don inné pour la décoration, un goût sûr qui fait de son intérieur un écrin d'élégance et de beauté. Si vous avez des conseils de décoration à demander à quelqu'un, tournez-vous vers une Balance ; vous ne serez jamais déçu.

Son budget

Évidemment, toute cette beauté a un prix, et notre Balance doit avoir un porte-monnaie bien rempli pour se permettre toutes ces dépenses. Eh bien, même si un natif de ce signe ne roule pas sur l'or, n'ayez crainte, c'est un excellent comptable… et un très bon consommateur qui sait magasiner, même s'il se laisse tenter facilement et dépense généreusement. En fait, une Balance qui a un budget restreint connaîtra les bons endroits où se faire plaisir à peu de frais, tout en satisfaisant ses goûts pour la beauté et l'esthétique.

Par contre, si le natif de ce signe est un peu plus à l'aise financièrement, il voudra mettre un peu d'argent de côté. Mais si la tentation est assez grande, il succombera et remettra l'épargne à plus tard. Il est rare qu'une Balance songe à investir dans un REÉR alors que sa garde-robe du printemps doit être renouvelée… ou le mobilier du salon, changé pour qu'il s'harmonise aux nouveaux tapis et aux nouvelles peintures qu'elle vient d'appliquer sur les murs.

Bref, pour une Balance, l'argent est un moyen d'acquérir de belles choses ; ce n'est pas fait pour dormir dans un coffre-fort, et encore moins pour être investi dans des portefeuilles boursiers qui sont à ses yeux des comptes tout à fait virtuels.

La Balance possède une nature résolument optimiste et ne s'inquiète pas outre mesure quand les factures arrivent… En toutes circonstances, elle garde son sourire charmeur et règle les problèmes lorsqu'ils se présentent, sans anticiper.

Quel cadeau lui offrir ?

Faire plaisir à un natif de ce signe est probablement la chose la plus aisée qui soit : il est toujours content.

Puisque notre Balance aime les beaux objets, les vêtements à la mode, les bijoux précieux, les œuvres d'art, les créations haute couture ou d'artisans, vous aurez l'embarras du choix.

Du matériel d'artiste, peinture, pastel, fusain, verrerie et étain pour vitraux, tapisserie aux petits points lui permettront de mettre en valeur son immense talent. En tant que mélomane avertie, elle appréciera le plus récent disque de son artiste favori. Vous pouvez également arriver chez elle avec des plantes plein les bras, des fleurs ou des parfums qui embaument; vous ne vous tromperez pas.

D'ailleurs, quel que soit le cadeau que vous lui offrirez, il sera sans doute apprécié, car notre Balance adore recevoir. Un bel emballage, un joli ruban et une carte de vos bons vœux la rendront folle de joie.

Les enfants Balance

Quels adorables chérubins! Ils sont mignons, souriants, enjoués et de bonne humeur. Par contre, il faut leur trouver des compagnons de jeu, car ils détestent rester seuls. S'ils sont enfants uniques, ils seront constamment dans les jambes de leurs parents. Ce sont aussi des enfants charmeurs qui savent séduire avant même d'avoir prononcé leurs premiers mots. Leur sourire est enjôleur, et personne ne peut y résister. Ainsi, ils obtiennent souvent tout ce qu'ils veulent par un simple gazouillis... Ils choisiront la méthode douce pour vous amadouer; avec eux, pas de pleurs ni de cris.

Aimable, gentil, disposé à faire plaisir, l'enfant Balance est un compagnon de jeu agréable, et ses petits amis ne se trompent pas, c'est un bambin populaire auprès des autres.

En classe, il sera sûrement le boute-en-train de l'école, car il adore jouer; par contre, pour les études, il aura besoin d'être constamment motivé, car il y a tellement de choses à explorer dans ce vaste monde que son esprit vagabondera souvent bien loin de ses devoirs et de ses leçons.

Ses parents devront lui apprendre à étudier, à se concentrer sur une tâche et à se décider. Il aura tendance à changer d'avis rapidement.

Une autre de ses petites faiblesses est son manque de ponctualité. Évidemment il n'arrive pas à se décider, il perd du temps; il faudra donc lui apprendre à mieux gérer son temps.

L'ado Balance

Tu as une belle personnalité que beaucoup de tes camarades t'envient: tu es sociable, tu t'intéresses aux autres et tu aimes faire plaisir. Tu es très charmeur, et peu de monde peut te résister.

Tu sais d'ailleurs utiliser ce pouvoir pour parvenir à tes fins. Tu aimes sortir, voir du monde, échanger, rencontrer de nouvelles personnes. La solitude, ce n'est décidément pas pour toi, car tu t'ennuies rapidement. Les arts, la musique te font vibrer, et tu es très sensible à la beauté sous toutes ses formes.

L'amour te donne des ailes et occupe une place très importante dans ta vie. Tout autour de toi et en toutes choses, tu recherches l'harmonie. Aussi bien dans ta famille que dans ton cercle d'amis, tu ne supportes pas les disputes ; c'est souvent toi qui règles les petits différends entre ceux que tu côtoies.

Tu as un sens très aigu de la justice, tu ne supportes pas que quelqu'un soit maltraité devant toi. Par contre, avant de te lancer dans une entreprise, quelle qu'elle soit, tu pèses longuement le pour et le contre... et il t'est parfois difficile de te décider : tu hésites, tu balances, tu ne sais pas... Tes amis trouvent que tu « ne te branches pas ».

Les deux petits défauts qu'on pourrait éventuellement te reprocher sont liés à l'une de tes grandes qualités : tu cherches constamment à faire plaisir et à te faire aimer. Mais voilà, cela peut te rendre superficiel aux yeux des autres. Tu dois aussi corriger ton manque de ponctualité ; tu as tellement de mal à te décider que tu arrives en retard partout. Ce qui te distingue des autres cependant, c'est ton éternel optimisme ; rien ne te démonte, tu es toujours capable de déceler le bon côté des choses, même dans les pires situations.

Tes études

Tu es brillant, tu as un bon jugement, tu es même capable d'assimiler deux formations très différentes à la fois. Le grand problème, c'est de savoir à laquelle accorder le plus d'importance ; tu n'arrives pas à prendre une décision finale.

Comme tu apprécies la beauté et l'harmonie, tu excelles dans tes cours d'art plastique ou de musique. Le petit hic, c'est que tu t'intéresses plus à la vie sociale de l'école, aux sorties de groupe et aux réunions qu'à tes études. Avoue-le, tu es un peu paresseux de nature, et ces multiples occupations parascolaires sont pour toi de bonnes excuses pour ne pas trop travailler en classe.

Pourtant, tu es doué, et la réussite t'attend si tu parviens à mettre un peu de discipline dans ta vie... et si tu n'arrives pas en retard dans tes cours.

Ton orientation

Ce n'est pas facile pour toi de choisir un métier, car il y a telle-ment de domaines qui t'intéressent! En fait, le problème est que tu peux revenir sur ta décision, même lorsque tu jures que cette fois tu ne changeras plus d'idée.

Tes buts changent constamment; il est difficile de faire quelque chose de ta vie dans de telles conditions. Par contre, si tu te diriges vers des métiers artistiques (les arts, la décoration, l'esthétique, la coiffure, la mode, la joaillerie, la musique, la comédie, l'horticul-ture, l'architecture, la littérature, l'ébénisterie, la danse) tu parvien-dras sûrement à te tailler une place de choix. Les communications, la diplomatie, la justice, le droit, le commerce, l'éducation ou les relations publiques sont aussi des domaines où tu pourras briller.

Tes rapports avec les autres

Tes amis, ta famille occupent une place prépondérante dans ta vie, car tu ne supportes pas d'être seul. Même pour étudier, tu as besoin de monde autour de toi. Donc, tu seras meilleur dans les travaux scolaires en équipe. Tu as également besoin d'un environ-nement calme où règne la bonne entente; les cris et les disputes te perturbent énormément. Tu penses beaucoup aux autres, tu es-saies de faire plaisir et tu as besoin de te sentir aimé pour bien fonctionner dans un groupe.

Tu es quelqu'un de très généreux, mais tu n'as pas besoin de dépenser de l'argent pour conquérir les autres; ton sourire te per-met de te faire facilement des amis. Le plus important pour toi est cependant de bien les choisir.

Dominique Michel, Matt Damon, Mélanie Maynard, Brigitte Bardot, Sonia Benezra, André Robitaille, John Lennon, Avril Lavigne, Gwen Stefani, Éric Lapointe, Gwyneth Paltrow, Guylaine Tremblay, Daniel Lemire, Chantal Fontaine, Gilles Vigneault, Luck Mervil, Claude Léveillée, Diane Dufresne, Danielle Proulx, Eminem.

Pensée positive pour la Balance

Je capte toute l'harmonie de l'univers et la canalise dans ma vie. Je fais le bon choix en toute situation et j'avance vers l'amour.

Pensée positive spéciale pour 2007

J'ouvre grande la porte au bonheur et à la chance. Je le mérite parfaitement et je rends grâce à la Vie.

Le subconscient nous dirige toujours selon nos pensées. En répétant le plus souvent possible ces pensées conçues tout spécialement pour vous, vous vous attirerez plein de belles choses.

Signe: Balance

Élément: Air

Catégorie: Cardinal

Symbole: ☰

Points sensibles: Reins, vessie, appareil urinaire, bas du dos, obésité, diabète, hypoglycémie. Attention au sucre!

Planète maîtresse: Vénus, planète de l'amour.

Pierres précieuses: Opale, jade, corail.

Couleurs: Les tons pastel et les couleurs tendres, rose, turquoise.

Fleurs: Violette, jonquille, rose thé... et toutes les autres.

Chiffres chanceux: 6-9-15-18-23-26-36-39-41-45.

Qualités: Doux, tendre, affectueux, amoureux de l'amour, juste, diplomate, charmeur.

Défauts: Indécis, instable, dépensier, retardataire, effrayé par la solitude.

Ce qu'il pense en lui-même: Je voudrais que tout soit si beau autour de moi.

Ce que les autres disent de lui: Il ne se branche pas... Mais on le lui pardonne; il est si adorable!

PRÉDICTIONS ANNUELLES

Aucune planète majeure n'influence votre signe négativement, mieux encore, plusieurs d'entre elles vous promettent leur appui tout au long de 2007. Voilà plus qu'il n'en faut pour vous créer une année fort intéressante. Bien entendu, si vous ne faites rien, la récolte sera maigre. Cependant, si vous employez votre énergie à bâtir, à aller de l'avant et à peaufiner votre bonheur, toutes les chances de réussite sont de votre côté. J'avoue que je changerais bien de place avec vous ! Le moment est arrivé de prendre votre destinée en main et d'en faire exactement ce que vous souhaitez.

Santé – Vous commencez à en avoir assez de vous encroûter dans votre petit train-train quotidien. Vous avez le goût de bouger et ça s'annonce particulièrement constructif. Le sport, la danse et l'exercice physique auront un impact tangible tant sur votre aspect physique que sur votre capacité à gérer le stress. Le simple fait de marcher davantage, de passer un peu plus de temps à l'extérieur constitue déjà un pas dans la bonne direction. Moralement, vous afficherez un optimisme évident tout en gardant les deux pieds sur terre. En gros, on peut dire que vous avez devant vous une année durant laquelle vous vous sentirez rajeunir.

Sentiments – Vous adorez échanger, voir du monde, c'est le fondement même de votre existence. Sans contacts humains, vous dépérissez. Eh bien, il n'y a aucun danger que ça se produise. Vous resserrerez les liens qui vous unissent à ceux qui vous aiment et vous aurez également de belles occasions d'élargir votre cercle de connaissances. Ce qui est formidable, c'est que vous rencontrerez des gens parfaitement compatibles. Cela permettra, entre autres, aux célibataires d'entreprendre une relation satisfaisante. Si vous êtes déjà en couple, la situation ira en s'améliorant, voire en s'approfondissant.

Affaires – Vous possédez tous les atouts pour vous rapprocher de votre but. Un nouvel emploi, une promotion ou une série de contrats stimulants vous permettront de vous épanouir tout en gagnant plus d'argent. Les études, les voyages, les déménagements ainsi que les rénovations sont des secteurs particulièrement favorisés. Vous avez soif de nouveauté. Certains transformeront leur décor, tandis que d'autres mettront le cap sur de nouveaux objectifs professionnels. Cette année, on dépoussière, on évite la stagnation et l'on repart en neuf. Excellente idée, ça vous fera le plus grand bien.

JANVIER

D	L	M	M	J	V	S
	1F	2F	3 ○ D	4D	5	6
7	8	9	10	11	12	13
14	15	16	17D	18 ● D	19F	20F
21	22	23	24	25	26	27
28F	29F	30D	31D			

○ Pleine lune   ● Nouvelle lune
F Jour favorable   D Jour difficile

Santé – Le mois se divise en deux parties complètement différentes. Durant la première quinzaine, le physique est résistant alors que le moral flanche à l'occasion. Dans la deuxième, vous retrouvez votre optimisme, mais on dénote un risque d'accident ou de malaise. À vous de vous organiser pour profiter du meilleur et surtout pour rester à l'abri des ennuis.

Sentiments – Entre le 4 et le 28, vos amours vous procurent énormément de bonheur. Une déclaration sincère, un rapprochement avec l'être cher ou une rencontre pour les célibataires est au programme. Seule ombre au tableau, quelques soucis d'ordre familial ; heureusement que vous savez maintenant respecter vos limites, sans quoi on abuserait de vous.

Affaires – Si vous devez présenter une demande, une soumission ou chercher de l'emploi, mieux vaut agir avant la nouvelle lune du 18 puisque vos chances de succès sont alors excellentes. Le reste du mois s'annonce plus complexe. Des problèmes pourraient surgir, sans compter que des retards et des annulations risquent de jouer un peu avec votre patience.

FÉVRIER

D	L	M	M	J	V	S
				1	2 ○	3
4	5	6	7	8	9	10
11	12D	13D	14D	15F	16F	17 ●
18	19	20	21	22	23	24F
25F	26D	27D	28			

○ Pleine lune   ● Nouvelle lune
F Jour favorable   D Jour difficile

Santé – La quadrature de la planète Mars sévit jusqu'au 25. Vous broyez du noir inutilement et vous accordez trop d'importance au passé. Sur le plan physique, il faut continuer à vous montrer vigilant dans vos déplacements et quand vous utilisez des outils ou des appareils avec lesquels vous pourriez vous blesser.

Sentiments – C'est surtout avec la famille que ça cloche. Inutile de trop vous en faire, ça rentrera dans l'ordre dans quelques semaines. À la maison, vous avez parfois tendance à être irritable, vous butez sur des peccadilles et cela chagrine votre entourage. Rien d'irréparable, d'autant plus qu'en y mettant un peu de bonne volonté, vous pourriez chasser tous ces petits nuages.

Affaires – Bien que ce ne soit pas la catastrophe, les choses sont loin d'aller rondement. Vos projets sont retardés et vous perdez un temps fou avec des incompétents. Bref, vous avez l'impression de reculer au lieu d'avancer. Bientôt, vous pourrez reprendre votre vitesse de croisière; en attendant, préparez soigneusement votre plan d'attaque pour le mois prochain.

MARS

D	L	M	M	J	V	S
				1	2	3 ○
4	5	6	7	8	9	10
11	12	13D	14D	15F	16F	17
18 ●	19	20	21	22	23F	24F
25D	26D	27D	28	29	30	31

○ Pleine lune et éclipse lunaire totale ● Nouvelle lune et éclipse solaire partielle
F Jour favorable **D** Jour difficile

Santé – Bravo, le ciel se dégage. En plus d'être désormais à l'abri des accidents, vous retrouvez une saine énergie tant morale que physique. C'est en plein le temps de régler ce qui accrochait, de vous prendre en main et de mettre un peu d'ordre dans votre vie. Vous amorcez un nouveau départ, ça promet !

Sentiments – Les éclipses ne vous touchent pas personnellement, mais elles pourraient causer certains ennuis à vos proches. Attendez-vous donc à ce qu'on sollicite votre aide ou vous demande des conseils. Vous ferez preuve de générosité, ce qui permettra à votre entourage de régler ses problèmes, sans compter que ça vous procurera le sentiment d'être très utile. Le plus beau dans tout ça, c'est qu'on vous en sera fort reconnaissant. Votre vie sociale devient enlevante, vous ne vous ennuierez pas.

Affaires – Finis les bâtons dans les roues et les situations qui piétinent ! Vous êtes dorénavant dans un cycle de force, voire de chance. Vos entreprises démarrent de manière fulgurante, vous disposez de plus de liberté dans votre secteur d'activité. On reconnaît votre valeur, on trouve même une façon tangible de vous le signifier. Bon mois pour les transactions, les recherches et les voyages.

AVRIL

D	L	M	M	J	V	S
1	2 ○	3	4	5	6	7
8	9D	10D	11F	12F	13F	14
15	16	17 ●	18	19	20F	21F
22D	23D	24	25	26	27	28
29	30					

○ Pleine lune	● Nouvelle lune
F Jour favorable	**D** Jour difficile

Santé – Sur le plan physique, tout le mois est constructif; la première semaine, entre autres, s'annonce formidable. Entre le 11 et le 27, vos nerfs pourraient vous jouer des tours. Vous vous tracassez sans raison et vous avez davantage de difficulté à vous brancher. Chassez vite le cafard, il n'y a rien de vilain en vue. Écoutez votre intuition plutôt que vos peurs, et tout ira pour le mieux.

Sentiments – Du 12 avril au 8 mai, vous bénéficiez d'un bon aspect Vénus-Uranus. Un coup de foudre attend les solitaires, tandis qu'à l'intérieur des couples on célèbrera le retour de la passion. Socialement, le plaisir est au rendez-vous. On vous fait une foule d'invitations et vous avez à maintes reprises l'occasion de participer à des activités excitantes. Ajoutons qu'il y a plein de bon monde à l'horizon, ce qui vous stimule grandement.

Affaires – La chance vous sourit encore d'ici au 7. Choisissez cette période pour mettre en chantier vos projets et pour présenter vos demandes. Par la suite, les coups d'éclat feront place à la routine. Ce sera alors peut-être un peu moins gratifiant pour l'ego, mais néanmoins très confortable. Vous trouvez l'argent nécessaire pour combler une dépense imprévue.

MAI

D	L	M	M	J	V	S
		1	2 ○	3	4	5
6D	7D	8D	9F	10F	11	12
13	14	15	16 ●	17F	18F	19D
20D	21	22	23	24	25	26
27	28	29	30	31 ○		

○ Pleine lune   ● Nouvelle lune
F Jour favorable   **D** Jour difficile

Santé – Jusqu'au 16, tout continue d'aller pour le mieux dans le meilleur des mondes. Vous êtes à la fois vigoureux et résistant. Par après, l'opposition de Mars peut provoquer un accident ou vous occasionner quelques ennuis de santé. Heureusement qu'en adoptant une attitude préventive, vous pourrez passer outre.

Sentiments – Jusqu'au 8, tous les espoirs sont permis en amour. Par après, c'est en faisant quelques compromis que vous arriverez à maintenir ce climat de félicité. Il se peut également que votre partenaire file un mauvais coton et que vous deviez l'encourager. Par ailleurs, la vie sociale continue d'être stimulante ; vous revoyez des gens que vous aviez perdus de vue et vous continuez à agrandir votre cercle de relations.

Affaires – La première moitié du mois est satisfaisante. Vous avez du pain sur la planche mais, en vous organisant, vous arrivez à conserver le contrôle. À partir de la nouvelle lune cependant, les choses risquent de se corser, et vous pourriez même être dépassé par les événements. Inutile de paniquer, cette situation ne sera que de courte durée. Les magasins vous attirent... dangereusement.

JUIN

D	L	M	M	J	V	S
					1	2
3D	4D	5F	6F	7	8	9
10	11	12	13	14 ● F	15F	16D
17D	18	19	20	21	22	23
24	25	26	27	28	29	30 ○ D

○ Pleine lune   ● Nouvelle lune
F Jour favorable   D Jour difficile

Santé – L'opposition de Mars perdure jusqu'au 25 et, de surcroît, Mercure se met de la partie. Ne laissez ni une négligence ni un moment d'inattention devenir responsables d'une blessure. Votre digestion, la qualité de votre sommeil et votre dos sont également affectés par votre nervosité accrue. C'est le temps ou jamais d'apprendre à vous relaxer !

Sentiments – La famille et la marmaille ne sont pas toujours de votre avis. Si vous ne mettez pas un peu d'eau dans votre vin, les discussions risquent de s'envenimer et vous finiriez par vous en mordre les pouces. En amour et en amitié, vous vivez des moments de grande complicité entre le 16 et le 30. On trouve également le moyen de vous surprendre agréablement.

Affaires – Plusieurs situations compliquées vous empêchent de fonctionner à plein. Votre destinée est mal synchronisée, et tous les efforts que vous déployez pour arranger les choses ne donnent que très peu de résultats. Affrontez les problèmes un à un en restant calme ; je vous assure que vous terminerez alors le mois sur une note nettement plus positive.

JUILLET

D	L	M	M	J	V	S
1D	2F	3F	4	5	6	7
8	9	10	11F	12F	13D	14 ● D
15	16	17	18	19	20	21
22	23	24	25	26	27D	28D
29 ○ D	30F	31F				

○ Pleine lune   ● Nouvelle lune
F Jour favorable   D Jour difficile

Santé – Mars cesse de vous compliquer la vie. Les menaces de vous faire mal et les fluctuations d'énergie sont choses du passé. Il ne reste que vos nerfs qui font encore des leurs. Au lieu de toujours ruminer les mêmes histoires ou de vous tracasser avec des peut-être, concentrez-vous donc sur l'instant présent. Le mois vous réserve toutes sortes de bonnes choses et ce serait bien que vous soyez capable de les apprécier.

Sentiments – La première quinzaine est magique. Les célibataires trouvent l'amour, alors que les couples règlent leurs différends et repartent du bon pied. La vie sociale promet d'être palpitante elle aussi : les copains et les nouvelles connaissances vous procurent du bon temps. Par la suite, la frénésie tombe un peu, mais il n'y a aucun coup dur en vue. Léger accrochage avec un rejeton ou un membre de la famille.

Affaires – Bon mois pour mettre de l'ordre dans vos affaires, pour terminer ce que vous aviez entrepris et qui n'aboutissait pas. Le moment est venu de tourner certaines pages et de passer à d'autres projets. Un affrontement survient, mais vous savez trouver les mots justes pour désarmer votre interlocuteur.

AOÛT

D	L	M	M	J	V	S
			1	2	3	4
5	6	7F	8F	9D	10D	11
12 ●	13	14	15	16	17	18
19	20	21	22	23	24D	25D
26F	27F	28 ○	29	30	31	

○ Pleine lune et éclipse lunaire totale   ● Nouvelle lune
F Jour favorable   **D** Jour difficile

Santé – Les sept premiers jours sont encore teintés de gris, mais tout s'arrange par la suite. Vous serez nettement plus vigoureux et vous aurez de l'énergie à revendre. Moralement, vous cessez de vous apitoyer sur votre sort pour adopter une attitude positive; vos bonnes dispositions vous donnent un nouvel élan. Vous allez mieux, ça se voit; plusieurs vous complimentent d'ailleurs sur votre fière allure. Bon mois pour les remises en beauté.

Sentiments – Entre le 9 et le 31, plusieurs transits bénéfiques apportent un vent de fraîcheur dans votre vie. Pour les solitaires, c'est l'occasion de nouer une douce amitié amoureuse. Pour les autres, la flamme se ravive. Les occasions de sortir et d'échanger avec des gens sensationnels se multiplient, à un point tel que vous avez l'embarras du choix. Votre agenda déborde.

Affaires – Un courant de chance arrive le 7. Vous pourriez même décrocher un petit prix dans un tirage. Les démarches visant à améliorer votre situation professionnelle ou pécuniaire donnent rapidement des résultats concrets. Une augmentation de salaire, un poste mieux rémunéré ou l'obtention d'un contrat contribue à votre aisance. Bonne période aussi pour prendre le large. À vous de choisir.

SEPTEMBRE

D	L	M	M	J	V	S
						1
2	3F	4F	5D	6D	7D	8
9	10	11 ●	12	13	14	15
16	17	18	19	20D	21D	22F
23F / 30	24F	25	26 ○	27	28	29

○ Pleine lune   ● Nouvelle lune et éclipse solaire partielle
F Jour favorable   **D** Jour difficile

Santé – Vous êtes dans une forme si splendide que vous ne vous ressentez même pas l'effet des éclipses. Votre vivacité tant physique qu'intellectuelle est remarquable. Vous êtes beau comme un cœur et si vous vouliez parfaire encore davantage votre image, vous y réussissez à merveille. Bon mois, donc, pour une nouvelle coupe de cheveux ou un petit régime.

Sentiments – Les astres vous choient. Vos amis vous proposent toutes sortes d'activités et de sorties divertissantes, tandis qu'à la maison la communication n'a jamais été aussi bonne. Si vous n'avez pas encore rencontré la personne de vos rêves, ça pourrait bien se produire ce mois-ci. Un enfant, un frère ou une sœur vous fait part de bien bonnes nouvelles.

Affaires – Un autre secteur où les influences sont particulièrement bénéfiques. Vous réussissez tout ce que vous entreprenez. À vrai dire, il suffit que vous touchiez à quelque chose pour que ça se transforme en espèces sonnantes. Vous avez même la main heureuse au jeu ! C'est une période en or pour présenter vos requêtes, pour négocier, pour trouver un bon travail et pour conclure une transaction. Si le cœur vous en dit, vous pourriez faire un voyage fantastique.

OCTOBRE

D	L	M	M	J	V	S
	1F	2F	3D	4D	5	6
7	8	9	10	11 ●	12	13
14	15	16	17D	18D	19D	20F
21F	22	23	24	25 ○	26	27
28F	29F	30D	31D			

○ Pleine lune	● Nouvelle lune
F Jour favorable	D Jour difficile

Santé – L'arrivée de la planète Mars dans un secteur sensible de votre thème astrologique vous suggère de ne pas tenir pour acquise la bonne forme des derniers mois. Le stress sera fort par moments, ce qui risque de débalancer votre organisme; gardez donc du temps pour vous détendre. Il y a également un danger d'accident bête, et je compte sur vous pour l'éviter.

Sentiments – Les huit premiers jours sont encore marqués par de joyeux transits. La vie sociale est toujours aussi exubérante, pendant qu'à la maison on vous traite aux petits oignons. Si vous désirez que le reste du mois soit tout aussi magique, vous devrez fournir quelques efforts. Ne soyez pas trop pointilleux avec votre entourage; prenez le temps d'écouter les vôtres et, au besoin, mettez-vous à leur place.

Affaires – Vous avez devant vous plusieurs semaines chargées, pour ne pas dire surchargées. Voilà pourquoi il est si important de bien planifier, de prévoir des solutions de rechange au cas où la pression deviendrait trop grande. Votre flair vous permet d'éviter de justesse un épineux problème et même de saisir au vol une bonne occasion. Si votre budget ne balance pas, c'est uniquement pace que vous y allez un peu fort sur la dépense.

NOVEMBRE

D	L	M	M	J	V	S
				1	2	3
4	5	6	7	8	9 ●	10
11	12	13	14D	15D	16F	17F
18	19	20	21	22	23	24 ○ F
25F	26D	27D	28D	29	30	

○ Pleine lune   ● Nouvelle lune
F Jour favorable   **D** Jour difficile

Santé – Vous devriez être plus résistant au stress à partir du 11. Physiquement, par contre, c'est tout le mois qui exige que vous continuiez à prendre des précautions. Soyez vigilant dans vos déplacements et demeurez attentif quand vous manipulez des objets avec lesquels vous pourriez vous faire mal. Le démon de la gourmandise vient souvent à bout de vos bonnes résolutions, menaçant ainsi votre silhouette et même votre santé.

Sentiments – Entre le 9 novembre et le 6 décembre, vous recevez la visite de Vénus, planète du bonheur intime et de la popularité. Les choses iront de mieux en mieux avec l'être aimé. Les célibataires pourraient enfin avoir l'occasion de combler le vide de leur existence. Socialement, une période d'effervescence s'amorce ; vous ne vous ennuierez certes pas. Si ce n'était de ce membre de la famille qui vous donne du fil à retordre, tout serait parfait.

Affaires – Des défis de taille se présentent à vous et ça vous fait paniquer au cours de la première quinzaine. Par la suite, vous découvrez comment désamorcer les problèmes aussi complexes soient-ils, ce qui fait que, malgré tout, vous terminez le mois sur une note positive.

DÉCEMBRE

D	L	M	M	J	V	S
						1
2	3	4	5	6	7	8
9 ●	10	11D	12D	13F	14F	15F
16	17	18	19	20	21	22F
23 ○ F / 30	24 D / 31	25D	26	27	28	29

○ Pleine lune	● Nouvelle lune
F Jour favorable	D Jour difficile

Santé – Le moral demeure au beau fixe mais, comme on décèle encore quelques risques de blessure, ce serait une mauvaise idée de jouer au casse-cou. Un petit rhume ou un tour de reins pourrait être évité entre le 18 et le 31. Votre crise de gourmandise est terminée, vous devenez plus raisonnable.

Sentiments – La communication avec votre partenaire, la marmaille et les amis est fluide. Quand vous n'êtes pas d'accord, vous trouvez rapidement un terrain d'entente. Le reste du temps, vous vous amusez ferme. Bref, dans ces domaines, tout baigne dans l'huile. Le seul secteur délicat demeure celui de la famille, mais vous êtes désormais capable de prendre vos distances.

Affaires – Pas étonnant que vous soyez essoufflé, tout va tellement vite. Une montagne incroyable de boulot vous tombe dessus et vous n'avez pas de temps à perdre. Le plus étonnant, c'est que vous arrivez à passer au travers sans compromettre la qualité de votre travail. Les déplacements et les démarches s'annoncent favorables, particulièrement s'ils sont effectués avant le 19.

SCORPION

DU 24 OCTOBRE
AU 22 NOVEMBRE

Il ne vous sert à rien de vouloir le cacher : vous êtes un Scorpion, un vrai. D'ailleurs, vous le savez pertinemment, car rien ne vous échappe.

Ce qui frappe en premier chez vous, ce sont vos yeux. Remplis de mystère, scrutateurs, ils pénètrent au plus profond de vos interlocuteurs, jusqu'à leur âme. Lorsque vous regardez quelqu'un, cette personne a l'impression que vous lisez en elle comme dans un livre ouvert et qu'elle ne peut rien vous dissimuler. En fait, ce n'est pas tant ce que vous voyez que ce que vous devinez qui est incroyable. Vous êtes doté d'une remarquable intuition : vous pressentez les événements, vous devinez les gens, leurs intentions et leurs sentiments. Vous percez leurs secrets les plus intimes, ce qui, bien entendu, les met parfois mal à l'aise en votre présence.

Votre charisme et votre magnétisme sont si puissants que vous troublez les gens ; avouez que cela vous plaît bien. Ce côté mystérieux de votre personnalité n'est pas le moindre. Votre charme et votre grand pouvoir de séduction contribuent également à vous constituer un tempérament bien différent de tous les autres.

Ce que l'on sait moins de vous, car vous ne le laissez jamais paraître – sans doute par crainte d'être blessé –, c'est que vous êtes hypersensible et très émotif. Vos sentiments sont à l'image de votre regard : ardents, jamais fades, et toujours remplis de passion. Que vous aimiez ou que vous haïssiez, il n'y a pas de demi-mesures. Vos sentiments sont profonds, très profonds, souvent un peu confus et parfois même troubles. C'est la raison pour laquelle on a parfois l'impression que vous vous moquez des gens, que vous êtes hautain, dédaigneux des autres, alors que c'est plutôt une sorte de distance que vous mettez entre vous et eux pour mieux les comprendre et pour être sûr de la qualité de vos relations. Vous avez tellement peur d'être blessé que vous vous tenez en retrait, à l'abri sous votre épaisse carapace. Prêt à vous défendre avec votre aiguillon, vous piquez comme la bestiole qui vous représente, puis vous jugez des réactions. Ce n'est pas de la méchanceté, simplement un test. Et c'est là que réside le problème : personne n'aime être ainsi testé, et l'on se plaint de votre côté démoniaque, de votre cruauté, de votre méchanceté... de ces travers qui intriguent, bien entendu, ceux qui ne vous connaissent pas.

Votre tempérament est contrasté. Vous ne parlez pas, ce qui dérange, et quand vous parlez, cela dérange encore plus : vos propos sont si nets, si catégoriques. Mais encore une fois, cela est dû au mur de protection que vous dressez autour de vous. Si l'on parvient à vous rejoindre dans votre forteresse, tout se passe très bien.

Vous êtes une personne passionnée des mondes étranges, des personnes insolites, de sciences ésotériques, de parapsychologie, et la mort vous fascine. Bref, vous vous êtes construit un monde de mystère fascinant. Comme vous finissez toujours par trouver ce que vous cherchez, vous excellez dans des domaines où votre intuition et votre extraordinaire perception sont mises à l'épreuve. Mais, bien sûr, vous gardez toutes ces découvertes pour vous.

Votre flair et votre mémoire sont terribles, et comme, en plus, vous êtes très visuel, peu de choses vous échappent. Vous vous souvenez de ce qu'on vous fait et, surtout, de ce qui vous blesse. Même 30 ans plus tard, tout est encore aussi frais à votre esprit. Vous n'oubliez rien et vous êtes assez rancunier. Votre vraie vengeance se manifeste par une méfiance accrue... À moins que vous ne décidiez d'ignorer complètement la personne qui vous a blessé. Dans ce cas, c'est comme si elle n'existait plus pour vous. Que ce soit le camarade de classe qui vous avait lancé un élastique en deuxième année, la fatigante qui tournait autour de votre premier ami de cœur, le vieil oncle qui vous taquinait un peu trop quand vous étiez petit ou le conjoint repentant qui revient avec des fleurs, mais que vous attendez de pied ferme malgré votre sourire, et qui recevra votre venin... tous ceux qui vous ont blessé goûteront un jour à votre médecine, ils ne perdent rien pour attendre. Quand quelqu'un vous fait du mal, un jour ou l'autre, ça se retournera contre lui. Vous savez être sarcastique, placer vos pointes à l'endroit le plus vulnérable, au point sensible, là où vous savez que vous atteindrez parfaitement votre but. Puisque vous avez une tendance à la rancune, vous êtes porté à trop vivre dans le passé, à remuer le fer dans la plaie et à mijoter votre vengeance, même si cela vous fait souffrir.

Vous êtes possessif, que ce soit en amour ou en amitié. Par contre, vous êtes très fidèle et dévoué envers les gens qui comptent pour vous ; avec eux, c'est à la vie à la mort. Vous taquinez parfois un peu vos proches, vous mettez l'être cher à l'épreuve. Mais si quelqu'un vient causer de la peine à ceux que vous aimez, vous saurez les accueillir avec votre redoutable aiguillon. Votre confiance n'est pas facile à gagner, mais une fois que c'est fait, votre amitié et votre affection sont indéfectibles. Toutefois, personne n'est à l'abri de vos petites remarques acidulées, pas même votre entourage, que vous aimez tant.

Comment se comporter avec un Scorpion ?

Il n'est pas du tout facile de trouver la bonne attitude du premier coup lorsqu'on le rencontre. Que penser de lui, comment l'aborder sont autant de questions délicates. S'il fait preuve d'humour, on se demande s'il rit à nos dépens. Avec lui, on demeure perplexe, même lorsqu'il fait partie de nos proches depuis bon nombre d'années.

En fait, la première chose à faire est de mériter sa confiance, ce qui n'est pas gagné d'avance. De toute façon, il ne l'accordera pas spontanément. Avec lui, le mot gagner prend tout son sens. Car il faudra peut-être des années avant qu'il ne vous donne sa confiance. Et si jamais vous la perdez, ne comptez pas la retrouver facilement. Vous devrez aussi vous habituer à ses remarques, à ses petites crises, aux flèches qu'il décoche si facilement à tous. Comme c'est un être très sensible, vous constaterez que ses angoisses sont lourdes à supporter, pour lui, bien sûr… mais aussi pour les autres.

Pour le convaincre de votre idée, il ne sert à rien de tempêter ou de vouloir lui enfoncer vos principes dans le crâne… Laissez-le découvrir de lui-même les raisons profondes de vos positions. Il le fera souvent à votre insu, et ensuite seulement il se décidera. Vos arguments ne changeront rien. D'ailleurs, il ne se laissera sûrement pas influencer par votre raisonnement. Si, par malheur, vous lui cachez quoi que ce soit ou, pire, si vous lui mentez, c'est terminé ; il ne vous fera pas confiance, et vous ne pourrez certainement pas le convaincre du bien-fondé de votre opinion.

Le temps ne changera rien à son comportement ; vous aurez beau le connaître depuis des années, il ne sera pas plus sociable avec vous. Il s'ouvrira un peu – jamais complètement –, mais avec les autres, il ne changera pas. Son esprit de contradiction, ses sarcasmes, son humour cinglant et ses attitudes mystérieuses font partie intégrante de sa personnalité. Il faudra le prendre tel quel, sans chercher à vouloir le changer.

En toutes circonstances, le Scorpion est gouverné par ses émotions. Pour cette raison, il a besoin de savoir qu'il peut se fier aveuglément à vous, que vous lui êtes dévoué et fidèle, et surtout de savoir que, même lorsque vous ne le comprenez pas, vous l'acceptez totalement.

Le Scorpion n'est pas un être comme les autres, ne l'oubliez jamais. C'est un être exceptionnel, extraordinaire, dans le vrai sens du terme, c'est-à-dire qui sort de l'ordinaire. C'est d'ailleurs ce qui vous a attiré vers lui. Alors, n'essayez surtout pas d'en faire un être ordinaire; vous perdriez votre temps et dépenseriez votre énergie pour rien.

Ses goûts

Par-dessus tout, il aime semer un léger trouble chez les autres. Pour lui, tout est tout blanc ou tout noir, c'est clair et net. Il n'y a pas de juste milieu. Il affiche sur lui cette caractéristique : ses vêtements seront blancs, rouges ou noirs et non crème, rose ou gris. Dans les matières, c'est la même chose. Elles sont généralement brutes : le cuir, le métal. Il ne détestera pas les chemises gitanes. Les femmes Scorpion portent presque exclusivement le pantalon. Si elles choisissent une robe, elle sera moulante et très sexy. Le Scorpion dégage beaucoup de magnétisme; on le remarque de loin et, bien entendu, il utilise cette facette de sa personnalité. Pour son intérieur, il oubliera les flaflas. La décoration de son logement est généralement déconcertante, presque glaciale. En fait, on ne s'y sent pas toujours à l'aise. Vous entrez dans son domaine et avez cette sensation dès que vous avez franchi le pas de la porte. À table, il aime la viande, les fruits de mer, les mets très relevés, très épicés; n'ayez pas peur de brûler son palais! S'il a préparé le repas, demandez donc un verre d'eau : vous en aurez besoin, croyez-moi. Il aime les alcools grisants, les vins corsés et capiteux. Ainsi, même à table, il ne connaît pas les demi-mesures. Avec de tels goûts, ce n'est guère étonnant qu'il ait parfois des problèmes d'estomac.

Son potentiel

Faire des cachotteries à un Scorpion relève de l'exploit. Il sait tout, devine tout, voit tout, entend tout, même lorsqu'on pense qu'il n'écoute pas. Il fera fureur dans des métiers où l'investigation est reine : policier, détective, espion ou chercheur. Le domaine de la recherche est vraiment sa discipline. Il excellera dans les techniques policières, la sécurité, la médecine, la recherche fondamentale, la chirurgie, la psychiatrie, l'astrologie ainsi que la boucherie et le travail des métaux. Étant très attiré par tout ce qui touche de près ou de loin à la mort, à la sexualité ou au monde interlope, il pourrait devenir enquêteur aux homicides, par exemple. De toute façon, peu importe sa branche, son intuition lui permet de trouver ce qu'il veut… Et il vaut mieux ne pas le contrecarrer ou être l'objet de son enquête !

Ses loisirs

Évidemment, notre cher Scorpion aime bien mettre ses capacités et son flair à l'épreuve. Il adore les romans policiers à l'univers très sombre, presque glauque, ou les livres qui lui permettent d'en découvrir plus sur un sujet qui le passionne, notamment les sciences occultes. Quand il veut trouver quelque chose, croyez-moi, il y arrive. Parfois, il lui faut remuer mers et mondes, mais cela ne l'arrête pas, au contraire.

Rat de musées, il affectionne ces endroits de culture, qui représentent pour lui une autre façon d'en apprendre un peu plus. Pour cette raison, il se montrera intéressé par l'archéologie, le monde relevant du paranormal, des sciences occultes, bref par ce que la majorité des gens ignorent ou craignent un peu.

C'est un être qui analyse constamment ce qui l'entoure : les gens, les choses, les situations. Il devrait essayer de se dépenser un peu plus physiquement et de brûler son trop-plein d'énergie en pratiquant un sport ou en faisant des activités manuelles. Il développe beaucoup son côté intellectuel et cérébral au détriment de son physique.

Pour lui faire plaisir, vous pouvez l'emmener au cinéma voir un thriller noir, rempli de rebondissements avec une intrigue bien touffue où un suspect n'attend pas l'autre. Il vous étonnera, car il sera probablement le seul à découvrir le coupable avant la fin.

Sa décoration

Le Scorpion recherche ce qu'il y a de plus à la mode, notamment dans les objets et les tendances, et évidemment, sa décoration reflète ses goûts branchés. Du côté des couleurs, il opte pour des teintes franches, audacieuses, par exemple le rouge et le noir, qu'il n'hésite pas à marier. Pour les objets, il préfère ceux ayant une signification à ses yeux, leur valeur décorative important peu. Il se pourrait, par exemple, qu'il collectionne les armes et utilise une épée comme portemanteau… Déconcertant pour ses invités, mais tout à fait logique pour lui.

L'ambiance de sa tanière est souvent dramatique. Les meubles ont des angles marqués, l'éclairage est étonnant et même insolite. En fait, son intérieur est théâtral, surprenant… On a parfois l'impression d'entrer dans le repaire d'un être bizarre. Et il n'est pas toujours facile pour les autres d'y évoluer confortablement.

Son cadre de vie ne plaira certes pas à tous, mais n'oublions pas que notre Scorpion n'est justement pas n'importe qui.

Son budget

Son compte en banque et ses finances sont, bien entendu, à son image, entourés d'un halo de mystère. Il vous demandera votre salaire sans sourciller, mais n'essayez pas de lui demander combien il gagne, car il vous répondra que ça ne vous regarde pas. Notre Scorpion se fie davantage à son intuition qu'à son jugement, même dans ses finances. Il a du flair et sait détecter les bonnes affaires lorsqu'elles se présentent. Ses placements et ses investissements suivent la même règle : il les choisit avec audace, dans des secteurs auxquels personne n'aurait pensé. Bien entendu, ses pressentiments se révèlent justes, et il fait de bonnes affaires. Par contre, pour gérer son budget au jour le jour, il effectue des accrobaties et ne calcule pas. Il dépense ce qu'il veut quand il le veut… du moins, en apparence. Parce que, ne vous en faites pas, il sait exactement de combien il dispose, jusqu'où aller dans ses petites folies sans mettre en péril son compte en banque.

Quel cadeau lui offrir ?

Le Scorpion attache beaucoup d'importance aux émotions et aux sentiments ; l'objet est secondaire. Il préfère qu'on lui accorde du temps ; un diamant ou une voiture de luxe sans réelle amitié ne compte pas pour lui. Par contre, s'il sait combien vous tenez à lui, une simple carte de vœux lui fera plaisir. N'oubliez pas qu'il accorde beaucoup d'importance aux souvenirs et à des objets qui ont une réelle signification pour lui, et ce ne seront pas forcément les cadeaux les plus beaux ni les plus chers qu'il préférera. Si vous tenez absolument à lui offrir un présent dont il se souviendra, choisissez un objet inusité ou très rare. S'il sait qu'il n'y en a qu'un seul sur la terre (ou quelques-uns tout au plus), il en sera d'autant plus touché. Si vous lui donnez un objet que vous avez fait faire spécialement pour lui, un parfum ou un bibelot, il l'appréciera d'autant plus, car il y attachera une valeur sentimentale.

Le Scorpion est une personne à l'esprit analytique très aiguisé ; donc un roman policier où il défiera Hercule Poirot ou l'inspecteur Maigret saura lui plaire. Des ouvrages sur des civilisations disparues ou mythiques (l'Atlantide, Mu le continent oublié) ou sur des sujets mystérieux ou relevant du paranormal piqueront sa curiosité. Des alcools rares ou des épices peu connues lui plairont beaucoup, et il s'en régalera.

Les enfants Scorpion

Les petits Scorpion se démarquent des autres par leur regard puissant. Ils observent, ils veulent voir tout ce qui se passe, ils veulent comprendre. Même tout petits, ils en savent déjà beaucoup plus que ce que vous soupçonniez. Ce sont des enfants fouineurs, curieux de tout, qui auront mille et une questions à vous poser en toutes circonstances, et bien sûr pas n'importe lesquelles. Vous en serez souvent désemparé. Il est inutile de chercher à vous y soustraire en faisant semblant de n'avoir pas entendu, ou même de tenter de changer de sujet : ils vous attendent de pied ferme, et n'allez pas leur dire n'importe quoi pour vous débarrasser d'eux, ils devineront votre astuce... On a souvent l'impression que ces enfants pressentent les gens et lisent dans les pensées.

Ils ne sont pas faciles à éduquer, car ils sont trop intelligents. Ils cherchent sans cesse à tester les réactions d'autrui et sont d'habiles manipulateurs... Très curieux, ils fouilleront dans vos tiroirs, liront votre courrier personnel, essaieront de découvrir ce que vous leur cachez, sur votre passé notamment, bref, ils ne vous laisseront pas en paix une minute. Ils sont également très possessifs, surtout envers leurs parents, qu'ils n'acceptent pas de partager ; leurs frères et leurs sœurs en savent quelque chose. À l'école, comme ils sont très visuels, ils s'ennuient quand le professeur se lance dans des concepts trop vagues ; ils ont besoin d'exemples concrets.

Le Scorpion est un enfant très sensible ; il a peur d'être blessé. Pour cette raison, il préfère l'attaque à la défense. Il faut lui enseigner que pour être aimé, il faut faire preuve d'amabilité et faire des compromis. Comme il ne donne pas facilement sa confiance, vous devez lui apprendre à partager et à être plus sociable, à se faire des amis au lieu de rester dans son coin. Son bonheur et son équilibre en dépendent.

L'ado Scorpion

Cher Scorpion, tu n'es pas une personne très accessible, et il n'est pas toujours simple de te comprendre. Même tes proches ont de la difficulté à bien cerner ta nature. Et cela peut parfois créer des problèmes dans tes relations avec les autres, mais il faut dire que tu veilles jalousement à sauvegarder ton mystère. Tu leur fais un peu peur, et l'on dirait que cela t'amuse... Ta volonté est forte, tu es secret, passionné, mais tu parles peu...

Tu sembles très fort. Tu ne fais pas de compromis. Tu t'exprimes facilement et sans mâcher tes mots. Tu n'as pas envie de te montrer aimable simplement pour être gentil ou pour faire plaisir, et c'est justement en adoptant ce comportement que tu te crées des problèmes. Tu veux que les autres t'acceptent comme tu es, mais tu ne leur donnes pas la chance d'entrer en communication avec toi. Ils ne savent vraiment pas sur quel pied danser. Pourtant, lorsqu'on te connaît un peu mieux, on peut voir sous ta carapace que tu es un être très sensible et très émotif.

Tu décèles facilement les intentions des gens qui t'entourent, tu devines rapidement les choses et tu découvres aisément la personnalité des autres. Tu as beaucoup de flair, et l'on ne peut rien te cacher. Lorsque quelqu'un te déplaît ou t'agace, tu trouves toujours le mot juste pour toucher son point faible.

En amour, ta passion explose, mais lorsque tu hais, aïe! tu es tout aussi excessif. Tes sentiments sont puissants, et il n'y a rien à ton épreuve. Ta volonté est exceptionnelle. Tout cela fait de toi quelqu'un de différent, de « pas comme les autres », et cela attire évidemment l'attention du sexe opposé. Tu dégages beaucoup de magnétisme et, même si tu décides de te mettre à l'écart, tu passes rarement inaperçu.

Tes études

Tu es très curieux et tu t'intéresses à tout ce qui est ardu à comprendre; tu trouves souvent et rapidement la solution à des problèmes. Tout ce qui est caché t'intrigue. Par contre, l'échec t'effraie. Ta volonté et ta détermination font cependant en sorte que tu échoues rarement. Tu as un esprit scientifique. Comme tu approfondis tout, les travaux d'équipe ne te conviennent pas. Les autres se plaignent de ta lenteur et toi, tu les trouves trop superficiels! Il vaut mieux que tu travailles seul: ton rendement scolaire sera alors exceptionnel.

Comme ta mémoire est fabuleuse, tu apprends très rapidement ; tu retiens tout ce que tu entends et surtout tout ce que tu vois.

Ton orientation

L'important, c'est que tu te diriges vers un domaine que tu aimes ; généralement tu opteras pour la recherche, que ce soit des études scientifiques ou les techniques policières. Un autre de tes domaines de prédilection est la psychologie, car tu analyses très bien les situations et les gens, et tu devines ce que les autres pensent ou ressentent.

Pour toi, la médecine, les sciences, la chirurgie, l'industrie minière, l'armée, la criminologie, la sexologie, les assurances, la sculpture sont des domaines intéressants. Mais tu peux également préférer des secteurs plus inusités encore, par exemple tout ce qui est lié à l'ésotérisme et à la mort. Des choix qui bien sûr étonneront ton entourage.

Tes rapports avec les autres

Tu es une personne solitaire. On peut compter le nombre de tes copains sur les doigts d'une seule main. Si tu as peu d'amis, tu sais par contre que tu peux compter sur eux, car tu les as triés sur le volet. Pour les comprendre, pas besoin de discuter avec eux pendant des heures, tu lis en eux comme dans un livre ouvert. Avec les gens qui croisent ton chemin, tu te montres méfiant et souvent sarcastique ; tes remarques font grincer des dents… mais tu t'en moques un peu, n'est-ce pas ?

Lorsque tu cherches à plaire, tu sais mettre de l'avant ton petit côté mystérieux. Tu déploies alors tout ton charme, et ton magnétisme est surprenant. Tes sentiments ne connaissent pas la nuance, et tu n'aimes pas à moitié : c'est tout ou rien. Si quelqu'un te déçoit, te ment effrontément ou te blesse, tu deviens très désagréable, et regagner ta confiance est presque une mission impossible. Tu es assez rancunier et tu dois apprendre à balayer les vieilles histoires pour mieux aller de l'avant.

Marc Labrèche, Sophie Lorain, Claude Poirier, Pablo Picasso, Patricia Paquin, Louise Deschâtelets, Julia Roberts, Leonardo DiCaprio, Jodie Foster, Demi Moore, Lise Watier, Anne Dorval, Andrée Lachapelle, Serge Postigo, Noémie Godin-Vigneault, Meg Ryan, Luc Guérin.

Pensée positive pour le Scorpion

Je me libère de tout ce qui est arrivé par le passé. Je me pardonne et je pardonne aux autres. Ainsi, ma route devient de plus en plus agréable et lumineuse.

Pensée positive spéciale pour 2007

J'apprends à lâcher prise, car les nouveaux éléments de ma vie m'apporteront davantage de satisfaction et de bonheur.

Le subconscient nous dirige toujours selon nos pensées. En répétant le plus souvent possible ces pensées conçues tout spécialement pour vous, vous vous attirerez plein de belles choses.

Signe: Scorpion

Élément: Eau

Catégorie: Fixe

Symbole: ♏

Points sensibles: Organes de reproduction, maladies vénériennes, rectum, estomac, sinus, prostate.

Planète maîtresse: Pluton, planète de la mort.

Pierres précieuses: Tourmaline, malachite, sanguine.

Couleurs: Noir, blanc, rouge et toutes les couleurs franches.

Fleurs: Orchidée, chrysanthème, fleurs exotiques... y compris les plantes carnivores!

Chiffres chanceux: 5-8-14-17-23-29-30-39-41-44.

Qualités: Ardent, passionné, intuitif, actif, magnétique, patient, capable de tout, trouve toujours ce qu'il cherche.

Défauts: Renfermé, sarcastique, catégorique, méfiant, rancunier, tendance à se cantonner dans le passé.

Ce qu'il pense en lui-même: Je fais bien peu confiance aux êtres humains... je reste sur mes gardes.

Ce que les autres disent de lui: Qu'est-ce qu'il va encore nous sortir aujourd'hui?

PRÉDICTIONS ANNUELLES

L'année se divise en trois cycles. Jusqu'au 2 septembre, vous continuerez à vous interroger sur le sens à donner à votre vie et parfois vous aurez l'impression de naviguer en eaux troubles. Vous devrez vous réorganiser et faire face à des situations inattendues. Entre le 3 septembre et votre anniversaire, vous amorcerez une phase d'accalmie. Vous trouverez des réponses à vos nombreuses questions; vous aurez une meilleure intuition des gestes à faire et des décisions à prendre. Ce sera le début de la libération. Après votre anniversaire, vous aurez la voie parfaitement libre et pourrez faire tout ce dont vous avez envie. Votre coefficient de chance ira en augmentant.

Santé – Avec les effets de Saturne qui continueront à se manifester jusqu'en septembre, vous avez tout intérêt à vous montrer conséquent. N'abusez pas de vos forces, tant physiques que morales. Soignez vos bobos sans tarder et restez dans les limites d'une saine hygiène de vie. En agissant de la sorte, vous éviterez de vous retrouver sur le carreau. Quant au reste de l'année, il est rempli de promesses. Pour certains on peut parler de récupération, alors que pour d'autres il est question d'une énergie et d'une résistance accrues. Bien entendu, vous faites également de gros progrès du côté de vos états d'âme.

Sentiments – Voici un secteur où votre remise en question a de nombreuses répercussions. Une importante prise de conscience révèle une autre facette de la réalité. Vous apprenez à mieux vous connaître; par conséquent, vous êtes plus branché sur vos véritables besoins. Pas étonnant que vous vous apprêtiez à faire un gros ménage parmi vos relations. Vous écarterez les personnes qui ne correspondent pas à vos attentes, vous vous concentrerez sur celles qui en valent la peine et vous essaierez également de réparer une erreur passée. L'automne apportera un changement d'attitude remarquable: vous aurez envie de vous ouvrir davantage au monde extérieur et de connaître de nouvelles gens. Malheureusement, cette année, la santé d'un proche risque de vous causer quelques soucis.

Affaires – Jusqu'à votre anniversaire, vous aurez souvent à rajuster votre tir à cause d'événements soudains. Votre recherche de stabilité et de sécurité ne sera pas toujours comblée. Ajoutons que vous êtes à la croisée des chemins et que vous ressentez un impérieux besoin de vous recycler. Une nouvelle carrière, un retour aux études ou un changement d'orientation serait envisageable. Vous êtes méfiant de nature et, cette année, ce trait de caractère pourrait vous rendre service. Alors, ne faites pas confiance au premier venu et protégez ce qui vous appartient. À compter de septembre, les incertitudes professionnelles commencent à se dissiper et vos finances seront beaucoup moins en dents de scie. Vous remonterez la pente. L'année consécutive à votre fête regorge de promesses.

JANVIER

D	L	M	M	J	V	S
	1	2	3 ○ F	4F	5D	6D
7	8	9	10	11	12	13
14	15	16	17	18 ●	19D	20D
21F	22F	23	24	25	26	27
28	29	30F	31F			

○ Pleine lune   ● Nouvelle lune
F Jour favorable   **D** Jour difficile

Santé – Jusqu'au 15, tout va pour le mieux dans le meilleur des mondes. Par la suite, votre énergie physique se met à augmenter mais vous n'êtes pas à l'abri d'un rhume ni d'un accès de nervosité qui pourrait engendrer divers petits malaises. Gardez-vous du temps pour vous relaxer et ne laissez surtout pas la pression s'accumuler.

Sentiments – L'opposition de Vénus à Saturne touche particulièrement votre signe. Vous vous sentez incompris, vous avez l'impression que l'on ne répond pas du tout à vos demandes. Il n'y a pas que l'entourage qui ait du mal à communiquer ; pour vous aussi le dialogue semble une tâche fort difficile. Vous avez du mal à verbaliser vos états d'âme, à exprimer ce qui vous frustre.

Affaires – Dans ce secteur, les influences sont plus positives, bon temps donc pour miser sur la carrière plutôt que sur les questions affectives. Malgré quelques retards ou ratés, vous finissez par obtenir ce que vous désirez. Une proposition alléchante, un contrat ou un petit à-côté vous permet de gagner plus d'argent. Bonne période pour les déplacements et les démarches.

FÉVRIER

D	L	M	M	J	V	S
				1D	2 ○ D	3D
4	5	6	7	8	9	10
11	12	13	14	15	16D	17 ● D
18F	19F	20	21	22	23	24
25	26F	27F	28D			

○ Pleine lune   ● Nouvelle lune
F Jour favorable   **D** Jour difficile

Santé – De très bons aspects planétaires s'exercent dans votre ciel. Vous vous sentez renaître, vous donnez même l'impression de rajeunir. Le mois serait privilégié pour vous prendre en main, vous remettre en forme, suivre un traitement ou une thérapie ; vous obtiendriez rapidement des résultats concrets. Exactement la même chose pour les transformations beauté et les régimes.

Sentiments – La douce Vénus vous favorise elle aussi. Jusqu'au 21, vos recherches de l'âme sœur pourraient enfin aboutir. Si vous êtes déjà en relation, celle-ci devrait s'améliorer de manière bien tangible. Et que dire de la vie sociale, qui repart de plus belle ! On vous lance des invitations bien tentantes ; vous avez également l'occasion d'élargir votre cercle d'amis.

Affaires – Ne perdez pas un seul instant, c'est maintenant qu'il faut agir. Les démarches en vue de donner un nouvel élan à votre carrière de même que pour améliorer vos finances vous procureront d'énormes satisfactions. Votre esprit regorge d'idées géniales et votre flair vous révèle le moment le plus opportun pour passer à l'acte. Bon mois pour voyager ou pour chercher un nouveau logis.

MARS

D	L	M	M	J	V	S
				1D	2D	3 ○
4	5	6	7	8	9	10
11	12	13	14	15D	16D	17F
18 ● F	19	20	21	22	23	24
25F	26F	27F	28D	29D	30	31

○ Pleine lune et éclipse lunaire totale   ● Nouvelle lune et éclipse solaire partielle
F Jour favorable   **D** Jour difficile

Santé – Les astres sont loin d'être aussi cléments que le mois passé ; cependant, en prenant certaines précautions, vous pourrez les déjouer. Redoublez de prudence dans vos déplacements et en toute situation présentant un potentiel de danger. Bannissez les abus et soignez vos problèmes sans tarder. Une grosse vague de nervosité marque les 18 premiers jours, puis vous retrouvez votre calme.

Sentiments – Pendant les trois premières semaines, vous communiquez facilement avec la marmaille et les amis, qui continuent à vous lancer toutes sortes d'invitations. Avec l'être aimé, c'est moins évident car il se replie sur lui-même. Entre le 19 et le 31, mettez vos gants blancs avec tous si vous tenez à sauvegarder l'harmonie. En ce mois, un membre de la famille pourrait vous causer du souci.

Affaires – Mieux vaudrait vous faire le plus discret possible au travail. En vous élevant contre un collègue ou le patron, vous risquez de provoquer une véritable crise. Vos propositions sont accueillies avec tiédeur, parfois elles ne passent tout simplement pas. Ce n'est vraiment pas le temps de forcer la note. Attention aux gestes irréfléchis, aux achats compulsifs, aux vols et aux dégâts matériels.

AVRIL

D	L	M	M	J	V	S
1	2 ○	3	4	5	6	7
8	9	10	11D	12D	13D	14F
15F	16	17 ●	18	19	20	21
22F	23F	24D	25D	26	27	28
29	30					

○ Pleine lune   ● Nouvelle lune
F Jour favorable   **D** Jour difficile

Santé – La première semaine s'annonce encore tordue ; demeurez donc sur le qui-vive comme nous vous le suggérions le mois dernier. Par après, cependant, les choses changent radicalement. Vous découvrez la solution à vos problèmes, vous reprenez confiance en vos moyens et en la vie. La vigueur, l'énergie et la résistance reviennent en force. Bref, vous avez tout ce qu'il faut pour repartir du bon pied.

Sentiments – L'opposition de Vénus complique vos rapports interpersonnels jusqu'au 12. De la bouderie, un manque de communication et des paroles blessantes risquent d'assombrir cette période. Heureusement, le ciel s'éclaircit par la suite. Vous entamerez un cycle de popularité durant lequel on n'aura d'yeux que pour vous. Les soucis familiaux s'éclipseront, et la bonne entente effectuera un retour fort apprécié de tous.

Affaires – Soyez tranquille jusqu'au 8. Passé cette date, vous pourrez agir à votre guise. Vous réglerez non seulement les conflits mais aussi toute une série d'emmerdements qui vous empêchaient de fonctionner à plein. Un nouveau poste ou un contrat vous confirme que vous traversez une meilleure période. Vous avez même quelques chances au jeu pour un prix secondaire.

MAI

D	L	M	M	J	V	S
		1	2 ○	3	4	5
6	7	8	9D	10D	11F	12F
13	14	15	16 ●	17	18	19F
20F	21D	22D	23D	24	25	26
27	28	29	30	31 ○		

○ Pleine lune   ● Nouvelle lune
F Jour favorable   D Jour difficile

Santé – Les influences planétaires s'intensifient. Pour plusieurs, ce sera un mois de guérison ou, à tout le moins, de remontée fulgurante de la forme physique. Si votre corps va mieux, on ne peut pas en dire autant de votre équilibre nerveux, qui semble précaire d'ici au 12. Quand ce n'est pas l'anxiété qui vous tiraille, c'est la déprime. Parlez-vous un peu, changez-vous les idées, et ça passera.

Sentiments – Vous continuez de briller tant à l'intérieur de votre cercle d'amis que face aux nouvelles gens que vous rencontrez. Parlant de rencontre, les célibataires pourraient avoir une belle surprise entre le 8 et le 31. Les couples, eux, célébreront le retour de la passion. Seul un enfant demeure insensible à vos charmes, et il vous en fait voir de toutes les couleurs !

Affaires – Votre carrière poursuit son redressement. Un poste mieux rémunéré, l'obtention d'une soumission ou d'un contrat vous stimule fortement. Un heureux concours de circonstances joue en votre faveur et vous avez encore quelques chances au jeu jusqu'au 17. Mettez un peu d'argent de côté, car une dépense imprévue risque de faire un trou dans cotre budget.

JUIN

D	L	M	M	J	V	S
					1	2
3	4	5D	6D	7F	8F	9
10	11	12	13	14 ●	15	16D
17D	18F	19F	20	21	22	23
24	25	26	27	28	29	30 ○

○ Pleine lune   ● Nouvelle lune
F Jour favorable   D Jour difficile

Santé – Il n'y a que la dernière semaine qui laisse à désirer, puisqu'elle comporte un risque de malaise ou d'accident. Tout le reste est favorable sur le plan physique. Vous avez une belle énergie et résistez fort bien à tout ce qui passe. Quant au moral, c'est durant la totalité du mois qu'il est au beau fixe; vos bonnes dispositions vous permettent de profiter de la vie.

Sentiments – La première quinzaine promet d'être magique sur le plan des amours. Une rencontre importante, une déclaration ou un rapprochement vous fait vibrer. Par après, vous avez tout intérêt à faire quelques concessions. Socialement, ça demeure enlevant, surtout pendant la première moitié du mois. Les soucis occasionnés par un enfant disparaissent, celui-ci revient à de meilleurs sentiments.

Affaires – Vos idées brillantes et votre étonnante habileté à les communiquer vous ouvrent bien des portes. Excellente période pour les démarches, les négociations, les transactions et le commerce en général. Ajoutons que les déplacements d'affaires ou d'agrément donnent eux aussi des résultats fort satisfaisants.

JUILLET

D	L	M	M	J	V	S
1	2D	3D	4F	5F	6F	7
8	9	10	11	12	13F	14 ● F
15D	16D	17	18	19	20	21
22	23	24	25	26	27	28
29 ○	30D	31D				

○ Pleine lune   ● Nouvelle lune
F Jour favorable   **D** Jour difficile

Santé – L'opposition de Mars vous recommande de faire attention à vous. Redoublez de vigilance quand vous vous déplacez et lorsque vous utilisez un objet avec lequel vous pourriez vous blesser. Une alimentation équilibrée et du repos en quantité suffisante vous aideront à éviter les défaillances. Malgré une tendance à l'impulsivité, le moral va plutôt bien.

Sentiments – Évitez de vous montrer agressif avec vos proches, sans quoi vous allez mettre le feu aux poudres. Même chose si vous leur remettez sur le nez des histoires remontant au déluge. Par contre, si vous jouez la carte de la douceur, vous pourrez obtenir exactement ce que vous voulez. Un parent traverse des moments pénibles, ce qui vous affecte par ricochet.

Affaires – Ici non plus, l'arrogance ne donnera rien de bon. Il est vrai que des situations déconcertantes se produisent au travail en ce mois, mais ce n'est pas une raison pour sortir de vos gonds. D'une part ça ne donnerait rien, d'autre part vous risqueriez de créer des inimitiés fort tenaces. Prenez soin de votre argent et de vos biens ; prémunissez-vous contre le vol, les escroqueries et les dégâts matériels.

AOÛT

D	L	M	M	J	V	S
			1F	2F	3	4
5	6	7	8	9F	10F	11D
12 ● D	13D	14	15	16	17	18
19	20	21	22	23	24	25
26D	27D	28 ○ F	29F	30	31	

○ Pleine lune et éclipse lunaire totale   ● Nouvelle lune
F Jour favorable   **D** Jour difficile

Santé – Dès le 7, Mars ne vous gênera plus. Vous pourrez fonctionner plus librement sans avoir constamment à redouter un accident ou un malaise. Vous disposerez de davantage d'énergie et surtout vous la gérerez bien mieux. Vous aurez des nerfs d'acier du 1er au 5, puis du 21 au 31, mais curieusement, entre ces deux périodes, ce sera tout à fait l'inverse : vous serez enclin à vous affoler pour des riens ou à vous torturer inutilement.

Sentiments – La première semaine comporte encore son lot d'inquiétudes sur le plan familial ; heureusement, ça s'arrangera par après. À la maison, le manque de dialogue ainsi que la routine vous tapent sur les nerfs, mais ce n'est pas en haranguant vos proches que vous arrangerez les choses. Encore une fois, c'est la douceur qui est votre meilleure alliée.

Affaires – Vous devrez patienter jusqu'au 8 pour voir les plus gros obstacles tomber. Bien que le reste du mois ne soit pas parfait, vous gagnerez du terrain même si ça vous demande énormément d'efforts. Vous pourriez abandonner un projet pour vous consacrer à quelque chose de plus réalisable. Bonne idée, de toute façon le moment est venu de tourner certaines pages.

SEPTEMBRE

D	L	M	M	J	V	S
						1
2	3	4	5F	6F	7F	8D
9D	10	11 ●	12	13	14	15
16	17	18	19	20	21	22D
23D / 30	24D	25F	26 ○ F	27	28	29

○ Pleine lune   ● Nouvelle lune et éclipse solaire partielle
F Jour favorable   **D** Jour difficile

Santé – Ça continue de remonter, pas toujours à vive allure, mais les progrès sont là pour rester. Saturne, qui menaçait votre résistance depuis quelques années, sort définitivement du portrait le 2, ce qui marque le début d'un cycle de récupération. Psychologiquement, vous êtes encore un peu trop impressionnable. Toutefois, vous êtes en voie de vous ressaisir.

Sentiments – Bien que le climat soit moins tendu, vous éprouvez encore quelques frustrations. Vous trouvez qu'on ne fait pas assez attention à vous, vous voudriez que les autres devinent ce que vous désirez. Ce serait tellement plus simple si vous parliez un peu plus... Une personne dont vous aviez perdu la trace reparaît, mais vous éprouvez des sentiments mitigés à son endroit.

Affaires – Vous nagez en pleine réorganisation, vous vous attaquez même à ce qui freinait vos élans. Vous savez parfaitement ce que vous ne voulez plus, mais on ne peut pas dire que vous avez une idée précise de ce que vous espérez pour le futur. Comme la confusion règne, mieux vaut éviter les gestes précipités. Je vous garantis que dès le mois prochain vous vous enlignerez facilement.

OCTOBRE

D	L	M	M	J	V	S
	1	2	3F	4F	5D	6D
7	8	9	10	11 ●	12	13
14	15	16	17	18	19	20D
21D	22F	23F	24	25 ○	26	27
28	29	30F	31F			

○ Pleine lune   ● Nouvelle lune
F Jour favorable   D Jour difficile

Santé – Magnifique mois à l'horizon! Vous avez tous les atouts pour vous refaire une santé tant physique que morale. Vous vous affranchissez des ennuis passés, vous trouvez la solution à vos maux et surtout le moyen d'éviter qu'ils ne reviennent. Le moment serait idéal pour vous inscrire à un programme d'exercice ou à une activité sportive.

Sentiments – Les huit premiers jours clochent encore un peu mais, par la suite, c'est enlevant. Vous reprenez goût aux mondanités, ce qui tombe parfaitement bien car vous recevez une foule d'invitations et de propositions. Au sein de votre couple, la crise est terminée; vous repartez du bon pied. Une amitié amoureuse viendra égayer la vie des solitaires.

Affaires – Retour de la chance! Vous avez même quelques possibilités au jeu. Ce qui vous fera le plus plaisir cependant sera la nouvelle tangente que prendra votre carrière. Un poste à la hauteur de vos attentes, un contrat payant ou une augmentation de salaire vous permettra d'envisager l'avenir avec optimisme. Ce serait une période en or pour voyager, pour étudier et pour faire des recherches.

NOVEMBRE

D	L	M	M	J	V	S
				1D	2D	3D
4	5	6	7	8	9 ●	10
11	12	13	14	15	16D	17D
18F	19F	20	21	22	23	24 ○
25	26F	27F	28F	29D	30D	

○ Pleine lune	● Nouvelle lune
F Jour favorable	D Jour difficile

Santé – Un autre excellent mois en perspective. Vous continuez à reprendre des forces. Vous êtes à la fois plus solide et plus énergique. Voilà pourquoi vous avez davantage le goût de bouger. De grâce, n'ignorez pas cette impulsion, car le fait de vous dépenser physiquement vous fera du bien à tous les niveaux. À compter du 11, plus rien ne vient perturber votre équilibre nerveux.

Sentiments – Les neuf premiers jours sont extraordinaires tant sur le plan social qu'amoureux. Le reste de novembre ne présente rien de négatif, c'est tout simplement que vous serez si bien dans l'intimité de votre foyer qu'il sera bien difficile de vous en extirper... Et pourtant, ce ne sont pas les invitations qui manquent ! À vous de décider.

Affaires – Vous avez le vent dans les voiles. Vos entreprises fonctionnent à merveille et les efforts que vous déployez pour améliorer vos finances ou vos conditions de travail donnent des résultats du tonnerre. Si ça vous tente de taquiner la chance, vous pourriez décrocher un beau petit prix. Voyages et déplacements demeurent avantagés.

DÉCEMBRE

D	L	M	M	J	V	S
						1
2	3	4	5	6	7	8
9 ●	10	11	12	13D	14D	15D
16F	17F	18	19	20	21	22
23 ○ / 30	24 F / 31	25F	26D	27D	28	29

○ Pleine lune   ● Nouvelle lune
F Jour favorable   D Jour difficile

Santé – Si l'année a mal commencé, on peut affirmer qu'elle finit bien. Vous êtes en pleine possession de tous vos moyens et si vous traîniez encore de la patte, ça ne saurait durer. Bon temps pour une nouvelle tête ou une métamorphose beauté. Il y a un hic, c'est que vous avez fort bon appétit et que ça risque de se faire sentir sur votre pèse-personne...

Sentiments – Que vous êtes choyé ! Vénus, planète de la popularité et du bonheur amoureux, a choisi ce mois de festivités pour visiter votre signe. Vous jouez gagnant que ce soit dans l'intimité ou en société. On vous apprécie au plus haut point, on fait même des prouesses d'ingéniosité pour vous le prouver. Laissez-vous gâter !

Affaires – Vous vous dirigez tout droit vers une année 2008 exceptionnelle. En attendant, ce n'est pas le travail qui manque ; les activités se suivent à un rythme effréné. D'ici au 21, des heures supplémentaires, un contrat décroché à la dernière minute ou un petit à-côté lucratif contribuent à votre essor financier. Dans les tirages, vous faites toujours bonne figure.

SAGITTAIRE

DU 23 NOVEMBRE
AU 20 DÉCEMBRE

Jupiter, la planète de l'abondance, joue un rôle crucial dans votre vie, et toute votre personnalité en est fortement influencée. Seriez-vous le plus chanceux du zodiaque ? Tout porte à le croire.

Votre optimisme et votre bonne humeur légendaires contribuent à cette chance. Si vous sentez la tristesse et la mélancolie vous envahir, vous ne vous laissez pas abattre. Rapidement, vous y trouvez un remède : sortir, mettre le nez dehors. Pour vous, ne pas rester enfermé est la meilleure des solutions, le plus puissant des toniques. On se demande même pourquoi vous avez un domicile ; on ne vous y trouve jamais !

Vous ne pouvez pas rester en place. Rester à l'intérieur vous fait dépérir. Que ce soit pour faire une course au dépanneur du coin, pour aller voir une vieille connaissance à l'autre bout de la ville ou pour vous promener sur les canaux de Venise, vous devez absolument sortir de chez vous. Vous êtes un fanatique des voyages, les tampons de votre passeport le prouvent. Et bien sûr, plus c'est loin, plus vous êtes aux anges. Vivre dans vos valises ne vous fait absolument pas peur, au contraire, c'est ce que vous appréciez le plus.

Découvrir de nouvelles coutumes, le folklore régional, la cuisine et, surtout, les habitants des quatre coins du monde, voilà ce qui vous attire. Il ne serait d'ailleurs pas étonnant que votre partenaire soit d'origine étrangère. Il se pourrait que vous ayez de nombreux amis en Nouvelle-Zélande ou au fin fond de la Mandchourie, des amis d'ailleurs que vous n'hésiterez pas à aller voir, malgré les milliers de kilomètres qui vous séparent. Vous avez constamment besoin de changement, de renouveau, et, bien sûr, les voyages vous en fournissent l'occasion. Vous êtes toujours entre deux avions, et vos proches s'en plaignent parfois, car ils n'arrivent pas à vous voir… à moins de se mettre à fréquenter assidûment les aéroports. Le symbole de votre signe est le centaure, mais au lieu d'un arc et de flèches, il pourrait porter des valises et avoir des billets d'avion à la main. À la maison, les pays que vous avez visités ou que vous aimeriez connaître occupent une place importante dans votre décor. Vous collectionnez les bibelots, les tapis, les toiles représentant toutes ces contrées lointaines.

Mais le voyage n'est pas votre unique passion, vous en avez d'autres, qui demandent elles aussi beaucoup d'énergie : le sport, les jeux de hasard, le magasinage et surtout la danse sont pour vous d'excellents moyens de dépenser votre énergie… tout en sortant. Vous passeriez des nuits entières dans les boîtes de nuit à la mode, à vous trémousser sur la piste.

Votre trait de caractère le plus marquant est votre redoutable besoin d'indépendance. Vous devez vous sentir libre, être autonome, ne pas dépendre de qui que ce soit et aller où bon vous semble, sans avoir de comptes à rendre. Votre conjoint devra s'y faire. S'il tente de vous retenir dans les mailles de son filet, de vous garder tout à lui, le beau cheval fougueux qui vous représente ouvrira vite la porte de sa belle écurie dorée. Évidemment, cela rend vos relations sentimentales un peu difficiles, surtout au début puisque votre conjoint n'a pas encore appris à bien vous connaître. En fait, pour vous garder, il faut savoir vous laisser partir…

Vous aimez les grands espaces, la nature et la campagne. Vous vous sentez très attiré par les animaux : chats, chiens, perroquets, chevaux. Vous vous entourez d'une véritable ménagerie. Le problème est de trouver quelqu'un pour garder tous vos pensionnaires lorsque vous décidez de lever les voiles pour quelque temps.

Vous êtes régi par la planète de l'abondance, et votre physique reflète bien cette influence. Votre stature est imposante, vous vous exprimez avec éloquence et par de grands gestes, et vous avez une légère prédisposition à l'embonpoint. De toute façon, on ne peut pas vous rater. Vous êtes de ceux qui apprécient les plaisirs de la vie, en particulier ceux de la table.

Franc et direct, vous n'aimez pas faire de chichis ni mettre de gants blancs pour donner votre opinion. Le problème est que tout le monde n'est pas comme vous, et que certains se sentiront blessés par vos propos parfois peu diplomates. Avec vous, c'est à prendre ou à laisser… et cela fait grincer les dents de certaines gens. Par contre, une fois qu'on vous connaît, c'est votre nature généreuse et votre cordialité qu'on remarque.

Vous brassez de grandes idées, mais, en même temps, vous réussissez souvent à bien vous adapter au système et à vous créer une existence confortable, quitte à mener de front deux activités.

Comme vous êtes une personne chanceuse, il vous arrive souvent d'être sauvé par la cloche, c'est-à-dire que tout vous arrive à point nommé : un chèque substantiel, un contrat lucratif ou un gain viennent vous renflouer.

Comment se comporter avec un Sagittaire ?

Il ne faut surtout pas brimer sa liberté ; s'il se sent enfermé ou attaché, il ne pourra pas le supporter et se sauvera. Même chose s'il sent que vous vous accrochez à lui : il prendra la poudre d'escampette. Donc, pour bien vous entendre avec un natif de ce signe, vous devez comprendre son besoin d'indépendance, son goût de liberté. Le laisser sortir, voyager à sa guise est une excellente façon de vous assurer qu'il vous reviendra...

Lors d'une discussion, il ne faut pas tergiverser avec lui. Allez droit au but, sans l'affronter directement ; il n'aime pas être contredit de manière trop radicale. Lui, de son côté, il ne mâchera pas ses mots ; la diplomatie et le Sagittaire sont deux mondes bien éloignés l'un de l'autre. Par contre, c'est un être très volubile. Si vous avez quelque chose à dire, dites-le vite, car après vous ne pourrez plus placer un mot. C'est un vrai moulin à paroles. Ou alors... il sera déjà parti !

Le Sagittaire discute sans écouter. Il fait presque un monologue. Donc, armez-vous de patience pour le convaincre. En fait, vous devrez sans aucun doute rabâcher souvent les mêmes choses pour qu'il finisse par y porter attention. Le mieux est de lui faire croire que l'idée vient de lui ; dans ce cas, il dissertera longtemps sur le sujet, et vous n'aurez qu'à vous laissez convaincre... Mais attention, si vous vous rangez trop vite de son côté, il trouvera votre attitude suspecte. Il n'aime pas gagner sans combattre.

C'est un être essentiellement actif, qui ne reste jamais en place, qui a un besoin presque viscéral de bouger. Donc, s'il vous propose une sortie, acceptez... il serait bien capable de vous laisser seul à la maison et de sortir quand même. Par contre, si vous décidez de sortir seul, il n'y verra probablement aucun inconvénient, car il a besoin de se sentir libre. Il est indépendant dans l'âme.

S'il vous propose un voyage à l'autre bout du monde, n'hésitez pas à l'accompagner ; il a besoin de quelqu'un pour bien fonctionner dans ses pérégrinations. Et s'il désire partir seul, laissez-le faire ; il aime bien s'ennuyer un peu des êtres chers, à condition que ce soit lui qui parte.

Donc, si vous croisez la route d'un Sagittaire, mettez de bonnes chaussures de marche, gardez votre passeport valide sous la main et soyez prêt à le suivre. Soyez aussi prêt à l'attendre. Il a besoin de votre patience et de votre confiance, parce qu'il en manque terriblement.

Ses goûts

Immanquablement, il sera fasciné par tout ce qui vient de loin, ce qui est exotique, ce qui sort de l'ordinaire. Généralement, il croit que c'est toujours plus beau dans le jardin du voisin; il aimera bien aller y jeter un coup d'œil.

Lorsqu'il part, ce n'est pas pour aller dans la ville voisine; les destinations peu connues, les contrées inexplorées sont de nouveaux mondes à découvrir pour lui. Et ses bagages regorgeront vite de souvenirs achetés dans un souk du Moyen-Orient, d'armes de chasse ramenées d'Amazonie, de chants pygmées enregistrés sur bandes magnétiques et de recettes typiques de Papouasie–Nouvelle-Guinée. Évidemment, il fera également une razzia dans les boutiques des pays qu'il parcourt; alors vous devez vous attendre à le voir avec une chemise tibétaine, des bijoux gigantesques, des pantalons hindous très amples, bref des articles fort peu adaptés à nos conditions météorologiques, mais dans lesquels notre Sagittaire se sent parfaitement à l'aise.

Son intérieur est, bien entendu, à l'avenant. Les objets qui décorent sa demeure viennent des quatre coins du monde: meubles de bambous d'artisan népalais côtoyant des faïences de Quimper, des estampes japonaises surmontant des tapis persans... On a l'impression de faire le tour de la planète en quelques secondes. Et devinez ce qu'on trouve dans son assiette? Des tacos, des sushis, du couscous, de la paella, le fameux haggis écossais (panse de brebis farcie), bref, de tout, sauf du bon vieux pâté chinois. Et les portions sont généreuses; si vous l'invitez, n'hésitez pas une seconde à lui offrir des mets exotiques. Les vins et les alcools importés, le saké, l'ouzo... bref, toutes ces boissons qui viennent d'ailleurs sont pour lui de véritables nectars... et il en redemandera. Pour terminer la soirée, si vous l'invitez à danser — évidemment ce sera la salsa — notre Sagittaire sera aux anges.

Son potentiel

Comme il a constamment la bougeotte, il sera un formidable agent de voyages ou un guide touristique passionnant. L'import-export, les relations extérieures, représentant de commerce et toutes les professions qui l'obligent à se déplacer, comme astronaute, agent de bord ou conducteur d'autobus, lui conviennent. Le gouvernement, la politique, la philosophie, la sociologie, les automobiles, la justice, l'élevage et le commerce de produits d'origine animale, le transport de personnes ou de marchandises sont d'autres sphères d'activité où il fera certainement ses preuves, car cela demande de bonnes connaissances et une grande soif d'apprendre. Si vous voulez faire dépérir un Sagittaire, vous n'avez qu'à lui offrir un travail de bureau ou de machiniste sur une chaîne de montage; il vous fera une dépression à coup sûr.

Ses loisirs

Au moindre petit congé, le voilà sautant dans un avion pour visiter des pays inconnus ou au volant de son véhicule tout terrain dans les chemins cahoteux du fin fond de la Côte-Nord ou du Labrador. Il ne peut rester bien longtemps à la maison et il n'hésitera pas à sortir pour un oui ou pour un non, même si ce n'est que pour aller chercher un pain au coin de la rue. Notre Sagittaire aime parcourir les rues à la recherche d'une bonne aubaine. Si vous voulez magasiner avec un natif de ce signe, armez-vous de patience et enfilez votre meilleure paire de chaussures de marche car, avec lui, une courte visite au magasin peut se transformer en excursion d'une journée. Le Sagittaire est un être actif, qui a besoin de dépenser son énergie; il excelle donc dans le sport. C'est aussi un amant de la danse; il a le rythme dans le corps. C'est également un passionné de la vie animale. Tous les animaux l'intriguent et l'intéressent, de la petite fourmi au gigantesque dragon du Komodo. S'il peut aller les voir vivre dans leur habitat naturel, il en est encore plus heureux. Il passera des heures en compagnie de ses animaux. Exploiter un élevage d'autruches ou simplement promener son chien, tout est prétexte à sortir, à exprimer son goût de la liberté.

Comme il est curieux, il demeure sur le qui-vive et cherche sans cesse à améliorer ses connaissances. Il peut donc décider de suivre des cours universitaires sur des sujets peu orthodoxes; pour lui, c'est une autre façon d'élargir ses horizons.

Sa décoration

Il n'hésite pas à ramener des objets parfois bien hétéroclites de ses nombreuses expéditions de par le monde. Avec lui, il faut s'attendre à tout. Son intérieur peut ressembler à une véritable caverne d'Ali Baba : un tapis du Pakistan, de la vaisselle de l'île de Crète, des peintures éclatantes des Antilles… Même son conjoint peut venir de l'étranger ! Et comme le natif de ce signe est une personne de goût, tous ces objets de différentes origines donnent beaucoup de chaleur à son intérieur et s'harmonisent parfaitement bien entre eux. Notre Sagittaire est un citoyen du monde et il l'affiche. Son logis est invitant ; on peut y rester des heures à tout observer de près. Le dépaysement y est garanti. Et pour parfaire l'impression, il vous offrira sans doute un café turc, du saké ou une bonne grappa.

Son budget

À quoi bon tenir un budget : telle pourrait être la devise d'un bon Sagittaire. Il se débrouille très bien sans aligner de colonnes de chiffres. Jupiter, la planète qui régit ce signe, est celle de l'abondance ; il ne manque jamais de rien. Il a beau être dans une impasse sur le plan financier, il y a toujours quelque chose qui lui tombe du ciel pour le sauver : un nouvel emploi, un contrat, une petite prime, que sais-je encore ? Il attache peu d'importance à la vie matérielle, et l'argent ne semble pas au cœur de ses préoccupations. Il préfère s'accorder les plaisirs qui le tentent, y compris les sorties et les voyages, sans considérer l'aspect financier. Quant au travail, il est relativement chanceux ; il n'en manque jamais longtemps. Il a même un certain flair pour les bonnes affaires et pour faire fructifier son argent ou pour en gagner rapidement. Même s'il n'achète qu'un billet de loterie par année, il gagnera plus souvent qu'un autre qui participe à chaque tirage. L'argent lui tombe entre les mains, même s'il s'en préoccupe fort peu. C'est peut-être à cause de cela, justement !

Quel cadeau lui offrir ?

Des billets d'avion ou une croisière sont le cadeau idéal ; mais si votre budget ne vous permet pas de lui offrir un tel présent, vous pouvez lui donner un objet exotique d'un pays qu'il n'a pas encore visité, ou des billets pour un film des *Grands Explorateurs*… il en sera ravi.

Si vous partez vous-même dans un pays lointain, pensez donc à lui rapporter un souvenir. Même une bagatelle, si elle a fait du chemin, lui fera beaucoup plus plaisir qu'un objet coûteux qu'il verra dans tous les magasins de la ville.

Si vous optez pour un livre, regardez du côté des récits de voyages, des guides sur des contrées exotiques qu'il n'a pas encore découvertes. Comme c'est un amateur de sport, un accessoire pour son vélo sera apprécié, tout comme des DVD ou des CD de musique de danse. Et pourquoi pas un petit animal de compagnie, s'il n'en a pas encore...

Les enfants Sagittaire

Joufflus et potelés, ce sont de vrais chérubins. Ils affichent toujours un air satisfait, mais ils ont constamment faim. Ce sont de petits êtres dynamiques. Ils sont bien difficiles à suivre ou à contenir. Attention, ils sont fascinés par le feu; ne laissez pas d'allumettes ou de briquets à portée de leurs petites mains fouineuses. Ils adorent les animaux, et votre foyer risque de ressembler très vite à une ménagerie: chiens, chats, lapins, souris blanches, iguanes, furets, et j'en passe. Ils vont probablement adopter tous les animaux errants des alentours et vous les ramener à la maison sans vous avertir. Demander la permission ne leur viendra sûrement pas à l'idée.

Du côté des sports, ils aiment la compétition. Du tricycle à la trottinette, de la planche à roulettes aux patins à roues alignées, ils chercheront des moyens qui les aideront à se déplacer plus vite et plus loin. Un jour, ils finiront par vous demander une voiture.

Comme ils adorent la danse, ils passeront sûrement leurs soirées de fin de semaine dans les discothèques de la région. Très jeunes, ils ont déjà un bon groupe d'amis, et vous ne les verrez pas souvent, à moins qu'ils ne ramènent toute la bande dîner chez vous, sans vous prévenir évidemment.

Le bambin Sagittaire déborde de vitalité et d'initiative, mais ce serait bon de lui apprendre à respecter un peu les autres — à commencer par ses propres parents — et à écouter davantage. Ces enfants ont tendance à ne pas penser aux autres; ce n'est pas qu'ils soient égoïstes, cela ne leur vient pas à l'idée tout simplement. Il faudra donc leur apprendre à porter attention aux autres, et plus tard, vous verrez que ces beaux principes ne seront pas tombés dans l'oreille d'un sourd.

L'ado Sagittaire

Tu ne peux rester en place plus de cinq minutes d'affilée. C'est vrai qu'il y a tellement de choses à réaliser, de gens à voir, de découvertes à faire qu'il serait aberrant de rester entre les quatre murs de ta maison. En fait, le seul endroit où tu n'es à peu près jamais, c'est chez toi.

Impulsif et franc, tu as un franc-parler qui n'est pas toujours apprécié de ton entourage. Ta loyauté est exemplaire. Ton grand défaut est cependant ton manque de discipline : il est impossible de t'enfermer pour te forcer à faire quelque chose, que ce soit pour étudier ou simplement pour faire plaisir à tes parents. Tu es tellement indépendant et autonome que tu ne sembles avoir besoin de personne. Tu es très individualiste : tu as tes goûts et tes idées, et tu n'en changes pas facilement.

Tu adores découvrir des endroits que tu ne connais pas, rencontrer des gens, communiquer avec le plus de personnes possible. Tu es très attiré par les grands espaces et la nature ; partir en camping dans des endroits sauvages et reculés ne te fait vraiment pas peur. D'ailleurs, tu rêves de voyager, de rencontrer des gens différents, de découvrir d'autres cultures. Ta devise pourrait être « les voyages forment la jeunesse », et dès que tu en auras l'occasion, tu voudras sauter dans le premier avion pour un pays lointain. Tu aimes le sport et la danse, ce qui te permet de brûler ton énergie… tu en as tellement.

En général, tu te débrouilles bien. Tu es quelqu'un de chanceux qui a une attitude positive face à la vie et aux événements ; pas grand-chose ne peut te démonter. Tu sais toujours te tirer des situations les plus étranges haut la main.

Indépendant de nature, tu n'aimes pas attendre après les autres. Non seulement tu ne les attends pas, mais tu ne les écoutes pas non plus ; on pourrait te le reprocher. Alors, même si tu aimes communiquer avec les autres, fais attention de ne pas imposer tes idées sans écouter celles de tes amis ou des étrangers qui croiseront ta route.

Tes études

Tu as beaucoup de facilité pour apprendre, et comme tu as aussi une ambition presque démesurée, tu peux réussir presque tout ce que tu entreprends. Par contre, concentre-toi sur un seul but à la fois, car ta petite tendance à vouloir tout faire en même temps et quand tu en as envie pourrait te causer quelques problèmes mineurs. Tu as réponse à tout et tu adores discourir sur tous les sujets, ce qui te permet de te faire remarquer. Tu aime attirer l'attention. Tu as horreur de ne pas être le centre d'intérêt. Ta facilité à parler dérange les autres, tes amis, tes professeurs, car si la parole te vient à propos, écouter n'est pas toujours ton fort. Et en plus, tu aimes rire, alors tu prends énormément de place. Et si, par le plus grand des hasards, tu es en classe alors que le soleil brille de tous ses feux, il devient presque impossible de te garder sagement assis à écouter...

Ton orientation

Tout t'intéresse. Cela devient un réel problème, car tu n'arrives pas à choisir un domaine précis ; tes champs d'intérêt varient au gré de tes humeurs et de tes découvertes. Fixe-toi un objectif, même s'il est très ambitieux, puis accroche-toi. Puisque tu es naturellement doué, si tu persistes, tu réussiras mieux que beaucoup d'autres. Évidemment, si l'on t'offre un emploi routinier et monotone, ça n'ira pas. Il te faut du mouvement, du monde autour de toi, des défis pour te stimuler. Un domaine qui te conviendrait bien est celui des voyages, que ce soit en tant qu'agent de bord, capitaine de bateau ou commandant de bord. Tu seras aussi excellent dans l'import-export et les échanges commerciaux en général, la promotion, la publicité, les communications, les relations publiques, les finances, le journalisme, la philosophie, les sports, les soins vétérinaires, l'agriculture, l'élevage, ainsi que tous les emplois qui demandent des déplacements fréquents.

Tes rapports avec les autres

Chaleureux et sociable comme tu l'es, tu ne manques certes pas d'amis, et bien souvent tu es le leader d'un petit groupe. Tu proposes les activités, décides des sorties, et comme tu as beaucoup d'idées et que tu aimes bouger, tout le monde te suit sans protester. Tu as beaucoup de copains et l'on recherche ta compagnie, car ta bonne humeur est contagieuse, tout comme ton entrain et ta vivacité. Pas le temps de déprimer avec toi. Malgré tout, tu aimes bien t'isoler parfois, pour faire les choses par toi-même et à ta façon, histoire de bien démontrer à tous que tu es une personne autonome.

ILS SONT EUX AUSSI

Jocelyne Cazin, Hugo St-Cyr, Clémence DesRochers, Bruce Lee, Walt Disney, Marc-André Coallier, Jean Lapointe, Simon Durivage, Frank Sinatra, Kevin Parent, André-Philippe Gagnon, Brad Pitt, Reine Malo, Diane Lavallée, Teri Hatcher, Britney Spears, Varda Étienne.

Pensée positive pour le Sagittaire

Je vais où la vie m'appelle, sachant que l'Univers s'apprête à me combler. Je déborde de reconnaissance pour toute la chance dont je dispose.

Pensée positive spéciale pour 2007

Je profite de ma chance pour mon plus grand bien et pour celui des autres. Plus je donne et plus je reçois.

Le subconscient nous dirige toujours selon nos pensées. En répétant le plus souvent possible ces pensées conçues tout spécialement pour vous, vous vous attirerez plein de belles choses.

Signe : Sagittaire

Élément : Feu

Catégorie : Mutable

Symbole : ♐

Points sensibles : Hanches, cuisses, reins, troubles musculaires, crampes, obésité. Ils ont les plus belles jambes du zodiaque.

Planète maîtresse : Jupiter, planète de l'abondance.

Pierres précieuses : Turquoise, grenat, saphir.

Couleurs : Crème, beige, brun, orange.

Fleurs : Amarante, violette et narcisse.

Chiffres chanceux : 8-9-12-18-23-27-35-36-44-45... et tous les autres. Ils ont tellement de veine !

Qualités : Autonome, indépendant, bon vivant, robuste, sportif, amateur de voyages, confiant, globe-trotter.

Défauts : Dépensier, gourmand, incapable de rester en place, matérialiste, n'écoute pas.

Ce qu'il pense en lui-même : J'ai tellement hâte d'aller me promener !

Ce que les autres disent de lui : Il n'est jamais chez lui... Il devrait au moins s'acheter un répondeur !

PRÉDICTIONS ANNUELLES

Toute l'année est marquée par la présence de Jupiter dans votre signe; excellent augure d'autant plus que c'est votre planète maîtresse. On la surnomme « la grande bénéfique » : elle apporte chance et expansion. Vous qui êtes ambitieux de nature serez servi à souhait car vous pourrez enfin avancer à pas de géant. Mal utilisée cependant, l'influence de Jupiter prédispose aux excès, à l'arrogance et aux erreurs de jugement. La destinée vous réserve de grandes choses en 2007; vous n'avez pas fini d'être étonné. D'ici l'automne, Saturne favorise votre sécurité et veille sur vos projets à long terme. C'est le temps d'agir en fonction du futur, de faire des réserves et d'assurer votre avenir.

Santé – Si Jupiter insuffle une puissante joie de vivre, cette planète prédispose également aux débordements de tous genres. Entre autres, elle incite à abuser de ses forces et à faire fi des règles d'une saine hygiène de vie car on se croit invincible. La gourmandise est également un des effets secondaires de ce transit. Attention à votre ligne et surtout à votre foie; un excès de poids ne serait pas bon non plus pour votre dos, un de vos points sensibles. En usant d'un brin de discernement, vous jouirez d'une santé florissante et vous vous sentirez bien comme il y a longtemps.

Sentiments – Vous avez toujours été entouré, mais ce qui s'en vient dépasse tout ce que vous avez vécu à ce jour. Vous traversez un cycle d'énorme popularité. Vous qui aimez être sur la trotte serez exaucé car une invitation n'attendra pas l'autre; votre vie sociale sera un tourbillon. Vous rencontrerez toutes sortes de nouvelles gens, vous nouerez de solides amitiés, et, bien sûr, avec une telle conjoncture, les solitaires ne le seront plus pour bien longtemps. Si vous êtes déjà en couple, vous vous rapprocherez de votre partenaire et ensemble vous prendrez d'importantes décisions au sujet de votre avenir commun.

Affaires – Voici un autre domaine où de grosses surprises vous attendent. Pour peu que vous mettiez la main à la pâte, vos projets se réaliseront avec une aisance parfois déconcertante. Établissez votre plan d'attaque, ayez des buts précis et avancez avec confiance. À l'occasion, c'est par le destin que vous serez estomaqué. Des événements inattendus pourraient se produire mais, n'ayez crainte, même si vous semblez démuni sur le coup, il en ressortira quelque chose de fort positif. L'année est déterminante pour votre carrière; ce que vous instituez aura des répercussions pendant longtemps. Des rentrées d'argent sur lesquelles vous ne comptiez pas vous parviendront, vous aurez même des chances au jeu. Essayez tout de même de garder la tête froide, ne partez pas en peur ! Ce serait dommage qu'une erreur de jugement, un achat impulsif ou une transaction risquée n'engloutisse vos profits. Bonne période pour les voyages, les déménagements et les rénovations domiciliaires.

JANVIER

D	L	M	M	J	V	S
	1	2	3 ○	4	5F	6F
7D	8D	9D	10	11	12	13
14	15	16	17	18 ●	19	20
21D	22D	23F	24F	25F	26	27
28	29	30	31			

○ Pleine lune   ● Nouvelle lune
F Jour favorable   D Jour difficile

Santé – Vous pétez le feu mais attention, avec Mars dans votre signe jusqu'au 17, vous n'êtes pas à l'abri d'un accident ni d'une crise physique ou nerveuse; je compte sur vous pour prendre les précautions qui s'imposent. Quant au reste du mois, il devrait être dépourvu de toute menace. Vous serez en forme, ça fera plaisir à voir.

Sentiments – Vénus, planète du bonheur amoureux et de la popularité, est particulièrement bien positionnée dans votre ciel. Attendez-vous donc à toutes sortes de surprises agréables. Invitations, rencontres et déclarations sont au programme. Plusieurs prendront d'importantes décisions quant à leur avenir sentimental, et le moment ne saurait être mieux choisi.

Affaires – Ne restez pas dans votre coin, foncez: le succès vous attend, particulièrement durant les trois premières semaines. Un nouveau poste, une augmentation de salaire, un contrat payant ou même un gain à la loterie pourrait contribuer à votre aisance. Excellente période pour faire des démarches, pour négocier ou pour voyager.

FÉVRIER

D	L	M	M	J	V	S
				1F	2 ○ F	3F
4D	5D	6	7	8	9	10
11	12	13	14	15	16	17 ●
18D	19D	20F	21F	22	23	24
25	26	27	28F			

○ Pleine lune   ● Nouvelle lune
F Jour favorable   **D** Jour difficile

Santé – Vous êtes moins fringant que le mois dernier, mais il n'y a rien d'alarmant à l'horizon. Comme la fatigue et les petits malaises que vous ressentez sont imputables à un manque de repos, au stress ou à la gourmandise, vous pourriez intervenir rapidement en rajustant vos habitudes de vie.

Sentiments – Vous éprouverez quelques frustrations jusqu'au 21. Votre vie manque de piquant et vous trouvez qu'on vous néglige. Dire qu'il y a plein de gens qui souhaiteraient être à votre place ! Vous plaindriez-vous le ventre plein ? Qu'importe, la dernière semaine s'annonce vibrante à souhait; on vous témoignera toute l'attention dont vous rêvez, sans compter que vous verrez du monde en masse.

Affaires – Ici aussi, vous devriez vous méfier de votre perception. Vous avez l'impression de piétiner, qu'il ne se passe rien de concret, pourtant rien n'est plus faux. C'est vrai que février est un peu routinier, mais vos accomplissements sont bien réels et, sans trop vous en rendre compte, vous vous rapprochez de votre but. Surprise sur le plan financier vers la fin du mois.

MARS

D	L	M	M	J	V	S
				1F	2F	3 ○ D
4D	5	6	7	8	9	10
11	12	13	14	15	16	17D
18 ● D	19F	20F	21	22	23	24
25	26	27	28F	29F	30D	31D

○ Pleine lune et éclipse lunaire totale   ● Nouvelle lune et éclipse solaire partielle
F Jour favorable   **D** Jour difficile

Santé – Les éclipses se produisent sur des points sensibles de votre thème astrologique. À partir de la deuxième, celle du 18, vous risquez de vous sentir plus fragile physiquement et vos nerfs pourraient flancher. Il importe donc que vous fassiez provision d'énergie d'ici là et que vous trouviez des moyens de décompresser.

Sentiments – Dans ce domaine, c'est l'inverse. Entre le 18 mars et le 12 avril, Vénus vous permettra de trouver l'âme sœur ; si vous êtes déjà en relation, celle-ci prendra une orientation fort positive. Le romantisme, voire la passion seront au rendez-vous. Socialement, c'est tout le mois qui est excitant. Les occasions de sortir et de participer à des activités stimulantes se multiplieront.

Affaires – Le changement vous convient fortement. Les déplacements d'affaires ou de plaisance vous procureront d'énormes satisfactions. Un nouveau travail, des heures supplémentaires, un à-côté lucratif et le commerce en général vous permettent de vous remplir les poches. Parlant de rentrée d'argent, vous pourriez avoir la main heureuse au jeu au cours des trois premières semaines.

AVRIL

D	L	M	M	J	V	S
1D	2 ○	3	4	5	6	7
8	9	10	11	12	13	14D
15D	16F	17 ● F	18	19	20	21
22	23	24F	25F	26D	27D	28D
29	30					

○ Pleine lune   ● Nouvelle lune
F Jour favorable   D Jour difficile

Santé – Jusqu'au 6, tout va comme sur des roulettes. Le reste du mois est toutefois sous l'influence de la quadrature de Mars, un transit fréquemment responsable de blessures ou de malaises. Je vous invite donc à faire davantage attention à vous, ainsi vous resterez loin des embêtements. Moralement, vous êtes dans une forme dangereuse entre le 11 et le 27.

Sentiments – N'oubliez pas que Vénus vous comblera en amour pendant les 12 premiers jours. Une rencontre, une déclaration enflammée ou un tendre rapprochement est au programme. La vie sociale sera elle aussi trépidante. Par après, la routine risque de s'installer si vous ne prenez pas quelques initiatives. Un membre de la famille peut vous occasionner certains soucis.

Affaires – Profitez de la première semaine pour mettre vos projets en marche, pour présenter vos demandes, pour négocier ou pour taquiner la chance, car c'est à ce moment que vous disposez des meilleures possibilités. Par la suite, votre vie sera moins bien synchronisée, vous devrez vous ajuster aux caprices de la destinée. Ces frustrations vous poussent à chercher consolation dans les magasins. Mauvaise idée, ça va coûter cher !

MAI

D	L	M	M	J	V	S
		1	2 ○	3	4	5
6	7	8	9	10	11D	12D
13F	14F	15	16 ●	17	18	19
20	21F	22F	23F	24D	25D	26
27	28	29	30	31 ○		

○ Pleine lune	● Nouvelle lune
F Jour favorable	D Jour difficile

Santé – La planète Mars continue de sévir jusqu'au 16. Ne laissez pas une distraction ou une négligence être à l'origine d'un accident. À la même période, vous devez faire davantage attention à votre santé puisque votre résistance semble à la baisse. Puis, tout disparaîtra comme si de rien n'était. Vous remonterez la pente rapidement et serez à nouveau dans une forme éblouissante.

Sentiments – Les tracasseries familiales durent encore quelque temps, mais elles commencent à s'estomper vers le milieu du mois. Dans l'intimité, vous auriez tort d'abuser de votre pouvoir. En vous montrant tyrannique ou en tenant l'affection de vos proches pour acquise, vous risquez de provoquer toutes sortes de désaccords, et ce serait dommage. Par chance, votre cote d'amour se met à remonter pendant la seconde quinzaine.

Affaires – Une dépense imprévue vous tombe dessus en début de mois. C'est à partir de la nouvelle lune du 16 que vous assistez au retour de la veine. On cesse alors de s'opposer à vos réalisations, et vos projets vont se concrétiser. Bref, vous aurez enfin toute la latitude dont vous rêviez. Énormes progrès à l'horizon. Magnifique période pour voyager, pour chercher de l'emploi et même pour tenter votre chance dans les tirages.

JUIN

D	L	M	M	J	V	S
					1	2
3	4	5	6	7D	8D	9F
10F	11	12	13	14 ●	15	16
17	18F	19F	20D	21D	22	23
24	25	26	27	28	29	30 ○

○ Pleine lune   ● Nouvelle lune
F Jour favorable   D Jour difficile

Santé – La phase de récupération se poursuit de plus belle. Ce qui vous ferait vraiment du bien, ce serait de bouger davantage. La randonnée pédestre, le sport ou la danse vous permettrait de canaliser ce surplus d'énergie qui vous habite depuis quelque temps tout en occupant votre esprit. Avouons-le, vous avez tendance à trop réfléchir et ce n'est pas de tout repos.

Sentiments – Vous brillez partout où vous passez. Vos amis et les nouvelles personnes que vous rencontrez sont fascinés par votre brillante personnalité. Entre le 16 juin et le 15 juillet, Vénus et Jupiter créeront un climat de romantisme intense. Les couples se rapprocheront, tandis que les célibataires finiront par trouver l'amour.

Affaires – Le mois s'annonce particulièrement constructif, n'en perdez pas un seul instant. Le moment est venu de foncer, de vous mettre en valeur. Vos espoirs professionnels ont d'énormes chances de devenir réalité pour peu que vous y travailliez. Parlant de chance, vous pourriez avoir une agréable surprise dans un tirage. Changer d'air vous avantage, que ce soit par le biais d'un déménagement ou d'un voyage.

JUILLET

D	L	M	M	J	V	S
1	2	3	4D	5D	6D	7F
8F	9	10	11	12	13	14 ●
15F	16F	17D	18D	19D	20	21
22	23	24	25	26	27	28
29 ○	30	31				

○ Pleine lune   ● Nouvelle lune
F Jour favorable   D Jour difficile

Santé – Ce sont les vieilles histoires que vous ressassez ainsi que les inquiétudes non fondées qui minent votre moral. Essayez de vous relaxer ou mieux encore d'occuper votre esprit à quelque chose d'amusant. Physiquement, vous fonctionnez un peu au ralenti par rapport aux derniers mois, mais rien de vilain en vue. Attention néanmoins aux excès de table au courant de la seconde quinzaine.

Sentiments – Vénus et Jupiter continuent de veiller sur vos amours jusqu'au 15. Par après, ce magnifique climat d'harmonie exigera de vous quelques efforts; soyez plus attentif quand on voudra vous parler et mettez un peu d'eau dans votre vin. La première moitié du mois vous réserve de nombreuses invitations et plusieurs occasions de voir du beau monde. Ensuite, ça risque d'être un peu trop tranquille à votre goût.

Affaires – Vous vous êtes habitué aux coups d'éclat, et la routine qui est au menu de juillet menace de vous déprimer. Pourtant, si vous comparez votre situation à celle de plusieurs de vos connaissances, vous constaterez rapidement que vous êtes privilégié. Arrêtez-vous quelques instants pour analyser tout ça et pour refaire le plein de motivation.

AOÛT

D	L	M	M	J	V	S
			1D	2D	3F	4F
5	6	7	8	9	10	11F
12 ● F	13F	14D	15D	16	17	18
19	20	21	22	23	24	25
26	27	28 ○ D	29D	30F	31F	

○ Pleine lune et éclipse lunaire totale   ● Nouvelle lune
F Jour favorable   **D** Jour difficile

Santé – Le 7, Mars s'installe au carré de votre signe. Ce transit n'est pas toujours facile à gérer, mais en prenant des précautions on en vient à bout. La brusquerie, l'imprudence, la distraction et la témérité risquent de vous valoir un accident, mieux vaut donc être sur vos gardes. Votre résistance pourrait également être à la baisse, voyez-y sans tarder.

Sentiments – Les neuf premiers jours sont couci-couça. Des frustrations, de l'ennui ou un manque de dialogue semblent déranger votre quotidien. Puis, le 10, Vénus et Jupiter recommencent à vous faire de l'œil. Les amours redémarrent de plus belle, la vie sociale aussi. Entre le 5 et le 20, vous pourrez enfin faire entendre raison à un proche qui vous tenait tête.

Affaires – Ça mijote beaucoup dans votre petite tête. C'est d'ailleurs grâce à votre vivacité d'esprit que vous pourrez venir à bout des obstacles et de ceux qui tentent de freiner vos élans. Votre sens de la stratégie vous permettra même de transformer certaines épreuves en succès, alors que votre perspicacité vous aidera à saisir au vol une excellente occasion. On dénote même quelques chances au jeu à partir du 10.

SEPTEMBRE

D	L	M	M	J	V	S
						1
2	3	4	5	6	7	8F
9F	10D	11 ● D	12	13	14	15
16	17	18	19	20	21	22
23 / 30	24	25D	26 ○ D	27F	28F	29

○ Pleine lune   ● Nouvelle lune et éclipse solaire partielle
F Jour favorable   **D** Jour difficile

Santé – La conjoncture ne vous sert pas très bien et vous devez à tout prix demeurer sur le qui-vive. Redoublez de prudence dans vos déplacements et chaque fois que vous manipulez un objet avec lequel vous pourriez vous blesser. En abusant de vos forces et en vous croyant tout permis, vous risquez de vous retrouver sur le carreau. Mieux vaut mettre un peu d'ordre là-dedans.

Sentiments – Au moins, les bonnes influences de Vénus sont toujours là, favorisant votre destinée amoureuse autant que votre vie sociale. Un conflit pourrait surgir avec un membre de la famille. Vous aurez de bonnes chances de le régler entre le 6 et le 28, surtout si vous misez sur la douceur. Un aîné semble éprouver des ennuis de santé, vous devrez lui prêter main-forte.

Affaires – Encore une fois, c'est grâce aux prouesses de votre mental que vous vous tirerez d'affaires. Vous avez d'excellents arguments et votre rapidité à rajuster votre tir vous permet d'aller de l'avant alors que d'autres déclarent forfait. Vous auriez le goût de hurler à certains moments. Ce n'est pas en engueulant les collègues ou les clients que vous arrangerez les choses, loin de là. Attention aux investissements risqués, aux contraventions et aux affrontements avec l'autorité.

OCTOBRE

D	L	M	M	J	V	S
	1	2	3	4	5F	6F
7D	8D	9D	10	11 ●	12	13
14	15	16	17	18	19	20
21	22D	23D	24F	25 ○ F	26	27
28	29	30	31			

○ Pleine lune   ● Nouvelle lune
F Jour favorable   D Jour difficile

Santé – Voici que le ciel se dégage. Vous pouvez désormais fonctionner plus librement sans avoir à craindre une blessure ou des ennuis de santé. Bon temps pour suivre un traitement, pour modifier vos habitudes, bref, pour vous prendre en main. Sur le plan psychologique, vous entamez une période de remise en question, vous êtes à la recherche de votre identité, du sens de votre vie.

Sentiments – La condition d'un parent qui vous inquiétait se stabilise ; vous êtes soulagé. Les huit premiers jours sont magnifiques ; les marques d'affection arrivent de tous les côtés. Par la suite, tout le monde semble occupé en même temps et vous vous retrouvez seul. Mécontent de cette situation, vous vous repliez sur vous-même, vous boudez dans votre coin. Dommage, car si vous preniez quelques initiatives, tout irait à merveille.

Affaires – La pression tombe et les choses reviennent enfin à la normale ; une injustice commise contre vous pourrait même être réparée. Toutefois, les péripéties des dernières semaines vous ont laissé un goût amer et vous n'avez plus la motivation d'antan. Allez, faites un effort, je vous assure que bientôt vous aurez à nouveau le cœur à l'ouvrage.

NOVEMBRE

D	L	M	M	J	V	S
				1F	2F	3F
4D	5D	6	7	8	9 ●	10
11	12	13	14	15	16	17
18D	19D	20F	21F	22F	23	24 ○
25	26	27	28	29F	30F	

○ Pleine lune   ● Nouvelle lune
F Jour favorable   **D** Jour difficile

Santé – Les influences planétaires sont de plus en plus encourageantes. Vous avez un meilleur contrôle de votre équilibre nerveux alors que votre physique réagit fort bien à la nouvelle hygiène de vie que vous avez adoptée – si ce n'est pas encore fait, il est grand temps d'y voir. Chose certaine, vous allez mieux et ça paraît, on ne manque pas d'ailleurs de vous le souligner.

Sentiments – Dès le 9, vous entrerez dans un cycle très favorable à toute question affective. Ce sera le moment rêvé de régler les différends, voire de faire la paix, de vous rapprocher de l'être cher ou de vous lancer à la conquête de l'amour si vous êtes seul. Les amis réapparaîtront dans le portrait; vous aurez aussi l'occasion de vous en faire de nouveau. En fait, tous les éléments seront réunis pour que vous soyez heureux.

Affaires – D'ici au 11, vous examinerez vos objectifs de près; vous prendrez conscience de ce que vous voulez véritablement. Le plus beau, c'est qu'une fois votre réflexion terminée, vous pourrez librement passer à l'acte. Par la suite, c'est votre intuition qui vous indiquera la voie à suivre; vous feriez bien de l'écouter. Possibilité d'un prix dans un tirage. Un conseil cependant: ne parlez pas trop, ça pourrait se retourner contre vous.

DÉCEMBRE

D	L	M	M	J	V	S
						1D
2D	3	4	5	6	7	8
9 ●	10	11	12	13	14	15
16D	17D	18F	19F	20	21	22
23 ○ / 30D	24 / 31D	25	26	27	28F	29F

○ Pleine lune	● Nouvelle lune
F Jour favorable	**D** Jour difficile

Santé – D'ici au 21, un rhume ou quelques tensions musculaires pourront être évités si vous prenez les mesures nécessaires. Jupiter quitte votre signe le 18, et possiblement qu'à partir de cette date vous aurez davantage de contrôle sur vos écarts alimentaires. Votre moral est au beau fixe, vous voyez la vie en rose et rien ne peut miner votre optimisme.

Sentiments – Le cycle bénéfique se poursuit. Vous entretenez des rapports particulièrement agréables avec vos proches. Seul un enfant vous en fait arracher, mais vraiment pas pour bien longtemps. Les nouvelles personnes que vous rencontrez sont immédiatement conquises par votre charme. Attendez-vous à un mois décontracté au cours duquel vous vous amuserez ferme.

Affaires – Avec Mercure et Jupiter dans votre signe, les trois premières semaines s'annoncent fort intéressantes. Vous aurez beaucoup de succès dans vos déplacements, vos démarches, vos négociations ainsi que dans tous vos échanges avec les autres. On semble fasciné tant par votre ingéniosité que par la vitesse à laquelle vous effectuez votre travail. Un contrat ou un surplus de travail vous fait gagner davantage d'argent.

CAPRICORNE

DU 21 DÉCEMBRE
AU 20 JANVIER

Le natif du Capricorne a un don tout à fait particulier : il passe inaperçu, tellement d'ailleurs qu'il finit par se faire remarquer, quel paradoxe ! Si vous trouvez un de vos invités tout seul dans la cuisine en train d'essuyer les verres, pas de doute, il s'agit d'un Capricorne.

Ce signe est la sagesse et le sérieux incarnés. Quant à sa patience, elle est légendaire. Le temps court pour le Capricorne. Avec votre capacité de travail étonnante, on se demande pourquoi vous n'êtes pas un peu plus énergique. Vous êtes plutôt flegmatique, et rien ne semble vous démonter. Vous maîtrisez les concepts abstraits comme nul autre, tant et si bien que votre esprit analytique et votre logique terre à terre sont des atouts indéniables.

Vous êtes cependant d'une telle rectitude – oserions-nous dire d'une telle rigidité – que votre peur des changements, votre sens de l'économie, qui tient de l'ascèse, sont souvent critiqués par votre entourage. Vous n'êtes pas une personne qui agit sur des coups de tête ; avec vous, tout est mûrement réfléchi. Vous n'êtes vraiment pas démonstratif, et vous exprimer oralement n'est pas une de vos qualités. D'ailleurs, vous parlez peu et surtout jamais de vous.

Votre modestie peut parfois vous jouer des tours. Vous préférez rester dans l'ombre, et c'est sûrement la peur qui conditionne cet isolement. Par contre, lorsque vient le moment de rationaliser, de travailler sur un problème complexe, vous n'hésitez pas à vous mettre à la tâche, souvent en solitaire. Votre minutie, votre perfectionnisme sont exceptionnels, mais toujours dans le but de ne pas vous faire remarquer. Vous pouvez être président d'une société et avoir l'air d'un simple ouvrier, être riche comme Crésus et porter des vêtements dont votre bonne ne voudrait pas. L'habit ne fait pas le moine… et surtout pas le Capricorne !

En bon signe de terre, vous souffrez d'insécurité et vous craignez la solitude. Pourtant, vous n'hésitez pas à vous retirer pour vous ressourcer. Vous avez un sens de l'économie très développé et vous avez peur de manquer de ressources financières... tellement que vous cachez de l'argent ici et là pour les mauvais jours, mais vous ne l'avouerez jamais! Votre pire crainte est d'être rejeté, et vous craignez la fuite du temps.

À partir de la trentaine toutefois, la vie des Capricorne prend un tournant pour le moins surprenant lorsqu'on les sait si réservés. Plusieurs d'entre eux sortent de l'ombre, leur situation évolue très favorablement. Leur caractère, leur moral et même leur vitalité s'améliorent, tout comme leur compte en banque! Le temps qui passe est votre meilleur allié; grâce à lui, vous vous bonifiez, comme le bon vin.

Le natif du Capricorne fonctionne différemment des autres, à « rebrousse-temps » serait-on tenté de dire. Il se comporte comme un vieillard dans sa jeunesse et semble rajeunir avec les années. La deuxième partie de sa vie est donc bien meilleure que la première, alors que dire de la troisième! Le Capricorne n'a donc pas à s'inquiéter des années qui passent car, pour lui, le meilleur est à venir.

Pour gagner votre amitié ou votre amour, la patience est de rigueur. Mais une fois que vous avez accordé votre confiance et votre cœur, vous êtes prêt à tous les sacrifices pour ceux que vous aimez. Comme vous ne parlez pas beaucoup, vous exprimez vos sentiments par des gestes qui sont souvent empreints d'une grande générosité. L'amitié et l'amour sont éternels pour vous, et vous ne dérogez pas à cette règle.

Dévoué, parfois jusqu'à l'abnégation, vous vous effacez devant les autres, vous sacrifiez vos propres intérêts, vous vous consacrez à des missions impossibles, à des gens qui n'en valent pas la peine ou qui abusent de vous. Votre générosité n'a pas de bornes, et bien des gens le savent et en profitent. Heureusement, avec le temps, votre grand complice, vous apprenez à mieux mesurer votre propension à vous dédier aux autres et à choisir ceux qui vous entourent. Peu à peu, vous déterminez avec plus de justesse ce que vous voulez donner et jusqu'à quel point vous pouvez le faire. De plus en plus, vous balisez votre générosité, ce qui n'est pas plus mal.

Vous êtes sage, sérieux, vous n'avez pas de temps pour la frivolité et les divertissements stériles, ce qui peut vous faire paraître distant. Vous ne vous liez pas facilement et vous ne vous confiez pas non plus; vous avez l'impression que vous ennuyez les autres avec vos petits malheurs. Tant de discrétion passe pour de la froideur.

Avec le temps, vous vous ouvrirez un peu plus, au grand bonheur de votre entourage et au vôtre également.

Comment se comporter avec un Capricorne?

S'approcher d'un Capricorne relève parfois du parcours du combattant. Si l'on se fait insistant, il recule et reste dans son coin, discret. Si on le laisse s'éloigner, la solitude le fait souffrir. Ce n'est pas évident, avec lui, de doser ses approches. Pourtant, vous devez impérativement faire le premier pas parce qu'il ne prendra pas d'initiative.

Par contre, si un Capricorne décèle un problème ou un ennui chez vous, il sera le premier à vouloir vous aider, mais sans dévoiler ses propres attentes et ses propres difficultés. Pour commencer une relation avec un natif de ce signe, la patience, l'attention, la capacité de lire entre les lignes sont vos meilleurs atouts. Il n'est pas facile de l'approcher, mais une fois qu'il s'est laissé apprivoiser, vous aurez sans aucun doute le meilleur et le plus fidèle allié dont vous puissiez rêver.

Dans une réunion entre amis, s'il va vider le lave-vaisselle ou passer un coup de balai dans la cuisine, cela ne veut pas dire qu'il ne s'amuse pas… il se rend utile. Il aime bien qu'il y ait du monde… dans la pièce d'à côté. Les mondanités ne l'intéressent pas particulièrement, et il n'aime pas gaspiller le temps.

Si votre conjoint est un Capricorne, ne l'obligez pas à vous suivre dans vos sorties; il le ferait à reculons, et ce ne serait agréable ni pour l'un ni pour l'autre. Dans ces cas-là, son âme de solitaire prend le dessus. Puisqu'il vous fait confiance, vous pouvez sortir et vous amuser l'esprit en paix; il en sera très heureux pour vous.

Si vous tenez absolument à le convaincre de s'afficher en société, il faudra y aller graduellement, argument par argument, en lui démontrant la logique de votre raisonnement. Il ne faut jamais chercher à transformer radicalement la vie d'un Capricorne par des changements trop brusques. Montrez-lui ses intérêts et les avantages, oubliez autant que possible les inconvénients – il pourrait avoir peur – et surtout laissez-le peser le pour et le contre avant de lui demander de prendre sa décision.

La réflexion lui est aussi indispensable que l'air qu'il respire. Il doit considérer et reconsidérer la suggestion avant de se ranger à votre avis, mais il n'avouera peut-être pas ce qu'il pense. Si finalement vous constatez que rien n'y fait, qu'aucune de vos propositions ne l'aide à se décider, il faudra peut-être le prendre par les sentiments et lui démontrer à quel point telle ou telle chose, telle ou telle sortie compte pour vous. Dans ce cas, si c'est pour vous donner un coup de main, il acceptera sans trop rechigner. Il ne voudrait pas se sentir coupable de vous avoir fait rater une rencontre avec des gens importants pour votre carrière, par exemple.

Le Capricorne n'a pas confiance en ses moyens, et l'énergie pour lancer des projets lui fait souvent défaut. Sa crainte le paralyse. Votre aide et votre appui sont significatifs pour lui; vous pouvez lui donner un sérieux coup de main, et il vous en sera éternellement reconnaissant.

Ses goûts

Ce qui le caractérise, c'est la simplicité et la frugalité. Il n'a pas besoin de strass, de paillettes, de flaflas pour vivre heureux. Il vit selon ses moyens, même parfois en dessous, mais c'est ainsi. Rien chez lui n'est ostentatoire.

Les objets sobres, classiques, voire anciens, ont sa préférence. Ses vêtements sont bien coupés ou, plutôt, ont été bien coupés à l'époque; la mode a eu le temps de passer et de revenir, mais il a toujours le même ensemble. En fait, notre Capricorne ne paie pas de mine; ses employés, ses enfants sont mieux habillés que lui, mais son portefeuille est drôlement bien garni. Quel économe quand même!

Dans son intérieur, son besoin de sécurité entre parfois en contradiction avec son goût de la parcimonie. Pour cette raison, il préfère les grosses maisons, les gros meubles, ce qui a l'air solide, durable, ce qui traversera la barrière du temps.

À table, les excès sont presque bannis, sa sagesse prenant le dessus. Mais il a un petit problème, il oublie de diversifier suffisamment son alimentation. Les légumes, les crudités, les fruits ne se retrouvent pas forcément à son menu en quantité suffisante pour maintenir un bon état de santé... et, surtout, il aime parfois un peu trop les sucreries!

Son potentiel

Travailleur déterminé, le Capricorne ne craint pas les projets à très long terme. Il travaille à son rythme, c'est-à-dire lentement; dans l'ombre ou à l'écart, il fait son chemin sans que personne ne s'en aperçoive. Lorsqu'il touche au but, tout le monde est bien étonné. Sa devise pourrait être : « Rien ne sert de courir, il faut partir à point. »

Comme c'est un travailleur méticuleux qui ne laisse rien au hasard, il fera sa marque dans les domaines qui requièrent un esprit plus terre à terre : l'administration, la gestion, les banques – il aime bien l'argent ! –, les mathématiques, les recherches, les investigations (comptables ou autres), les relations d'aide, la gérontologie, l'enseignement ou la politique.

Le natif du Capricorne peut être une personne influente, exercer un pouvoir étendu et gérer une immense fortune, et rien n'y paraîtra. Il laisse les autres s'auréoler de leur succès, alors que c'est plutôt lui qui tire les ficelles dans l'ombre.

Ses loisirs

Sérieux comme il est, on se demande bien quels loisirs lui permettent de se détendre. Dans ses moments libres comme dans sa vie quotidienne, le Capricorne aime bien rester à l'écart. Il optera donc pour des passe-temps de solitaire, qui lui permettent de réfléchir, de penser à ce qu'il lui plaît sans être obligé de converser ou de faire belle figure devant quiconque.

Il choisira souvent de faire de longues promenades, même en ville. Le ski, la raquette, la natation et la pêche lui conviennent très bien. La lecture est pour lui un excellent moyen d'évasion, et il choisira souvent des ouvrages en rapport avec ses préoccupations ou ses activités professionnelles. C'est un être réfléchi qui se ressource en plongeant dans ses pensées. Mais il ne faut pas oublier qu'il est aussi sensible alors, de temps à autre, il faut le secouer et le convaincre de socialiser un peu plus.

Sa décoration

En matière de décoration, comme en toute chose dans sa vie, la sobriété est sa marque ; il a un esprit très conservateur. D'ailleurs, il accumule les objets, et ce, depuis des années. C'est un véritable écureuil. Ses armoires sont des petites réserves où il entasse ce qui lui permettrait de survivre plusieurs années en cas de disette subite : nourriture, papeterie, vêtements, quincaillerie, il ne sera jamais pris au dépourvu. Et puis, il y a la remise, le grenier, la cave...

Son sens de l'économie est tellement fort qu'il ne dépensera pas un sou pour toutes ces babioles vite démodées qu'on annonce dans les magazines. Par contre, comme il souffre d'insécurité, tout le nécessaire sera toujours à portée de main. Son domicile est son refuge; il lui faut donc quatre murs bien solides autour de lui. Il peut acheter une immense maison, et l'on se demandera ce qu'il va faire de tant d'espace; il sera vite utilisé, n'ayez crainte.

Le Capricorne n'aime pas la modernité; il préfère les objets et les choses que le temps a éprouvés. Ce sera donc un amateur éclairé d'antiquités qui représentent des valeurs sûres; il en aura certainement beaucoup chez lui. Pour son intérieur, il choisira des meubles lourds, solides, imposants, bref qui donnent une image de stabilité, et cela souvent en quantité industrielle. Bien qu'il reçoive très rarement, il dispose d'un assortiment de vaisselle à faire rougir les plus grands restaurateurs. Il conserve tout, des assiettes de grand-maman au gros La-Z-boy de papy, de l'armoire canadienne au canapé Louis XV hérité de la vieille tante Hortense, du bureau de son enfance au lit de son adolescence: tout est là. Vous comprenez maintenant pourquoi il lui faut une si grande maison.

Le Capricorne a ses petites habitudes, ses petites manies. Il aime sa tranquillité, et c'est souvent à son domicile qu'il trouve cette sécurité dont il est si friand. Retrouver ses petites affaires là où il les a déposées, quel soulagement! Bref, si vous êtes son conjoint ou son colocataire, de grâce, ne changez pas les meubles de place pendant qu'il a le dos tourné... vous le mettriez très mal à l'aise.

Son budget

L'économie n'est pas un vain mot pour le Capricorne. Sage et prévoyant de nature, il ne se laisse jamais aller à des dépenses inconsidérées. Il n'ouvre son portefeuille bien garni que lorsqu'il y est obligé. Au magasin, il vérifiera la qualité, évaluera la valeur, la garantie, essaiera peut-être même d'obtenir un rabais, s'assurera de faire une bonne affaire, et, malgré tout, à la caisse, il aura encore un pincement au cœur. Tout coûte terriblement cher de nos jours, n'est-ce pas? Le Capricorne n'est pas avare, mais il souffre d'insécurité et a toujours peur de manquer d'argent. Il est également conscient de la valeur des choses. Comme il a des goûts modestes, il ne se fait jamais à l'idée d'être obligé de dépenser. Mais il a bon cœur, et quand il se permet une dépense, c'est pour offrir quelque chose aux autres, pas à lui-même... Le Capricorne économise sur tout; il fait constamment attention à son portefeuille et arrive à faire des prouesses avec un budget limité. Même si ses revenus sont peu élevés, il réussira encore à mettre de l'argent de côté en prévision de jours moins fastes. Il adore créer des petites cachettes : quelques pièces dans le pot de biscuits, une enveloppe bien garnie sous une pile de chandails, dans le compartiment secret du portefeuille ; un peu ici, un peu là, sans parler des comptes en banque, des placements... Bref, avec lui, l'expression avoir son bas de laine est tout à fait véridique. La prévoyance est l'une de ses belles qualités ; il prépare ses vieux jours depuis longtemps et, croyez-moi, il ne sera pas dans le besoin, loin de là. Il a des REÉR, des obligations, des placements, des actions en tous genres. Et pourtant, même s'il est assis sur des millions, l'inquiétude lui triture quand même les neurones...

Quel cadeau lui offrir ?

On a vu que notre Capricorne est plutôt conservateur et qu'il garde tout très longtemps. Il serait peut-être indiqué de remplacer quelques objets, comme sa vieille télé noir et blanc, qui pourrait peut-être passer au numérique... à condition que vous la lui achetiez, car pour lui son téléviseur des années 60 lui convient bien (d'ailleurs, il le gardera au fond du grenier, même s'il accepte d'en mettre un modèle plus récent dans le salon).

Le natif du Capricorne vous dira qu'il n'a besoin de rien, et il en est convaincu. Vous devrez donc faire de sérieux efforts pour trouver une chose utile qu'il n'a pas en quatre ou cinq exemplaires. Optez avant tout pour des objets sobres et plutôt traditionnels ; la modernité et les gadgets ne sont pas dans ses goûts. S'il a besoin d'un bon agenda, n'arrivez pas avec un Palm ; achetez-en un plus classique. Regardez aussi du côté des vêtements, car les siens doivent être complètement démodés ; il en achète si peu souvent. Les coupes classiques, la qualité et les teintes neutres lui conviendront le mieux. Un beau tricot, des gants ou un foulard le réchaufferont, car il est frileux et aime son confort.

Le natif du Capricorne ne se permet jamais de petites gâteries. Il revient donc à ses proches de lui offrir des petits luxes. Il sera mal à l'aise, ne saura pas comment vous remercier, mais sera tellement content que son bonheur fera plaisir à voir.

Les enfants Capricorne

Sage et docile, le bébé Capricorne ne pose jamais de problème. En grandissant, il sera toujours aussi sage, et même sérieux pour son âge. Il a besoin de contact avec des enfants plus âgés, voire des adultes ou des personnes âgées. Il est fasciné par les vieilles personnes et les écouterait pendant des heures. Les grands-mamans et les grands-papas sont aux anges avec eux. Par contre, avec les amis de son âge, il n'est pas très sociable ; en fait, le petit Capricorne préfère rester à l'écart pour observer de loin le monde. La solitude lui plaît, et son petit côté individualiste ressort déjà. Il est important de lui apprendre à s'amuser, à avoir du plaisir et surtout à fréquenter des petits camarades de son âge. Il est craintif, renfermé et manque de confiance en lui. Par contre, au fil du temps, il réussira à surmonter sa timidité maladive.

L'ado Capricorne

Pour ton âge, tu es quelqu'un de très mûr, qui ne perd pas son temps pour des broutilles. Tes amis sont probablement plus âgés que toi et ils te stimulent beaucoup. Tu es tranquille, réfléchi, calme, et tu aimes prendre ton temps. Mais lorsque tu te décides à agir, tu vas jusqu'au bout de tes idées et de tes actes. On ne peut pas te reprocher de faire les choses à moitié.

Comme tu es très responsable, les gens n'hésitent pas à te confier certaines tâches et bien souvent cela passe avant tout, même au détriment de tes loisirs ou de tes goûts personnels. On peut se fier à toi, et souvent on t'en demande un peu trop pour ton âge, car tu es si raisonnable qu'on te croit souvent plus âgé que tu ne l'es réellement.

Tu as des valeurs traditionnelles, conservatrices : la justice, la famille, l'ordre établi comptent beaucoup pour toi. Tu t'intègres bien au système, sans te rebeller. Tu es aussi attaché à l'aspect matériel de la vie, tu es économe et sérieux, tu te fais même de petites réserves en cas de besoin, et tu ne jettes jamais rien, tu prends soin de tes affaires.

Malgré les apparences, tu es un être très fier, et lorsqu'on pique ton orgueil, tu t'en souviens longtemps.

Sur le plan social, tu es plutôt discret. On te trouve même distant et froid. Tu préfères rester dans l'ombre, par prudence et aussi à cause de ta timidité. Tu as une nature plutôt triste et, avoue-le, la vie te fait peur. Pourtant, tu as tous les atouts en main pour réussir, pour monter très haut... Tu dois apprendre à cultiver ta confiance en toi, car avec les années qui passent tu accompliras de grandes et belles choses, et la réussite sera au rendez-vous si tu parviens à écarter ce sentiment d'insécurité qui te ralentit.

Tes études

Travailleur, tenace et méticuleux, tu te consacres à fond à tout ce que tu entreprends. Tu apprends lentement, mais comme tu comprends bien ce qu'on t'enseigne et que tu as une bonne mémoire, on ne peut pas te prendre en défaut. Ce que tu sais, c'est pour la vie. Étant donné que tu es déterminé, les études supérieures te conviennent fort bien ; le temps joue pour toi. Tu travailles mieux seul qu'en équipe. Tu devras te montrer plus flexible avec les autres, car cela te sera bien utile pour évoluer en société.

Ton orientation

Peu importe le domaine que tu choisiras, tu réussiras. Tu es si sérieux, tu as si bien balisé ta vie, calculé le pour et le contre, que ton application sera récompensée. Tu vas donc surmonter les obstacles et atteindre ton objectif, envers et contre tous. Les domaines qui pourraient t'amener sur le chemin du succès sont les finances, la comptabilité, le droit, la politique, la Bourse, l'administration, la fonction publique, le système bancaire, l'industrie, la santé, la gérontologie, les antiquités, le commerce, l'immobilier, l'agriculture, les affaires et les emplois ayant trait à la terre. Tu vois, tu as l'embarras du choix. Ta carrière pourrait commencer dans l'ombre, mais à partir de la trentaine, la réussite t'attend, et tu te mets un peu plus en évidence.

Tes rapports avec les autres

Les gens te croient froid, car tu es souvent distant et renfermé. Tu as peu d'amis, mais tu as su les choisir. Ils savent qu'ils peuvent compter sur toi, même s'ils en abusent un peu, avoue-le. Au fil du temps, tu parviens à dire non lorsque tu sens que les autres tirent trop sur la corde. L'amitié doit être un échange équitable. On ne te connaît pas assez, car tu as du mal à exprimer tes sentiments ou à parler ; tu crains souvent de déranger. Tu as beaucoup à offrir et lorsqu'on te connaît vraiment, on découvre en toi un être adorable sur qui l'on peut compter.

Martin Deschamps, Véronique Cloutier, Marina Orsini, Mahée Paiement, Elvis Presley, David Bowie, Lara Fabian, Bernard Derome, René Angélil, Jim Carey, Dan Bigras, Daniel Bélanger, Nicolas Cage, Ricky Martin, Mary Higgins Clark, Mel Gibson, Jacques Cartier, Denise Bombardier, Jean-Yves Desgagnés.

Pensée positive pour le Capricorne

Ma confiance en moi et dans la vie augmente constamment. J'ose accepter les nombreux bienfaits qu'on m'envoie. Plus j'en accepte, plus il m'en arrive.

Pensée positive spéciale pour 2007

Je sème avec confiance, car je sais que la récolte sera abondante. Le temps est toujours mon meilleur allié.

Le subconscient nous dirige toujours selon nos pensées. En répétant le plus souvent possible ces pensées conçues tout spécialement pour vous, vous vous attirerez plein de belles choses.

Signe : Capricorne

Élément : Terre

Catégorie : Cardinal

Symbole : ♑

Points sensibles : Ossature, décalcification, dentition faible, articulations, genoux, jambes, arthrite, surdité, problème d'ouïe et de peau. Jeune, il a peu de vitalité... mais il rajeunit tous les ans.

Planète maîtresse : Saturne, planète de la sagesse.

Pierres précieuses : Améthyste, grenat, diamant.

Couleurs : Gris et toutes les couleurs terre.

Fleurs : Rose, œillet rouge, glaïeul.

Chiffres chanceux : 3-8-11-17-23-28-30-35-44-48.

Qualités : Discipliné, sérieux, économe, sage, discret, déterminé, diplomate, traditionnel, terre à terre. Il sait que le temps est son précieux allié.

Défauts : Manque d'assurance, timide, renfermé, autoritaire, ne jette rien, pessimiste, manque de confiance.

Ce qu'il pense en lui-même : Je vais tout faire pour eux... Je veux qu'ils m'aiment à tout prix !

Ce que les autres disent de lui : Demandons-lui ce qu'on veut : il ne sait pas dire non !

PRÉDICTIONS ANNUELLES

On peut qualifier 2007 d'année de préparation. En effet, vous réfléchirez beaucoup au sens que vous souhaitez donner à votre vie, processus qui exige du temps, mais comme vous n'êtes nullement en situation d'urgence, vous pouvez y consacrer tout le temps dont vous avez besoin. Plus le temps passe, plus vous arrivez à apprivoiser vos peurs et même à vous en défaire. Vous avez d'excellentes dispositions; vous vous sentez d'attaque pour commencer cette nouvelle année. Saturne, votre planète maîtresse, qui occupe actuellement une position neutre dans votre thème astral, se mettra à vous faire de l'œil à compter du 2 septembre. Vous vous rapprocherez alors de cette stabilité à laquelle vous aspirez depuis longtemps, et ce, peu importe le domaine. Peu à peu, vous gagnerez du terrain, vous vous rapprocherez de vos objectifs pour vous retrouver en 2008 en plein cycle de chance.

Santé – La présence de Jupiter dans votre 12e secteur peut vous jouer des tours si vous vous croyez tout permis, si vous abusez de vos forces ou si vous faites fi des règles du gros bon sens. Par contre, si vous optez pour la sagesse, cette même conjoncture pourrait vous permettre de vous débarrasser d'un problème que vous traîniez depuis un bon moment. Vous serez encore plus sensible que d'habitude et vous avez tout intérêt à vous faire une carapace. Vous disposerez d'un flair accru, d'une intuition particulièrement aiguisée.

Sentiments – Vous misez de plus en plus sur la qualité des relations plutôt que sur leur nombre. Jusqu'à l'automne, vous continuerez à réévaluer votre compatibilité avec plusieurs individus. Vous n'avez plus envie de faire des compromis uniquement pour vous attirer l'estime ou l'affection des autres. Certaines personnes au comportement douteux ne feront plus partie de votre vie et, au lieu de vous chagriner, cela sera pour vous une libération. Vous rêvez de partage, non pas de relations à sens unique où vous donnez toujours plus que vous ne recevez. Vous êtes sur la bonne voie, croyez-moi. D'ailleurs, à partir de septembre, vos espoirs commenceront à se réaliser.

Affaires – Vous agissez avec précaution, c'est dans votre nature. Et cette année, c'est la chose à faire. En voulant aller trop vite ou en prenant des risques, vous pourriez perdre du terrain plutôt que d'en gagner. Privilégiez donc les entreprises sérieuses et les placements conservateurs. Jusqu'au mois de septembre, vous trimerez dur et vous vous emploierez soit à stabiliser votre situation, soit à lui donner une nouvelle direction. Des études ou un recyclage vous permettront, à moyen terme, de faire un grand pas en avant. Rappelez-vous que vous êtes dans une phase de préparation. Ceux dont la situation a été instable pourraient trouver davantage de sécurité. Quant aux autres, ils devraient apprendre à apprécier leur routine. Après tout, c'est bien mieux que les montagnes russes.

JANVIER

D	L	M	M	J	V	S
	1	2	3 ○	4	5	6
7F	8F	9F	10D	11D	12	13
14	15	16	17	18 ●	19	20
21	22	23D	24D	25D	26F	27F
28	29	30	31			

○ Pleine lune   ● Nouvelle lune
F Jour favorable   **D** Jour difficile

Santé – Vous traînez un peu de la patte jusqu'au 17, puis lorsque Mars arrive dans votre signe, vous devenez nettement plus dynamique. Ce transit comporte cependant quelques risques, entre autres d'accidents, de coupures ou de poussées de fièvre. Prenez quelques précautions et vous resterez parfaitement à l'abri de ce genre de contretemps.

Sentiments – Vous avez le goût de bouger, de voir du monde et d'échanger. La plupart du temps ça fonctionne, mais il ne faudrait pas en faire une montagne si à l'occasion on n'est pas disponible. Ne le prenez pas de façon personnelle. Il se peut que vos amis ou l'être cher aient des choses urgentes à faire. Téléphonez à quelqu'un d'autre, vous finirez par trouver preneur.

Affaires – Rien n'est clair durant la première quinzaine; vous ne savez trop où vous vous en allez, ce qui vous insécurise. Le reste du mois est plus actif, toutefois vous devez affronter une situation de crise. Comme vous êtes bien armé, vous arriverez à vous en sortir haut la main. Cette même période est propice aux efforts pour améliorer vos conditions financières.

FÉVRIER

D	L	M	M	J	V	S
				1	2 ○	3
4F	5F	6D	7D	8D	9	10
11	12	13	14	15	16	17 ●
18	19	20D	21D	22F	23F	24
25	26	27	28			

○ Pleine lune	● Nouvelle lune
F Jour favorable	D Jour difficile

Santé – La planète Mars demeure dans votre signe jusqu'au 25. Par conséquent, il faut continuer d'être vigilant pour ne pas vous faire mal ou ressentir des malaises. Psychologiquement, par contre, vous traversez une période favorable. Vous êtes optimiste tout en gardant les deux pieds sur terre. Vous avez des idées à la tonne, votre intellect fonctionne à plein.

Sentiments – Les trois premières semaines sont soumises à un transit favorable de Vénus. Vous rigolerez souvent avec votre partenaire et vos amis. Si vous êtes seul, vous pourriez faire une agréable découverte au cours d'une sortie. Pendant une discussion, vous vous emportez, vous piquez une petite crise, mais vous revenez rapidement à de meilleurs sentiments... surtout quand vous constatez que vous avez monté en épingle une affaire sans importance.

Affaires – Ça bouge beaucoup dans votre esprit. Il y a tellement d'idées qui fourmillent que parfois vous ne savez plus par où commencer. On ne vous reconnaît plus : vous tablez davantage sur l'action que sur la planification. Vous faites tout à la rapidité de l'éclair. Attention tout de même aux gestes irréfléchis. Bon mois pour les démarches, les déplacements et les négociations.

MARS

D	L	M	M	J	V	S
				1	2	3 ○ F
4F	5F	6D	7D	8	9	10
11	12	13	14	15	16	17
18 ●	19D	20D	21F	22F	23	24
25	26	27	28	29	30F	31F

○ Pleine lune et éclipse lunaire totale ● Nouvelle lune et éclipse solaire partielle
F Jour favorable **D** Jour difficile

Santé – Les éclipses de ce mois ne vous posent pas vraiment de problème. Au pire, vous pourriez ressentir un mal de gorge ou de petits ennuis digestifs. Si vous prenez les moyens nécessaires, vous pourriez définitivement les éviter. Le moral demeure solide, particulièrement durant la seconde quinzaine. Cette période serait également propice aux remises en beauté.

Sentiments – Jusqu'au 18, vous risquez de subir l'indifférence ou le renfrognement de vos proches. Inutile de les brusquer, ça ne donnerait rien du tout. De toute façon, par la suite, vous entamerez un cycle inouï qui durera jusqu'au 12 mai et qui vous fera vivre des choses palpitantes tant en amour qu'en société.

Affaires – Vous misez beaucoup sur votre sécurité financière. Les gestes que vous ferez en vue d'améliorer votre situation professionnelle ou d'assurer votre avenir seront couronnés de succès. Bon mois pour les investissements sérieux, l'immobilier ou les cotisations à un plan d'épargne retraite. Les démarches et les déplacements seront avantageux pendant les deux dernières semaines.

AVRIL

D	L	M	M	J	V	S
1D	2 ⭕ D	3D	4	5	6	7
8	9	10	11	12	13	14
15	16D	17 ⚫ D	18F	19F	20	21
22	23	24	25	26F	27F	28F
29D	30D					

⭕ Pleine lune   ⚫ Nouvelle lune
F Jour favorable   **D** Jour difficile

Santé – Un brin d'anxiété vous dérange entre le 11 et le 27, mais le reste du mois s'annonce fort satisfaisant. Physiquement, vous commencez un cycle de récupération, voire de rajeunissement à partir du 7. Votre énergie ira en augmentant, tout comme la motivation et le goût d'apprendre. Ajoutons que vous aurez envie de bouger davantage, ce qui vous fera le plus grand bien.

Sentiments – Je vous rappelle que Vénus veille sur vos amours jusqu'au 12. Vous vous rapprochez de votre partenaire ou vous en trouvez un si vous êtes seul. Par la suite, c'est un peu plus tranquille mais certainement pas négatif. Tout au long du mois, vos amis vous font passer d'agréables moments. Ils pourraient également vous présenter des gens avec qui aurez une foule d'affinités. Un membre de la famille fait des siennes; vous l'envoyez promener.

Affaires – Du 7 au 30, vous cherchez à donner une nouvelle direction à votre carrière. Un meilleur poste, un transfert ou une modification de tâches servirait parfaitement vos intérêts. Un contrat, des heures supplémentaires ou des activités parallèles profitent à votre compte en banque. Bonne période aussi pour les déplacements d'affaires ou de plaisance.

MAI

D	L	M	M	J	V	S
		1	2 ○	3	4	5
6	7	8	9	10	11	12
13D	14D	15F	16 ● F	17	18	19
20	21	22	23	24F	25F	26D
27D	28D	29	30	31 ○		

○ Pleine lune	● Nouvelle lune
F Jour favorable	D Jour difficile

Santé – Tout continue d'aller à merveille jusqu'au 16. Vous affichez une mine radieuse, vous avez de l'énergie à revendre et un moral à toute épreuve. Le reste du mois s'annonce plus délicat, car vous êtes alors soumis à la quadrature de Mars qui pourrait être responsable d'un état de crise ou d'une blessure si vous ne prenez pas les mesures qui s'imposent.

Sentiments – La première quinzaine est fantastique, que ce soit en amour, en amitié ou en société. L'atmosphère est détendue et vous vous amusez ferme. Hélas, les choses pourraient se corser par la suite. Tout le monde semble sur les nerfs, vous y compris. Dans les discussions, le ton risque de monter, des disputes risquent même d'éclater. Un parent éprouve des difficultés ; il se peut que vous deviez intervenir.

Affaires – Ici aussi, la conjoncture vous favorise davantage durant la première moitié du mois. Choisissez donc cette période pour entreprendre vos projets ou vos démarches. Entre le 17 et le 31, les événements ne se produiront pas comme vous l'aviez prévu. Un vieux problème refait surface, tandis qu'au travail, c'est la pagaille. Une réparation vous oblige à fouiller dans votre porte-monnaie.

JUIN

D	L	M	M	J	V	S
					1	2
3	4	5	6	7	8	9D
10D	11F	12F	13F	14 ●	15	16
17	18	19	20F	21F	22D	23D
24D	25	26	27	28	29	30 ○

○ Pleine lune   ● Nouvelle lune
F Jour favorable   D Jour difficile

Santé – Les influences planétaires demeurent contrariantes jusqu'au 25. Soyez donc particulièrement attentif pendant vos déplacements et quand vous utilisez des instruments avec lesquels vous pourriez vous blesser. Ce n'est vraiment pas le moment de jouer au casse-cou, d'abuser de vos forces morales ou physiques. Heureusement, les derniers jours s'annoncent plus cléments.

Sentiments – En plus des tracas d'ordre familial, vous éprouvez des insatisfactions ou des inquiétudes à la maison. Ne gardez pas tout ça pour vous ; parlez-en à un ami qui vous accueillera à bras ouverts et qui sera de bon conseil. Petit à petit, les choses rentreront dans l'ordre, ce n'est qu'une question de patience. En attendant, évitez de dire des choses qui dépasseraient votre pensée.

Affaires – Vous faites des efforts surhumains, mais la situation demeure chaotique. Vos entreprises piétinent, on vous met des bâtons dans les roues, sans compter que de nombreux retards perturbent vos plans. Essayez d'éviter l'affrontement avec un membre de l'entourage ou un client, vous n'en sortiriez probablement pas gagnant. Le budget fluctue, mais inutile de paniquer, ce n'est que temporaire !

JUILLET

D	L	M	M	J	V	S
1	2	3	4	5	6	7D
8D	9F	10F	11	12	13	14 ●
15	16	17F	18F	19F	20D	21D
22	23	24	25	26	27	28
29 ○	30	31				

○ Pleine lune   ● Nouvelle lune
F Jour favorable   **D** Jour difficile

Santé – Autant Mars vous a dérangé au cours des dernières se-maines, autant cette planète se met à vous appuyer. Vous voici en pleine phase de récupération : vous retrouvez votre vigueur ainsi que votre motivation. Le moment est venu de vous ressaisir, de régler tout ce qui accrochait pour ainsi repartir du bon pied. La seconde quinzaine serait parfaite pour une métamorphose beauté.

Sentiments – Fini le temps des tracasseries, des chicanes, de l'indif-férence et de la bouderie ! Tout s'arrange, on recommence à vous traiter avec gentillesse et vous êtes aux anges. Socialement, ça re-démarre, plusieurs invitations arrivent simultanément. En amour, vous vivrez des choses formidables entre le 15 juillet et le 10 août. Un coup de foudre pour les solitaires et un rapprochement pour les autres sont au programme.

Affaires – On assiste à un revirement spectaculaire dans ce secteur également. Les projets qui stagnaient ou qui semblaient irréalisables commencent à prendre forme ; on est même prêt à vous appuyer. De petits retards demeurent possibles, mais rien de suffisamment important pour vous perturber. Vos finances se consolident, vous respirez beaucoup mieux.

AOÛT

D	L	M	M	J	V	S
			1	2	3D	4D
5F	6F	7	8	9	10	11
12 ●	13	14F	15F	16D	17D	18D
19	20	21	22	23	24	25
26	27	28 ○	29	30D	31D	

○ Pleine lune et éclipse lunaire totale   ● Nouvelle lune
F Jour favorable   **D** Jour difficile

Santé – La première semaine est fantastique, rien ne semble vous atteindre. Le reste du mois pourrait être tout aussi positif si vous prenez soin de vous et si vous évitez de retomber dans vos mauvaises habitudes. Psychologiquement, le cheminement entrepris depuis un bon moment commence à donner des résultats concrets. Vous avez davantage confiance en vous et en la vie.

Sentiments – Je vous rappelle qu'une belle rencontre est possible pour les célibataires d'ici le 10 ; ceux qui sont déjà en couple célébreront une alliance renouvelée. Les sorties et les activités amusantes continuent de foisonner. Bien que moins effervescent, le reste du mois ne vous réserve aucun élément négatif. S'il y a moins de magie, il y a en contrepartie davantage de profondeur.

Affaires – Vous êtes sur une excellente lancée et il faut en profiter. Ne perdez pas un temps précieux à vous poser des questions inutiles, allez de l'avant. Les efforts que vous déploierez seront largement récompensés dans l'immédiat, sans parler qu'ils auront également des répercussions favorables à long terme. Une bonne nouvelle vous parvient entre le 20 et le 31.

SEPTEMBRE

D	L	M	M	J	V	S
						1F
2F	3	4	5	6	7	8
9	10F	11 ● F	12D	13D	14D	15
16	17	18	19	20	21	22
23 / 30F	24	25	26 ○	27D	28D	29F

○ Pleine lune	● Nouvelle lune et éclipse solaire partielle
F Jour favorable	D Jour difficile

Santé – Tout va de mieux en mieux, et ce ne sont certainement pas les quelques épisodes d'anxiété susceptibles de se produire entre le 6 et le 28 qui viendront à bout de votre vitalité. À partir du 2, Saturne commence à influencer favorablement votre signe pour une très longue période. Les progrès que vous ferez s'avéreront beaucoup plus durables que par le passé.

Sentiments – L'ambiance a un petit quelque chose de monotone, vous trouvez que votre vie manque de piquant et qu'il ne vous arrive rien d'excitant. Aimeriez-vous mieux une série de complications comme celles qu'éprouvent actuellement plusieurs de vos connaissances? En y regardant de plus près, votre destin se porte pas mal du tout. Et puis, si vous voulez de l'action, pourquoi ne prendriez-vous pas quelques initiatives?

Affaires – Vous avez énormément de choses à accomplir et c'est vrai qu'on vous en demande beaucoup. Vous êtes si efficace, si performant qu'on ne se gêne pas pour augmenter votre charge de travail. Encore une fois, vous êtes à la hauteur de la situation, vous faites presque des miracles. Au moins, on s'en aperçoit, c'est une très bonne note à votre dossier.

OCTOBRE

D	L	M	M	J	V	S
	1	2	3	4	5	6
7F	8F	9F	10D	11 ● D	12	13
14	15	16	17	18	19	20
21	22	23	24D	25 ○ D	26F	27F
28	29	30	31			

○ Pleine lune   ● Nouvelle lune
F Jour favorable   D Jour difficile

Santé – Vos nerfs sont plus solides que le mois passé. Vous sous sentez mieux dans votre peau et ça paraît. D'ailleurs, on ne manque pas de vous complimenter sur votre mine épanouie. Vous pourriez même parfaire votre image en optant pour un nouveau style vestimentaire ou une coupe de cheveux différente. Faites attention à votre physique cependant, car on décèle une certaine propension aux accidents.

Sentiments – Du 8 octobre au 9 novembre, Vénus et Saturne vous permettront d'approfondir les liens qui vous unissent à votre partenaire. Pour les solitaires, cette période pourrait coïncider avec le début d'une relation sérieuse et stable. Votre cote d'amour sera à la hausse, que ce soit avec vos connaissances actuelles ou avec les personnes que vous êtes sur le point de croiser.

Affaires – Il y a de l'agitation dans votre milieu de travail, et ce n'est pas toujours évident de composer avec tous ces remaniements. Accueillez les changements avec philosophie, même s'ils vous déconcertent sur le coup. Je vous assure qu'à moyen et à long terme ils constituent des éléments favorables. Les magasins regorgent de tentations, mieux vaut ne pas y passer trop de temps.

NOVEMBRE

D	L	M	M	J	V	S
				1	2	3
4F	5F	6D	7D	8D	9 ●	10
11	12	13	14	15	16	17
18	19	20D	21D	22D	23F	24 ○
25	26	27	28	29	30	

○ Pleine lune   ● Nouvelle lune
F Jour favorable   **D** Jour difficile

Santé – Quelques discordances planétaires pourraient teinter vos journées de gris, à moins que vous décidiez de les contourner. Pour ce faire, exercez une vigilance accrue quand vous manipulez des objets tranchants ou des sources de chaleur, ou même lors de vos déplacements. Ne vous en demandez pas trop, car en allant au-delà de vos limites vous risquez de vous retrouver sur le carreau ou de devenir un paquet de nerfs.

Sentiments – Un petit rappel : les neuf premiers jours sont hyper-favorables en amour, toutes les chances sont de votre côté. Le reste du mois exige cependant du doigté et de la retenue. En vous montrant agressif ou impatient, vous risquez de provoquer une scène, et pas seulement avec l'être aimé. La douceur et l'empathie sont vos meilleures alliées, ne l'oubliez pas. Un membre de la famille est en panne mais, cette fois, vous n'avez pas vraiment envie de voler à son secours.

Affaires – Jusqu'au 11, la conjoncture pourrait s'avérer déconcertante. Rien ne marche à votre goût : quand ce n'est pas une tuile qui vous tombe dessus, ce sont des retards qui vous empoisonnent l'existence. Prenez votre mal en patience, ça devrait à se tasser par la suite. Pas à toute vitesse mais petit à petit, vous verrez poindre la lumière au bout du tunnel.

DÉCEMBRE

D	L	M	M	J	V	S
						1F
2F	3D	4D	5D	6	7	8
9 ●	10	11	12	13	14	15
16	17	18D	19D	20F	21F	22
23 ○/30F	24 / 31D	25	26	27	28F	29F

○ Pleine lune   ● Nouvelle lune
F Jour favorable   **D** Jour difficile

Santé – L'opposition de Mars à votre signe continue de sévir et vous devez continuer à vous protéger. Ne laissez pas un virus ou un accident bête vous empêcher de profiter à plein de toutes les belles choses qui s'en viennent. À partir du 21, vous ressentez un bien-être inconnu jusqu'alors. Vous voyez la vie sous un autre angle ; tous les espoirs sont permis.

Sentiments – Entre le 6 et le 31, Vénus illumine tant votre vie intime que sociale. Vos amours vous procurent un bonheur certain, vos amis vous prouvent à quel point ils vous apprécient, la marmaille vous prépare une surprise. Bref, des marques d'affection arrivent de tous les côtés. Avec la famille, vous mettez votre pied à terre ; on a fini de vous traiter comme une marionnette. Bravo !

Affaires – Le 18 marque une date importante, puisque c'est celle de l'arrivée de Jupiter, la grande bénéfique, dans votre signe. Vous avez devant vous une année complète de succès financiers et professionnels. Vous aurez de la chance en tout, y compris au jeu. Vous pourrez voyager, investir dans l'immobilier ou vous lancer en affaires. D'ici là, retroussez vos manches, car une montagne de travail vous attend.

VERSEAU
DU 21 JANVIER AU 19 FÉVRIER

On dit souvent du Verseau qu'il est né au moins un siècle trop tôt. On le trouve original, voire plutôt excentrique, et il n'est pas toujours facile de le comprendre. Ses idées sont renversantes, osées, bref très avant-gardistes.

Le Verseau est un amateur de nouveautés: le dernier gadget trouve toujours une place dans sa cuisine, son atelier, son bureau. Les bidules, les machins, les trucs, vous les connaissez tous et vous pouvez faire découvrir bien des objets aux autres, ceux que le reste du monde ignore totalement. Et tout ça, sans parler de ce que vous avez bricolé ou « bidouillé » vous-même, parce que personne n'avait pensé à l'inventer avant vous !

Le signe du Verseau est donc associé aux nouvelles technologies, quel qu'en soit le domaine : électricité, télécommunications, satellites, informatique, énergie nucléaire et science atomique.

Le plus célèbre des Verseau, Jules Verne, a beaucoup fait jaser avec ses idées abracadabrantes, révolutionnaires pour l'époque : imaginez, il disait que l'homme pourrait voler dans un oiseau de métal, aller sur les autres planètes, voyager au plus profond des océans, creuser des tunnels sous des montagnes, regarder la télévision, et j'en passe… Certains sceptiques le tenaient pour fou. Pourtant, aujourd'hui, ces exploits ne nous étonnent plus, ils sont monnaie courante. Dans un siècle, cher Verseau, on reconnaîtra que vous étiez un visionnaire, mais en attendant, il pourra vous sembler irritant d'avoir à convaincre les autres que vous n'affabulez pas et que vos idées trouveront des applications insoupçonnées dans l'avenir.

Votre signe est également placé sous un aspect humanitaire. Dans votre cœur, il n'y a pas de frontières ; l'univers entier devient votre domicile. Vous aimez tout le monde sans distinction : blancs, noirs, rouges, jaunes… ou verts extraterrestres ! Peu importe la classe sociale, la religion, la race, le sexe, vous savez trouver chez les autres ce que chacun a de meilleur en soi. Pour vous, c'est l'humanité qui compte. Et ce grand esprit de famille qui vous anime se reflète jusque dans votre cercle d'amis. Celui-ci est très diversifié et étonnant ; il s'y côtoie des gens qui, hormis vous, n'auraient pas grand-chose en commun. Vous mélangez les genres : le président d'une entreprise cotée en Bourse, un violoniste de l'orchestre symphonique, une militante antimondialisation, un installateur de téléphones, une vieille missionnaire à la retraite et une top-modèle. Vous mélangez les histoires, les expériences de vie et les points de vue... et votre petite soirée fera encore jaser dix ans plus tard.

Pour vous, apprendre et expérimenter, que ce soit dans votre cuisine (sans doute un laboratoire de chrome et d'acier) ou au travail, par l'éducation des petits ou en réglant les problèmes des pays en voie de développement, ne sont pas des mots vides de sens. Les chemins battus, les habitudes, les manies, ce n'est pas votre genre. Vous voulez faire mieux que les autres, et avec votre coup de patte bien personnel.

Anticonformiste comme vous l'êtes, vous astreindre à respecter un budget n'est pas dans vos pratiques courantes. Vous craquez pour un objet... eh bien, vous l'achetez à crédit, et la facture viendra plus tard. Vous jouez à la Bourse, mais vous oubliez la facture d'épicerie que vous devez acquitter... Vous jonglez avec votre argent comme avec vos idées.

Comme vous placez la générosité sur un piédestal, vous êtes parfois d'une grandeur magnifique. Cependant, vous sacrifier vous demande parfois beaucoup d'efforts. Vous êtes débordant d'idées, mais vous aimez laisser les autres les appliquer.

Sur le plan affectif, vous vous avouez large d'esprit... surtout quand vous n'êtes pas impliqué. Mais si, par malheur, votre conjoint prend ce principe au pied de la lettre, il risque de lui en cuire. Vous avez l'esprit ouvert, mais quand ça ne s'applique pas à vous. Indépendant, vous prônez la liberté, et l'élu de votre cœur doit l'accepter... Par contre, si lui-même accorde ses faveurs à une autre personne... aïe ! La liberté a quand même des limites, n'est-ce pas ? Surtout celles que vous lui mettez !

Comment se comporter avec un Verseau ?

Pour devenir l'amour de la vie d'un Verseau, il faut être patient, être d'abord son ami et laisser les sentiments mûrir entre vous. Si vous avez en tête l'image du petit couple charmant vivant dans une maison coquette entourée de fleurs, vous pourriez avoir une amère surprise. Cette seule pensée lui donne la chair de poule. Par contre, une tour de verre ultramoderne du centre-ville, ou une maison dont il a lui-même dessiné les plans vous attend sûrement. Ainsi, la jolie maisonnette blanche à volets bleus dans un jardinet fleuri… oubliez ça tout de suite.

Notre Verseau est anticonformiste dans l'âme, et vous ne pourrez rien y faire, autant vous y habituer tout de suite. Si vous cherchez à lui parler de problèmes quotidiens, comme la fenêtre du sous-sol qui coince ou la dernière marche de l'escalier qui se fend, vous tombez plutôt mal. Le mieux est de régler ces menus problèmes vous-même; il a d'autres choses plus importantes à faire, et perdre son temps pour de telles broutilles ne l'intéresse tout simplement pas.

Par contre, si vous voulez discuter du projet Guerre des étoiles de George Bush, du problème des sans-abri dans les grandes villes occidentales, de la peine de mort ou de la Première Guerre mondiale, vous tomberez sur un interlocuteur attentif et renseigné, mais de grâce, oubliez les problèmes domestiques quotidiens.

Il vous faut aussi apprendre à respecter sa liberté, à le laisser découvrir ce qui lui plaît, à accepter qu'il ait des occupations autres que les vôtres. Emboîtez-lui le pas, secondez-le et épaulez-le. Notre Verseau aime bien avoir un bon complice, mais laissez-le avoir le dernier mot. Quant à vouloir lui faire faire le grand ménage du printemps ou récurer les casseroles… laissez tomber, car vous useriez votre salive en vain.

Pour le convaincre de faire quelque chose, parlez-lui d'aider les pays défavorisés et sortez vos grandes théories humanitaires, car les arguments simples et terre à terre, il n'en a que faire. Il évolue dans la haute stratosphère, notre Verseau, bien au-dessus des banalités. De toute façon, puisque vous êtes là et que cela vous interpelle, vous vous en occuperez à sa place. Le mieux pour vous est qu'il trouve lui-même ce dont vous voulez le convaincre. Bien sûr, faites cela à son insu. De cette façon, il vous expliquera le problème avec un exemple concret, et vous aurez atteint votre but. Mais n'oubliez jamais qu'avec un natif du Verseau, il y a deux vérités: celle du monde et celle de son quotidien, et elles sont loin d'être compatibles.

Ce qui l'indispose, ce sont les plaintes, les reproches et les pressions. Se faire pousser dans le dos l'exaspère et même le fera fuir. Le meilleur moyen de vous en faire un ami est de faire comme lui, de vous joindre à sa bande, de l'accompagner dans ses sorties, de discuter à bâtons rompus des grandes théories humanistes. Et tant pis pour le tube de dentifrice mal rebouché qui gît dans le lavabo de la salle de bains.

Ses goûts

Avec une personnalité aussi originale, il ne peut évidemment pas avoir des goûts conventionnels. Ce qui choque ou surprend et surtout sera à la mode dans 10 ans seulement, voilà ce qui fait son bonheur. Bien sûr, tout le monde le trouve excentrique. Mais pour lui, il est tout à fait normal d'être à l'avant-garde, même dans sa tenue vestimentaire. Les complets-veston ou les tailleurs bon chic bon genre, très peu pour notre Verseau. Par contre, un look hyper « flyé », affichant sa petite touche, voilà dans quoi il se sent bien. Il ne supporte pas d'être pareil aux autres. Même chez lui, regardez-y de plus près et vous découvrirez les plus récents gadgets et les inventions les plus bizarres. Il réussit même à dénicher des objets qui ne seront probablement sur le marché que trois mois plus tard.

Dans son assiette aussi, on peut lire son goût pour l'originalité. Ainsi, même à table, il aime découvrir, innover, voire se surprendre lui-même. Des combinaisons inusitées, gâteau au confit d'oignons, poulet à la confiture de cerises de terre, potage aux pommes et au fenouil... bref, il essaie les mixtures les plus étranges. Alors, s'il vous invite à dîner, vous serez surpris, mais vous conviendrez que c'est bon... dans le genre. Malheureusement, comme notre Verseau est aussi un être très occupé, les services de restauration rapide connaissent bien son adresse.

Son potentiel

Le Verseau s'intéresse aux nouvelles technologies, à tout ce qui sort de l'ordinaire et au bien-être de l'humanité. Les domaines où il évoluera le mieux sont ceux de l'industrie aérospatiale, l'informatique, l'électronique, le génie électrique, l'invention, la futurologie, le cinéma, la télévision, la radio, mais aussi la psychologie, les sciences sociales et les arts. Il a une personnalité originale, et des idées fulgurantes et brillantes jaillissent de son esprit. Il est souvent très créatif. De toute façon, quoi qu'il fasse, il ne se conformera jamais aux normes, et ce sera toujours étonnant.

Ses loisirs

Le Verseau s'intéresse à tellement de domaines que vouloir lui attribuer un ou des passe-temps n'est pas chose facile. C'est une personne polyvalente, mais la nouveauté et l'inconnu le captivent et le passionnent tout particulièrement. Il est avide de découvertes; il veut constamment apprendre, explorer, comprendre et être étonné. De telles aptitudes lui permettent d'explorer à fond le monde de l'informatique, de la création par ordinateur, et même de la conception et de la programmation de machines intelligentes. Même s'il travaille dans un domaine particulier, il voudra continuer chez lui, le soir, pour approfondir ses connaissances ou faire de nouvelles trouvailles.

Les technologies de pointe l'attirent comme un aimant. Aéronautique, missions spatiales, intelligence artificielle, manipulations génétiques émoustillent sa curiosité. Il est aussi irrésistiblement intrigué par ce qui semble mystérieux, comme la spiritualité. S'il aime la lecture, il choisira certainement un ouvrage ou un magazine qui traite d'un de ces sujets.

Le Verseau a besoin de compagnie, des voir de gens, de discuter, de confronter ses idées à celles des autres, de régler le sort de l'humanité; il ne peut rester seul bien longtemps. Son cercle de relations s'agrandit d'année en année, et il consacre un temps considérable à sa vie en société, avec ses amis. Pour cette raison, la psychologie humaine pourrait être un autre de ses multiples champs d'intérêt. En fait, il peut s'adonner à n'importe quelle activité et y trouver du plaisir, du moment qu'il sent que son esprit est mis à contribution.

Car notre Verseau aime faire fonctionner ses neurones, tellement qu'il se plaît à inventer: il a toujours quelque chose à « patenter », des stores verticaux à ouverture télécommandée ou un programme d'ordinateur pour composer des recettes très personnelles aux ingrédients inusités, un dévidoir électrique pour permettre au chat de se nourrir tout seul, etc. Avec lui, la science n'a pas de limites.

Et devinez quel genre de films obtient sa préférence? La science-fiction, bien entendu!

Sa décoration

Lorsqu'on franchit le seuil de sa maison, on a souvent l'impression de rentrer dans un magasin d'appareils électroniques. Son domicile est rempli de multiples gadgets qui lui simplifient la vie. Si vous voulez découvrir les plus récents appareils ménagers, par exemple ce fameux réfrigérateur qui se branche sur Internet pour passer lui-même la commande de ce qui manque sur ses rayons, c'est chez le Verseau que vous le trouverez en premier. En fait, il ne serait guère étonnant que sa maison soit bourrée de domotique. Elle est si moderne, si informatisée qu'on a parfois l'impression de débarquer sur une autre planète.

Le chrome, l'acier inoxydable, les métaux dépolis, la laque blanche ou noire et le granit composent un décor résolument contemporain. On dirait qu'il habite la station internationale en orbite autour de notre planète. Mais il ne se contente pas d'avoir un style futuriste. Il le personnalise, et là, croyez-moi, vous n'êtes pas au bout de vos surprises. Une tapisserie du Moyen Âge pourrait bien voisiner avec un cadre d'aluminium anodisé... vide. Pour lui, l'objet ancien met le reste du décor en valeur. Bien sûr, chacun a ses goûts et ses couleurs préférées, n'est-ce pas?

Et puis, avez-vous remarqué combien sa maison est toujours grouillante de monde? Ses proches prendraient-ils son intérieur pour un musée ou pour une curiosité à voir absolument?

Son budget

Notre ami Verseau vit dans le futur. Eh bien pour son budget, c'est pareil. Il achète maintenant et paiera plus tard. La tentation est tellement forte – un nouvel appareil, un gadget qui vient de sortir –, qu'il vous est inutile de lui dire qu'il peut s'en passer. Si le bidule existe, il le lui faut, et pas dans un mois, tout de suite. Une autre partie de son argent est consacrée à l'aide à autrui; il a tellement d'amis qu'il y en a toujours un qui se trouve dans le besoin. Tout cela fait en sorte que son compte en banque est parfois à bout de souffle.

En fait, l'argent lui brûle les doigts. Ses proches et son conjoint auront beau essayer de le raisonner, l'économie... très peu pour lui. Il méprise le capitalisme: il le dit souvent à qui veut bien l'entendre. Néanmoins, il consomme diablement.

Tenez, il vient de s'acheter un nouvel ordinateur et il vient de passer des heures sur un nouveau programme de comptabilité sensé l'aider à tenir son budget... mais voilà, si le logiciel est bien au point, il n'aura ni le temps ni l'envie de s'en servir pour faire tous ces calculs idiots. Une machine pour imprimer de beaux billets bruns serait peut-être un meilleur gadget pour notre Verseau.

Quel cadeau lui offrir?

Trouver un cadeau pour un Verseau, c'est facile: tout ce qui est nouveau, électronique, à l'avant-garde lui plaira. Le problème est qu'il l'a peut-être déjà acheté lui-même. Il sait dénicher les nouveautés avant même qu'elles soient annoncées dans les journaux.

De toute façon, peu importe ce que vous pensiez lui offrir, cherchez un objet qui lui simplifiera la vie. Entre deux modèles, choisissez le plus futuriste, avec des tas de boutons, de réglages et de manettes. Vous, vous y perdriez sûrement votre latin. Lui, il trouvera comment ça marche en un clin d'œil. Un nouvel aspirateur qui sert de brosse à vêtements en même temps, une perceuse qui fait des trous carrés, bref, plus c'est bizarre, plus c'est compliqué, plus c'est nouveau, plus il aimera. Sans même lire le mode d'emploi, il a un flair pour comprendre comment utiliser la moindre fonction avec le maximum d'efficacité.

Le marché abonde de nouveautés ; vous trouverez sûrement le cadeau idéal pour un Verseau qui a tout : un téléphone portable qui sert aussi d'appareil photo, une calculatrice avec microémetteur intégré, une montre qu'on peut utiliser comme GPS, un agenda avec écran numérique qui se branche sur Internet et permet de voir les enfants à la garderie... enfin, visez le plus bizarre des cadeaux high-tech, et vous tomberez dans le mille.

Les enfants Verseau

Éveillés, curieux, avides d'apprendre, les petits bouts de chou Verseau aiment être entourés, avoir beaucoup de monde autour d'eux et, forcément, ils sont le centre d'attention de tous, car ils sont dynamiques. Au fil des années, ils deviendront des enfants très sociables, avec plein de copains. Ces derniers ne seront pas toujours de votre quartier, et vous ne les apprécierez pas forcément, mais votre petit Verseau aime la diversité, ce qui est différent. De plus, il a l'âme humanitaire ; ne l'oubliez pas. Comme il aime être entouré, la garderie ne lui fera pas peur, et il ramènera sa bande à la maison. Les jouets qu'il préférera seront ceux qu'il pourra monter et démonter à loisir, et même transformer au gré de sa fantaisie, car il adore bricoler, « patenter ». Les avions, les fusées, les jeux électroniques, les consoles Nintendo, les jeux vidéo ou les sites Internet, voilà de quoi le tenir fort occupé pendant des heures. Il faudrait toutefois essayer de lui inculquer le respect de certaines valeurs plus traditionnelles. Il n'est pas facile, notamment, de lui apprendre à demeurer à l'écoute des autres, de ses proches. C'est bien beau d'avoir des idées humanitaires, de vouloir sauver la planète et les Indiens d'Amazonie, mais ses parents ne sont pas simplement là pour nettoyer sa chambre et lui donner de l'argent pour s'acheter le plus récent logiciel. Le respect des autres commence à la maison; lorsqu'il aura compris cela, il mettra son esprit inventif et ses capacités au service de sa famille, pour votre plus grande joie.

L'ado Verseau

Tu es un anticonformiste né; ton comportement, ta personnalité et tes idées surprennent ton entourage. Tu possèdes une intelligence aiguë, un esprit avant-gardiste, presque futuriste. Tu demeures à l'affût des nouvelles tendances et tu t'intéresses à tout ce qui est inédit. Tu es vif d'esprit, et il ne te faut pas longtemps pour comprendre quelque chose et même l'adapter à tes besoins. Tes champs d'intérêt sont tellement vastes – tu en découvres de nouveaux chaque jour — qu'il est impossible d'en faire la liste.

Une telle personnalité ne te permet pas de passer inaperçu. De toute façon, ce n'est pas ce que tu recherches; tu aimes au contraire être bien entouré, et tu veux que ton originalité soit reconnue. Tu y arrives bien souvent. Comme tu es très indépendant, l'ordre établi et les conventions t'énervent.

Tu trouves que les gouvernements de la planète ne font pas grand-chose de constructif, et comme tu ne veux pas être écrasé par le système, tu développes un sens de la répartie, de l'idéalisme, de la justice sociale et de la liberté plus grand que les autres.

Tu aimes beaucoup les gens; tu t'entoures d'un tas de copains qui occupent une place importante dans ta vie. Mais cela ne veut pas dire que tu fais des compromis pour qu'on t'aime. En fait, on te reproche même de ne pas être assez affectueux et démonstratif. Mais pour toi, prouver tes sentiments ne se fait pas seulement avec des câlins.

Comme tout ce qui est à l'avant-garde t'attire, les jeux électroniques, l'informatique, les instruments de musique nouveau genre ou les gadgets inusités remplissent ta chambre. Tu passes aussi beaucoup de temps penché au-dessus de toutes ces bricoles. Tu aimes les monter, les démonter, les remonter pour en faire autre chose, bref, tu es ingénieux et bricoleur et tu inventes constamment.

Cependant, et c'est étonnant, les objets comptent très peu pour toi; tu les utilises à pleine capacité et puis, lorsqu'ils ne te servent plus, tu les oublies. Tes proches déplorent ton manque de sens pratique et tes dépenses… Mais, finalement, pour toi, les gens et les idées passent avant tout.

Tes études

Tu apprends très facilement dans n'importe quel domaine, du moment que ton intérêt est stimulé. Les programmes scolaires stricts et les cours obligatoires sans intérêt ne sont pas pour toi. Le problème, c'est que beaucoup de sujets retiennent ton attention. Mais dès que tu as trouvé le « pourquoi du comment », tu passes à autre chose et délaisses ce qui te passionnait quelques semaines plus tôt. La vie étudiante t'intéresse plus que les études elles-mêmes. Pourtant, tu as beaucoup de talent, et si tu parviens à te fixer une direction et à la maintenir, tu pourrais réaliser de grandes choses pour la collectivité. En fait, je te conseille de dénicher un domaine qui sorte de l'ordinaire... tu y seras imbattable.

Ton orientation

Il n'est pas facile de choisir ton orientation, il y a tellement de choses intéressantes et de métiers d'avenir. Heureusement, tu es capable de voir à long terme, si tu t'en donnes un peu la peine. Les deux champs d'intérêt où tu pourrais le mieux exprimer tes talents sont le travail social et les nouvelles technologies. Tu pourrais donc exceller dans tout ce qui est psychologie, criminologie, syndicalisme, justice, politique, journalisme, télévision, radio, cinéma, marketing, électronique, astrologie, informatique, astronautique, technologies de pointe, génie, électricité, aéronautique, domotique, robotique, ou même futurologie, nanotechnologie, vie artificielle, etc. Quoi que tu fasses, tu mettras souvent au point une méthode ingénieuse et inédite pour réussir.

Tes rapports avec les autres

Tu as de nombreux camarades, et vous formez un groupe peu ordinaire ; c'est le moins qu'on puisse dire. Les préjugés n'ont aucune emprise sur toi ; tu choisis les gens qui t'entourent sans tenir compte de leur statut, de leurs origines et encore moins des rumeurs sur l'un ou sur l'autre. Pour cette raison, ton cercle d'amis est un peu disparate, mais il est le reflet de la société, et cette diversité est pour toi une source constante de découvertes. Tu passes énormément de temps avec tes copains, à discuter, à échanger et à refaire le monde. Pour toi, l'amitié n'est pas un mot dénué de sens.

Clodine Desrochers, Natasha St-Pier, Wayne Gretzky, Oprah Winfrey, Mario Pelchat, Gilbert Sicotte, Grégory Charles, Angèle Coutu, Jules Verne, Jennifer Aniston, Justin Timberlake, Paris Hilton, John Travolta, Ellen DeGeneres, Marie-Lise Pilote, Mario Jean, Deano Clavet, Émily Bégin.

Pensée positive pour le Verseau

Je suis un être unique et je remercie la vie de me faire vivre des expériences uniques. Je suis en harmonie avec la création.

Pensée positive spéciale pour 2007

Je lâche prise et me concentre uniquement sur mon avenir. Le meilleur s'en vient et j'y travaille.

Le subconscient nous dirige toujours selon nos pensées. En répétant le plus souvent possible ces pensées conçues tout spécialement pour vous, vous vous attirerez plein de belles choses.

Signe : Verseau

Élément : Air

Catégorie : Fixe

Symbole : ♒

Points sensibles : Chevilles, jambes, varices, enflures, chutes, crampes, engoudissements, système cardio-vasculaire.

Planète maîtresse : Uranus, planète des nouvelles technologies.

Pierres précieuses : Améthyste, saphir étoilé, ambre.

Couleurs : Pêche, turquoise et tous les tons de bleu.

Fleurs : Mandragore, oiseau de paradis, toutes les fleurs inhabituelles... À moins qu'il n'en invente!

Chiffres chanceux : 4-8-13-16-21-22-34-37-44-48.

Qualités : Avant-gardiste, indépendant, original, plein d'humanité, intelligent, compréhensif, sans préjugés, désintéressé, en avance sur son temps.

Défauts : Instable, indifférent, anarchiste, peur de s'attacher, refus des responsabilités, difficultés avec le budget.

Ce qu'il pense en lui-même : Si je n'avais pas été là, les voitures seraient encore tirées par des chevaux...

Ce que les autres disent de lui : Il ne pourrait pas faire comme les autres pour une fois?

PRÉDICTIONS ANNUELLES

L'année 2007 constitue pour vous une période très significative. Vous êtes au terme d'une étape, et d'ailleurs vous le sentez au plus profond de vous-même. Certains éléments qui avant vous satisfaisaient ne font plus votre affaire aujourd'hui. Vous avez envie de quelque chose de complètement différent, et c'est pour cette raison que vous poursuivez ce grand ménage de votre vie. Jupiter, qui brouillait les pistes et vous compliquait la vie l'an passé, se met désormais à vous épauler. Vous ressentirez un relâchement partiel des tensions. Vous pouvez même compter sur les effets protecteurs de cette planète, pourvu que vous y mettiez un peu du vôtre.

Santé – Les influences planétaires sont déroutantes, puisqu'elles sont totalement opposées. Jupiter vous motive, augmente votre vigueur et votre dynamisme, mais ce n'est pas une raison pour abuser de vos forces ou vous permettre tout ce qui vous passe par la tête. D'autant plus que, jusqu'au 2 septembre, l'opposition de Saturne devrait vous inciter à la plus grande prudence. En vous négligeant, en prenant des risques inutiles, vous pourriez éprouver différents ennuis et même une panne d'énergie. Par ailleurs, si vous choisissez de réviser votre mode de vie, de miser sur un comportement plus conséquent, vous serez récompensé.

Sentiments – Vous vous redéfinissez, ce qui vous pousse donc à réévaluer vos relations interpersonnelles. Vous prenez conscience de vos vrais besoins, vous déterminez ce qui vous empêche d'être heureux. À cause de ça, certaines gens, bientôt, ne feront plus partie de votre paysage. D'autre part, il existe aussi de vos relations qui méritent d'être conservées. Voici le grand dilemme des huit premiers mois de votre année : avec qui devez-vous rompre, avec qui souhaitez-vous poursuivre votre route ? Écoutez votre voix intérieure ; elle vous le révélera clairement. Jupiter mettra sur votre chemin de nouvelles personnes ; vous bénéficierez d'une vie sociale stimulante. Comme dit le vieil adage : un de perdu, dix de retrouvés ! Un parent risque de vous causer quelques inquiétudes, particulièrement d'ici l'automne.

Affaires – Comme Saturne amène la fin d'un cycle, vous vous préparez à entreprendre une nouvelle phase de votre destinée professionnelle. Il y a des moments où vous risquez de vous sentir désemparé face à tous les changements qui s'en viennent. Toutefois, vous constaterez rapidement que ces changements vous ouvrent de nouveaux horizons. L'argent rentre plus facilement que l'année dernière et, graduellement, vous reprendrez le contrôle de votre budget. Afin de ne pas freiner cette remontée économique, il faut continuer à proscrire les investissements risqués, les gestes impulsifs et la naïveté. Protégez vos arrières... et vos biens !

JANVIER

D	L	M	M	J	V	S
	1F	2F	3 ○	4	5	6
7	8	9	10F	11F	12D	13D
14D	15	16	17	18 ●	19	20
21	22	23	24	25	26D	27D
28F	29F	30	31			

○ Pleine lune	● Nouvelle lune
F Jour favorable	**D** Jour difficile

Santé – Jusqu'au 17, vous êtes en excellente forme tant physique que psychologique. Par après, votre état pourrait se dégrader légèrement. Attention donc aux infections, ne serait-ce que le rhume, ainsi qu'aux douleurs musculaires et au stress excessif. Par ailleurs, le mois serait idéal pour vous refaire une beauté ou rajeunir votre image.

Sentiments – Avec Vénus dans votre signe, votre charisme augmente. Vous faites tourner bien des têtes. Les célibataires pourraient incidemment vivre un flirt, voire quelque chose de plus profond. À la maison, les discussions sont nombreuses et leur issue dépend beaucoup de votre attitude. En optant pour la douceur, vous réglerez rapidement vos différends mais, si vous élevez la voix, ça risque de tourner au vinaigre.

Affaires – Si vous avez des recherches ou des démarches à faire, tâchez d'agir avant la nouvelle lune du 18. Même chose si vous devez amorcer un projet. Cette période est bénéfique et comporte même un certain coefficient de chance. Vous pourriez d'ailleurs décrocher un prix dans un tirage. Excellent moment pour voyager.

FÉVRIER

D	L	M	M	J	V	S
				1	2 ○	3
4	5	6F	7F	8F	9D	10D
11	12	13	14	15	16	17 ●
18	19	20	21	22D	23D	24F
25F	26	27	28			

○ Pleine lune   ● Nouvelle lune
F Jour favorable   D Jour difficile

Santé – Le moral est nettement plus solide que le mois dernier. Mais on ne peut pas en dire autant du physique. Votre énergie vacille, vous semblez moins résistant et vous manquez de ressort. Ce n'est pas en vous écrasant devant la télé que vous allez recharger vos batteries. Moins vous bougerez, moins vous aurez le goût de faire des choses. Essayez donc d'être un peu plus actif et de mettre le nez dehors de temps à autre.

Sentiments – Si vous êtes capable de vous contenter de la douceur du train-train quotidien, vous allez vous réjouir. Les trois premières semaines s'annoncent assez routinières, sans grand éclat mais sans coup dur non plus. La fin du mois promet d'être nettement plus enlevante. Vous verrez du bien beau monde et vous vous amuserez ferme.

Affaires – Serait-ce votre manque de motivation qui fait que les choses ont tendance à stagner ? Ce n'est pas dans votre nature, mais ces temps-ci vous avez tendance à la procrastination. Démarrer quoi que ce soit vous demande un gros effort. Pourtant, une fois que vous êtes parti, plus rien ne peut vous arrêter. Une dépense imprévue vous arrache une petite somme. Essayez d'être prévoyant.

MARS

D	L	M	M	J	V	S
				1	2	3 ○
4	5F	6F	7F	8D	9D	10
11	12	13	14	15	16	17
18 ●	19	20	21D	22D	23F	24F
25	26	27	28	29	30	31

○ Pleine lune et éclipse lunaire totale   ● Nouvelle lune et éclipse solaire partielle
F Jour favorable   **D** Jour difficile

Santé – Le passage de la planète Mars dans votre signe vous donne un regain d'énergie. Vous sortez de votre torpeur, vous avez davantage envie de bouger et de faire quelque chose de vos dix doigts. Ce transit n'a cependant pas que du bon. Lorsqu'on ne s'en méfie pas, il prédispose aux blessures et aux défaillances tant physiques que nerveuses. Je vous invite donc à prendre toutes les précautions qui s'imposent.

Sentiments – Jusqu'au 18, vous aurez de nombreuses occasions de sortir et de rencontrer des gens formidables. Un coup de foudre est même possible pour les solitaires. Si vous avez déjà quelqu'un dans votre vie, vous aurez tendance à réévaluer votre couple. Un membre de la famille vous donne du fil à retordre, à moins que ce ne soit son état qui vous tracasse.

Affaires – Les éclipses pourraient vous jouer des tours dans ce domaine si vous ne respectez pas certaines règles. D'abord, évitez à tout prix les affrontements en milieu de travail, ils vous laisseraient un goût amer. La meilleure attitude en ce mois est indéniablement la souplesse. Acceptez ce qui arrive avec philosophie, bientôt ça se tassera. D'autre part, ce n'est pas le temps d'exposer ni vos biens ni votre argent à la convoitise de personnes mal intentionnées. Gardez donc à distance les voleurs, les emprunteurs et les escrocs.

AVRIL

D	L	M	M	J	V	S
1	2 ○ F	3F	4D	5D	6D	7
8	9	10	11	12	13	14
15	16	17 ●	18D	19D	20F	21F
22	23	24	25	26	27	28
29F	30F					

○ Pleine lune
F Jour favorable

● Nouvelle lune
D Jour difficile

Santé – Tenez le coup quelques jours encore car, dès le 6, vous serez enfin dégagé de ce pénible transit de Mars. Vous vous sentirez moins stressé, vous canaliserez mieux votre énergie, votre résistance augmentera. Le moment serait bien choisi pour consulter, voire vous faire soigner; les résultats seraient tangibles et rapides. Entre le 11 et le 27, votre lucidité s'éveillera, vous verrez bien plus clair en vous.

Sentiments – Entre le 12 avril et le 8 mai, Vénus, planète de la popularité et des amours, sera particulièrement bien positionnée par rapport à votre signe. La vie sociale sera plus active; vous renouerez avec vos copains, sans compter que vous pourriez nouer de nouvelles amitiés. Sur le plan plus intime, une rencontre, une déclaration ou un rapprochement tout en tendresse devrait vous réjouir. Les soucis familiaux s'estompent.

Affaires – Ce n'est pas parfait; votre carrière semble plutôt désorganisée. Les efforts que vous déploierez pour mettre de l'ordre dans votre situation ou pour la stabiliser porteront des fruits une fois que la première semaine sera passée. Les finances sont en dents de scie, voilà pourquoi vous ne devriez pas faire de dépenses inutiles. C'est le temps d'économiser, bientôt vous pourrez vous gâter.

MAI

D	L	M	M	J	V	S
		1D	2 ○ D	3D	4	5
6	7	8	9	10	11	12
13	14	15D	16 ● D	17F	18F	19
20	21	22	23	24	25	26F
27F	28F	29D	30D	31 ○		

○ Pleine lune	● Nouvelle lune
F Jour favorable	D Jour difficile

Santé – C'est vraiment à partir du 10 que vous serez au sommet de vos capacités. Vous retrouverez une forme physique et psychique que vous n'avez pas connue depuis longtemps. Le moment serait extrêmement bien choisi pour vous reprendre en main, pour vous débarrasser de vos ennuis et pour repartir du bon pied. Si vous devez recourir à un professionnel de la santé, il deviendra un instrument important de votre rétablissement.

Sentiments – Vénus vous sourit pendant les huit premiers jours. Votre bonheur affectif et votre cote d'amour demeurent enviables. Pas de détérioration en vue pour le reste du mois. Bien au contraire, si vous vous ouvrez, si vous faites un effort pour communiquer avec votre entourage, vous obtiendrez des résultats du tonnerre.

Affaires – Les choses vont de mieux en mieux. Durant la première partie du mois, vous reprenez votre souffle, vous vous employez à réparer ce qui accrochait. Puis, à compter du 16, vous entamez une phase de progrès. Les démarches visant à améliorer votre situation professionnelle ou pécuniaire aboutissent plus aisément. Un nouvel emploi, un contrat ou un surcroît de travail vous permet de renflouer le budget. Bonne période pour les déplacements d'affaires ou de villégiature.

JUIN

D	L	M	M	J	V	S
					1	2
3	4	5	6	7	8	9
10	11D	12D	13D	14 ● F	15F	16
17	18	19	20	21	22F	23F
24F	25D	26D	27	28	29	30 ○

○ Pleine lune   ● Nouvelle lune
F Jour favorable   D Jour difficile

Santé – Un autre mois qui s'annonce très constructif. Vous continuez à progresser, on dirait presque que vous rajeunissez. Votre mine détendue et votre vigueur en impressionnent plusieurs. Le grand air vous fait du bien ; vous n'avez surtout pas envie de vous encabaner, et c'est parfait. Votre intellect fonctionne lui aussi à pleine capacité, vous comprenez vite, vous apprenez facilement.

Sentiments – Ce ne sont pas les mondanités qui manquent. On vous lance plein d'invitations, on vous propose des sorties excitantes et des activités fort stimulantes. Vos amis sont vraiment adorables et l'on peut affirmer que vous êtes bien entouré. En amour, c'est la première quinzaine qui offre le meilleur potentiel. Par la suite vous devrez probablement marcher sur des œufs.

Affaires – Ne perdez pas une seconde, c'est maintenant qu'il faut agir. Allez de l'avant, faites des démarches, mettez vos projets en chantier. Si vous attendez, vous risquez de manquer le bateau. Les voyages, déplacements et déménagements sont encore une fois avantageux. En groupe, vous auriez des chances pour un prix secondaire dans un tirage.

JUILLET

D	L	M	M	J	V	S
1	2	3	4	5	6	7
8	9D	10D	11F	12F	13	14 ●
15	16	17	18	19	20F	21F
22D	23D	24D	25	26	27	28
29 ○	30	31				

○ Pleine lune	● Nouvelle lune
F Jour favorable	D Jour difficile

Santé – Saturne et Mars ne vous rendent pas service. Ces planètes pourraient même occasionner un accident ou un problème de santé à moins que vous n'interveniez. Soyez à l'écoute des signaux que vous envoie votre corps, ne négligez pas vos malaises et soyez prudent lorsque vous vous déplacez ou que vous utilisez des objets avec lesquels vous pourriez vous faire mal.

Sentiments – La première quinzaine est difficile. Ça ne tourne pas rond dans votre couple et vous avez l'impression que vos amis vous délaissent. Soyez plus autonome, pensez à vous et gâtez-vous un peu en attendant que passe l'orage. Par la suite, le climat commencera à se détendre. En ce mois, un parent risque de traverser une crise et de nécessiter votre aide.

Affaires – Ici aussi, les influences planétaires sont contrariantes. Votre vie professionnelle est perturbée et les efforts que vous faites pour vous en sortir rapportent peu. Ce n'est qu'un mauvais moment à passer ; l'heure de la libération et des nouveaux départs n'est pas très loin. D'ici là, protégez ce qui vous appartient et prémunissez-vous contre les dégâts matériels.

AOÛT

D	L	M	M	J	V	S
			1	2	3	4
5D	6D	7F	8F	9	10	11
12 ●	13	14	15	16F	17F	18F
19D	20D	21	22	23	24	25
26	27	28 ○	29	30	31	

○ Pleine lune et éclipse lunaire totale   ● Nouvelle lune
    F Jour favorable   **D** Jour difficile

Santé – Une première étape libératrice arrive le 7, lorsque Mars cesse d'être au carré de votre signe. Les risques d'accident diminueront alors considérablement. La santé demeure toutefois chancelante. Vos ennuis découlent souvent de votre niveau de stress fort élevé ces temps-ci. La meilleure chose à faire, c'est de prendre soin de vous et surtout de trouver des façons de vous détendre.

Sentiments – Une fois la première semaine écoulée, certains problèmes familiaux rentreront dans l'ordre, ce qui vous enlèvera un gros poids. On dirait que vous n'avez guère le goût de voir du monde, ce qui est plutôt exceptionnel dans votre cas. Malheureusement, ce n'est pas en restant dans votre coin à broyer du noir ou à ressasser de vieilles histoires que vous prendrez du mieux. Faites un petit effort, vous vous en féliciterez.

Affaires – Voici un autre secteur où le ciel se dégage à partir du 7. Les choses pourraient même changer du tout au tout. Un nouvel emploi ou une amélioration de vos conditions de travail vous permet d'évoluer avec davantage de latitude. Vous découvrez de nouveaux champs d'intérêt, ce qui vous stimule grandement. Le budget commence lui aussi à se replacer ; vous recevez une nouvelle encourageante à ce sujet.

SEPTEMBRE

D	L	M	M	J	V	S
						1D
2D	3F	4F	5	6	7	8
9	10	11 ●	12F	13F	14F	15D
16D	17	18	19	20	21	22
23 / 30D	24	25	26 ○	27	28	29D

○ Pleine lune   ● Nouvelle lune et éclipse solaire partielle
F Jour favorable   D Jour difficile

Santé – Deuxième étape de votre libération : Saturne, qui vous empoisonnait l'existence depuis deux ans, s'apprête à sortir du décor le 2. Vous aurez l'impression de renaître, de voir la lumière au bout du tunnel, et vous aurez parfaitement raison. Le moment est venu de vous débarrasser de vos problèmes, de remonter ce moral qui avait tendance à flancher. Vous pourrez ainsi repartir du bon pied.

Sentiments – Vous vous posez encore plein de questions, vous n'êtes même pas sûr de savoir ce que vous voulez vraiment. Pourtant, vous pourriez y voir plus clair si vous en discutiez avec un bon ami entre le 6 et le 28. Ces mêmes jours, vous recevrez de nombreuses propositions intéressantes, ce qui vous permettra de voir du beau monde et de vous changer les idées.

Affaires – Tous les espoirs sont désormais permis. Vous avez d'énormes possibilités de vous rapprocher de votre idéal et d'effectuer ce virage dont vous rêviez depuis si longtemps. Vous vous exprimerez avec une aisance impressionnante et rallierez ainsi tout le monde à votre cause. La période se prête fort bien à tout ce qui touche les voyages, les négociations et les transactions.

OCTOBRE

D	L	M	M	J	V	S
	1F	2F	3	4	5	6
7	8	9	10F	11 ● F	12D	13D
14D	15	16	17	18	19	20
21	22	23	24	25 ○	26D	27D
28F	29F	30	31			

○ Pleine lune   ● Nouvelle lune
F Jour favorable   D Jour difficile

Santé – Votre état continue de progresser malgré une légère recrudescence de la nervosité. La pire chose à faire serait de garder à l'intérieur vos frustrations ou vos insécurités. Vous risqueriez d'exploser, voire de vous rendre malade. Exprimez-vous, ainsi vous éviterez que la pression ne s'accumule. Attention aussi de ne pas trop travailler.

Sentiments – À partir du 8, vous vous comprendrez beaucoup mieux, vous finirez par admettre certaines réalités que vous n'osiez pas vous avouer. Le moment est venu de tourner la page, de couper avec le passé. Ça ne sert plus à rien de vous encombrer de vieux souvenirs. Et puis, il faut faire de la place pour ce qui s'en vient. Vos amis vous soutiennent et appuient vos décisions.

Affaires – Vous réfléchissez beaucoup à votre avenir; d'ailleurs, l'heure est aux mises au point. En parallèle à cette réflexion, vous consacrez beaucoup d'énergie à votre carrière, c'est devenu votre priorité. Vous vous jetez corps et âme dans votre travail, ce qui devrait vous valoir des nouvelles encourageantes au cours de la dernière semaine. Vos journées sont hyper-chargées, vous n'avez pas deux minutes à vous. Par hasard, ne seriez-vous devenu un peu excessif?

NOVEMBRE

D	L	M	M	J	V	S
				1	2	3
4	5	6F	7F	8F	9 ● D	10D
11	12	13	14	15	16	17
18	19	20	21	22	23D	24 ○ F
25F	26	27	28	29	30	

○ Pleine lune	● Nouvelle lune
F Jour favorable	D Jour difficile

Santé – Vous commencez le mois en super-forme. Tout va comme sur des roulettes durant la première quinzaine quand, tout à coup, vos nerfs s'emballent à nouveau. Prenez garde au stress car votre dynamisme et même votre résistance en pâtiraient. Ce serait bien dommage, surtout que ces temps-ci vous êtes particulièrement en beauté.

Sentiments – Entre le 9 novembre et le 6 décembre, votre destinée amoureuse ainsi que votre vie mondaine sont avantagées par un puissant transit de Vénus. Vos sentiments envers votre partenaire s'intensifient, et il éprouve exactement la même chose pour vous. Si vous êtes seul, acceptez les sorties qu'on vous propose, puisque c'est grâce à l'une d'entre elles que vous rencontrerez l'âme sœur. Énormément de bonheur à l'horizon.

Affaires – Vous continuez de travailler sans relâche. Une permanence, une augmentation de salaire, un contrat ou un deuxième emploi vous permet de liquider certaines dettes et de respirer plus librement. Fini le temps de la malchance! Ça remonte et vous pourriez même rafler un prix dans un concours ou à la loterie.

DÉCEMBRE

D	L	M	M	J	V	S
						1
2	3F	4F	5F	6D	7D	8
9 ●	10	11	12	13	14	15
16	17	18	19	20D	21D	22F
23 ○ F/30	24 / 31F	25	26	27	28	29

○ Pleine lune   ● Nouvelle lune
F Jour favorable   **D** Jour difficile

Santé – Vous reprenez enfin le contrôle de vos nerfs. Vous ne vous inquiétez plus pour des peccadilles, vous voyez clair, sans compter que vous retrouvez votre optimisme d'antan. Pendant la seconde quinzaine toutefois, vos excès pourraient se solder par une indigestion ou un sérieux mal de crâne. Mieux vaut donc ne pas exagérer.

Sentiments – N'oubliez pas que jusqu'au 6 votre vie amoureuse repart en grand. Vous pouvez profiter de cette période pour établir ou redéfinir les bases de votre avenir. Vos propos animés et votre sens de l'humour vous valent un succès monstre dans les réunions familiales ou sociales. Un enfant, un neveu ou une nièce vous confie une excellente nouvelle ; vous en serez fier, et avec raison.

Affaires – D'ici au 21, vous accomplissez des merveilles. Par surcroît, vous recevez plusieurs bonnes nouvelles. Au fait, vous avez encore quelques possibilités au jeu. Votre flair vous permet de saisir au vol une excellente occasion, ce qui ne manque pas d'éveiller la jalousie de certains. Usez de tact. Le timing serait parfait pour partir en voyage, pour signer un contrat ou pour faire des démarches.

POISSONS
DU 20 FÉVRIER
AU 20 MARS

Votre signe est marqué du sceau de la sensibilité. Vous pouvez passer des éclats de rire aux larmes en peu de temps. Vos yeux ont toujours un petit quelque chose qui trahit votre richesse émotive exceptionnelle. Vous êtes énormément touché par ce qui se passe autour de vous. L'attitude de votre conjoint(e), les tendres attentions de vos enfants, le comportement de vos collègues ou de vos voisins, tout cela vous remue au plus profond de votre être. Vous vivez les émotions à 100 %, qu'elles se déroulent sur le petit ou le grand écran.

En plus de votre émotivité à fleur de peau, vous êtes aussi une personne empreinte d'une générosité presque sans bornes. Vous voulez que tous soient heureux autour de vous et même ailleurs dans le monde. Vous êtes prêt à donner jusqu'à votre dernière chemise pour réaliser un rêve bien utopique. Avec une telle façon de penser et d'agir, vous pouvez vous mettre vous-même dans l'embarras. À force de tout donner pour aider les autres, il peut vous arriver de vous retrouver dans le besoin.

Mélancolique et souvent rêveur, le Poissons n'est guère intéressé par le côté terre à terre des choses. Vos activités domestiques quotidiennes et même votre travail ne mobilisent pas votre énergie ; on pourrait penser que vous manquez d'ambition, que vous vous laissez porter par les événements, alors que pour vous ce sont les sentiments qui comptent avant tout et qui régissent votre vie et vos actes.

Doux et bienveillant avec tout le monde, vous savez prêter une oreille attentive et remonter le moral à ceux qui ont des problèmes. Ces derniers vous choisissent pour confident, et ce, même lorsque vous-même n'êtes pas au mieux de votre forme. Quelle que soit l'heure du jour ou de la nuit, vous êtes prêt à accorder temps et énergie à ceux qui sont dans le besoin ; c'est pourquoi les soins prodigués à autrui vous conviennent très bien. Vous avez une âme de mission-naire, et c'est vrai jusque dans vos relations avec les autres.

Malheureusement, votre bonté et votre altruisme sont si forts que les gens tiennent souvent votre gentillesse pour acquise et n'es-saient pas de la mériter. Il n'est pas rare que vous aidiez quelqu'un à surmonter une difficulté. Après avoir porté secours à quelqu'un, vous vous retrouvez seul alors que vous auriez à votre tour besoin d'un petit coup de pouce. Vous êtes alors déçu. Pourtant, vous gar-dez le cœur sur la main et vous êtes prêt à aider à nouveau chaque fois que le besoin s'en fait sentir.

Pour vous, la vie matérielle est bien secondaire. Vivre dans une petite maison délabrée ne vous effraie pas, du moment qu'elle est remplie d'amour. Les disputes, les engueulades, la méchanceté ou l'indifférence vous perturbent; il est donc essentiel pour vous de rechercher un entourage de gens positifs et attentionnés.

Vous êtes si sensible, si malléable, que vous vous laissez facile-ment happer par les autres, manipuler même. De mauvaises influences peuvent vous causer beaucoup de tort. Vous ne vous fâ-chez que rarement, lorsque vous constatez à quel point on abuse de vous; vous préférez vous plaindre, vous lamenter tout en refusant de faire de la peine à ceux qui vous blessent… Vous êtes si sensible que pour oublier vos chagrins, vous pourriez avoir recours à l'alcool ou à différentes drogues. Pourtant, au fond de vous, vous savez bien que s'évader de cette façon ne règle jamais rien, au contraire.

Votre plus grand problème est que vous en faites trop pour être aimé, et vos si belles qualités deviennent alors vos pires défauts.

Vous êtes sensible, bienveillant et gentil. Vous pouvez compter sur une imagination fertile et une vie spirituelle très riche, car vous avez souvent des dons pour pressentir les choses. Vous avez des prémonitions ou du moins une intuition fantastique; vous devez veiller à mettre toutes ces qualités à votre service et pas seulement à celui des autres. Car comme vous avez tendance à laisser aller les choses, à attendre que les problèmes se règlent d'eux-mêmes, à tout remettre au lendemain, vous pâtirez souvent de ce trait de votre personnalité. Malgré tout, comment vous en vouloir, cela fait partie de votre petit côté bohême que l'on trouve si charmant.

Comment se comporter avec un Poissons?

Les Poissons accordent leur priorité aux sentiments. Alors, n'essayez pas de faire appel à la raison, à la logique pour démontrer votre point de vue si leur cœur leur en dicte d'autres ; vous perdrez votre temps à essayer de le convaincre. Pour eux, la vie courante, les plans de carrière, les affaires personnelles sont avant tout une question de sixième sens ; ils se fient beaucoup plus à leur intuition qu'à la réflexion pure.

Donc, pour convaincre un Poissons de se ranger à votre avis, prenez-le plutôt par les sentiments et jouez sur le plan des émotions. Dites-lui que ça vous ferait plaisir, que ses proches seraient fiers de lui, qu'il dépannerait untel, et le tour sera joué. Généreux et affable avec tous, le Poissons veut rendre le monde entier heureux et a bien du mal à dire non.

Romantique comme pas un, il a aussi une petite tendance à la nonchalance ; il a besoin de moments de répit pour se ressourcer, car sa vie émotive est son carburant.

Puisqu'il n'est pas très énergique, notre ami Poissons a souvent besoin de se faire pousser dans le dos, de se faire rappeler ses obligations, si peu importantes pour lui. Par contre, vous ne trouverez sans doute jamais quelqu'un qui vous aimera plus que lui et qui sera, comme lui, toujours prêt à vous secourir, à vous consoler et à vous dorloter.

Ses goûts

Les goûts du Poissons reflètent bien sa personnalité bohème. Il accorde peu d'intérêt à son apparence et opte donc souvent pour de vieux vêtements confortables mais romantiques. Avec lui, c'est le confort qui prime, et suivre la mode n'est pas dans ses priorités. Il préfère vagabonder pieds nus et se déchausse à la première occasion, parfois même en public. Chez lui, c'est la même chose, son intérieur n'est peut-être pas impeccable, mais on s'y sent si bien !

Notre beau Poissons aime bien manger, et la gourmandise pourrait être son principal défaut. Par contre, c'est le convive idéal, car il appréciera tout ce que vous lui servirez et se resservira fort probablement. S'il suit un régime amaigrissant, permettez-lui de tricher à l'occasion ; il sera ravi de succomber à la tentation.

Son potentiel

Sa richesse émotive et son grand cœur lui permettent d'envisager le travail social, la médecine, les soins à autrui, que ce soit dans les domaines médicaux, paramédicaux, la police, l'armée ou la marine, à moins qu'il ne se dirige vers les milieux hospitaliers ou carcéraux; notre Poissons a besoin de se rendre utile. Les commerces de boisson ou d'alcool lui conviennent aussi tout à fait; s'il est barman, il portera toujours une oreille attentive à ses clients.

C'est également un être doté d'un talent artistique indéniable, son intuition lui permettant d'appréhender un autre monde, celui de l'imaginaire. Il se révélera aussi très à l'aise dans ce qui a trait à la religion, aux sciences occultes et au paranormal. Le Poissons possède un potentiel énorme. Malheureusement, sa nonchalance, voire sa paresse, l'empêche de se réaliser pleinement et de développer totalement ses innombrables capacités.

Ses loisirs

Il aime passer d'agréables moments en compagnie de ses amis, de sa famille, autour d'une bonne table, peut-être avec un verre ou deux d'un excellent vin.

Comme il est sensible et qu'il se montre une « bonne oreille », tout le monde lui confie ses petits malheurs. S'il peut aider quelqu'un ou faire du bien autour de lui, il en sera ravi. Sa sensibilité et son goût inné pour toutes les formes d'expression de la beauté font de lui un fervent admirateur des arts et de la musique, et il pourrait s'y adonner lui-même avec bonheur et succès.

La vie spirituelle, la parapsychologie, les sciences occultes, l'astrologie ou la métaphysique l'intéressent vivement. Il ne sera donc pas rare de le voir plonger pendant de longs moments dans un livre sur l'un de ces sujets. Il pourrait aussi passer quelques soirées à assister à des conférences traitant de ces domaines. Il a une excellente intuition et pourrait exceller dans des activités relevant de ces matières ésotériques.

Mais notre Poissons est surtout un adepte du farniente, de la douce oisiveté. Rester des heures à rêvasser sans rien faire de particulier ne le dérange nullement. À quoi peut-il donc rêver ainsi?

Sa décoration

Ni très grande ni très somptueuse, sa demeure est cependant si chaleureuse, si invitante qu'on s'y attarde souvent plus qu'on ne l'avait prévu au départ.

Le Poissons nous y accueille à bras ouverts, ravi de voir quelqu'un qu'il pourra dorloter. Et puis se vautrer dans ses fauteuils moelleux est si agréable qu'on a bien du mal à les quitter.

Le décor de notre Poissons est plutôt romantique : belles dentelles, fleurs séchées, fin cristal et photos attendrissantes. Et puis, s'il pense aux petites douceurs de l'âme, celles du palais ne sont pas en reste : vous y découvrirez une jolie boîte de biscuits, une bonbonnière remplie de gâteries... Il y a peut-être un peu de poussière çà et là, mais qu'importe, on est si bien qu'on oublie vite ce petit détail pour profiter de tout le reste. Et puis, cela ajoute au charme de notre tendre Poissons.

Son budget

Puisqu'il évolue dans la sphère élevée des sentiments, budgétiser n'est pas le souci premier de notre cher Poissons. Ses affaires sont plutôt fluctuantes, mais il ne s'en préoccupe pas trop.

Si sa vie financière prend souvent l'allure de montagnes russes, son imprévoyance n'est pas en cause, c'est plutôt son grand cœur et sa confiance démesurée qui peuvent mettre son portefeuille à rude épreuve. Il se trouve toujours quelqu'un autour de lui qui est mal pris – ou, hélas, mal intentionné – pour tirer de lui de l'argent ou une faveur. Et comme il a du mal à dire non, notre Poissons finit immanquablement par se retrouver à tirer le diable par la queue.

Il faudrait qu'il fasse quelques efforts et, surtout, qu'il apprenne à se protéger en affaires, s'il veut mieux équilibrer son budget. La première étape pour y parvenir est de refuser catégoriquement de prêter de l'argent ou d'endosser un prêt, ce qui n'est guère facile à lui faire comprendre. Il doit aussi apprendre à se méfier de sa crédulité et à demander des garanties, car il fait trop rapidement confiance au genre humain. Et le pire, c'est que ce sont souvent ceux en qui il a le plus confiance qui se défilent au moment de le rembourser. Sa générosité n'est pas toujours payée de retour et il doit apprendre à penser un peu à lui plutôt que de trop gâter les autres. Notre Poissons au grand cœur devrait apprendre à durcir un peu ses positions, mais est-ce bien envisageable dans son cas ?

Quel cadeau lui offrir ?

De tout le zodiaque, notre Poissons est sans doute la personne la plus facile à satisfaire : un rien le ravit. Si votre présent fait vibrer ses émotions, il le chérira longtemps. Laissez tomber les cadeaux pratiques et terre à terre, ce n'est pas la peine d'arriver avec un ouvre-boîte électrique, même s'il en a besoin. Même l'inutile le ravit. Offrez-lui des fleurs, une vieille photo agrandie, une carte, peu importe. Ce qui compte d'abord pour lui, c'est l'attention. Que vous ayez pensé à lui le mettra dans un état d'extase.

Évidemment, une boîte de bonbons, de chocolats fins, une belle bouteille de chartreuse ou de génépi l'emballeront... Mais allez-y avec modération, car notre beau Poissons succombe facilement à la tentation. Tenez, essayez de lui proposer des confiseries santé, par exemple des pâtes de fruits; il appréciera cette attention particulière.

Puisqu'il aime la musique douce, vous pouvez aussi lui offrir des cassettes ou des disques compacts de chansons romantiques, de musique Nouvel Âge, des versions instrumentales, des musiques de films. S'il aime la lecture, les grandes histoires d'amour ou les romans policiers lui plairont. Mais n'ayez crainte, vous n'aurez pas besoin de vider votre compte en banque pour lui faire plaisir, il appréciera le moindre geste, le plus petit cadeau, car, pour lui, c'est l'intention qui compte.

Les enfants Poissons

Dodus, douillets mais tellement adorables, les bébés Poissons ont la larme à l'œil facilement. En grandissant, ils sont des enfants très gentils, qui veulent constamment plaire et faire plaisir. Ils vous feront de jolis dessins, des collages adorables, des poteries attendrissantes. Sur le chemin de l'école, ils cueilleront des fleurs des champs pour l'institutrice ou pour maman, quand ce ne sera pas pour la petite copine de classe. Et si vous leur faites un beau sourire, ils seront mille fois récompensés, car ils n'en demandent pas plus. Imaginatifs et intelligents, ils sont aussi de doux rêveurs, souvent perdus dans leurs pensées. Timides et très sensibles, ils ont besoin de beaucoup d'affection, ce qui amènera leurs parents à trop les couver, alors qu'au contraire, ils ont besoin d'être poussés doucement hors du nid et d'être stimulés. Il faut leur donner confiance en eux, leur apprendre à se fixer des objectifs réalistes et à s'y tenir, car ils auront un peu tendance à remettre au lendemain, voire à se traîner un peu les pieds. Si vous parvenez à leur faire admettre que leurs belles qualités, rehaussées d'un brin de fermeté, peuvent faire d'eux des êtres exceptionnels, ils vous en seront éternellement reconnaissants.

L'ado Poissons

Tu as une personnalité si douce et si sensible qu'il t'arrive de passer de la joie à la tristesse la plus profonde en quelques minutes. Et tes proches ne comprennent pas pourquoi. Tu t'adaptes très facilement à toutes les situations, ce qui est ta principale force mais aussi ta grande faiblesse, car tu peux être aisément manipulé par les autres, surtout s'ils jouent avec toi la carte des sentiments. Tu aimes les gens et tu es très généreux; quand il s'agit de donner, tu ne calcules pas, et il arrive que les autres en profitent plus que nécessaire.

Tu as énormément de talents: tu as de bonnes idées et une inspiration féconde, tu peux exceller dans les arts. La logique, par contre, n'est pas ton point fort, mais elle est compensée par ton intuition. Tu sais quand cela va ou ne va pas, avant même d'avoir eu à faire marcher ton raisonnement.

Tu es si doux que tu crains de revendiquer, de parler, de poser des questions, et souvent tu laisses s'installer des situations ou des quiproquos qui te déplaisent, sans oser dire non. Il vaut mieux dire ce qui ne va pas, car souffrir en silence ne donne jamais grand-chose. Affirme-toi un peu plus, c'est ton droit.

Dans tes relations avec les autres, tu places souvent les sentiments au premier plan, et pour toi, ton bonheur ou ta tristesse en dépendent. Quand ça ne va pas, tu as un peu tendance à broyer du noir, à pleurnicher. Tu aimerais qu'on vienne te consoler, mais parfois cela fait l'effet contraire, et les gens te fuient. Comme tu es généreux et que tu donnes beaucoup de toi-même, tu as horreur de l'injustice et de la misère humaine. Tu te consacres alors énormément à aider les autres. Tu donnes de tout ton cœur, mais n'oublie pas que tu dois aussi accepter de recevoir, car tu le mérites.

Tes études

Ton imagination est si féconde que tu as souvent de la difficulté à bien cerner tes préférences; tu ne sais pas toujours ce que tu veux. Tu as une intelligence vive qui te permet de bien comprendre, mais comme tu rêvasses souvent, certaines choses peuvent t'échapper, et tes cours et tes travaux s'en ressentent. Secoue-toi un peu, fixe mieux ton attention et tu seras étonné de tout ce que tu peux réaliser. Tu te remets souvent en question, car le moindre échec parvient à te faire douter de tes capacités, mais c'est le contraire que tu dois faire. Tu dois vivre des échecs pour savoir comment les surmonter et finalement triompher. Fais face à la réalité, ne la fuis pas en te réfugiant dans les rêves, car elle sera toujours là à ton retour.

Ton orientation

Nos goûts changent avec le temps, et c'est parfaitement normal. Mais toi, tu t'éparpilles un peu trop. Cela te fait perdre du temps et te conduit dans des impasses. Plusieurs domaines peuvent t'attirer, entre autres, tout ce qui a trait aux soins à autrui ou au monde des arts. Dans le premier cas, cela te permet de mettre en pratique ton sens inestimable du don de soi. Tu peux aider les autres, et cela te plaît. Dans la seconde sphère d'activité, cela te permet de t'exprimer. Toi qui n'oses pas toujours parler et revendiquer, tu pourrais le faire en laissant parler ton talent. Parmi les activités qui t'attirent, citons les professions médicales et paramédicales, les médecines douces, le travail social, la psychologie, l'ésotérisme, la religion, le travail dans les prisons ou les maisons d'hébergement, la toxicomanie, la décoration, la musique, la danse, l'alimentation, la littérature et la peinture. Tu vois, le choix est vaste et il te permet d'exprimer les différentes facettes de ta personnalité.

Tes rapports avec les autres

Tu as tellement bon cœur qu'il est facile de te blesser ou de te faire du mal. Tu dois donc choisir tes amis avec soin. Tu attires beaucoup de gens, car tu es généreux et sympathique, et ces personnes pourraient facilement abuser de ces belles qualités. Il faut que tu apprennes à dire non et que tu t'imposes un peu plus. Tes amis sont très importants à tes yeux; si tu les choisis bien, ils vont t'aider à t'extérioriser, à parler de tes problèmes et te soutiendront dans tes projets. Ils apprécieront le petit coup de pouce que tu peux leur donner à l'occasion.

Comme tu as une âme de missionnaire, les gens à problèmes essaieront aussi de s'insérer dans ton entourage; évite-les le plus possible, car tu es trop sensible et tu te laisserais facilement manipuler. Tu as ton mot à dire, et il est important que tu le fasses.

Patrice L'Écuyer, Michel Forget, Stefie Shock, René Simard, Sonia Vachon, Jerry Lewis, Daniel Lavoie, Jean-Marc Parent, Bruce Willis, Sharon Stone, Luc Plamondon, Drew Barrymore, Colette Provencher, Guillaume Lemay-Thivierge, Maxim Roy, Alain Dumas.

Pensée positive pour le Poissons

Mon intuition me guide vers le bonheur et l'épanouissement. Plus je l'écoute, plus j'avance en sécurité.

Pensée positive spéciale pour 2007

Je suis une personne merveilleuse. Je prends ma place, ce qui me permet d'avoir une meilleure qualité de vie.

Le subconscient nous dirige toujours selon nos pensées. En répétant le plus souvent possible ces pensées conçues tout spécialement pour vous, vous vous attirerez plein de belles choses.

Signe : Poissons

Élément : Eau

Catégorie : Double

Symbole : ♓

Points sensibles : Pieds (problèmes ou déformation), mélancolie, état dépressif, intestins, circulation, boulimie, parfois un penchant pour l'alcool, les pilules ou les drogues.

Planète maîtresse : Neptune, planète du mental.

Pierres précieuses : Pierre de lune, saphir, aigue-marine.

Couleurs : Blanc cassé et toutes les nuances de bleu.

Fleurs : Lys, lotus, iris.

Chiffres chanceux : 5-7-17-19-23-25-32-34-41-49.

Qualités : Compatissant, émotif, tendre généreux, intuitif, imaginatif, sentimental, esprit de groupe, doux.

Défauts : Nonchalant, manque de volonté, bonasse, crédule, désorganisé, passif, influençable.

Ce qu'il pense en lui-même : C'est drôle, les gens viennent toujours me voir quand ils ont des problèmes...

Ce que les autres disent de lui : Ça ne va pas bien... je vais aller le voir pour qu'il me remonte un peu.

PRÉDICTIONS ANNUELLES

Au cours de l'année, vous chercherez à vous affirmer. Vous en avez assez d'être dans l'ombre ou, pis encore, de toujours devoir vous battre pour faire votre place. Après avoir gâté tout le monde trop longtemps, vous revendiquez un statut différent. Vous aussi avez des besoins, et le temps est venu de les exprimer. Bien sûr, ça ne fera pas l'affaire de tous, mais tant pis pour les profiteurs et les parasites, vous avez de plus en plus de courage pour les envoyer promener. La quadrature de Jupiter risque de vous jouer des tours si vous faites des actes irréfléchis ou si vous agissez avec arrogance. Alors c'est simple : misez sur le discernement, pesez le pour et le contre. De cette façon, vous vivrez une année fort intéressante. Dans le fond, il suffit d'un peu de doigté pour que ça marche à votre goût.

Santé – Voici justement un domaine où l'influence de Jupiter doit être prise au sérieux. Des ennuis vous guettent si vous vous croyez tout permis, si vous abusez de vos forces ou des bonnes choses de la vie. Avec un tel transit, la règle d'or est assurément la modération. En la mettant en pratique, vous resterez non seulement à l'abri des problèmes, mais en plus vous profiterez d'une énergie renouvelée et d'une ardeur peu commune. Moralement, l'année devrait se dérouler sous le thème de la gaieté.

Sentiments – Vous jouissez toujours de nombreuses occasions de rencontrer des gens sympathiques. Ça ne pourrait tomber mieux puisque vous avez envie de vous ouvrir au monde extérieur, d'élargir votre cercle de relations. La grande différence, c'est que désormais vous misez davantage sur la qualité des relations que sur leur nombre. Vous avez l'œil ouvert, et c'est parfait. Vous ne voulez plus vous acoquiner avec n'importe qui pour avoir l'illusion d'être aimé ou de ne pas être seul. Vous désirez du vrai, du solide, et ceux qui ne correspondront pas à vos attentes ne retiendront plus votre attention bien longtemps. Bref, voici une année où ça va bouger autour de vous !

Affaires – Les événements ne se correspondront pas nécessairement à vos attentes. Il est probable que vous ayez à réviser vos positions, à modifier votre trajectoire. Peu importe, ça s'inscrit dans la démarche que vous comptez entreprendre : exploiter votre plein potentiel. Comme vous avez davantage confiance en vos capacités, vous agirez avec une hardiesse qu'on ne vous connaissait pas jusqu'alors. Mais attention, ce n'est pas une raison pour tout démolir sur votre passage. Il est essentiel d'éviter la témérité et l'impertinence, d'autant plus que vos rapports avec l'autorité auront tendance à être tendus. Vos finances connaîtront des hauts et des bas ; rien de bien inquiétant, à moins que vous n'enveniniez les choses par des investissements risqués, des prêts ou des dépenses superflues.

JANVIER

D	L	M	M	J	V	S
	1D	2D	3 ○ F	4F	5	6
7	8	9	10	11	12F	13F
14F	15D	16D	17	18 ●	19	20
21	22	23	24	25	26	27
28D	29D	30F	31F			

○ Pleine lune   ● Nouvelle lune
F Jour favorable   **D** Jour difficile

Santé – Les 17 premiers jours de l'année sont marqués par un transit de Mars qui risque d'avoir sur vous un impact négatif. Il existe toutefois des moyens de déjouer la conjoncture : il suffit de prendre vos précautions afin de ne pas vous blesser, contracter une infection ou ressentir un malaise. Mieux vaut être trop prudent que pas assez ! Quant au reste du mois, il se déroule sans anicroches.

Sentiments – Vos rapports avec les autres semblent plus tendus dans la première quinzaine. Le message ne passe pas et ça ne prend pas grand-chose pour qu'une banale discussion dégénère en altercation. Heureusement, tout s'arrange par la suite ; vous trouvez un terrain d'entente et plus rien n'y paraît. À la même période, votre vie sociale est particulièrement effervescente.

Affaires – Dans ce domaine non plus, le début de mois n'est pas fameux. Par contre, à partir du 18, vous avez davantage de latitude et pouvez enfin aller de l'avant. Un renouveau à votre travail, un bon tuyau ou un ami qui intercède en votre faveur vous permet de faire plus de progrès que vous ne l'aviez prévu. Votre flair vous fait saisir au vol de bonnes affaires.

FÉVRIER

D	L	M	M	J	V	S
				1	2 ○	3
4	5	6	7	8	9F	10F
11D	12D	13	14	15	16	17 ●
18	19	20	21	22	23	24D
25D	26F	27F	28			

○ Pleine lune   ● Nouvelle lune
F Jour favorable   **D** Jour difficile

Santé – Moralement, c'est tout ou rien. À certains moments, vous débordez de joie de vivre, ça frôle presque l'euphorie. À d'autres, vous êtes assailli par l'anxiété. Le physique se porte plutôt bien ; quelques mesures préventives vous garderont à l'abri du rhume ou des tensions musculaires. Méfiez-vous de la gourmandise qui menace tant votre bien-être que votre ligne. Bon mois par contre pour vous refaire une beauté.

Sentiments – D'ici au 21, vous recevez la visite de Vénus. Votre cote d'amour est à la hausse, ce qui laisse entrevoir une rencontre électrisante pour les solitaires. Quant aux couples, ils se rapprocheront et célébreront le retour de la tendresse. Vos nouvelles connaissances comme vos vieux amis trouvent eux aussi de nombreux moyens de vous faire passer du bon temps.

Affaires – Le *timing* est propice aux réorganisations professionnelles, aux recherches d'emploi ainsi qu'aux négociations. Ne vous en faites pas si ça ne débloque pas du premier coup: votre persévérance vous permettra d'arriver à vos fins. Le travail d'équipe s'avère hautement stimulant, sans mentionner qu'on apprécie grandement vos interventions.

MARS

D	L	M	M	J	V	S
				1	2	3 ○
4	5	6	7	8	9F	10F
11D	12D	13D	14	15	16	17
18 ●	19	20	21	22	23	24D
25D	26F	27F	28F	29	30	31

○ Pleine lune et éclipse lunaire totale   ● Nouvelle lune et éclipse solaire partielle
F Jour favorable   **D** Jour difficile

Santé – Comme les éclipses ont lieu dans l'axe de votre signe, vous avez tout intérêt à agir avec discernement. En allant au bout de vos forces, en abusant des bonnes choses ou en ignorant les messages que vous envoie votre organisme, vous risquez d'avoir des ennuis. Si vous faites attention à vous, vous pourrez traverser le mois sans perturbation.

Sentiments – Votre période la plus agréable s'étend du 18 au 31 quand vous recevrez de nombreuses marques d'affection de votre entourage. On sera particulièrement gentil et l'on vous prouvera à quel point on tient à vous. Entre-temps, c'est loin d'être la catastrophe, vous êtes simplement un peu plus dans l'ombre.

Affaires – Une foule de petits dérangements sont à prévoir : des retards, des changements de dernière minute et des dépenses imprévues. Inutile de vous affoler. Réglez les pépins au fur et à mesure qu'ils se présentent, et je vous assure que vous en viendrez à bout. Attention cependant de ne pas retomber dans vos anciens *patterns* et de vous remettre à croire que vous n'êtes pas à la hauteur. Faites-vous confiance, vous avez davantage de ressources que vous ne le croyez.

AVRIL

D	L	M	M	J	V	S
1	2 ○	3	4F	5F	6F	7D
8D	9	10	11	12	13	14
15	16	17 ●	18	19	20D	21D
22F	23F	24	25	26	27	28
29	30					

○ Pleine lune   ● Nouvelle lune
F Jour favorable   D Jour difficile

Santé – Vous semblez bien léthargique durant la première semaine. Vous n'avez pas grand ressort et tout semble vous demander un effort considérable. Par la suite, la planète Mars arrive dans votre signe et vous commencez à péter le feu. Un conseil, cependant. Ce transit, lorsqu'il est mal géré, peut entraîner des accidents ou des situations de crise. À vous de prendre les moyens nécessaires pour y échapper !

Sentiments – Jusqu'au 12, Vénus, planète des amours et de la popularité, sert parfaitement vos intérêts. On vous adore et l'on sait vous le montrer. Le reste du mois risque de manquer de piquant à votre goût. Un brin de patience et ça passera. On dénote quelques tensions concernant un membre de la famille ; son arrogance ou sa tendance à se mettre constamment les pieds dans les plats vous irrite. Aurez-vous la sagesse de vous en tenir loin ?

Affaires – Si tout est au point mort d'ici au 7, il n'en sera pas de même par la suite. Votre situation professionnelle sera en pleine transformation, parfois à la suite de certains de vos gestes. À d'autres moments, il se peut que des changements vous soient imposés, et vous devrez alors faire preuve de souplesse. Une contravention ou une dépense non planifiée tombe mal, surtout que vous avez passé un peu trop de temps dans les magasins.

MAI

D	L	M	M	J	V	S
		1F	2 ○ F	3F	4D	5D
6	7	8	9	10	11	12
13	14	15	16 ●	17D	18D	19F
20F	21	22	23	24	25	26
27	28	29F	30F	31 ○ D		

○ Pleine lune   ● Nouvelle lune
F Jour favorable   **D** Jour difficile

Santé – Mars demeure dans votre signe jusqu'au 16 ; vous êtes donc survolté. Pas évident de canaliser adéquatement cette énergie parfois délirante... D'ailleurs, vos nerfs en prennent un coup. Comme le risque de blessure et de défaillance perdure, vous ne devez surtout pas relâcher votre vigilance. À partir du 17, les choses se replacent sur le plan physique ; toutefois, votre équilibre nerveux demeure fragile.

Sentiments – Évitez d'imposer votre point de vue ou de provoquer votre entourage pendant la première quinzaine. En amour, vous vivez une période excitante entre le 8 mai et le 16 juin. Votre couple devient plus solide ou, si vous êtes seul, vous pourriez enfin trouver l'âme sœur. Ajoutons que vous rencontrerez plein de gens sympathiques dans la même période.

Affaires – Mieux vaut vous faire le plus discret possible durant la première moitié du mois. Ne cherchez pas inutilement les affrontements, ne vous élevez pas contre l'autorité et rappelez-vous que toute vérité n'est pas bonne à dire. Par la suite, vous aurez une plus grande liberté d'action ; vous pourrez mettre de l'ordre à la fois dans votre carrière et dans vos finances.

JUIN

D	L	M	M	J	V	S
					1D	2D
3	4	5	6	7	8	9
10	11	12	13	14 ● D	15D	16F
17F	18	19	20	21	22	23
24	25F	26F	27F	28D	29D	30 ○

○ Pleine lune   ● Nouvelle lune
F Jour favorable   D Jour difficile

Santé – Plus le temps passe, plus votre état s'améliore. Si bien qu'arrivé au 25 vous êtes au sommet de votre forme physique. Ce qui ne se fait pas attendre, c'est le retour du bien-être psychologique. Vous vous sentez d'attaque, plein de joie de vivre et d'optimisme. En passant, le mois serait parfait pour vous mettre au régime, pour prendre de bonnes résolutions et pour vous refaire une beauté.

Sentiments – N'oubliez pas qu'un transit favorable de Vénus s'exerce jusqu'au 16. Vous avez par conséquent tous les atouts pour séduire qui vous voulez ou pour reconquérir votre cher amour. Votre vie sociale demeure tourbillonnante. Les amis, anciens et nouveaux, savent bien vous traiter. Par après, vous n'avez rien à redouter même si l'effervescence diminue quelque peu.

Affaires – Vous réussissez à régler tout ce qui accrochait. L'énergie que vous déployez afin de faire avancer votre carrière donne des résultats concrets. Vous savez enfin ce que vous voulez et, surtout, comment l'obtenir. Ajoutons que vous vous exprimez avec une éloquence à laquelle il est difficile de résister. Les finances remontent, vous recevez des nouvelles encourageantes à ce sujet.

JUILLET

D	L	M	M	J	V	S
1	2	3	4	5	6	7
8	9	10	11D	12D	13F	14 ● F
15	16	17	18	19	20	21
22F	23F	24D	25D	26D	27	28
29 ○	30	31				

○ Pleine lune   ● Nouvelle lune
F Jour favorable   **D** Jour difficile

Santé – C'est splendide! Alors pourquoi ne pas en profiter pour vous attaquer à ce qui vous empêchait de fonctionner à plein? Un peu d'exercice, de marche ou de danse vous permettra de vous sentir encore mieux dans votre peau. Vous avez un petit air de jeunesse et un dynamisme que plusieurs vous envient. Le moral est bon, vous aimez la vie.

Sentiments – Un enfant ou votre conjoint(e) vous confie une excellente nouvelle; ça vaut la peine de fêter ça! On vous propose un petit voyage ainsi qu'un tas de sorties et d'activités toutes plus amusantes les unes que les autres. Vous vous surprenez à accepter presque tout ce qui passe. Résultat: vous êtes constamment sur la trotte et il y en a qui trouvent que vous ne passez pas grand temps à la maison.

Affaires – Excellent mois pour effectuer des changements, pour élargir vos horizons et pour entreprendre des activités différentes. Les recherches d'emploi, les signatures de contrats de même que les transactions vous avantagent elles aussi. Et ce n'est pas tout, vous reviendrez le cœur content après un déplacement. Vous avez le vent dans les voiles, profitez-en.

AOÛT

D	L	M	M	J	V	S
			1	2	3	4
5	6	7D	8D	9F	10F	11
12 ●	13	14	15	16	17	18
19F	20F	21D	22D	23D	24	25
26	27	28 ○	29	30	31	

○ Pleine lune et éclipse lunaire totale   ● Nouvelle lune
F Jour favorable   **D** Jour difficile

Santé – L'éclipse arrive en plein dans votre signe, ce qui risque de vous fragiliser. Commencez donc à prendre vos précautions dès le 7. Conduisez prudemment, regardez où vous mettez les pieds et soyez attentif quand vous maniez des objets tranchants. Ce n'est pas le temps non plus de jouer avec votre santé : ne sortez pas des règles du gros bon sens. Au moins, le moral tient le coup.

Sentiments – Différentes tensions vous tenaillent. En début de mois, ce sont vos amours qui vous laissent insatisfait. Par la suite, c'est la famille qui se remet à faire des siennes. Vous avez l'impression que l'on essaie de vous cacher des choses. Au lieu de tout garder à l'intérieur, vous avez raison d'en parler à un ami qui ne demande pas mieux que de vous écouter.

Affaires – Agissez avant le 12 si vous voulez que ça marche rondement. Après cette date, il se peut que vous soyez pris avec une foule de désagréments ; des délais, un manque de communication ou de synchronisation menacent l'évolution de vos entreprises. Ne prenez pas de chance avec votre argent. Mieux vaut privilégier les investissements sûrs. Oubliez les coups de tête. Si l'on veut vous emprunter, un non catégorique s'impose.

SEPTEMBRE

D	L	M	M	J	V	S
						1
2	3D	4D	5F	6F	7F	8
9	10	11 ●	12	13	14	15F
16F	17F	18D	19D	20	21	22
23 / 30	24	25	26 ○	27	28	29

○ Pleine lune   ● Nouvelle lune et éclipse solaire partielle
F Jour favorable   **D** Jour difficile

Santé – Mars et Saturne vous ont à l'œil; ne faites pas de folies. Ne laissez pas une distraction ou une négligence être responsable d'un avatar. Si vous ne faites pas suffisamment attention à vous, vous risquez d'être victime d'un accident ou d'une défaillance. De son côté, la tension nerveuse devrait diminuer une fois la première semaine passée.

Sentiments – Vous auriez tort de trop attendre des autres. En effet, votre entourage ne semble pas toujours bien disposé, ce qui complique le dialogue et vous rend perplexe. Inutile de forcer les choses; vous ne feriez qu'envenimer la situation. Avec la famille, ça demeure tendu; vous trouvez que personne ne vous comprend. Par chance, vous pouvez toujours compter sur votre confident qui vous accueille généreusement et qui vous aidera à passer au travers.

Affaires – Dans ce domaine également les influences sont contrariantes. L'éclipse solaire qui se produit à l'opposé de votre signe contribue à tout compliquer. Le mois prochain, ça ira beaucoup mieux mais, en attendant, vous n'avez d'autre choix que de consentir à ce qu'on vous demande. N'allez surtout pas vous insurger! Une contravention ou une dépense imprévue vous force à piger dans vos économies.

OCTOBRE

D	L	M	M	J	V	S
	1D	2D	3F	4F	5	6
7	8	9	10	11 ●	12F	13F
14F	15D	16D	17	18	19	20
21	22	23	24	25 ○	26	27
28D	29D	30F	31F			

○ Pleine lune   ● Nouvelle lune
F Jour favorable   D Jour difficile

Santé – Tout semble s'améliorer pour vous : non seulement Mars cesse de vous embêter mais commence même à vous appuyer. Vous avez davantage de dynamisme, de vigueur et de résistance. À vrai dire, il n'y a que les excès qui risquent de vous ralentir. Le problème, c'est que vous avez bien du mal à résister aux bonnes choses de la vie. Les nerfs sont plus solides, et vous entrevoyez votre avenir avec davantage d'optimisme.

Sentiments – La popularité effectue un retour fracassant. Le téléphone se remet à sonner, on vous donne des nouvelles et l'on vous lance de nombreuses invitations. Dans l'intimité, c'est différent, vous vous posez bien des questions au sujet de vos amours. La situation n'est pas aussi limpide que vous le souhaiteriez, les frustrations s'accumulent.

Affaires – Le moment est venu de corriger tout ce qui marchait de travers. Un nouvel emploi ou une amélioration de vos conditions de travail vous enlève un gros poids des épaules. On est enfin prêt à écouter vos commentaires, à entendre vos revendications. Les démarches et les déplacements connaîtront une issue positive s'ils sont entrepris avant le 24.

NOVEMBRE

D	L	M	M	J	V	S
				1	2	3
4	5	6	7	8	9 ● F	10F
11D	12D	13D	14	15	16	17
18	19	20	21	22	23	24 ○ D
25D	26F	27F	28F	29	30	

○ Pleine lune	● Nouvelle lune
F Jour favorable	D Jour difficile

Santé – Vous continuez à faire de beaux progrès; d'ailleurs, après le 9, vous contrôlez beaucoup mieux votre tendance à la gourmandise. Psychologiquement, vous avez encore du mal à rompre avec le passé, ce qui freine votre évolution. À partir du 11, vous êtes toutefois plus fort et vous arrivez à couper définitivement avec vos vieux souvenirs. Une visite à un thérapeute ou à un médecin vous fait découvrir une solution à un problème qui traînait.

Sentiments – La confusion au sujet de vos amours vous dérange encore pendant les 10 premiers jours du mois, puis tout commence à se replacer. Vous voyez davantage clair en vous et dans les autres, ce qui vous permet de faire les gestes nécessaires, de prendre les bonnes décisions. Socialement, c'est bien tranquille en début de mois, mais de toute façon vous avez besoin de temps pour vous. Dans la seconde quinzaine, votre vie mondaine redémarre.

Affaires – Vous êtes au cœur du cycle de transformation. À compter du 12, la conjoncture est propice aux recherches d'emploi, aux transactions de même qu'aux signatures de contrats. Votre curiosité ainsi que votre soif d'apprendre vous font découvrir de nouveaux champs d'intérêt. Le moment serait très bien choisi pour vous inscrire à un cours ou pour vous recycler. Ce serait également une fort bonne période pour voyager.

DÉCEMBRE

D	L	M	M	J	V	S
						1
2	3	4	5	6F	7F	8D
9 ● D	10D	11	12	13	14	15
16	17	18	19	20	21	22D
23 ○ D/30	24 F/ 31	25F	26	27	28	29

○ Pleine lune		● Nouvelle lune
F Jour favorable		D Jour difficile

Santé – Vous passez par toute la gamme des émotions d'ici au 20. Parfois, vous ne vous y retrouvez plus. Heureusement, votre état se stabilise par la suite et vous devriez retrouver tout votre calme. Physiquement, c'est encourageant; il n'y a rien de grave à signaler si ce n'est un petit rhume ou un mal de dos. Peu importe, vous ne traînerez pas ça bien longtemps. Bon mois pour une coupe de cheveux ou pour un changement d'image.

Sentiments – Entre le 6 et le 30, votre destinée amoureuse repart de plus belle. Votre partenaire et vous êtes à nouveau sur la même longueur d'onde. Si vous êtes seul, vous aurez une grosse surprise au cours d'une sortie ou d'un déplacement. Les réunions que vous organisez ou celles auxquelles on vous convie se révèlent d'énormes succès. Tout le monde succombe à votre charme!

Affaires – Il y a de la pression, j'en conviens, mais ce n'est pas en vous affolant que vous en viendrez à bout. Déterminez quelles sont vos priorités, faites-vous un plan de match et laissez tomber ces détails qui vous font perdre un temps fou. Quand un imprévu survient, écoutez votre intuition car, si vous réfléchissez trop, vous risqueriez de laisser passer une belle occasion.

NOS ANIMAUX ET L'ASTROLOGIE

L'astrologie nous renseigne sur notre caractère, notre personnalité et notre comportement, et elle peut également s'appliquer à nos petits compagnons à quatre pattes ou à plumes. Leur signe du zodiaque exerce une certaine influence sur eux. Qu'il s'agisse d'un vieux gros toutou ou d'un chaton, d'un canari ou d'un bel iguane, n'hésitez pas à recourir à l'astrologie pour mieux le comprendre et deviner ce qu'il ne peut vous dire en employant un langage compréhensible. En sachant lire son comportement, vous serez plus apte à répondre à ses besoins.

L'astrologie peut aussi vous aider à choisir le compagnon idéal qui correspondra à votre personnalité. Que vous ayez déjà un animal domestique à la maison ou que vous pensiez en adopter un, les lignes qui suivent vous éclaireront sur sa personnalité et son caractère.

Mon bestiaire astrologique

Le Bélier. Plutôt petit, qu'il soit chien, chat ou reptile, il possède tout un caractère. Il sait ce qu'il veut et n'en fait qu'à sa tête. Impulsif, vif et rapide, il n'arrête pas une seconde, et il court vite. Tant mieux, me direz-vous, mon Patou est un cheval de course. Mais si votre Médor est un bon chien de ville, il pourrait bien profiter d'une porte ouverte pour prendre la poudre d'escampette. En fait, cet animal prend beaucoup de place, mange comme un glouton et trop vite. C'est un animal qui déborde d'énergie ; il faudra donc vous attendre à ce qu'il vous demande souvent de jouer... et à quelques dégâts si vous le laissez seul à la maison. Mais il est si adorable, ce gros minet... qui vient de déchirer la moquette, que finalement, vous lui pardonnez, comme toujours !

Le Taureau. Cet animal est de compagnie très agréable. Il apprécie son domicile, son petit coin bien à lui où la vie s'écoule, calme et tranquille. Félix aimera bien faire un petit tour dehors, mais pas trop loin… Quant à Fido, il ne rechignera pas à rester toute la journée à vous attendre à la maison. Il la connaît bien et ne s'y ennuie pas. Certains jours pourtant, il sera un peu plus entêté qu'à l'habitude, mais une belle caresse et quelques mots gentils, et il se montrera à nouveau obéissant et docile. Par contre, il apprend lentement. Si vous tenez absolument à ce qu'il donne la « papatte », armez-vous de patience. Dès qu'il aura compris toutefois, vous réussirez à la lui faire donner rapidement. Ce sera un compagnon vraiment fidèle. Il reste tellement attaché à vous et à ses habitudes que les changements l'incommodent; mais si vous vous en occupez, s'il sent que vous l'aimez, il sera rassuré et heureux. Si votre oiseau est Taureau, écoutez son chant, c'est très joli.

L e Gémeaux. Cet animal a besoin de voir du monde et d'avoir beaucoup de vie autour de lui. Il sera très heureux dans une famille nombreuse, avec beaucoup d'enfants et même d'autres animaux dans la maison. Il adore faire son petit tour dehors, explorer, découvrir, croiser des connaissances à quatre pattes. À la maison, il trouve toujours quelque chose à faire, mais il n'aime pas être laissé seul trop longtemps. Si vous pensez le laisser seul pendant que vous êtes au travail, il serait bon de lui procurer un compagnon de jeu. Cet animal a besoin de beaucoup d'attention; il faudra donc souvent jouer avec lui. Par contre, il se montre assez indépendant lorsqu'il le décide. C'est un grand parleur qui a besoin d'un public, alors il chante, jappe ou miaule beaucoup. C'est aussi un petit coquin très intelligent et un tantinet manipulateur. Il vous fera savoir rapidement ce qu'il veut… et il finira par l'obtenir.

L e Cancer. C'est le signe le plus attachant qui soit pour un animal. Ce petit compagnon adore son maître et tous les membres de la famille. Les marques d'affection et les caresses sont ses deux moteurs, car il aime tellement faire plaisir. Son bonheur est immense lorsqu'il se sent entouré de tout son petit monde à la maison. Il fait de gros efforts pour satisfaire tout le monde, même les enfants qui lui tirent les oreilles ou la queue. Comme c'est plutôt un animal gourmand et dormeur, il faut veiller à lui faire faire suffisamment d'exercice, sinon l'obésité le guette. Docile et affectueux, il est digne de confiance; il fera de son mieux pour protéger la maison et la famille, même si c'est un minuscule chihuahua. Les femelles Cancer sont d'excellentes mères de famille.

L e Lion. Voilà un animal qui a du panache. De race pure ou non, on le remarque. Si votre petit Lion est un chat, il se comportera comme s'il était le roi des animaux au milieu de ses sujets ; en tant que chien, museau au vent et queue relevée, il montrera qui est le maître dans la maison, tandis que l'oiseau Lion exhibera fièrement son plumage. Bref, il fera l'envie de tout le voisinage. Comme c'est une vraie star, il faudra lui prêter beaucoup d'attention, montrer que vous l'aimez. Si vous oubliez la caresse habituelle en rentrant, il va bouder. Avec les autres animaux, ça risque d'être la guerre. Il veut occuper toute l'avant-scène et n'appréciera pas qu'on le néglige ou qu'on le tienne à l'écart pour s'occuper de quelqu'un d'autre, animal ou humain d'ailleurs. De toute façon, il ne supportera pas d'être traité comme un bibelot ; alors même s'il se comporte bien et se montre sage, il cherchera sûrement à faire un petit tour pour épater la galerie. Enseignez-lui quelques petits tours simples et applaudissez à tout rompre ; cela fera son plus grand bonheur.

L a Vierge. Il est tout timide, tout gentil. En fait, c'est pour cela que vous l'avez pris, même si ce n'est pas lui qui était le plus fringant de la portée. Il se montre un peu craintif avec les étrangers, mais avec vous, n'ayez crainte, ce sera un compagnon fidèle, attentif et tranquille. Il ne vous causera pas d'ennuis, car il comprend très bien les règles et les interdits et ne les transgresse pas. Par contre, il a ses petites habitudes. N'allez pas bouleverser son horaire du jour au lendemain. Si vous le sortez chaque jour vers 8 heures, il ne faudra pas être en retard, car il vous le fera savoir. Son point faible, c'est la digestion ; il faut donc veiller à lui procurer une bonne nourriture et ne pas la lui changer continuellement. Qu'il soit chien, chat, cheval ou canari, il sera très attaché à son maître et doux avec les enfants. C'est le compagnon idéal des gens calmes et plutôt sédentaires.

L a Balance. Ce petit animal est une vraie soie. Il a vraiment tout pour se faire aimer et aussi pour vous amuser ; il a mille et un tours dans son sac. Comme c'est un petit être sensible, vous ne l'aimerez jamais trop et il réclamera toujours plus de caresses. Pour qu'il soit heureux, offrez-lui un foyer calme et harmonieux. Il préférera fuir les enfants criards et chamailleurs, car il ne supporte ni les bruits ni les cris. S'il fait une bêtise et que vous le grondez, il sera très honteux et affecté. En parlant assez fort, vous obtiendrez de bons résultats, sans avoir à le punir plus. Ce petit animal appréciera son douillet coussin ou votre plus beau fauteuil pour dormir en paix…

Et en plus, comme il déteste être seul, il pourrait même choisir vos moelleux genoux pour sa petite sieste. C'est un charmeur, et son regard fait fondre le plus récalcitrant des humains. Il est irrésistible.

L e **Scorpion.** Celui-là possède son petit caractère. Monsieur ou madame est bien affectueux, mais attention, il se montre souvent possessif. Il choisit son maître et ne le lâche plus. Il pourrait même venir toujours s'installer entre vous et votre conjoint, car il vous appartient en propre et non aux deux. Pire, il pourrait même carrément prendre la place du conjoint qui le dérange pour l'obliger à se mettre plus loin. Il affiche un petit air mystérieux, ce qui fait en sorte qu'on ne comprend pas toujours ce qu'il veut. Il peut être très enjoué, mais aussi parfois assez grognon et, dans ces cas-là, il vaut mieux le laisser tranquille. Par contre, il devine ce que vous ressentez et a une mémoire du tonnerre. Si quelqu'un lui a fait mal, même des mois ou des années plus tard, il s'en souviendra… Ce n'est pas un animal facile, mais il vous adore.

L e **Sagittaire.** Ce cher Sagittaire est un tantinet agité… Pour lui, voir la vie à l'extérieur est bien plus passionnant que dormir sur un coussin moelleux. Si vous l'empêchez de sortir, il reste à la fenêtre pour observer la rue. Il adore courir, se promener, et si vous n'y faites pas attention, il peut faire des fugues de plusieurs jours. Fermez bien les portes. Laissé seul à la maison, il s'ennuie. Vous devez lui faire dépenser son trop-plein d'énergie. L'idéal est de lui offrir un grand jardin, un terrain à la campagne où il pourra se dégourdir les pattes à loisir. C'est un petit être indépendant, donc l'obéissance parfaite, ce n'est pas tellement sa tasse de thé. Il se comporte généralement bien avec les autres animaux, mais ceux de la même espèce que lui le dérangent un peu. Avec les enfants, il est très à l'aise, car ils courent et jouent avec lui, et c'est ce qu'il aime. Par contre, les enfants doivent le respecter, sinon il fera la loi lui-même à coups de dents ou de griffes. Il peut aussi se montrer glouton et prendre rapidement du poids; il faut donc bien doser sa nourriture et lui faire faire beaucoup d'exercice.

L e **Capricorne.** On dit que le chien est le meilleur ami de l'homme; s'il est Capricorne en plus, vous avez déniché la perle rare, le plus fidèle des fidèles. Dévoué, cherchant toujours à faire plaisir, ce petit timide restera néanmoins à l'écart des inconnus. Ce n'est pas un animal très démonstratif, mais votre petite famille et surtout vous, son maître, comptez plus que tout dans sa vie. Plutôt petit et souvent maigre, il est également frileux ; donc, durant l'hiver, faites attention lorsque vous le sortez, un bon manteau serait peut-être approprié. C'est un bon compagnon, tranquille et doux. Il est très patient, et quelques heures de solitude ne lui font pas peur. Il apprend plutôt lentement, donc n'hésitez pas à répéter plusieurs fois vos consignes lorsqu'il est encore bébé, de façon à ce qu'il assimile bien les règles. Une fois qu'il les aura apprises, il ne les oubliera plus jamais. Comme il est très discret, on pourrait l'oublier facilement ; mais surtout ne le négligez pas, car c'est vraiment votre meilleur ami, et il vous aime.

L e Verseau. Ce chaton, ce vieux chien, cette perruche ou ce furet sont des animaux qui vous procureront des heures de plaisir. Avec lui, pas d'ennui possible. Il bouge, va vers les gens, s'intéresse à tout ce que vous faites. Lorsque vous arrivez avec des sacs d'épicerie, il n'hésitera pas à plonger le nez dedans pour découvrir ce qu'ils contiennent. Les nouvelles odeurs, les nouveaux objets l'intriguent. Dehors, vous le verrez souvent en train de « discuter » avec ses congénères, de surveiller son territoire ou d'explorer les environs. Vifs, spirituels, remuants, ils ont une petite personnalité indépendante qui n'est pas tellement adaptée aux règles et à l'obéissance ; vous devrez répéter souvent, et peut-être même les gronder plus que d'autres. Mais comme ils aiment tout le monde et que tout le monde les aime, vous leur pardonnez facilement ces incartades.

L e Poissons. Affectueux, doux et tendre, votre compagnon à plumes ou à fourrure vous rendra toujours heureux. Vos caresses et vos mots doux sont sa raison de vivre. Lorsque vous revenez du travail, c'est la fête. D'ailleurs, vous n'avez qu'à sortir cinq minutes puis revenir, et ce sera encore la fête. Pour le faire fâcher et le rendre bougon, il faut vraiment en mettre beaucoup, car il oublie très vite. C'est un animal sensible, il ne supporte pas qu'on parle fort autour de lui ; il croit alors qu'il a fait quelque chose de mal et se sauve. Par contre, il devine toujours comment vous allez. Si vous vous sentez un peu triste, il se montrera encore plus câlin pour vous consoler. Par contre, si vous êtes de bonne humeur, il sera heureux pour vous. Comme il est un peu paresseux, c'est à vous de veiller à ce qu'il fasse ses exercices quotidiens. Comme les animaux Poissons adorent l'eau (même les chats), pourquoi ne pas placer un bain dans la cage de l'oiseau et une grosse piscine de plastique pour Médor dans la cour.

L'ASTROLOGIE CHINOISE

L'étude du zodiaque remonte à la nuit des temps. On le sait aujourd'hui, même l'homme de Neandertal scrutait les astres pour y déchiffrer le sens de l'Univers.

Plus que millénaire, l'astrologie n'est pas une science propre à la civilisation occidentale; en Orient aussi les planètes, les astres et les étoiles fascinent. Cependant, l'astrologie chinoise diffère de la nôtre en ce sens que contrairement à la nôtre, qui se base sur le cycle du Soleil dans les 12 signes, elle est établie sur une période de 12 ans.

L'astrologie zodiacale comporte 12 signes qui se succèdent, et chacun dure un mois. En astrologie chinoise, chaque année correspond à un signe représenté par un animal totem.

En astrologie chinoise, les cycles lunaires permettent de déterminer le début de l'année. Cela fait donc en sorte que les signes chinois commencent à une date différente chaque année.

L'astrologie chinoise constitue un excellent moyen de se connaître et de découvrir les autres. Nous vous invitons à la découvrir plus amplement dans les pages suivantes.

Les 12 signes chinois

Repérez votre date de naissance dans ce tableau pour découvrir votre signe chinois.

1900	Rat	31 janvier 1900 au 18 février 1901
1901	Buffle	19 février 1901 au 7 février 1902
1902	Tigre	8 février 1902 au 28 janvier 1903
1903	Chat	29 janvier 1903 au 15 février 1904
1904	Dragon	16 février 1904 au 3 février 1905
1905	Serpent	4 février 1905 au 24 janvier 1906
1906	Cheval	25 janvier 1906 au 12 février 1907

1907	Chèvre	13 février 1907 au 1er février 1908
1908	Singe	2 février 1908 au 21 janvier 1909
1909	Coq	22 janvier 1909 au 9 février 1910
1910	Chien	10 février 1910 au 29 janvier 1911
1911	Cochon	30 janvier 1911 au 17 février 1912
1912	Rat	18 février 1912 au 5 février 1913
1913	Buffle	6 février 1913 au 25 janvier 1914
1914	Tigre	26 janvier 1914 au 13 février 1915
1915	Chat	14 février 1915 au 2 février 1916
1916	Dragon	3 février 1916 au 22 janvier 1917
1917	Serpent	23 janvier 1917 au 10 février 1918
1918	Cheval	11 février 1918 au 31 janvier 1919
1919	Chèvre	1er février 1919 au 19 février 1920
1920	Singe	20 février 1920 au 7 février 1921
1921	Coq	8 février 1921 au 27 janvier 1922
1922	Chien	28 janvier 1922 au 15 février 1923
1923	Cochon	16 février 1923 au 4 février 1924
1924	Rat	5 février 1924 au 23 janvier 1925
1925	Buffle	24 janvier 1925 au 12 février 1926
1926	Tigre	13 février 1926 au 1er février 1927
1927	Chat	2 février 1927 au 22 janvier 1928
1928	Dragon	23 janvier 1928 au 9 février 1929
1929	Serpent	10 février 1929 au 29 janvier 1930
1930	Cheval	30 janvier 1930 au 16 février 1931
1931	Chèvre	17 février 1931 au 5 février 1932
1932	Singe	6 février 1932 au 25 janvier 1933
1933	Coq	26 janvier 1933 au 13 février 1934
1934	Chien	14 février 1934 au 3 février 1935
1935	Cochon	4 février 1935 au 23 janvier 1936
1936	Rat	24 janvier 1936 au 10 février 1937
1937	Buffle	11 février 1937 au 30 janvier 1938
1938	Tigre	31 janvier 1938 au 18 février 1939
1939	Chat	19 février 1939 au 7 février 1940
1940	Dragon	8 février 1940 au 26 janvier 1941
1941	Serpent	27 janvier 1941 au 14 février 1942
1942	Cheval	15 février 1942 au 4 février 1943
1943	Chèvre	5 février 1943 au 24 janvier 1944
1944	Singe	25 janvier 1944 au 12 février 1945
1945	Coq	13 février 1945 au 1er février 1946
1946	Chien	2 février 1946 au 21 janvier 1947

1947	Cochon	22 janvier 1947 au 9 février 1948
1948	Rat	10 février 1948 au 28 janvier 1949
1949	Buffle	29 janvier 1949 au 16 février 1950
1950	Tigre	17 février 1950 au 5 février 1951
1951	Chat	6 février 1951 au 26 janvier 1952
1952	Dragon	27 janvier 1952 au 13 février 1953
1953	Serpent	14 février 1953 au 2 février 1954
1954	Cheval	3 février 1954 au 23 janvier 1955
1955	Chèvre	24 janvier 1955 au 11 février 1956
1956	Singe	12 février 1956 au 30 janvier 1957
1957	Coq	31 janvier 1957 au 17 février 1958
1958	Chien	18 février 1958 au 7 février 1959
1959	Cochon	8 février 1959 au 27 janvier 1960
1960	Rat	28 janvier 1960 au 14 février 1961
1961	Buffle	15 février 1961 au 4 février 1962
1962	Tigre	5 février 1962 au 24 janvier 1963
1963	Chat	25 janvier 1963 au 12 février 1964
1964	Dragon	13 février 1964 au 1er février 1965
1965	Serpent	2 février 1965 au 20 janvier 1966
1966	Cheval	21 janvier 1966 au 8 février 1967
1967	Chèvre	9 février 1967 au 29 janvier 1968
1968	Singe	30 janvier 1968 au 16 février 1969
1969	Coq	17 février 1969 au 5 février 1970
1970	Chien	6 février 1970 au 26 janvier 1971
1971	Cochon	27 janvier 1971 au 14 février 1972
1972	Rat	15 février 1972 au 2 février 1973
1973	Buffle	3 février 1973 au 22 janvier 1974
1974	Tigre	23 janvier 1974 au 10 février 1975
1975	Chat	11 février 1975 au 30 janvier 1976
1976	Dragon	31 janvier 1976 au 17 février 1977
1977	Serpent	18 février 1977 au 6 février 1978
1978	Cheval	7 février 1978 au 27 janvier 1979
1979	Chèvre	28 janvier 1979 au 15 février 1980
1980	Singe	16 février 1980 au 4 février 1981
1981	Coq	5 février 1981 au 24 janvier 1982
1982	Chien	25 janvier 1982 au 12 février 1983
1983	Cochon	13 février 1983 au 1er février 1984
1984	Rat	2 février 1984 au 19 février 1985
1985	Buffle	20 février 1985 au 8 février 1986
1986	Tigre	9 février 1986 au 28 janvier 1987

1987	Chat	29 janvier 1987 au 16 février 1988
1988	Dragon	17 février 1988 au 5 février 1989
1989	Serpent	6 février 1989 au 26 janvier 1990
1990	Cheval	27 janvier 1990 au 14 février 1991
1991	Chèvre	15 février 1991 au 3 février 1992
1992	Singe	4 février 1992 au 22 janvier 1993
1993	Coq	23 janvier 1993 au 9 février 1994
1994	Chien	10 février 1994 au 30 janvier 1995
1995	Cochon	31 janvier 1995 au 18 février 1996
1996	Rat	19 février 1996 au 6 février 1997
1997	Buffle	7 février 1997 au 27 janvier 1998
1998	Tigre	28 janvier 1998 au 15 février 1999
1999	Chat	16 février 1999 au 4 février 2000
2000	Dragon	5 février 2000 au 24 janvier 2001
2001	Serpent	25 janvier 2001 au 12 février 2002
2002	Cheval	13 février 2002 au 1er février 2003
2003	Chèvre	2 février 2003 au 21 janvier 2004
2004	Singe	22 janvier 2004 au 7 février 2005
2005	Coq	8 février 2005 au 28 janvier 2006
2006	Chien	29 janvier 2006 au 16 février 2007
2007	Cochon	17 février 2007 au 6 février 2008

LE RAT

S'il est un animal qui provoque des réactions mitigées, c'est bien le rat. Il provoque parfois des mouvements de répulsion, mais le plus souvent il suscite la crainte. Et faire peur, c'est justement votre cas. Les gens ne vous connaissent pas beaucoup et, pour cette raison, se méfient un peu. Vous-même, vous vous montrez plutôt craintif, soupçonneux et, pour gagner votre confiance, il faut savoir montrer patte blanche.

En société, vous évitez les bains de foule et préférez de beaucoup rester à l'écart. Pourtant, lorsqu'on vous connaît, on vous trouve sociable, rempli d'humour et enjoué. Néanmoins, vous vous confiez peu et préférez regagner votre petit nid douillet lorsque quelque chose ne tourne pas rond.

Vous avez une acuité toute particulière qui vous permet de déceler ce qu'on tente de vous cacher. Votre sens de l'observation est aiguisé ; rien ne vous échappe.

Vous vous défendez avec vos dents et vos griffes lorsqu'on vous blesse ou si l'un de vos proches est attaqué. Sur le plan psychologique, vous paraissez nerveux, parfois tourmenté.

Sur le plan de la personnalité, votre émotivité vous permet d'exceller dans les domaines artistiques, notamment la musique, la littérature et les arts, qui vous fournissent la possibilité de vous exprimer et de vous libérer de votre trop-plein d'émotion.

Votre intelligence est vive et plutôt raisonnée. Vous trouvez des solutions ingénieuses aux problèmes, et votre flair en affaires est très aiguisé. Vous avez un don particulier et le doigté nécessaire pour retourner les pires situations en votre faveur. Beau parleur comme vous l'êtes, vous pouvez devenir un excellent négociateur. Votre sixième sens vous permet de trouver les mots qu'il faut pour convaincre ; il vous indique quand et comment agir. Sur le plan professionnel, ces multiples talents vous poussent souvent à diriger les gens, à commander, et parfois même à manipuler vos collègues ou vos subalternes.

Puisque vous avez un bon sens pratique, que vous possédez un esprit terre à terre, vous appréciez l'argent, mais aussi les valeurs sûres, les beaux objets. Pourtant, il semble que l'argent file à une rapidité excessive entre vos doigts. Heureusement, vous parvenez à équilibrer votre budget sans avoir à trop jongler avec les rentrées et les sorties.

Votre petit côté séducteur vous ouvre de nombreuses portes. Vous savez plaire ; avouez que vous savez jouer de votre charme. Vous êtes un être passionné qui est attiré par le romantisme. Cela peut vous inciter à fuir votre quotidien et votre petite routine, que vous considérez comme de vrais éteignoirs. Une telle façon d'être complique votre vie sentimentale, mais vous n'en avez cure. Vous recherchez les gens originaux, amusants, que vous pouvez admirer et, malgré votre froideur initiale, on finit par découvrir en vous un être affectueux, ardent, possessif même. Les demi-mesures ne sont pas pour vous, et vous ne supportez pas d'être brimé dans votre liberté.

Vos plus belles qualités :
Convaincant, instinctif, doté d'un sens pratique, intelligent, terre à terre, drôle, vif, habile, rusé.

Vos péchés mignons :
Angoissé, méfiant, profiteur, manipulateur.

Selon les sages orientaux

Votre domaine symbolique : Ce qu'on ne sait pas et qui est près de nous, le mystère, le monde souterrain.

Vos armes : Les dents acérées du rat, son instinct et ses paroles mordantes.

Nom chinois de votre signe : Chow.

Symbole :

LE BUFFLE

Sérieux et travailleur, vous vous adaptez très bien au système et vous défendez les traditions auxquelles vous tenez. L'originalité et l'initiative ne font pas partie de votre vocabulaire. Par contre, votre discipline et votre sens des responsabilités sont irréprochables. Vous êtes solide comme un roc, et l'on peut compter sur vous sans crainte.

Au travail, vous ne calculez pas vos heures, et les tâches qu'on vous confie sont menées à terme avec opiniâtreté. Comme on dit, vous avez beaucoup de « cœur à l'ouvrage ». Vous êtes organisé et déterminé, mais les autres vous reprochent votre lenteur et vous trouvent plutôt tatillon. Qu'importe, vous poursuivez votre petit bonhomme de chemin et vous savez ce que vous faites. Si vous œuvrez dans un secteur d'activité qui vous permet d'exploiter votre potentiel, votre réussite est assurée. Par exemple, vous ferez des miracles en architecture, en chirurgie, en gestion d'entreprises, en agriculture, et même si l'on vous trouve souvent lourd et dépourvu d'émotivité, vous saurez bluffer tout le monde dans le monde des arts, en peinture et en cinéma, car vous avez une inspiration hors normes. Par ailleurs, vous seriez un très bon chef d'entreprise, car vous avez les qualités nécessaires pour stimuler vos troupes.

Sur le plan financier, vous vous montrez sage et solide. Vous trimez dur et ne comptez que sur votre labeur pour vivre. Si des échecs passagers ou des revers de fortune vous tombent dessus, vous les vivez difficilement, et si en plus vous êtes victime d'une injustice, vous aurez du mal à accepter la situation et à poursuivre votre route comme si de rien n'était. Vous n'êtes pas du genre à lancer votre argent par les fenêtres, car vous connaissez sa valeur et le travail nécessaire pour le gagner. Donc, l'épargne et le budget ne sont pas des mots vains pour vous. Avec de telles valeurs, il y a de fortes chances que vous finissiez vos jours à l'aise financièrement.

Honnête et loyal, vous appréciez une bonne poignée de main ; pour vous, c'est presque de l'argent comptant. Vous êtes amèrement déçu par les promesses non tenues, les engagements non respectés, car jamais vous ne faillissez à votre parole, et que les autres puissent y déroger vous laisse complètement abasourdi.

Vous n'appréciez guère le changement, que ce soit au travail ou dans votre vie personnelle. Vous préférez la stabilité, le confort, la tranquillité. Vous vous montrez accueillant, et votre table est toujours bien garnie. Vous êtes même un tantinet gourmand.

En société, on apprécie votre bon cœur et votre simplicité. Vous faites un excellent confident, car votre bienveillance est légendaire. Quant à votre petite famille, elle compte beaucoup à vos yeux, et vous êtes toujours là pour vos proches en cas de besoin ; on l'a dit, vous êtes solide comme un roc.

Dans l'intimité, vous ne brûlez pas les étapes, vous recherchez un partenaire fiable et sérieux, vous ne vous précipitez donc pas sur la première amourette venue. La stabilité affective compte tellement pour vous que vous attendez avant d'exprimer vos sentiments et de vous engager… ensuite, c'est pour la vie. La passion, le romantisme, vous êtes d'avis que tout cela s'éteint bien vite ; vous comptez plutôt sur la solidité de vos sentiments dans vos relations amoureuses. Vous avez beaucoup à offrir, et le bonheur de votre conjoint devient alors l'une de vos priorités.

Vos plus belles qualités :
Sérieux, travailleur, économe, prudent, sens des responsabilités, esprit de famille.

Vos péchés mignons :
Tatillon, peureux, lent, manque d'audace, inflexible.

Selon les sages orientaux

Votre domaine symbolique : Les sillons des champs, la terre, la glaise et les chemins sinueux.

Vos armes : Les cornes du Minotaure, grâce auxquelles il est capable de défendre son labyrinthe.

Nom chinois de votre signe : Niou.

Symbole : 牛

LE TIGRE

À l'instar de ce félin sauvage, vous vous posez en maître sur votre entourage. Vous avez beaucoup d'emprise sur les autres, aussi bien dans votre vie privée que professionnelle. Vous êtes un chef-né, volontaire et rempli d'ambition, mais honnête, ce qui ne gâche rien. Vous pouvez être fier de vous lorsque la réussite vient couronner vos nombreux efforts, car vous ne vous ménagez pas ; vif et courageux comme vous l'êtes, rien ne vous rebute. Cela peut même vous rendre plutôt téméraire et vous exposer à des revers. Heureusement, en bon félin que vous êtes, vous retombez toujours sur vos pattes. Avec un peu plus de prudence et de planification, vous pourriez éviter certains déboires et aller encore plus loin sur le chemin de la réussite.

Votre sang-froid et votre instinct sont remarquables, et vous savez jauger les situations avec un sens peu commun de l'analyse. Peu impressionné par la hiérarchie et les conventions, vous vous fiez à votre intuition et vous n'hésitez pas à faire ce que bon vous semble. Stimulé par de nouveaux défis, vous ne craignez ni les changements ni les obstacles ; d'ailleurs, vous les utilisez souvent comme moteur pour aller encore plus loin, vers de nouveaux buts.

Vous usez de franchise, une de vos plus belles qualités, mais pas toujours à bon escient, car elle peut vous conduire à la brusquerie, et vous devenez alors blessant. Mais vous défendez pied à pied vos idées et vos opinions, et vous ne vous en laissez pas imposer, surtout qu'en plus vous avez souvent raison.

Si vous parvenez à dominer votre émotivité, votre promptitude, vous pourrez devenir un meilleur chef de file. D'ailleurs, vous vous exprimerez pleinement dans les secteurs d'activité qui vous permettent de diriger, et d'utiliser votre potentiel et votre flair. En affaires, vous avez beaucoup de chance ; vous semblez attirer l'argent et le succès. Peut-être parce que vous êtes certain de ne jamais manquer de rien, vous vous souciez peu de votre budget. Votre compte en banque reflète ce léger laisser-aller ; il joue aux montagnes russes.

Comme vous êtes fier de nature, vous soignez votre apparence et lorsqu'on vous remarque, vous ronronnez de plaisir. Un peu soupe au lait avec les étrangers, vous savez vous montrer généreux avec vos amis.

En amour non plus, pas de demi-mesures ; vous laissez parler votre nature ardente, passionnée et entreprenante. Vous idéalisez votre partenaire, vous le mettez sur un piédestal et puis, un beau jour, vous découvrez sa personnalité et vous déchantez. Vous avez donc besoin d'un conjoint qui saura vous faire vibrer, vous amuser, vous surprendre, et surtout qui saura conserver tout son mystère après plusieurs années de vie commune.

Vos plus belles qualités :
Courageux, fonceur, déterminé, ambitieux, leader, ardent, franc, adaptable.

Vos péchés mignons :
Impulsif, téméraire, peu soucieux des détails, soupe au lait, émotif.

Selon les sages orientaux

Votre domaine symbolique : Les cimes et la puissance terrestre où conduit la chance.

Votre arme : La fourrure protectrice du tigre.

Nom chinois de votre signe : Hu.

Symbole : 虎

LE CHAT

Quel charmant petit animal que ce gros minet, quel séducteur en plus! Votre lucidité exceptionnelle vous permet de ne pas vous laisser prendre au dépourvu. En plus, vous êtes un enjôleur et un habile diplomate, des qualités qui vous permettent de ne pas vous laisser surprendre. Votre goût est sûr et délicat: vous aimez les belles choses, les objets d'art. Votre élégance se reflète sur vous, de la tête aux pieds, dans vos vêtements et dans votre allure générale. Vous affectionnez les endroits à la mode, et vous êtes très mondain. Les querelles et les disputes vous agacent, car vous avez besoin de tranquillité. La recherche de l'harmonie en toutes choses est le trait marquant de votre caractère.

Vous avez le don de plaire, que ce soit à vos amis ou même à de purs étrangers, car votre gentillesse, vos bons mots, votre comportement enjôleur sont grandement appréciés. Vous brillez en société et vous n'hésitez pas à courir les fêtes et les réceptions; ces réunions mondaines sont d'ailleurs vos endroits de prédilection pour élargir votre cercle de relations, pour provoquer de nouvelles rencontres et pour vous cultiver. Votre conversation est brillante, enjouée, et vous vous retrouvez rapidement entouré.

Plutôt respectueux des traditions, vous vous refusez à sortir des sentiers battus; peut-être est-ce dû au sentiment d'insécurité qui vous habite. Vous êtes craintif, et les nouveaux projets ne vous emballent guère; vous êtes plutôt rébarbatif à ce que vous ne connaissez pas. Votre discrétion au travail est légendaire, mais vous êtes d'une féroce efficacité. On ne peut rien vous reprocher. Vous travaillez avec soin, sans oublier un seul détail et sans faire de faux pas. On peut vous confier un travail les yeux fermés, car en plus d'un sens particulier de la minutie, vous possédez une mémoire sans faille, des atouts majeurs pour mener vos tâches à bien.

Comme vous détestez être pris de court ou avoir à vous décider à la dernière minute, il vous faut peser le pour et le contre, ce qui peut se révéler un solide avantage sur le plan des affaires. Vous appréciez le luxe et le confort, et vous êtes conscient des efforts que vous devez faire pour vous les offrir. Donc vous gérez votre portefeuille avec beaucoup de circonspection et de discernement: les placements hasardeux, très peu pour vous. Et cette façon d'agir vous garantit une certaine sécurité matérielle durant vos vieux jours.

Vous êtes quelqu'un de généralement optimiste. Même dans les pires situations, vous essayez de toujours trouver le bon côté des choses et vous savez vous entourer. D'ailleurs, cette qualité particulière est appréciée de vos amis, car en plus vous savez vous montrer compréhensif envers eux. Vous êtes disposé à les écouter et à leur donner un coup de pouce, quoi qu'il arrive. Vous n'appréciez pas du tout les affrontements, les chicanes et les critiques, ce qui fait de vous un expert dans l'art du compromis. Vous savez mettre de l'eau dans votre vin lorsque cela se révèle nécessaire. Une telle façon d'être vous permet de mener des négociations et des transactions avec une redoutable efficacité. Vous ferez donc une brillante carrière dans les relations publiques, la politique, la justice, l'enseignement ainsi que le domaine artistique, notamment la musique et la danse qui conviennent tout à fait à votre grâce féline.

Dans votre vie personnelle, vous accordez beaucoup d'importance à l'amour. Les dîners en tête à tête, le jeu de la séduction et le flirt vous enchantent. Vous aimez faire les yeux doux. Bref, vous êtes un incorrigible romantique. Vous aimez aussi qu'on s'occupe de vous. Vous voyez la vie de couple comme une relation douce et tendre. Pourtant, vous ne vous laissez pas facilement apprivoiser, car vous avez peur d'être déçu. Vous affichez souvent un petit air indépendant qui peut refroidir les mieux intentionnés à votre égard. Pour trouver le partenaire de vos rêves, vous faites du temps votre meilleur allié. Une fois que vous l'avez déniché, vous le traitez avec respect, amour et sincérité, et vous déployez des efforts considérables pour que votre vie de couple soit toujours agréable et harmonieuse.

Vos plus belles qualités:
Sociable, charmant, souple, diplomate, romanesque, élégant, doux, positif, prévoyant, enthousiaste.

Vos péchés mignons:
Timoré, peur de déplaire, matérialiste, indécis, changeant, frivole, crainte des affrontements.

Selon les sages orientaux

Votre domaine symbolique: La pleine lune et le monde mystérieux de la nuit, où seuls les chats peuvent voir.

Vos armes: Les griffes du chat, qu'on ne voit pas... mais qui peuvent déchirer.

Nom chinois de votre signe: Thou.

Symbole:

龍 LE DRAGON

Voilà un signe peu banal, qui frappe l'imagination. Les empereurs chinois l'ont choisi comme emblème pour sa fougue et sa vitalité. Votre personnalité est fortement teintée de ces deux qualités, qui vous permettent d'atteindre des sommets sur tous les plans.

Votre talent, votre intelligence, votre fierté, votre intrépidité, votre ténacité, tout en vous est décuplé. Par contre, la patience n'est pas votre fort, et vous ne supportez ni la critique, ni la contrariété, ni qu'on vous ignore. Vous devez laisser votre empreinte dans les esprits partout où vous passez. Vous savez ce que vous voulez et vous ne démordez pas aisément de vos idées; vous êtes terriblement obstiné, mais heureusement, comme vous avez un solide esprit d'analyse et une bonne perspicacité, vous pouvez maîtriser toute situation qui pourrait vous nuire autrement.

Les efforts et l'énergie que vous déployez sont aussi remarquables, et les pires obstacles ne vous résistent jamais bien longtemps. Tout tremble sur votre passage.

Vous avez une telle confiance en vous, vous croyez tellement en votre potentiel, votre personnalité est si affirmée et votre nature, si indépendante, que vous faites l'envie de bien du monde. Par contre, toutes ces belles qualités deviennent rapidement de beaux défauts, car vous n'écoutez pas les autres, vous fiant à votre seul jugement. Évidemment, cela vous entraîne à commettre des erreurs qu'il sera difficile de vous faire admettre, entêté comme vous l'êtes.

Et comme vous ne supportez pas la contradiction, vous aurez aussi tendance à vous emporter rapidement, à manquer de tact dans vos relations avec les autres.

Vous êtes flamboyant; il est pratiquement impossible de ne pas vous remarquer. Comme vous montrez en plus beaucoup de charisme, y compris avec les foules, on parle de vous, et cela vous plaît énormément. Rien ne vous fait autant plaisir que d'être le pôle d'attraction.

De telles prédispositions vous permettent d'envisager une carrière fructueuse dans le monde du spectacle, bien sûr, mais aussi dans les arts graphiques, la peinture, la littérature, les médias, la politique ou les affaires... y compris les affaires louches !

L'argent vous file entre les mains, mais heureusement, vous savez amener toujours de l'eau au moulin. Votre signe est celui de la richesse, mais aussi de l'illusion. Pour vous, l'argent n'est qu'un moyen comme un autre de vous mettre en valeur, et non une fin en soi. Vous en avez beaucoup et tout semble vous réussir. On remarque moins les efforts que vous déployez pour atteindre vos objectifs. On pourrait croire que la chance vous sourit tout simplement, alors que vous créez vous-même cette réussite insolente.

En amour, c'est tout ou rien. Votre idéalisme vous pousse à rechercher un conjoint parfait... et, bien entendu, vous ne le trouvez pas, vous courez d'un amour à l'autre, sans vous fixer définitivement. Vous aimez briller et si vous trouvez un partenaire qui n'a d'yeux que pour vous, qui vous admire, qui vous idolâtre, peut-être finirez-vous par craquer. Cependant, beaucoup de natifs du Dragon vivent très bien leur célibat, en papillonnant à droite et à gauche.

Vos plus belles qualités :
Flamboyant, fort, confiant, brillant, intelligent, intrépide, fier, acharné, franc, magnétique.

Vos péchés mignons :
Obstiné, égocentrique, orgueilleux, colérique, insatisfait, irritable, folie des grandeurs.

Selon les sages orientaux

Votre domaine symbolique : Les fonctions royales, la hiérarchie, la prospérité et les cycles de la vie.

Votre arme : Le feu que crache le dragon, qui brûle mais purifie.

Nom chinois de votre signe : Long.

Symbole : 龍

蛇 LE SERPENT

L e serpent provoque plutôt la répulsion et la crainte dans notre monde occidental. Pourtant, dans le symbolisme oriental, on lui associe la prudence, la sagesse, la science, les connaissances secrètes et le souffle vital. En Chine, avoir un enfant Serpent est un grand honneur.

Votre sagesse, votre modération, votre équilibre, votre habileté à faire la part des choses, votre pouvoir de peser le pour et le contre font de vous un philosophe extrêmement respecté par votre entourage et vos proches.

Vous avez le rare pouvoir de prendre du recul, d'évaluer la situation, de jauger les événements, sans vous laisser emporter par le courant. Une telle façon d'appréhender la vie fait en sorte que vous vous trompez rarement, ce qui étonne tout le monde.

Vous êtes secret, renfermé même, et il est bien difficile de deviner ce qui vous anime. Votre sens de la réflexion est si puissant, votre vie psychique, si riche, que vous pouvez vous permettre de vivre comme un contemplatif. Votre intuition est phénoménale, et votre raisonnement, profond. Pourtant, vous vous fiez plus à votre instinct qu'à la logique ; mais en fait, peut-être que chez vous l'un ne va pas sans l'autre et que ces deux qualités se complètent à merveille.

En affaires, votre flair est presque infaillible, et vous pouvez devenir un excellent conseiller financier. Comme nous tous, vous craignez un peu l'échec, mais chez vous, cette crainte devient une motivation supplémentaire pour faire mieux. En plus, vous savez éviter les risques inutiles, ce qui vous permettra de vivre relativement à l'aise jusqu'à la fin de vos jours. D'ailleurs, vous êtes trop économe pour jeter l'argent par les fenêtres et vous n'êtes pas non plus prêteur. Par contre, vous êtes généreux de votre temps comme de vos conseils.

L'inconnu et le mystère vous attirent. Les connaissances millénaires, les savoirs secrets vous intriguent, et vous vous y intéressez avec délectation.

Pacifique, conciliant, mais doté d'une volonté inébranlable, vous êtes aussi un habile diplomate. Vous n'affrontez pas vos adversaires de front ; vous choisissez plutôt la subtilité pour les vaincre. Comme rien ne vous échappe, vous savez profiter de la moindre erreur de vos ennemis pour retourner la situation en votre faveur.

Vous pourriez faire votre marque dans des domaines tels que la politique, la psychologie, la philosophie, l'enseignement, la loi, la recherche, l'investigation et, grâce à votre sixième sens si remarquable, la voyance ou l'astrologie... Comme vous recherchez toujours la perfection, vous excellerez !

Sur le plan sentimental, votre charme est fascinant, presque hypnotique. Ce n'est pas pour rien que votre signe est représenté par un serpent. Par contre, vous n'êtes pas particulièrement tendre ; vous vous montrez possessif et jaloux, alors que la fidélité ne vous étouffe pas. Si, par contre, vous rencontrez un conjoint stimulant tant physiquement qu'intellectuellement, vous devenez plus stable, loyal et affectueux, et vous l'aimez de tout votre cœur.

Vos plus belles qualités :
Philosophe, pacifique, sage, modéré, intuitif, déterminé, économe, sensé, magnétique.

Vos péchés mignons :
Renfermé, avaricieux, sournois, mystérieux, peureux.

Selon les sages orientaux

Votre domaine symbolique : Le serpent qui se mange la queue, symbole de la vie et de l'éternel recommencement.

Votre arme : Le regard du serpent qui hypnotise ses proies.

Nom chinois de votre signe : Che.

Symbole : 蛇

馬 LE CHEVAL

Comme le fier étalon qui file comme l'éclair dans les vastes plaines, crinière au vent, on remarque en vous votre vivacité, votre fougue, votre entrain et votre énergie.

Ambitieux, vous savez établir de bons plans d'action et des méthodes de travail infaillibles pour atteindre vos objectifs plus rapidement et plus efficacement.

Votre signe est marqué par la vitesse. La patience n'est donc pas votre principale qualité ; perdre du temps, attendre vous met en rogne. Les projets à long terme viennent souvent à bout de votre motivation. Vous avez besoin d'agir dans l'instant présent, d'être dans l'action, de faire bouger les choses rapidement. Pour cette raison, vous préférez agir de vous-même. Le dicton « on n'est jamais mieux servi que par soi-même » pourrait d'ailleurs devenir votre leitmotiv. Fier et indépendant comme vous l'êtes, vous ne voulez pas compter sur les autres pour que les choses progressent. Et en plus, vous vous passez très bien des conseils d'autrui.

En tant que brillant parleur, votre éloquence joue en votre faveur lorsqu'il s'agit de négocier ou même pour converser à bâtons rompus entre amis. Votre vocabulaire et votre sens de la répartie sont étonnants, ce qui ne cesse de surprendre et même de désarmer vos interlocuteurs. Comme en plus votre pouvoir de persuasion est très fort, vous remportez tous les succès dans les joutes oratoires. En tant qu'avocat, représentant de commerce ou diplomate, rien ne saurait vous résister. Si vous préférez un domaine plus artistique, la poésie, la peinture, l'architecture sont à votre portée. Les domaines de l'import-export, du commerce et tout ce qui touche aux voyages vous conviendraient également et sauraient très bien répondre à votre soif de liberté.

Comme vous êtes loyal et honnête, ces deux qualités priment pour vous. L'argent, la richesse, l'aisance financière ne sont rien à comparer avec les contacts humains et avec tout ce que pouvez apprendre ou découvrir. Quant à votre liberté, elle n'a pas de prix.

Une telle indépendance vous permet d'être audacieux au travail, et d'en changer lorsque vous sentez la monotonie et la routine s'installer. Vous avez continuellement besoin de relever de nouveaux défis et d'élargir vos horizons. Vous êtes polyvalent et savez vous adapter à de nombreuses situations. Par contre, cela peut devenir rapidement un défaut, car vous changez constamment de direction, et il devient très difficile de bien réussir dans de telles conditions.

Vous avez besoin de contacts humains, vous êtes sociable et vous aimez échanger des idées, rencontrer du monde, briller ; vous avez de l'esprit, de l'humour à revendre, et l'on apprécie votre présence. Votre assurance pourrait toutefois cacher une certaine insécurité. Les autres vous font plus confiance que vous ne le faites vous-même. Étonnant, n'est-ce pas ?

Sur le plan sentimental, votre pouvoir de séduction est indéniable, mais votre fougue vous emporte facilement. Vous vous montrez alors passionné, presque exalté, capable de toutes les folies pour attirer l'attention de l'objet de votre désir. En amour, vous iriez jusqu'à donner votre chemise ; vous êtes d'une telle générosité ! Par contre, si la routine s'installe, si vous perdez un peu d'intérêt pour votre partenaire, l'envie d'aller voir ailleurs ne tarde pas à vous prendre. Pour vous, le conjoint idéal est une personne qui sait vous amuser et continuellement vous surprendre tout en vous laissant votre liberté. Vous vous montrez alors constant et protecteur envers elle.

Vos plus belles qualités :
Ambitieux, vif, drôle, ardent, désintéressé, éloquent, séducteur, persuasif, loyal, brillant.

Vos péchés mignons :
Frivole, changeant, perd vite sa motivation, peur de la routine, instable.

Selon les sages orientaux

Votre domaine symbolique : Les grands espaces et les eaux que caresse Vahu, le dieu du Vent.

Vos armes : La vitesse et l'insaisissabilité de l'étalon qui pourfend les vents.

Nom chinois de votre signe : Mha.

Symbole : 馬

LA CHÈVRE

Vous êtes le seul animal « féminin » de l'astrologie chinoise. Calme, paisible, doux, facile à vivre et sensible, vous possédez le charme bucolique de votre homonyme de la campagne. Votre vie évolue dans la beauté et la paix, qui vous sont essentielles pour vous sentir bien dans votre peau.

Vos goûts raffinés, artistiques même, reflètent votre importante créativité. Vous n'avez pas un sens pratique à toute épreuve, mais votre perfectionnisme ressort lorsque vous tenez à quelque chose. Une telle recherche de la perfection dans les moindres détails vous rend parfois incapable de prendre une décision ou, tout au moins, vous laisse hésitant sur celle à prendre. Devant un dilemme insoluble selon vous, vous préférez laisser les autres décider à votre place. Par contre, si vous avez finalement réussi à déterminer ce que vous voulez, vous aurez le courage de vos opinions et saurez les défendre avec justesse et opiniâtreté.

Discrète, réservée, gentille aussi, votre nature sociable vous attire de nombreux amis ; les gens s'intéressent à vous, et vous bénéficiez de nombreux appuis lorsque le moment s'en fait sentir. Comme votre sens des responsabilités est plutôt mince, que vous agissez plus en « suiveur » qu'en chef de file, vous avez besoin des autres pour avancer. Heureusement, votre flair vous guide bien, et vous vous retrouvez rarement dans une mauvaise posture.

Vous êtes un peu rêveur, mais ce trait de caractère vous a permis de développer une inspiration étonnante. Le domaine artistique rend justice à votre créativité ; vous excellez dans l'artisanat, la comédie, mais aussi le commerce, les relations publiques, le jardinage et les soins aux animaux. Cependant, vous hésitez à faire cavalier seul : vous avez besoin d'un partenaire pour vous stimuler, pour vous donner ce petit coup de pouce qui mène à la réussite, et cela aussi bien d'un point de vue professionnel que financier.

Vous préférez vivre dans une atmosphère empreinte d'harmonie, loin du brouhaha et des affrontements du monde, et vous vous retranchez alors dans votre nid, généralement douillet, pour vous ressourcer et y refaire vos forces vitales. Hôte remarquable, vous accueillez ceux que vous aimez avec chaleur et, dès lors, vous devenez, à leurs yeux, un centre d'attraction remarquable, ce qui fait parfaitement votre affaire.

Vous recherchez la sécurité affective auprès d'un partenaire qui vous apportera tout le soutien et la confiance qui vous manquent ; vous attachez une importance capitale à votre vie émotive et vous tenez à la réussir.

Sur le plan financier, vous n'hésitez pas à dépenser pour vous procurer le confort matériel nécessaire à votre plein épanouissement. Les attentions et les marques de gentillesse vous enchantent. De même, vous êtes très amoureux, très généreux et vous donnez aux autres sans compter.

Vos plus belles qualités :
Sensible, doux, intuitif, inspiré, affectueux, conciliant, sociable, esthète.

Vos péchés mignons :
Capricieux, indécis, profiteur, irresponsable, rêveur, manque de sens pratique, dépendant.

Selon les sages orientaux

Votre domaine symbolique : Les nuages, qui indiquent la possibilité de s'élever et de s'améliorer.

Votre arme : La douceur attachante de la chèvre se fiant au berger qui la nourrit.

Nom chinois de votre signe : Yang.

Symbole :

LE SINGE

Tout comme l'animal qui vous représente, vous êtes facétieux, « drôle comme un singe », rempli d'humour. Vous ne reculez devant rien pour faire rire et attirer l'attention. Votre esprit est vif; votre intelligence, éveillée et curieuse. Tout vous intéresse, surtout la nouveauté. Vous êtes un être fantaisiste, bourré d'imagination et de créativité, et les astres vous ont aussi doté d'une mémoire d'éléphant.

Votre originalité et votre humour vous permettent d'occuper l'avant-scène, quoi que vous fassiez. Vous êtes un véritable boute-en-train, et votre bonne humeur rayonnante est très appréciée, tellement que vous avez toujours une petite cour d'inconditionnels qui vous suit partout. Votre affabilité vous gagne amitiés et appuis, et comme vous n'hésitez pas à donner vous-même un coup de pouce à une personne dans le besoin, on sait qu'on peut compter sur vous en tout temps. Par contre, vos inimitiés sont aussi exacerbées que vos marques d'amour, et il vaut mieux ne pas se faire un ennemi d'un natif du Singe, car il peut se montrer assez mesquin.

Votre entregent est remarquable, mais il ne vous aveugle pas, et vous ne perdez jamais de vue vos intérêts. En fait, vous n'avez confiance qu'en vous-même. Observateur et perspicace comme personne, vous repérez les points faibles de vos interlocuteurs au premier coup d'œil et vous en profitez sans vergogne. Tout comme vous savez sauter rapidement sur les occasions, vous n'êtes pas du genre à attendre que le train repasse pour le prendre. Discipliné et méticuleux, vous trouvez des solutions pour répondre aux problèmes les plus complexes, et évidemment les plus ingénieuses sont souvent de votre cru. La concurrence ne vous gêne absolument pas, car vous connaissez votre valeur et êtes apte à vous défendre seul. Les défis vous stimulent, car vous êtes doté d'une promptitude et d'une belle vivacité d'esprit qui vous évitent d'être pris au dépourvu.

Sur le plan de vos amitiés et de vos amours, vous vous montrez charmant, amusant, jovial, mais cela cache une légère tendance à batifoler à droite et à gauche, la fidélité étant toute relative pour vous. Vous êtes une personne adroite, rusée même, qui sait comment faire travailler les autres à sa place et à son profit. Vous sous-estimez souvent autrui et adorez impressionner, briller et être le pôle d'attraction. L'humilité ne vous étouffe pas.

Capable de mener de multiples activités de front et doté de nombreux talents, vous gagnez facilement de l'argent, que vous dépensez tout aussi facilement, car vous n'aimez guère les restrictions et les contraintes. Vous faites confiance à votre bonne étoile pour remplir votre compte en banque au fur et à mesure de vos coups de folie. Les carrières qui vous conviennent sont évidemment celles d'amuseur public, de comédien, d'acrobate, mais aussi de diplomate ou de politicien. Les sciences, le commerce, la littérature et les affaires sont aussi des centres d'intérêt qui pourraient vous attirer.

Vous batifolez, donc vous pouvez devenir une véritable girouette, en amitié et plus encore en amour. Vos relations sont enflammées au début, puis, rapidement, vous vous ennuyez et vous vous demandez comment cette personne a pu vous plaire. Sous des apparences très émotives et parfois éclatées, vous cachez une personnalité lucide et vous gardez la tête froide. Pour vous garder, votre partenaire devra déployer un talent d'amuseur, vous surprendre, vous divertir, bref, vous copier.

Vos plus belles qualités:
Amusant, drôle, boute-en-train, convaincant, érudit, éveillé, esprit vif, lucide, perspicace.

Vos péchés mignons:
Mesquin, rusé, profiteur, opportuniste, dépensier.

Selon les sages orientaux

Votre domaine symbolique: L'illusion que crée le bateleur du jeu de tarot.

Vos armes: Les facéties du singe qui distraient... le laissant libre d'agir à sa guise.

Nom chinois de votre signe: Hou.

Symbole: 猴

LE COQ

En bon roi de la basse-cour, vous faire remarquer, briller, déployer votre talent pour plaire, voilà ce qui vous motive. Et en plus, ce qui ne gâche rien, vous avez un tel magnétisme que vous attirez irrésistiblement tous les yeux vers vous. Une telle popularité vous pousse forcément à la vantardise et à la fanfaronnade, car vous êtes «fier comme un coq».

Votre imagination fertile et votre rêverie vous entraînent dans des conversations intéressantes, mais comme vos idées sont plutôt conservatrices, et que vous y tenez mordicus, votre entourage vous trouve un peu trop rigide, voire inflexible. En plus, comme vous êtes franc, que vous ne mâchez pas vos mots et que ce n'est pas la diplomatie qui vous étouffe, on vous reproche souvent vos opinions trop tranchées. Votre franchise peut blesser mais, même vos adversaires doivent en convenir, vous êtes l'honnêteté et la sincérité incarnées.

Sous vos plumes multicolores et éclatantes, vous conservez votre jardin secret et vous êtes somme toute plutôt renfermé. Vous vous montrez également sélectif en amitié comme en affaires, mais vous avez un grand besoin d'être aimé. Vous souffrez parfois d'un sentiment d'insécurité qui vous pousse à désirer la perfection en toutes choses. Vous risquez de vous perdre dans des détails sans importance ou d'avoir une petite tendance à l'obsession. Pourtant, pour planifier, il y en a peu de votre trempe. Vous n'avez pas peur de vous investir corps et âme pour atteindre vos objectifs. Pour vous, le temps et l'énergie consacrés à votre réussite sont autant d'investissements.

Vous cherchez à vous surpasser, et en tant que travailleur acharné, vous êtes prêt à tout pour défendre vos acquis. Si vous constatez que rien n'avance comme vous le voulez, vous pouvez monter sur vos ergots et vous emporter. Pour vous, la chance n'a aucune part dans votre vie ; l'argent est trop difficile à gagner pour vous fier au hasard. Vous voulez donc profiter au maximum du fruit de vos efforts. Votre acharnement vous permettra très probablement de couler des jours paisibles à l'abri du besoin, une fois l'heure de la retraite sonnée.

Votre sociabilité et votre sens de l'organisation sont de précieux atouts, particulièrement dans des domaines tels que le théâtre, la peinture, la danse, les relations publiques, la vente, la promotion, la publicité, l'hôtellerie, la restauration, la chirurgie, les soins dentaires, ou même l'investigation et la sécurité.

D'apparence soignée, vous cultivez ce trait de votre personnalité qui vous permet de plaire et de vous pavaner. Par contre, comme vous craignez le ridicule, vous pouvez devenir craintif et même jaloux. Vous recherchez l'âme sœur, celle qui vous admirera, qui sera à la hauteur de vos désirs et que vous serez fier d'exhiber en société.

Vos plus belles qualités :
Beau parleur, brillant, sociable, planificateur hors pair, déterminé, économe, franc, conservateur.

Vos péchés mignons :
Vantard, jaloux, renfermé, craintif, coléreux, inflexible, rigide, manque de tact.

Selon les sages orientaux

Votre domaine symbolique : Le soleil éclatant, dont le chant du coq annonce le lever.

Votre arme : Le tempérament combatif du coq.

Nom chinois de votre signe : Ji.

Symbole : 雞

LE CHIEN

On a toujours dit que le chien était le meilleur ami de l'homme, et vous faites honneur à l'animal qui symbolise votre signe, car, comme lui, vous êtes fidèle, loyal et vigilant. Par contre, vous demeurez constamment sur vos gardes, car vous êtes craintif. Même votre proche entourage avoue ne pas vous connaître à fond ; vous restez souvent sur votre quant-à-soi, et il devient difficile de vous percer à jour.

Votre bon cœur vous incite à vouloir améliorer les conditions de vie de vos congénères. L'injustice et la souffrance humaine font vibrer vos cordes sensibles. Vous n'hésitez pas une seconde à déployer beaucoup d'énergie pour défendre une cause humanitaire. Puisque vous êtes un idéaliste dans l'âme, vous consacrez plus de temps à réaliser vos objectifs de don de soi qu'à songer à votre confort ou à vos intérêts personnels. Cette faculté d'accorder aux autres votre priorité vous permet de devenir un chef de meute apprécié et capable de sortir des sentiers battus.

Votre générosité, votre sens du devoir et votre intégrité sont appréciés, même plus que vous ne l'espériez. Par contre, comme vous ne mâchez pas vos mots et vous ne vous gênez pas pour dire ce que vous pensez, vous pourriez choquer certains de vos interlocuteurs. Vous avez un esprit particulièrement critique, vous pouvez être bougon, parfois même agressif ; pourtant, ce n'est qu'un loup de carnaval qui masque votre grande sensibilité et votre bonté.

Vous avez l'impression que le monde va de plus en plus mal, que les gens ne cherchent qu'à profiter les uns des autres, et de vous par la même occasion. Cela vous prédispose à l'angoisse ; vous avez des idées noires, vous êtes même pessimiste, surtout quant à l'avenir de l'humanité. En bon chien de garde, vous êtes aux aguets, prêt à intervenir.

Vous êtes désintéressé. Donc, pour vous, vos finances et vos affaires sont secondaires, du moment que vos revenus vous permettent de faire vivre votre petite famille, vous êtes satisfait. L'excédent est aussitôt dépensé. Vous ne prêtez guère d'intérêt à la vie matérielle et vous ne recherchez pas la gloire, ce qui fait de vous l'associé idéal ou l'employé modèle.

Vos pleines capacités s'exprimeront à travers les soins à autrui, la religion, le monde syndical, la loi, la philosophie, le journalisme, la politique, l'enseignement. Votre but principal est de faire le bien autour de vous et de veiller à être utile à ceux qui vous entourent.

Sur le plan interpersonnel, vous n'êtes pas très sociable : les réunions mondaines et les bandes d'amis ne sont pas votre fort. De nature plutôt solitaire, vous parlez peu de vous, mais votre altruisme vous rend attachant. En amour, vous êtes comme un bon chien fidèle, dévoué et honnête, mais un peu craintif et tourmenté. Perdre l'être aimé demeure votre principale crainte, comme le chien qui a peur de perdre son maître. Pour vous sentir bien dans votre peau, vous devez avoir un compagnon de vie doté d'une forte personnalité, qui partage vos idéaux et dissipe vos inquiétudes en se montrant à la hauteur de la confiance que vous lui accordez.

Vos plus belles qualités :
Loyal, généreux, vigilant, toujours prêt à aider ceux qui sont dans le besoin, compatissant, désintéressé, sensible.

Vos péchés mignons :
Renfermé, anxieux, craintif, critique, pessimiste, peu rassuré, manque de tact.

Selon les sages orientaux

Votre domaine symbolique : La complémentarité du chien-loup qui mène à la purification et à la poursuite d'un idéal.

Votre arme : La vaillance du chien qui n'hésite pas à se sacrifier pour son maître.

Nom chinois de votre signe : Goo.

Symbole : 狗

猪 LE COCHON

Contrairement à la croyance populaire, le cochon est un animal très propre ; le natif de ce signe supporte peu la saleté et le désordre. Chez lui tout brille de propreté. À l'intérieur de vous aussi, vous savez faire le ménage lorsque nécessaire, mais vous avez gardé votre cœur d'enfant, et vous le conserverez toute votre vie ; c'est ce qui fait votre charme.

Gentil, tolérant, compréhensif et pacifique, le natif du Cochon déteste les complications et les disputes ; tant et si bien qu'il se range à l'avis de ses interlocuteurs, tout en sachant qu'il a raison, simplement pour ne pas les contredire et créer de la bisbille. Le Cochon sait se taire lorsqu'il sent que la discussion pourrait l'entraîner trop loin.

Dominé par la sincérité, vous accordez facilement votre confiance, au risque de voir cette marque d'estime se retourner contre vous, surtout en affaires. Comme vous n'êtes pas rancunier et que votre douceur masque votre tempérament, on pourrait croire que vous êtes faible de caractère… eh bien, pas du tout ! Vous pouvez même être têtu comme un cochon. Cette détermination vous permet d'ailleurs de mener à bien vos projets, car vous ne baissez jamais les bras. Votre entourage sait très bien qu'il peut compter sur votre loyauté et que la parole d'un Cochon vaut de l'or.

Travailleur assidu, vous accordez une énorme importance à la réussite professionnelle. Les affaires, la Bourse, les professions libérales, les arts, la littérature, les soins à autrui, l'architecture, la décoration et la restauration (vous êtes si gourmand) sont des domaines qui pourraient vous mener à réaliser de grandes choses.

Comme vous avez beaucoup de facilité à gagner de l'argent, en dépenser beaucoup ne vous pose aucun problème ; vous vous permettez de gâter ceux que vous aimez et vous avez autant de plaisir à donner qu'eux à recevoir. Par contre, notre gentil Cochon est comme la fourmi de la fable de La Fontaine : il n'est pas prêteur. De mauvaises expériences vous auraient-elles échaudé ?

Puisque votre parole est d'or, vous respectez scrupuleusement vos promesses. Bien sûr, cette qualité vous incite à la prudence, et vous ne vous engagez pas à la légère ; vous pesez et soupesez le pour et le contre pendant des jours avant de vous décider. Mais ce n'est pas plus mal, parce qu'une fois que vous avez dit oui, on sait qu'on peut compter sur vous. Vous préférez agir seul, sans demander l'avis de ceux qui vous entourent. Et si vous avez quelque chose en tête, il est impossible de vous en faire démordre, on l'a dit : « Vous avez une tête de cochon ! »

Au milieu d'inconnus, vous êtes si discret qu'on se demande si vous êtes là. Mais avec vos proches, vous savez vous montrer drôle, faire rire et vous mettre au premier plan lorsque cela vous convient. Vos amis se comptent sur les doigts d'une seule main, mais vous pouvez leur faire confiance, car leur fidélité vous est acquise. Votre vie familiale est aussi très importante, et vous ne ménagez ni votre temps ni vos efforts pour assurer le bonheur de votre progéniture. Votre domicile est votre refuge. Il est confortable et accueillant. On se sent bien chez vous !

Sur le plan amoureux, on ne reste pas insensible à vos beaux yeux. Mais vous avez d'autres qualités qui attirent le sexe opposé : votre charme, votre humour, le plaisir que vous prenez aux bonnes choses de la vie, votre sensualité et votre raffinement. Vous êtes quelqu'un de généralement tolérant. Pourtant, en amour, votre possessivité est exacerbée, et comme la vie de couple est, rappelons-le, très importante pour vous, vous ne supportez pas qu'on vous mente ou qu'on vous trompe.

Vos plus belles qualités :
Cœur d'enfant, pacifique, généreux, amusant, tolérant, déterminé, honnête, sens de la famille, propre.

Vos péchés mignons :
Crédule, indécis, obstiné, sensuel, peur de la chicane et des affrontements.

Selon les sages orientaux

Votre domaine symbolique : Le chêne qui symbolise la solidité, la longévité et l'hospitalité.

Vos armes : Le calme et la douceur qui cachent la détermination du cochon.

Nom chinois de votre signe : Zhu.

Symbole : 猪

L'ASCENDANT CHINOIS SANS CALCUL

Pour déterminer votre ascendant chinois, nul besoin de vous lancer dans de savants calculs, il suffit de connaître votre heure de naissance. Consultez le tableau présenté ici pour connaître votre ascendant chinois.

N'oubliez pas de vous en tenir à l'heure réelle. Vous pouvez vous référer au chapitre « Trouver son ascendant, c'est facile ! », à la page 45 au début de ce livre, pour savoir si, le jour de votre naissance, l'heure était avancée ou non. Si elle l'était, enlevez une heure et continuez.

SI VOUS ÊTES NÉ :	VOTRE ASCENDANT CHINOIS EST :
entre minuit et 1 h	Rat
entre 1 h et 3 h	Buffle
entre 3 h et 5 h	Tigre
entre 5 h et 7 h	Chat
entre 7 h et 9 h	Dragon
entre 9 h et 11 h	Serpent
entre 11 h et 13 h	Cheval
entre 13 h et 15 h	Chèvre
entre 15 h et 17 h	Singe
entre 17 h et 19 h	Coq
entre 19 h et 21 h	Chien
entre 21 h et 23 h	Cochon
entre 23 h et minuit	Rat

Une fois que vous avez trouvé votre ascendant, il ne vous reste plus qu'à consulter les pages qui suivent.

Ascendant Rat

Votre ascendant Rat vous rend certainement un peu craintif, et votre entourage doit trimer dur pour gagner votre confiance. Plusieurs personnes vous trouvent distant et froid, mais une fois que la glace est rompue entre vous, ce sont surtout vos belles qualités qui ressortent.

Votre esprit pratique vous permet de trouver des solutions ingénieuses aux problèmes qui semblent insolubles à d'autres. Vous ne manquez jamais une bonne occasion lorsqu'elle croise votre route, et dans les discussions, vos arguments sont si convaincants que c'est avec une grande facilité que vous ralliez tout le monde autour de votre point de vue. En fait, vous êtes dangereusement convaincant. Vous réussissez souvent le tour de force de faire agir votre entourage, et même des inconnus, de la façon dont vous le voulez, et, en plus, à leur insu. C'est tout un talent que de savoir convaincre de cette manière. En amour, la passion est un très bon moteur, mais l'admiration que vous avez envers votre partenaire en est un encore plus fort.

Ascendant Buffle

Même si vous êtes plutôt réservé et conservateur, on peut vous faire confiance, car vous agissez avec sérieux, franchise et honnêteté. En affaires ou en amitié, vous gagnez à être connu. Vous êtes un bon travailleur; votre détermination et les nombreux efforts que vous déployez vous conduiront sans aucun doute vers la réussite, et, ce qui ne gâche rien, vous avez un très bon sens de l'organisation. Sur le plan financier, vous vous montrez plutôt économe et prévoyant; vous ne vous mettrez jamais dans le pétrin, et vos vieux jours sont assurés. En amour, pour vous, c'est la loyauté et la stabilité qui priment. Vous prenez donc tout votre temps pour vous décider, mais lorsque vous vous engagez, c'est pour la vie. Votre famille est pour vous le cocon où vous vous sentez le mieux, et vous savez la préserver.

Ascendant Tigre

Téméraire comme le gros félin qui vous représente, vous n'avez peur de rien. Votre persévérance, votre intelligence, votre ambition et votre sens de la gestion des ressources humaines font de vous un être que rien n'arrête; au contraire, plus les obstacles s'accumulent, plus il y a de défis à relever, plus vous êtes heureux.

En affaires, les conventions ne vous embarrassent pas; vous êtes autonome et vous agissez à votre guise. Vous avez le don des affaires, de gagner de l'argent, car votre vision d'ensemble de la situation est optimale. Par contre, l'argent file aussi vite de votre porte-monnaie qu'il y rentre. En amitié comme en amour, avec vous, c'est tout ou rien. Vous recherchez un partenaire que vous pouvez idéaliser, car vous vous enflammez aussi rapidement que vous pouvez vous éteindre. Pour vous apprivoiser, votre conjoint devra déployer tous ses atouts : être brillant, vous surprendre, vous stimuler et même vous suivre dans vos nombreuses aventures.

Ascendant Chat

Courir les réceptions, les mondanités, les cocktails, c'est vraiment ce que vous aimez le plus. Vous êtes une personne sociable qui adore voir des gens, toutes sortes de gens. Bien sûr, dans de tels événements, vous pouvez déployer votre charme et briller, ce que vous adorez. Votre pouvoir de séduction est tout simplement phénoménal. On remarque votre élégance naturelle et toutes ces belles choses que vous portez si bien. Vous avez aussi le don de la parole, vous savez comment parler aux gens, comment les convaincre, et vous êtes un habile négociateur et surtout un fin diplomate. Néanmoins, les affrontements directs ne vous plaisent pas du tout et vous font même fuir. Malgré votre envie de plaire, vous conservez un certain côté conservateur qu'on perçoit tant dans votre façon d'agir que dans celle de mener vos affaires.

Sur le plan affectif, c'est le romantisme qui marque vos relations. Vous aimez plaire, charmer et ronronner. Vous déployez toute votre séduction, tout en demeurant sur vos gardes ; vous craignez beaucoup qu'on vous fasse du mal, car les critiques et les éclats de voix vous traumatisent.

Ascendant Dragon

Flamboyantes, les personnes ayant un ascendant Dragon possèdent un magnétisme indéniable ; elles ne passent jamais inaperçues. Vous n'êtes pas très patient et aimez que les choses se déroulent rondement, sans perte de temps. Par contre, vous donnez l'exemple en étant un travailleur acharné, aux grandes ambitions, et vous réussissez souvent à atteindre vos buts grâce aux nombreux efforts que vous déployez. Vous avez du talent et de la détermination, ce qui vous donne une grande confiance en vous et en vos capacités. En affaires, aucun obstacle ne vous rebute, vous les surmontez haut la main ; l'argent et la réussite sont au rendez-vous. Mais comme les richesses sont faites pour circuler, elles ne restent jamais bien longtemps à dormir dans votre coffre-fort. En amour, vous êtes également très exigeant envers vous et votre partenaire, par le fait même. Vous demandez la perfection, rien de moins, et c'est la raison pour laquelle vous ne vous précipitez pas sur la première personne venue. Avant de rencontrer la personne parfaite que vous avez en tête, vous briserez bien des cœurs, car votre magnétisme est puissant. On vous aime plus que vous, vous n'aimez.

Ascendant Serpent

Clairvoyance, sagesse, perfectionnisme, esprit de décision, prudence et intuition phénoménale sont vos principaux atouts, et vous n'hésitez jamais à vous en servir. Pour vous, tout doit être clair et net ; vous cherchez à atteindre la perfection. Dans vos loisirs comme en affaires, vous réfléchissez abondamment, vous êtes très avisé, et l'on ne vous surprend pas facilement, car vous ne prenez aucune décision à la légère. Bien sûr, vous vous fiez à votre raisonnement, mais votre instinct occupe une grande place quand vient le moment de faire les bons choix. Vous êtes déterminé à atteindre l'aisance et vous y arriverez ; comme, en plus, vous êtes économe, parcimonieux même, vous vous mettez largement à l'abri du besoin.

Votre charme est puissant ; néanmoins, vous n'êtes ni tendre ni romantique ; en amour, vous vous montrez même possessif avec votre partenaire. Par contre, lorsqu'il est question de vous, vous vous permettez de batifoler à droite et à gauche et vous devenez volage. Néanmoins, une fois le conjoint idéal trouvé, vous devenez loyal, et l'on peut compter sur vous.

Ascendant Cheval

Vif comme l'éclair, rapide comme le vent : ces qualités se retrouvent tant dans votre état d'esprit et votre caractère que dans vos agissements. Avec vous, pas de temps pour le surplace ; il faut que ça bouge, et vite ! Brillant causeur, vous avez des reparties rapides et percutantes, ce qui vous permet de faire bonne impression en public et vous rend de bons services en affaires.

La routine n'est décidément pas pour vous. De toute façon, lorsqu'elle semble s'installer, vous vous étiolez. De nouveaux défis, de nouveaux visages à rencontrer, de nouvelles cultures à explorer, tout suscite en vous le dynamisme. Populaire et sympatique comme vous l'êtes, vous attirez de nombreuses personnes autour de vous. Mais rien n'a plus d'attraits que la liberté à vos yeux.

Puisque vous êtes quelqu'un de rapide, vous tombez très vite amoureux, car en plus vous possédez un pouvoir de séduction et un charisme enjôleurs. Mais vos amours ne sont bien souvent que des feux de paille. Lorsque vous vous sentez coincé, bridé dans vos aspirations, vous n'avez de cesse de briser vos liens pour courir crinière au vent. Votre conjoint devra respecter ce trait de votre personnalité pour vous rendre heureux. Dès lors, vous serez attentif et généreux.

Ascendant Chèvre

Doux, raffiné et conciliant, vous attachez aussi beaucoup d'importance à la beauté. On pourrait toutefois vous reprocher votre légère indécision qui vous empêche souvent d'agir. Vous n'êtes parfaitement à l'aise qu'au sein du noyau familial. Votre vie intérieure est probablement plus riche que votre vie au quotidien et en société. En fait, vous êtes un être inspiré, mais vous avez peu confiance en vous. Vous rêvassez, au détriment de l'action. Sur le plan des finances ou du travail, vous trouvez toujours un collègue, un associé ou un subalterne qui saura vous aider et vous stimuler, car vous avez besoin qu'on vous pousse un peu dans le dos.

Sur le plan sentimental, votre émotivité est très forte, et vous êtes également rêveur. Vous cherchez un partenaire compréhensif, qui saura vous épauler en tout temps et, en plus, qui vous gâtera. En effet, les cadeaux et les petites attentions vous font fondre, et vous aimez autant en donner qu'en recevoir. Comme vous avez beaucoup de charme, vous trouverez certainement cette perle rare.

Ascendant Singe

Avec vous, c'est presque tous les jours la fête. Vous êtes fantaisiste, rempli d'originalité et débordant d'humour. En plus, vous êtes curieux et vous vous intéressez à tout. Grâce à votre mémoire d'éléphant, vous parvenez même à épater de purs étrangers. Bref, vous êtes très sociable et vous recherchez sans cesse les contacts humains, probablement dans le but inavoué d'épater la galerie.

Votre capacité de travail est étonnante, et vous pouvez mener plusieurs projets en même temps, grâce surtout à votre solide discipline et à l'énorme potentiel qui vous anime.

Vous êtes aussi très convaincant. Sous vos dehors clownesques sommeille un négociateur redoutable qui ne perd pas de vue ses propres intérêts. Vous savez même embobiner les autres tout en n'en laissant rien paraître.

Sur le plan sentimental, votre nature enjouée et curieuse fait en sorte que vous vous emballez vite et que vous vous lassez tout aussi vite. Possédant un caractère plutôt versatile, vous êtes conscient de votre nature fuyante, et il est assez rare que vous vous engagiez à fond. Il vous faut un partenaire qui sera aussi votre complice, qui saura vous amuser, vous surprendre, vous faire rire et qui, en même temps, renouvellera votre quotidien.

Ascendant Coq

Vous avez de l'entregent, vous êtes un bon communicateur, vous aimez briller en société, et en plus vous avez un certain charisme. Donc toutes les qualités qu'il faut pour vous faire de nombreux amis. Mais, même si vous êtes un beau parleur, vous ne vous ouvrez jamais totalement; vous gardez votre part de mystère et vous restez un tantinet sur la défensive. Votre principal objectif étant de toujours faire mieux, votre perfectionnisme en devient tatillon. Vous vous perdez dans les détails sans importance. Heureusement, votre détermination, vos dons de planifica- teur hors pair et votre agressivité constructive compensent ce petit côté un peu trop minitieux. Côté argent, vous êtes prévoyant et sage.

Comme vous attachez une grande importance à votre apparence générale, vous plaisez beaucoup, mais vous êtes si exigeant avec vous-même et avec les autres qu'il est bien difficile de vous plaire. Vous cherchez un conjoint loyal qui vous admire et que vous serez fier de présenter à vos amis. Par nature, vous vous montrez un peu jaloux.

Ascendant Chien

Voici l'idéaliste généreux et intègre type. Votre nature est foncièrement loyale. Votre principal point faible est votre tendance à demeurer constamment sur le qui-vive, à être sur la défensive, à toujours voir le côté noir des choses et des gens. Bref, vous souffrez parfois d'anxiété et vous vous inquiétez souvent inutilement.

Vous êtes énormément touché par la souffrance humaine, et cela vous pousse à consacrer de nombreux efforts au service d'une cause humanitaire au détriment de vos propres intérêts. Honnête et franc, vous préférez toutefois garder vos pensées pour vous, car vous savez que vous avez la critique très facile.

On vous trouve attachant. Pourtant, on arrive difficilement à bien cerner votre caractère, car vous êtes plutôt renfermé. Sous cette carapace se cache cependant un grand sentimental qui a toujours peur d'être blessé. C'est d'ailleurs cette grande insécurité et votre manque de confiance en vous qui risquent de peser sur votre vie de couple. Votre conjoint devra vous sécuriser.

Ascendant Cochon

Vous avez gardé votre âme d'enfant; vous êtes sans malice et vous accordez facilement votre confiance, trop peut-être. On apprécie votre grande générosité et votre tolérance proverbiale. Vous n'êtes cependant pas très à l'aise avec des inconnus et préférez rester entouré de vos meilleurs amis. Vous êtes rempli de gentillesse et de gaieté, mais ce n'est pas chez vous une faiblesse de caractère. Au contraire, vous savez ce que vous voulez et vous faire changer d'idée relève parfois de l'exploit. Par contre, si vous sentez venir le vent de la discorde, vous n'hésitez pas une seconde à vous ranger à l'avis de votre interlocuteur, même si vous n'en pensez pas moins et que, de toute façon, vous n'en ferez qu'à votre tête.

Vous êtes plutôt naïf et crédule, mais, en affaires, on ne vous roule pas facilement dans la farine. Vous savez comment gagner de l'argent. D'ailleurs, une partie de tous ces sous servira à choyer votre petite famille et ceux que vous aimez. Tandis que l'autre partie sera investie pour avoir un certain confort qui vous rendra la vie bien plus agréable. Vous aimez les bonnes choses de la vie et vous êtes un excellent amoureux. Votre conjoint doit cependant démontrer que vous pouvez lui faire confiance, car vous êtes un tantinet possessif et jaloux.

Ils ont le même signe chinois que vous

Rat
Doris Day, Linda de Suza, Marie Denise Pelletier, Wayne Gretzsky, Clark Gable, Carol Burnett, Nana Mouskouri, Pierre Bertrand, Nancy Martinez, André-Philippe Gagnon.

Buffle
René Simard, Daniel Lavoie, Jean Coutu, Charles Trenet, Walt Disney, Michel Louvain, Carole Laure, Jean-Pierre Coallier, Peter Gabriel, Corey Hart, André Gagnon, Bruce Springsteen.

Tigre
Marie-Michèle Desrosiers, Jerry Lewis, Louise Portal, Martine St. Clair, Olivier Guimond, Félix Leclerc, Charles Dutoit, Claude Poirier, Marilyn Monroe, Andrée Boucher, Tina Turner.

Chat

Brian Mulroney, Billie Holiday, Sylvie Bernier, Bob Hope, Guy Lafleur, Renée Claude, Michel Rivard, Sting, Roger Moore, Sandra Dorion, Frank Sinatra, George Michael.

Dragon

Richard et Marie-Claire Séguin, Jean Drapeau, Marie Philippe, Serge Laprade, Pierre Lalonde, Bing Crosby, Christian Dior, Faye Dunaway, John Lennon, Gino Vanelli.

Serpent

Jacques Brel, Sylvie Tremblay, Claude Barzotti, Marjo, Nicole Leblanc, Greta Garbo, Marc Favreau, Grace de Monaco, Martin Luther King, Francis Cabrel, Pierre Labelle.

Cheval

Barbra Streisand, Michel Fugain, Janet Jackson, Jean-Paul II, Paul McCartney, Geneviève Bujold, Edith Butler, Lise Watier, Janis Joplin, Martine Chevrier, Aretha Franklin, Samantha Fox.

Chèvre

Suzanne Lévesque, Tino Rossi, Denise Filiatrault, Michel Tremblay, Louise Forestier, Lise Payette, Alys Robi, Andrée Lachapelle, Daniel Lemire, Mick Jagger, Angèle Arsenault.

Singe

Elizabeth Taylor, Diana Ross, Céline Dion, Joan Crawford, Claude Blanchard, Yves Corbeil, Claude Léveillée, Julio Iglesias, Mike Bossy, Dalida, Mario Tremblay.

Coq

Simone Signoret, Janine Sutto, Joan Collins, Jean-Paul Belmondo, Michel Jasmin, Bette Midler, Clémence DesRochers, Joe Bocan, Dolly Parton, Robert Bourassa.

Chien

Liza Minnelli, Patrick Norman, Brigitte Bardot, Madonna, Michael Jackson, René Lévesque, Prince, Michèle Richard, mère Teresa, Jean-Pierre Ferland, Elvis Presley.

Cochon

Claude Dubois, Danielle Ouimet, Jean Lapointe, Jean Duceppe, Luciano Pavarotti, Ronald Reagan, Fred Astaire, Dudley Moore, Elton John, Irene Cara, Lucille Ball, Arnold Schwarzenegger.

BIBLIOGRAPHIE

LUKAS, E., *L'extraordinaire pouvoir de la Lune*, Paris, Éditions de Vecchi, 1989, 192 p.

CHALIFOUX, Anne-Marie, D.N., *Mon cours d'astrologie*, Montréal, Communication Véga, 1991, 452 p.

L'illustration de la carte du ciel de 2007 a été réalisée à l'aide du programme *Win*Vega3,* en vente au Pentogramme.

C L'ASTROLOGIE VOUS INTÉRESSE ?

Nos cours sont faciles, amusants et abondamment illustrés. Ils ont été conçus pour ceux qui n'ont jamais fait d'astrologie, et vous pourrez les suivre à votre rythme, chez vous.

Pour avoir des renseignements sur nos services, entre autres sur nos *Cours d'astrologie par correspondance,* il suffit de nous faire parvenir une enveloppe préaffranchie sur laquelle vous aurez indiqué votre nom et votre adresse.

Postez le tout par courrier régulier à :

**Bureau d'Anne-Marie Chalifoux
738, avenue Bloomfield, bureau 8
Outremont (Québec) H2V 3S3**

Cet ouvrage a été composé en Sabon
et achevé d'imprimer sur les presses
de Quebecor World L'Éclaireur / Saint-Romuald, Canada,
en août 2006.